Cem
2
Florenz gel

D1672325

Stadtbibliothek
~~Neu-Isenburg~~

0712A

① **Florenz
und
Florentiner Umland**

② **Das Chianti**

③ **Von Siena nach
San Gimignano**

Unterwegs mit

Michael Müller

Jahrgang 1953, geboren in Ebermannstadt. Nach der Ausbildung zum Kfz-Mechaniker zog es ihn für einige Jahre nach Neuseeland und Ecuador. Dort begegnete er dem Reisejournalisten Martin Velbinger, mit dem er zusammen in Südamerika recherchierte – die Initialzündung für die berufliche Neuorientierung, die 1979 in die Gründung des eigenen Verlags mündete.

Florenz ist eine Herausforderung: schon beim Ankommen aufgeregtes Kribbeln, denn die Recherche für die letzte Auflage liegt zwei Jahre zurück und alles muss wieder auf den Prüfstand. Mit so vielen Kunst- und Kulturstätten, Restaurants, Hotels und anderen touristisch relevanten Adressen ein Mammutprogramm mit einer Fülle von Neuentdeckungen.

Nach dem wuseligen Florenz geht's weiter ins dünn besiedelte Chianti-Gebiet. Auf mich warten Streifzüge durch kleine Städtchen, Wanderungen durch stille Natur und Verkostungen in Weinkellereien, in denen noch die Tradition und nicht Jonny der Chemiker das Regiment führt. Und im Anschluss natürlich die einzigartigen Städte-Perlen Siena und San Gimignano.

Jeder Ort birgt wieder Erinnerungen, vor allem an meine nachhaltigste Recherchereise: die vom Herbst 1988 mit Judit, damals Promotionsstudentin in Karlsruhe. Judit war von diesem Teil der Toskana so beeindruckt, dass sie schon bald ihre Zelte im Badischen abbrach und sich ganz dem Reiseführer-Metier zuwandte. Und vielleicht war sie auch ein kleines bisschen von ihrem damaligen Landschaftsbilderklärer beeindruckt. Hätte sie ihn sonst geheiratet?

In eigener Sache

Wegen der andauernden Corona-Pandemie sind Museen, Restaurants, Veranstaltungen usw. kurzfristig nur eingeschränkt oder gar nicht zu besuchen. Deswegen können nicht alle Informationen in diesem Buch auf dem aktuellen Stand sein. Wir danken Ihnen für Ihr Verständnis und bitten Sie, gelegentlich einen Blick auf unsere Internetseiten zu werfen, wo wir Sie über Ihr Reisegebiet auf dem Laufenden halten. Wenn Sie mögen, können Sie diesen Service mit eigenen Erfahrungen vor Ort unterstützen. Schreiben Sie uns unter info@michael-mueller-verlag.de, Stichwort „Reisebuch-Updates". Wir sind dankbar für jeden aktuellen Hinweis.

Florenz & Chianti

Siena | San Gimignano

Michael Müller

2. komplett überarbeitete und aktualisierte Auflage 2021

Inhalt

Orientiert zwischen Florenz, Chianti und Siena

Unterwegs zwischen Florenz, Chianti und Siena ▪ 16

Florenz und Florentiner Umland ▪ 18

Allein der Reichtum an Kunst und Kultur ist eine Florenz-Reise wert. Die Renaissance begegnet einem auf Schritt und Tritt. Dazu Mode, köstliches Essen und urbane Lebensart. Der grüne Kontrast ist das Florentiner Umland mit seinen familiären Sommerfrische-Orten.

Das Chianti = 92

Das Chianti ist das geografische Zentrum der Toskana. Der Unterschied zum trubeligen Florenz könnte kaum größer sein: sanfte Hügel, Zypressen, Olivenhaine, malerische Dörfer, viel Ruhe, deftiges Essen und vor allem viel, viel Wein.

Was haben Sie entdeckt?

Haben Sie ein besonderes Restaurant, ein neues Museum oder ein nettes Hotel entdeckt? Wenn Sie Ergänzungen, Verbesserungen oder Tipps zum Buch haben, lassen Sie es uns bitte wissen!

Schreiben Sie an: Michael Müller, Stichwort „Florenz – Chianti"
c/o Michael Müller Verlag GmbH | Gerberei 19, D · 91054 Erlangen
michael.mueller@michael-mueller-verlag.de

Von Siena nach San Gimignano ■ 136

Noch mehr Wein und noch mehr Stadtschönheiten! Das spätmittelalterliche Siena besitzt mit dem Campo einen der herrlichsten Plätze der Welt. In San Gimignano prägen 15 hoch aufragende Wohn- und Wehrtürme die markante Stadt-Silhouette.

Nachlesen & Nachschlagen ■ 188

Wandern im Chianti ■ 220

GPS-kartierte Touren sind mit dem Symbol GPS gekennzeichnet. Download der GPS-Tracks inkl. Waypoints unter http://mmv.me/45757

Verzeichnisse ■ 250

✎ nachhaltig, ökologisch, regional | *meinTipp* Die besondere Empfehlung unseres Autors

Brunnen in Siena

Loggia im Abendlicht

Orientiert

in Florenz & dem Chianti

Die Region im Profil

Florenz, Siena, Chianti & Co. stehen für ...

Die Region im Herzen der Toskana bietet von allem das Beste. Ein Überfluss an Kunstwerken in der Renaissance-Metropole Florenz, eine Altstadt aus einem Guss mit dem schönsten Platz der Welt in Siena und intaktes Mittelalter unter den Türmen von San Gimignano. Dazwischen begegnet einem landschaftliche Bilderbuch-Toskana: Idyllisch ruhiges Landleben mit Wein, und Genuss – in einfachen schönen Landgasthäusern.

... urbanes Flair

Mit knapp 380.000 Einwohnern ist Florenz die achtgrößte Stadt Italiens. Doch jeden Sommer übertraf die Zahl an Touristen bislang die der Einwohner bei Weitem. Grund sind die zahllosen hochkarätigen Kunstwerke und Museen – seit 1982 ist die Innenstadt Teil des Weltkulturerbes der UNESCO. Florenz ist zudem auch bei Studenten aus aller Welt beliebt. Was kann schöner sein, als hier, wo Techniken wie die Zentralperspektive „entdeckt" wurden, Kunst zu studieren?

Die Florentiner Eleganz ist dann ein weiteres Kapitel für sich! Im Straßengewirr von Florenz einzutauchen, in den Boutiquen neueste Trends zu entdecken und sich neu einzukleiden, macht Riesenspaß und entspricht Florentiner Lebensgefühl. Treffpunkt ist stets die Piazza del Duomo.

Städtisches Flair besitzt auch das kompakte Siena ganz im Süden unserer Reiseregion. Die Sieneser haben ihren ganz eigenen Stil: Elegant-traditionell und mit viel Verbundenheit zur Contrada, dem Stadtteil, in dem man geboren wurde. Im Mittelpunkt der mit Fahnen geschmückten Stadtteile, der Platz, um den sich in Siena alles dreht – die Piazza del Campo. Trotz der Preise genau hier die blaue Stunde bei einem Aperitivo genießen.

... Landlust mit Kurven

Zwischen Florenz und Siena liegen nur etwa 50 km. Die alte Landstraße SS222 mit dem schönen Namen Chiantigiana windet sich durch das grüne Hügelland und verbindet die beiden Toskana-Metropolen. Die Route führt durch Wald und kleine Weindörfer. Im Mittelalter erbauten die Feudalherren zahlreiche befestigte Weiler und Burgen, die noch heute zwischen Rebhängen und bewaldeten Hügeln auftauchen. Sowohl im Chianti als auch um San Gimignano und Colle Val d'Elsa lautet das Motto: Nach der Kurve noch 'ne Kurve. Unser Tipp: Lieber kürzere Ausflüge planen und öfter mal anhalten! Und schon bei der Reiseplanung bedenken, dass das Chianti zwar für Eltern, aber nicht für Kinder auf der Rückbank ein Vergnügen ist.

... historische Konkurrenz

Florenz und Siena sind nicht nur die Eckpunkte Ihres Reisegebiets, die Stadtstaaten waren auch über Jahrhunderte die politischen und kulturellen Konkurrenten. Im Chianti kam es immer wieder zu Streitigkeiten zwischen den Republiken, doch erst 1555 unterlag Siena Florenz endgültig. In Sachen Kunst und Architektur erwies sich der Wettbewerb allerdings als grandiose Triebfeder.

... Bauernküche vom Feinsten

Die Cucina tipica toscana hält was sie verspricht: Sie ist bodenständig einfach und einfach köstlich! Allein bei dem Gedanken an eine Bistecca Fiorentina, die auf Holzkohle gegrillt wurde und mit Rosmarinkartoffeln serviert wird, läuft einem das Wasser im Munde zusammen. Aber es muss nicht unbedingt dieses Riesenstück sein, schon die Fenchelsalami ist die Reise wert!

Keine Bange, auch Vegetarier finden auf den Speisekarten eine reiche Auswahl. Man nehme Tomaten, Sellerie, Zwiebeln, Basilikum, toskanisches Brot vom Vortag (!) und einen guten Schuss des ausgezeichneten Olivenöls; fertig sind Panzanella, Papa al pomodoro - mit Zugabe von Cavolo nero dem Schwarzkohl - eine Ribollita, wie man sie nur hier genießen kann. Frischeste Zutaten machen hier selbst eine einfache Bruschetta zum Hochgenuss!

Mehr zum Thema Essen lesen Sie ab S. 202

... Wein-Legenden

Den passenden Wein zum guten Essen liefert das Chianti gleich mit. Nur innerhalb eines streng begrenzten Gebiets produzieren Weinbauern unter Einhaltung detaillierter Vorgaben in Sachen Anbau im Weinberg sowie Ausbau im Keller die Weine, die sich nur dann Chianti Classico nennen dürfen. Mittlerweile gibt es vor Ort Konkurrenz auf höchstem Niveau: Mit Landweinen in der Bastflasche, die bei uns in den 70er-Jahren in Feinkostläden angeboten wurden, haben die Supertuscans von heute rein gar nichts mehr zu tun. Jenseits von jeglichen traditionellen Vorgaben produzieren innovative Winzer Weine, die zu den Spitzengewächsen Italiens zählen.

Weißwein-Genießer kommen rund um San Gimignano auf ihre Kosten: In hellem Strohgelb, aromatisch-trocken und mit leichten 11 Prozent präsentiert sich der Vernaccia als hervorragender Begleiter toskanischer Küche.

Mehr Wein-Wissen finden Sie ab S. 206

Renaissance, Gotik und mehr

Erlebnis Kultur

Gestreifte Dome, großartige
Plätze, epochemachende
Gemälde wie Botticellis „Venus"
und in aller Welt bekannte
Skulpturen wie Michelangelos
„David" – was auf der kleinen
Fläche zwischen Florenz und
Siena an Kunst anzutreffen ist,
sprengt jeden Vergleich.

Vorab-Info Florenz: Museums-
Hopper bestellen sich am Besten die
Firenze Card auf www.firenzecard.it
oder in der App Firenzecard.
Familienmitglieder unter 18 J. nimmt
man damit gratis mit, und das lange
Anstehen erspart man sich auch.
Mehr → S. 29

Drei große architektonische Gesamtkunstwerke

Florenz: politisch, kulturell und architektonisch die Nummer eins. Hier ar-
beiteten die bedeutendsten Baumeister,
Maler und Bildhauer der Renaissance,
darunter Filippo Brunelleschi, Leonardo da Vinci, Michelangelo und Raffael.
Ihre Werke sind nicht nur im Stadtbild,
sondern auch in großartigen Museen
zu bewundern, allen voran in den
Uffizien. → S. 26

Siena: das spätmittelalterliche Gegen-
stück zur Renaissancestadt Florenz. In
Sienas kultureller Blütezeit zwischen
1250 und 1350 sind unzählige Stadt-
paläste im gotischen Stil entstanden.
Prunkstück des sienesischen Städte-
baus ist das Ensemble um den vielleicht schönsten Platz Italiens, die mu-
schelförmige Piazza Il Campo mit dem
majestätischen Palazzo Pubblico und
dem hoch in den Himmel ragenden
Torre del Mangia. → S. 362

San Gimignano: Das 7000-Einwohner-
Städtchen wird auch Manhattan des
Mittelalters genannt. Im mittelalterlichen Kern ragen noch 15 Geschlechtertürme in die Höhe, die in anderen
toskanischen Städten längst ver-
schwunden sind. Die Türme waren
kombinierte Wohn- und Verteidigungs-
anlagen der herrschenden Familien, die
sich untereinander meist nicht sonderlich grün waren: „Mein Haus, mein
Turm, mein ..." → S. 402

Drei aus der zweiten Reihe

Castellina in Chianti: neben Radda und
Gaiole eines der drei Chianti-Classico-
Weindörfer, kann gut als Mittelpunkt
des Chianti gesehen werden, kaum
Betrieb, nur kleine Sights: Die Via delle
Volte ist eine interessante Straßen-
konstruktion mit vielen Durchtunne-
lungen, abends stimmungsvoll beleuchtet und Teil der alten Stadtmauer.

Am Ortsrand findet man ein etruskisches Schachtgrab, das als Monte Calvario bekannt ist. → S. 117

Colle di Val d'Elsa: eine Mischung aus Mittelalter und Renaissance, selbst in der Hauptreisezeit eine Oase der Ruhe. Hier schwimmt die Altstadt wie ein mächtiges Schiff auf einem Tuffsteinhügel. Eine Etage tiefer liegt die modernere Unterstadt. Die Umgebung ist seit dem Mittelalter für die Glasherstellung berühmt. Die Verbindung zwischen historischer Oberstadt und der Moderne schafft ein Aufzug – selbstverständlich aus Glas. → S. 165

Certaldo: Mit einer Zahnradbahn geht es hoch in die ganz aus rotem Ziegelstein gebaute Oberstadt von Certaldo. Der ruhige Ort ist für seinen Dichter Giovanni Boccaccio und dessen Hauptwerk „Il Decamerone" bekannt. Es zählt zu den wichtigsten Dichtungen des 14. Jh. und versammelt 100 Novellen in einer Rahmenhandlung. Boccaccio ist hier ein kleines Museum gewidmet. Es gibt tatsächlich Tage, an denen man sich den Palazzo Pretorio, den eindrucksvollen Stadtpalast aus dem 12. Jh. bei einem Besuch nur mit wenigen Touristen teilen muss. → S. 172

Burgen, Schlösser und Klöster

Die Strada dei Castelli: Die SS408 verbindet zahlreiche Burgen, Festungen, Weiler und Pfarrkirchen. Orte wie Castello di Brolio, Castello di Meleto, Rocca di Castagnoli oder Spaltenna, um nur einige zu nennen, verdanken ihre Entstehung der Rivalität zwischen Florenz und Siena. Erstaunlich viele von ihnen sind heute renommierte Weingüter mit hervorragenden Chianti-Weinen. Zu besichtigen, zu bestaunen, teilweise auch zu bewohnen und – was den Wein angeht – auch in Weinproben vor Ort zu degustieren.

Badia a Coltibuono: mitten im Wald, von Steineichen und Kastanien umgeben, reiht sich das ehemalige Kloster ebenfalls auf der Route der mittelalterlichen Orte ein. Die „Abtei der guten Ernte" wurde bereits vor über 1000 Jahren gegründet. Heute wird sie von der Familie der legendären Kochbuchautorin Lorenza de' Medici bewohnt und bietet mit interessanten Führungen Einblick ins Weingut mit Uraltkellern, Renaissancegarten und viel Geschichte. Das Restaurant wird von einem der Söhne geleitet. → S. 236

Badia a Passignano: Und gleich noch ein Kloster, in diesem Fall ein „aktives" mit noch drei hier lebenden Mönchen des Vallombrosaner-Ordens. In traumhafter Lage, zwischen den Weinbergen des Hauses Antinori, sei auf die Abtei aus dem 11. Jh. vor allem wegen des Abendmahl-Freskos von Domenico Ghirlandaio hingewiesen. Zur Pfingstzeit finden im Innenhof des Klosters Konzerte statt. Ein Erlebnis – nicht nur für Klassik-Liebhaber. → S. 99

Kulturlandschaft mit Wolf

Erlebnis Natur

Denkt man ans Chianti, denkt man an Wein! Vergeblich wird man jedoch nach endlosen Rebreihen suchen. Das Gebiet zwischen Florenz und Siena ist geprägt von größeren Waldflächen, in denen sich die Weinberge und Olivenhaine wie Inseln ausnehmen. Deswegen gibt es vor Ort beachtliche Bestände von Dam- und Rehwild sowie Stachel- und Wildschweinen.

Macchia und Maronen

Die Vegetation in den Waldgebieten besteht aus Stein-, Zerr- und Flaumeichen, Mittelmeerkiefern, Pinien, Zypressen, Oliven, Besenginster, Lorbeer und den typischen Arten des mediterranen Buschwalds, der Macchia.

Esskastanien (Maronen) trifft man im östlichen Teil der Region in Monti del Chianti auf ca. 900 m. Doch auch auf herbstlichen Spaziergängen rund um die abgeschiedene Abtei Badia a Coltibuono (630 m) findet man die stacheligen Früchte. → S. 131

Zypressen in Reih und Glied

Hohe Zypressen säumen als baumgewordene Wahrzeichen der Toskana die Alleen, Anwesen und Friedhöfe. Die hohen schmalen immergrünen Bäume wurden erst in der Antike nach Europa gebracht. Wie überall in Italien wachsen sie nicht natürlich, sondern stehen in Alleen in Reih und Glied. Auf der Zufahrt zu stattlichen Villen funktionieren sie als grüne Säulen wie architektonische Elemente. Die Kunst der Renaissance – auch sie ein Kind der Toskana – hat hier Pate gestanden mit ihrer Vorliebe für Zentralperspektive und Ordnung in der Natur.

In Sachen Zypressen-Duft: empfehlen wir einen Spaziergang südlich vom Ortsausgang von Castellina in Chianti. Hier an der Chiantigiana (SS222), die von Florenz nach Siena durchs Chianti führt, bewachen Zypressen die Reste von etruskischen Ausgrabungen. In der Sommerhitze entfalten die Bäume einen herrlich harzigen Duft. → S. 117

Was kreucht und fleucht

Sommerliche Hitze lässt einen unweigerlich an die kleinen, flitzeflinken und glückbringenden Mauereidechsen denken, die sich gerne auf uralten

Trockenmauern in der Sonne wärmen. Auch Vipern gefällt es, sich dort zu sonnen – denen sollte man jedoch eher aus dem Weg gehen: giftig!

Dem Wolf sind unsere Autoren auf Wanderungen im Dickicht der Eichenwälder nur indirekt begegnet – aber ab und an stößt man auf seine Spuren.

Zurück zu den Glücksbringern: Dazu gehören auch die schwarz-weiß gestreiften, extrem spitzen Stacheln von Stachelschweinen. Man findet sie manchmal bei Wanderungen an Straßenrändern. Das Stachelschwein hatte in dem Fall weniger Glück, da der Verlust der Stacheln wohl auf einen Zusammenstoß mit einem Auto zurückgehen wird.

Agriturismi – der Tipp für den Urlaub auf dem Lande

Die Agriturismo-Formel – Urlaub auf dem Bauernhof – hat vielerorts eine Vielzahl von Übernachtungsadressen hervorgebracht. Wir halten sie für die ideale Form, um zwischen Florenz und Siena Land, Leute und regionale Spezialitäten kennenzulernen. Etwas Italienisch lernt man nebenbei. Die Gastgeber mit ihren landwirtschaftlichen Betrieben und die Biobauern bringen einen teilweise in wirklich herrlichen Anwesen unter. Wein, Oliven, Käse-, Salami- und Aufschnittspezialitäten, eine ordentliche Bistecca vom Bio-Rind, Schafe, Ziegen und Hühner sind die eigentlichen Protagonisten in diesen Quartieren. Und im besten Fall ist für den Gast abends eine Tafel gedeckt, an der Platz genommen wird, um bei Wein und gutem Essen den Tagesausflug Revue passieren zu lassen.

Schauen Sie sich doch mal die folgenden Agriturismo-Anbieter an, es sind nur drei, die für viele stehen. Weitere empfehlenswerte Adressen finden Sie im Reiseteil dieses Buchs:

Villa Spoiano in Tavarnelle Val di Pesa: Es erwartet Sie ein Urlaub in einer herrschaftlichen Medici-Villa oder in Bauernhäusern auf dem inmitten von Weinbergen gelegenen Biobauernhof. Weinanbau, die berühmten Cinta-Senese-Schweine, Rinder und besagte gemütliche Abendtafel mit hauseigenen Produkten. Tipps für den Tag gibt es beim üppigen Frühstück gratis auf der Terrasse. → S. 100

Casa Vacanze Poderi Val Verde in Castellina: Auf dem alten Landgut in herrlich ruhiger Lage fühlt man sich sofort wohl und das auch für länger. Die Wirtin bietet Kochkurse an, ihr Sohn lehrt die Kunst des Bogenschießens; schöne, urige Atmosphäre! Das Essen war köstlich! → S. 121

Poggio Alloro bei San Gimignano: Der Bio-Bauerhof mit Rindern, Schweinen, Gemüse- und Getreideanbau bietet eine gute Gelegenheit, das richtige toskanische Landleben einmal intensiver kennenzulernen! Am Samstag gibt es Bistecca Fiorentina vom Holzkohlengrill – klasse! → S. 184

Die Kuppel des Doms ist das Wahrzeichen von Florenz

Unterwegs

zwischen Florenz und Siena

Florenz und Florentiner Umland

Millionen Besucher können nicht irren: Diese Fülle an Kunst und Kultur ist eine Reise wert. Besonders die Zeugnisse der Renaissance begegnen einem auf Schritt und Tritt. Gut, dass wir außer den Top-Sehenswürdigkeiten auch die Plätze beschreiben, wo Sie ins echte Florentiner Leben eintauchen und die Stadt einfach nur genießen können. Deshalb zeigen wir Ihnen auch die Sommerfrische-Orte im grünen Florentiner Umland.

Fiesole zum Beispiel, hoch über Florenz, verwandelt sich von Juni bis August in eine Freilichtbühne. Die Veranstaltungsreihe **Estate Fiesolana** ist einer von vielen guten Gründen für einen Besuch. → S. 94

Florenz findet nicht nur in Museumssälen statt. Florenz, das sind auch Jazzkonzerte auf historischen Plätzen, Kammermusik in ehrwürdigen Palästen, Kunststudenten, die am Fluss Porträts zeichnen, und die Schmuckkäufer auf der **Ponte Vecchio.** Dicht an dicht reihen sich auf der ältesten Brücke der Stadt kleine Juweliergeschäfte zu einer einzigen Ladenzeile.

Florenz zählt neben Rom und Venedig zu den kulturellen Schwergewichten Italiens. Es ist architektonisch allerdings nüchtern, seine Paläste wirken streng und ähneln eher Festungen. Und doch ist hier unendlich viel Interessantes zu entdecken – nicht nur in der touristischen Altstadt rund um **Piazza della Signoria** und **Piazza del Duomo.**

Immer wieder wird man in Florenz auf die **Medici** stoßen. Die Bankiersfamilie überspannte den Kontinent mit einem Netz von Bankfilialen und Handelsniederlassungen und prägte wie keine andere das Aussehen und das Selbstbewusstsein der Stadt.

Was anschauen?

Uffizien: Die Galerie hält eine unermessliche Fülle weltberühmter Kunstwerke aus vielen Epochen bereit. Um seinen Schätzen gerecht zu werden, wurde das Haus neu strukturiert. Unbedingt reservieren! → S. 31

Grabkapellen der Medici: Das Familiengrab ist in einem kühlen Kuppelbau untergebracht und im Inneren prachtvoll mit Marmor und Halbedelsteinen dekoriert. Die zugehörige Werkstatt existiert bis heute. → S. 39

Michaelangelos „David": eine *der* Persönlichkeiten der Stadt! Michelangelos

Meisterwerk begegnet einem an vielen Orten. Der echte steht in der Galleria dell' Accademia . Die Kopie vorm Palazzo Vecchio sieht ebenfalls sehr gut aus! → S. 40

Santo Spirito: die besondere unter den vielen Kirchen der Stadt. Etwas abseits am südlichen Arnoufer, birgt der schlichte Bau ein hölzernes Kruzifix von Michelangelo. → S. 52

Palazzo Strozzi: zeitgenössische, tonangebende Installationen und Ausstellungen. → S. 55

Piazza della Repubblica: das nostalgische Karussell, der römische Torbogen, das schöne Kaffeehaus Gilli, – ein herrlicher Ausgangspunkt fürs Shopping. → S. 80

Wo relaxen?

Piazzale Michelangelo: Der Aussichts-Spot Nr.1 ist immer wieder ein Erlebnis! Es ist der schönste Blick, den man auf die Stadt haben kann – und teilt ihn entspannt mit allen anderen. → S. 44

Wer zum Erholen exotische Bäume und seltene Pflanzen braucht – der **Orto Botanico** ist einer der ältesten botanischen Gärten der Welt und eine grüne Oase im Zentrum der Stadt. → S. 57

Zum Chillen mit Dom-Blick empfehlen wir die Rooftop-Bar **Caffè del Verone** über dem Museum Spedale degli Innocenti. → S. 49

Was und wo essen und trinken?

In Florenz müssen jährlich 5 Millionen Besucher verköstigt werden. Entsprechend hoch ist die Dichte von Gaststätten, vom Fastfood bis zum Gourmettempel. Kulinarisches Glanzstück ist das **Bistecca alla fiorentina.** Ein kräftig gewürztes, gegrilltes Steak, 3–4 cm dick, rund 800 g schwer und von einer Person allein kaum zu schaffen. Den Selbstversuch startet man z. B. in der **Trattoria Burrasca** in der Nähe des Marktes. → S. 79

Etwas ganz Besonderes sind die nostalgischen **Kaffeehäuser** von Florenz – **Paszkowski, Gilli oder Rivoire.** Hier schlürft man stilvoll den Caffè, nascht Käsekuchen und Schokoladiges oder stimmt sich bei einem Aperitivo aufs abendliche Essengehen ein. → S. 80

Apropos Aperitivo! Der Abend könnte auch in einer der Bars auf der schönen **Piazza Santo Spirito** beginnen. → S. 26

Trendig loungt man im **La Ménagère**, einem uralten Haushaltswarenladen mit Originaleinrichtung und allerlei Raffinessen. → S. 81

Was und wo shoppen?

Parfümerie Flor: Atemberaubend, nicht nur was die Auswahl an Parfums, Essenzen, Seifen und Salben anbelangt. Die fulminante Inneneinrichtung ist ein Traum! Im Keller ist das Laboratorium der Düfte untergebracht. Souvenirs in jeder Preisklasse. → S. 63

Bottega von Maestro Dari: Schauen Sie doch mal vorbei, in diesem Zwischending aus Museum und Werkstatt mit Alchimistenflair. Besonders dann, wenn Sie Renaissance-Goldschmuck der besonderen Art brauchen. → S. 113

Der Dom von Florenz

Geschichte der Stadt Florenz

Über Jahrhunderte zählte Florenz zur geistig-kulturellen sowie politischen Avantgarde Europas. Vor allem in der Renaissance blühten Philosophie, Literatur, Wissenschaft und die bildende Kunst, das Bank- und Finanzwesen boomte, der Florin war die härteste Währung Europas und Florenz ein Vorläufer moderner Staaten.

Die Stadt geht wahrscheinlich auf eine Gründung der Etrusker zurück, die unterhalb von Fiesole am Arno einen Hafen anlegten. Fiesole war seit dem 9. Jahrhundert von Etruskern bewohnt. Im 1. Jahrhundert v. Chr. lehnte es sich gegen Rom auf, 90 v. Chr. ließ Lucius Porcius Cato die Stadt zerstören. Ein halbes Jahrhundert später siedelten sich unter Julius Caesar verdiente Kriegsveteranen am Flussufer des Arno unterhalb von Fiesole an. Die Siedlung erhielt den Namen *Florentia*, „Die Blühende". Florentia kam bald zu Wohlstand und entwickelte sich in dieser Zeit zu einer typisch römischen Ansiedlung mit Theater, Forum, Kapitol und Thermen. Römische Reste sind im Untergeschoss des Palazzo Vecchio zu besichtigen.

In den Jahrhunderten nach dem Niedergang des Römischen Reichs wurde die Stadt mehrfach geplündert; neben Hunnen und Goten fielen auch die Langobarden ein. Erst unter Kaiser Karl dem Großen ging es mit Florenz wieder bergauf. Ab dem 11. Jh. kam es zu einem wirtschaftlichen Aufschwung, der sich ein Jahrhundert später durch die Kreuzzüge noch verstärkte. Dank der günstigen Lage zwischen Europa und dem Orient gewannen die italienischen Städte zunehmend an Bedeutung. Der Warenumschlag wurde über die Häfen Genua, Venedig und Pisa abgewickelt, im Binnenland entstanden große Handelsstädte. Florenz tat sich dabei vor allem durch den Tuchhandel hervor, der die Stadt ab dem 13. Jahrhundert zu einer Handelsmacht werden ließ. Ab 1252 wurde zudem der Goldflorin geprägt.

Das 13. Jahrhundert war aber auch geprägt von den machtpolitischen Auseinandersetzungen zwischen kaisertreuen **Ghibellinen** und papsttreuen **Guelfen,** in die fast alle bedeutenden ober- und mittelitalienischen Städte verstrickt waren. Die Finanzelite von Florenz schlug sich zusammen mit Lucca auf die Seite der Guelfen, da man sich von der Kirche mit ihren weltweiten Handelsbeziehungen Vorteile versprach. Nach schweren Kämpfen wurden die Ghibellinen 1250 aus Florenz vertrieben, und es entstand eine der ersten nichtaristokratischen Verfassungen des Mittelalters – ein vom Finanzbürgertum getragenes politisches System, das natürlich keine Demokratie in unserem Sinne war: Unter den etwa 50.000 Stadtbewohnern gab es nur 6000 „Vollbürger", die politischen Einfluss hatten. Nur sie durften Ämter übernehmen. Die Macht im Stadtstaat oblag ab dem 14. Jahrhundert wenigen reichen Familien. Eine bedeutende Rolle in der Verfassung von Florenz spielten darüber hinaus die neu gebildeten **Zünfte.**

Aber nicht nur Aufstieg und wirtschaftliche Blüte prägten die Stadt. 1348 wurde Florenz von der Pest heimgesucht, hinzu kamen Hungersnöte und Überschwemmungen – und nach einer dramatischen Bankenpleite der

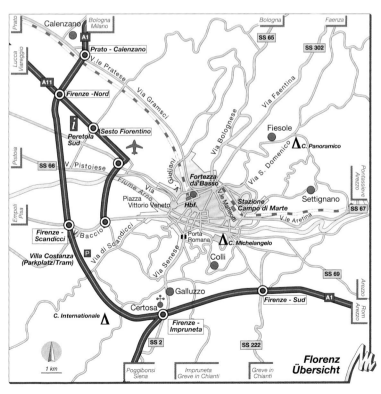

mächtigen Bardi und Peruzzi auch soziale Unruhen wie der Aufstand der Wollweber im Jahr 1378. Aus den politischen Wirren Ende des 14. Jahrhunderts ging eine Familie siegreich hervor, die die Geschicke der Stadt bis ins 18. Jahrhundert bestimmen sollte: die **Medici.** Im Laufe der Vertreibung des Adels (der ghibellinischen Kaisertreuen) war es ihnen gelungen, ein immenses Vermögen anzuhäufen, und bald zählten sie zu den Strippenziehern einer neuen Geldaristokratie. Zwischen 1400 bis 1440 war der Florentiner Staat auf dem Höhepunkt seiner wirtschaftlichen Macht. 1406 wurde auch die Erzrivalin Pisa besiegt: Florenz hatte endlich einen eigenen Hafen und war nicht mehr vom Wohlwollen Genuas und Venedigs abhängig.

Demokratie der Zünfte

Alle angesehenen Berufsgruppen (z. B. Handwerker und Geschäftsleute) organisierten sich in den Zünften und hatten damit das Recht, sowohl den Beamtenapparat als auch die gesetzgebenden Körperschaften der Stadt zu wählen. Zunft- und damit politisch rechtlos waren die Tagelöhner und Arbeiter, die nur kurzfristige Arbeitsverträge hatten, so etwa der größte Teil der Wollarbeiter, im Übrigen aber auch Adel und Klerus.

Aus den sieben oberen Zünften, der neuen Aristokratie der Stadt, rekrutierten sich die wichtigsten Beamten und die gesetzgebenden Körperschaften. In die Stadtverwaltung, die sog. *Signoria*, wurden aus den sechs Stadtteilen alle zwei Monate (!) je zwei *Priori* (Vorsteher) gewählt, insgesamt also zwölf. Diese mussten während ihrer Amtszeit gemeinsam im „Rathaus" wohnen, essen und schlafen und sich ausschließlich ihrem Amt widmen. Sie durften niemals allein unters Volk gehen, sondern immer nur in Gruppen. Mit diesen Maßnahmen wollte man eine gegenseitige Kontrolle sicherstellen und der Korruption vorbeugen.

Daneben gab es zwei Stadtkommandanten: Der *Podestà* musste aus einer anderen Stadt stammen und wurde für ein Jahr gewählt. Er durfte kein anderes Privathaus als sein eigenes betreten, um Einflussnahme auf seine Amtsführung durch andere Familien zu verhindern. Der *Capitano*, ebenfalls von den Bürgern gewählt, hatte die Aufgabe, den *Podestà* zu überwachen. Seine Amtszeit dauerte ein halbes Jahr. Ein wichtiger Mann im Staate war der *Gonfaloniere*, der Oberbefehlshaber der Bürgermiliz, die gegen die ständigen Übergriffe der entmachteten Adeligen aufgestellt worden war. Der Gonfaloniere war befugt, einen Edelmann hinrichten zu lassen, falls er des Mordes an einem *Popolano* (einfacher Mann) überführt worden war. Bei leichteren Vergehen wurde indes „nur" eine Hand abgehackt.

Insgesamt scheute die sogenannte Zunft-Demokratie keinen Aufwand, um ihre Amtsinhaber zu kontrollieren und eine Konzentration von Macht sowie Amtsmissbrauch zu verhindern.

Umzug in historischen Kostümen vor der Loggia dei Lanzi

Cosimo II Vecchio und **Lorenzo II Magnifico,** die beiden bekanntesten Medici, erwarben sich Ansehen im Volk wie in der Kirche, indem sie künstlerische Talente förderten und die Stadt mit den Kunstwerken schmückten, die Florenz zur Wiege der Renaissance machten. Während sich Cosimo als Mäzen betätigte und u. a. den Architekten *Brunelleschi* sowie den Bildhauer *Donatello* förderte, machte sich Lorenzo als Kunstsammler einen Namen. Er förderte junge Künstler wie *Michelangelo* und vergab Auftragsarbeiten an bereits erfolgreiche wie *Botticelli.* Durch sein Mäzenatentum prägte Lorenzo die Stadt entscheidend. Gleichzeitig aber geriet die hauseigene Bank in schwere finanzielle Bedrängnis.

Trotz aller Liebe zu den schönen Künsten regierten die Medici nicht weniger autokratisch als andere Herrscher der Zeit. Mit polizeistaatlicher Überwachung, Wahlschwindel und Verfassungsänderungen setzten sie ihre Alleinherrschaft ohne viel Federlesens durch. Zwar war Florenz auf dem Papier immer noch Republik, doch ohne die Einwilligung der Medici lief nichts.

Bei der **Pazzi-Verschwörung** (1478) demonstrierten die Medici auf brutale Weise ihre Macht und Härte: Als der Bankier Pazzi sich in die Geschäfte zwischen den Medici und dem Papst einzumischen versuchte und es kurz darauf im Dom zu einem Mordanschlag auf Lorenzo Il Magnifico kam (bei dem sein im Volk beliebter Bruder *Giuliano* umkam), ließ der Herrscher mehr als 80 Menschen, die irgendwie mit dem Anschlag in Verbindung gebracht wurden, hinrichten.

Lorenzo starb 1492 an der Gicht, dem Familienleiden der Medici, und zwei Jahre später, nachdem sich Lorenzos Sohn *Piero* in der Auseinandersetzung mit *Karl VIII.* als unfähig erwiesen hatte, übernahm der Mönch und charismatische Prediger **Fra Girolamo Savonarola** die Macht in Florenz: Für die nächsten 14 Jahre wurde der Medici-Clan aus der Stadt vertrieben. Savonarola predigte die Rückkehr zum wahren Christentum und ließ – auf dem Höhepunkt seiner Macht – am Faschingsdienstag 1497 bei der berüchtigten **Verbrennung der Eitelkeiten** sämtliche „sündigen" Gegenstände (in erster Linie Luxusgüter) gewaltsam aus den

Häusern holen und öffentlich verbrennen. Damit hatte Savonarola allerdings den Bogen überspannt und sich den Hass der Stadtväter zugezogen. Beim Versuch, ein Konzil einzuberufen, wurde er vom Borgia-Papst Alexander VI. exkommuniziert, 1498 zum Tode verurteilt, hingerichtet und sein Leichnam auf dem Scheiterhaufen auf der **Piazza della Signoria** verbrannt. Ein letztes Mal wurde nun versucht, die republikanische Ordnung wieder herzustellen.

Doch die Oligarchenfamilien waren zu stark. 1512 kehrten die Medici zurück und bauten Florenz zu einem Polizeistaat mit Geheimpolizei, gekauften Söldnern und Terrorjustiz aus. Tausende Florentiner verschwanden in geheimen Kerkern. Der Medici-Papst *Leo X.*, Sohn von *Lorenzo Il Magnifico*, lenkte nun von Rom aus die Geschicke der Stadt. Ein weiterer Medici-Papst, Clemens VII. (ein außerehelicher Sohn von Giuliano de' Medici), machte 1532 *Alessandro de' Medici* (wahrscheinlich sein Sohn) zum Herzog von Florenz. Alessandro wiederum wurde 1537 von seinem Vetter Lorenzo ermordet. Damit endete der „erste Zweig" der Medici-Familie und aus dem Mugello-Gebiet wurden Verwandte gerufen, die mit Cosimo I. die Herrschaft der Medici weiterführten. 1569 wurde aus dem absolutistischen Stadtstaat der Flächenstaat Toskana – die Medici-Fürsten nannten sich fortan „Großherzöge der Toskana".

Bis ins 18. Jahrhundert dauerte die Herrschaft der Großherzöge ohne Unterbrechung. Mit dem Tod des letzten Medici *Giovanni Gastone* im Jahr 1737 nahm die Dynastie ihr Ende, denn Gastone hinterließ keine Nachkommen. Die letzte Großtat der Medici ist seiner Schwester *Anna Maria Luisa* zu verdanken, die in ihrem Testament verfügte, dass die gewaltigen Kunstschätze der Familie in Florenz zu bleiben hatten.

Nach Gastones Tod übernahmen die Habsburger die Macht über Florenz; sie beherrschten damals die gesamte Toskana. Ihre Herrschaft dauerte – unterbrochen von der napoleonischen Ära – gut 120 Jahre, bis 1859 der letzte Österreicher Hals über Kopf aus Florenz fliehen musste. Die Toskana schloss sich dem neu gegründeten **Nationalstaat Italien** an. Zwischen 1865 und 1871 war Florenz kurzzeitig sogar Hauptstadt des jungen Staates, ein flüchtiger Glanz für die einst so mächtige Stadt der Medici.

Niccolò Machiavelli

Der Spross einer verarmten Beamtenfamilie war ein überzeugter Republikaner. Als nach ihrer Vertreibung die Medici 1512 erneut die Macht übernahmen, versuchte Machiavelli, sich bei den neuen, alten Machthabern eine Position zu ergattern. In seinem Buch „Il principe" (1513, auf deutsch 1804 unter dem Titel „Der Fürst" erschienen) vertritt Machiavelli die These, dass das erste Ziel jedes politischen Handelns dem Erhalt der Staatsmacht dienen müsse. Insbesondere in Krisenzeiten sei es deshalb geboten, sich über ethische Normen und geltendes Recht hinwegzusetzen und bei äußerer und innerer Bedrohung auch radikale Instrumente einzusetzen, um die Macht aufrechtzuerhalten. Dies kann freilich nur funktionieren, wenn keine Instanz über dem Machthaber steht, also nur für einen absolutistisch regierenden Herrscher. „Machiavellismus" steht seitdem für skrupellose Machtpolitik.

Drei Spaziergänge durch Florenz

Ein Streifzug durch die im Mittelalter gewachsene Stadt mit ihren Kunstschätzen ist ein Erlebnis. Besser als in den überfüllten Gallerie degli Uffizi oder dell'Accademia lassen sich die großen Meister in den relativ ruhigen Klosterkirchen studieren. Zum ersten Kennenlernen der Stadt haben wir hier Spaziergänge für Sie ausgearbeitet.

Tour 1: Von Piazza zu Piazza im Zentrum der Stadt

Knapp 3 km bummeln wir von Platz zu Platz durch San Giovanni, das trubelige Zentrum der Stadt. Dabei führt der Weg nicht nur an den schönsten Plätzen vorbei, sondern auch an den wichtigsten Sehenswürdigkeiten.

Unser Spaziergang beginnt auf der **Piazza Santa Croce,** links der Kirchenfassade beim Denkmal von Dante Alighieri. Es folgen die **Piazza della Signoria** mit dem Rathaus **Palazzo Vecchio** und – Treffpunkt der Florentiner – die **Piazza del Duomo,** der Domplatz mit der Kathedrale und Taufkirche. Wir erreichen die **Piazza Santissima Annunziata,** einen der schönsten Plätze der Stadt, und gehen weiter bis zur **Piazza San Marco.** An der **Piazza della Repubblica** angekommen, befinden wir uns auf der Hauptachse für Shopping-Freunde. Am **Palazzo Strozzi** vorbei gelangen wir über der elegante Via Tornabuoni zur **Piazza Santa Maria Novella.** Von hier ist es noch ein kurzes Stück zur **Piazza Goldoni,** wo wir schließlich den Arno erreichen. Wegstrecke 3,5 km.

Die Spaziergänge finden Sie übrigens auch auf dem Stadtplan auf S. 70/71.

Florenz und Florentiner Umland → Karte S. 21

Nostalgie an der Piazza della Republicca

Tour 2: „Auf und Ab"
Südlich des Arnos zur Piazzale Michelangelo und San Miniato

Vom Ponte Vecchio gehen wir durch Straßenzüge, in denen uns nur wenig Verkehr und Touristen begegnen.

Auf der Costa dei Magnoli beginnt unser erster „Anstieg". Stetig bergauf erreichen wir die Festung **Forte di Belvedere,** eine sehenswerte Anlage, die aber nur im Rahmen von Ausstellungen zu besichtigen ist. Nun spazieren wir zunächst abwärts über die **Via di Belvedere** an der alten Stadtmauer von Florenz entlang, bis der Weg wieder ansteigt: Eine breite Steintreppe, die **Via San Salvatore al Monte,** führt uns hoch zur **Piazzale Michaelangelo,** die wir zunächst links liegen lassen. Unser Ziel ist die **Abbazia San Miniato al Monte,** deren Fassade weithin strahlt. Hier angelangt, können wir kurz rasten. Dann suchen wir den Durchgang links vor der Kirche bzw. rechts der Farmacia, der uns wieder hinaus und auf die Via delle Porte Sante hinab und zurück zur **Piazzale Michelangelo** führt. Hier das Panorama genießen!

Der Piazzale-Michelangelo-David

Nun geht es nur noch bergab über die Treppe und ein Stück Asphaltstraße, bis zum Eingang eines Rosengartens, dem **Giardino delle Rose** (Eintritt frei). Durch den duftenden Garten gehen wir in Richtung „Exit", der durch einen Mauerdurchschlupf wieder zur Straße führt. Jetzt die Via del Monte alle Croci rechts hinab.

Durch die **Porta San Miniato** erreichen wir **San Niccolò,** ein hübsches Künstlerviertel. An der Ecke Via San Niccolò/Via Olmo können wir noch einen Blick ins Atelier des Streetart-Künstlers Clet werfen. Der Spaziergang endet schließlich wieder am Arno. Wegstrecke ca. 3,2 km.

Tour 3: Im „Oltrarno"
Abseits der Touristenpfade auf der anderen Seite des Arno

Der Spaziergang führt durch die beiden Stadtviertel südlich des Arnos, **Santo Spirito** und **San Frediano,** eine Gegend, die auch „Oltre Arno" heißt. Auf der kurzen, schönen Tour entdecken wir das „alte Florenz" mit seinen Handwerksbetrieben und Werkstätten. Hier ist es ruhiger und beschaulicher als auf der anderen Flussseite.

Wir starten auf der **Piazza Pitti** vor dem wuchtigen Palazzo Pitti. Von dort geht es in die Gassen von Santo Spirito. Vorbei an der malerischen **Piazza della Passera** führt der Weg zur **Piazza Santo Spirito** mit ihren Bars und Cafés, die zum Verweilen einladen. Abseits der ausgetretenen Pfade erreichen wir über die **Piazza del Carmine** die Kirche San Frediano und die **Porta San Frediano,** eines der Stadttore von Florenz. Gesäumt von Bars, Botteghe (Werkstätten) und kleinen Lokalen, führt der Spaziergang über den Borgo San Frediano und die Piazza Sauro zum **Ponte Carraia** über den Arno. Wem hier nach einer Erfrischung zumute ist: Links vor der Brücke gibt es eine gute Gelateria. Wegstrecke 2,3 km.

Sehenswertes in Florenz

Das Florenz, das wir heute noch lieben und bewundern, entstand im Wesentlichen in der Renaissance. Die meisten seiner Sehenswürdigkeiten liegen im Dreieck zwischen Dom, Piazza della Signoria und Ponte Vecchio. Hier ist man mit zahllosen anderen Touristen unterwegs – in den Seitenstraßen daneben reißt die Besucherschlange schnell ab.

Florenz wurde im ausgehenden Mittelalter geplant und systematisch angelegt. Dabei wurden die unterschiedlichen Zünfte wie Schuhmacher, Tuchhändler oder Metzger in jeweils separaten Straßenzügen angesiedelt. Gelockert wurde dieses Prinzip erst durch die *Medici* und andere Bankiersfamilien der Renaissance. Für deren Paläste wurden oft halbe Straßenzüge niedergerissen und neu aufgebaut.

Piazza della Signoria

Einer der berühmtesten Plätze Italiens mit großartiger Gebäudekulisse, dominiert vom Palazzo Vecchio (Rathaus) und der Loggia dei Lanzi. Eine Oase der Ruhe ist die Piazza della Signoria trotz Autoverbots nicht – der Platz ist meist voller Menschen –, seiner Ausstrahlung tut dies jedoch kaum Abbruch.

Der große Brunnen vor dem Palazzo wurde von *Ammannati* entworfen. Er war, wie der zeitgenössische Ausspruch belegt („Oh Ammannati, welch schönen Marmor hast du verschwendet!"), seinerzeit nicht unumstritten. Wie dem auch sei, der frisch restaurierte Neptun als „schwammiger Weißling" ist ein beliebtes Fotomotiv. Rechts neben ihm hockt *Donatellos* berühmter Löwe Marzocco mit dem Stadtwappen, der florentinischen Lilie (eine Kopie). Gleich daneben das eben-

Der Neptunbrunnen an der Piazza della Signoria

Florenz und Florentiner Umland ↓ Karte S. 21

falls von *Donatello* geschaffene Figurenpaar „Judith und Holofernes", ebenfalls eine Nachbildung, die aber weit weniger ausdrucksstark ist als das Original, das man heute im Inneren des Palazzo Vecchio bewundern kann. Vor dem Eingangsportal posieren links *Michelangelos* berühmter „David" (auch eine Kopie, das Original ist in der **Galleria dell'Accademia** zu sehen) und rechts „Herkules und Cacus" von *Baccio Bandinelli*, das als sein Hauptwerk gilt. Ganz links auf dem Platz erhebt sich das Reiterstandbild Cosimos I., ein Werk von *Giambologna*.

Nicht weit vom Brunnen entfernt ist eine Schrifttafel in den Boden eingelassen. Hier wurde 1498 die Leiche des Dominikanerpredigers *Savonarola* verbrannt. In einer Zeit wachsender Unzufriedenheit mit den von den Medici aufgebauten Herrschaftsstrukturen suchte er die Rückbesinnung auf die christlichen Ideale der Stadtrepublik. Der Papst jedoch ließ den Unruheherd ersticken. Die Legende berichtet, Savonarolas Herz sei nach seiner Verbrennung unversehrt in der Asche gefunden worden.

Loggia dei Lanzi

Die Bogenhalle an der Piazza della Signoria, auch **Loggia della Signoria** genannt, stammt aus der Zeit des Übergangs von der Spätgotik zur Renaissance, Ende des 14. Jahrhunderts. Hier wurden die Stadtoberen gewählt und offizielle Empfänge gegeben. Die Loggia wurde im 16. Jahrhundert nach der Leibwache Cosimos I. benannt, der hier die Lanzichenecchi (Landsknechte) untergebracht hatte.

Heute sind hier vor allem Skulpturen aus der römischen Antike und der Florentiner Spätrenaissance zu sehen. Von *Giambologna* stammen „Der Raub der Sabinerinnen" und „Herkules ringt mit dem Zentauren". Neueren Datums ist „Der Raub der Polyxene" von *Pio Fedi* (1866).

Das populärste Werk der Loggia ist der „Perseus" von *Benvenuto Cellini*, eine Bronzearbeit aus dem Jahr 1554. Perseus hält in seiner Linken triumphierend den abgeschlagenen Kopf der Medusa – in dicken Trauben hängt noch Blut daran ... Der Hinterkopf des Perseus ist ein Selbstporträt Cellinis, also lohnt ein Blick auch von hinten.

Nach *Cellinis* Autobiographie lassen sich die Umstände bei der Gestaltung des „Perseus" so beschreiben: Cellini hatte am französischen Hof gearbeitet und kam, von Heimweh getrieben, nach Florenz zurück. Bei den anderen Künstlern der Stadt fand er keine Unterstützung, da er als Fürstengünstling galt. Kein Mensch traute Cellini das technisch schwierige Werk zu. Probleme ergaben sich besonders wegen der weit auseinandergezogenen Arme und Beine der Skulptur – hier konnten sich beim Guss leicht Luftblasen bilden. Als die Form endlich zum Guss fertig war und der Schmelzofen glühte, bekam der Künstler hohes Fieber, musste die Arbeit abbrechen, und seine Gesellen vollendeten für ihn das Werk. Der Guss gelang – und Cellini war unversehens genesen.

Palazzo Vecchio

Das Rathaus. Hier regierten zur Zeit der Zunftdemokratie die zwölf Stadtoberen, die jeweils für 60 Tage gewählt wurden. In ihrer kurzen Amtszeit mussten sie im Palast leben und durften ihn nur zur Erledigung der Amtsgeschäfte verlassen. So sollte eine Einflussnahme von außen verhindert werden.

Der große, rechteckige Bau mit gotischen Fenstern und mittelalterlicher Brüstung, erbaut zwischen 1298 und 1314, soll auf einen Entwurf *Arnolfo di Cambios* nach dem Vorbild des Herrschergebäudes von Poppi im Casentinotal zurückgehen. Di Cambio gilt auch als erster Baumeister des Doms. Bis 1588 wurde der Palast in mehreren Etappen erweitert. Später war der Palazzo

Eintrittspreise und Kartenvorverkauf für die großen Museen

Der Besuch interessanter Gebäude und Ausstellungen summiert sich in der Hauptsaison leicht auf einen hohen zweistelligen Betrag. Bei Wechselausstellungen sind die Preise noch höher, selbst wenn man nur die Klassiker sehen möchte.

Die **Firenze Card (FC)** ist für Museumsgänger bei mehrtägigem Stadtaufenthalt überlegenswert. Die Karte kostet ab 85 € und verschafft Eingang zu den meisten großen Museen (z.B. Uffizien). Die Karte ist nicht übertragbar und exakt 72 Std. nach Betreten des ersten Museums gültig. Kartenbesitzer können Familienmitglieder unter 18 Jahren gratis mitnehmen. Ein- und dasselbe Museum darf nur einmal besucht werden. Die Firenze Card berechtigt zur Nutzung von besonders gekennzeichneten Eingängen zu den wichtigsten Museen, um so den Warteschlangen zu entgehen bzw. diese zu verkürzen. Die Karte enthält eine App mit Infos zu Veranstaltungen der Museen.

Beim Online-Erwerb unter www.firenzecard.it erhält man einen Gutschein, den man vor Ort einlöst: im Touristbüro am Flughafen/Bahnhof, im Infobüro Via Cavour, am Infopoint Bigallo oder an den Kassen des Palazzo Vecchio, des Palazzo Strozzi, des Museums Bardini oder der Cappella Brancacci.

Wer die Firenze Card erst in Florenz kauft, wendet sich an folgende Stellen: Infobüro in der Via Cavour oder am Hauptbahnhof, die Kassen der o. g. Stellen (zusätzlich Santa Maria Novella, Museo del 900, Palazzo Pitti, Bargello, Uffizien). **Museen, für die die Firenze Card gültig ist, sind im Text mit (FC) markiert.**

Ermäßigungen: In vielen staatlichen Museen haben Jugendliche unter 18 Jahren freien Eintritt. Ein (kostenloses) Ticket muss trotzdem gelöst werden – ums Schlangestehen kommt man nicht herum.

Telefon-/Online-Reservierung für die wichtigsten staatlichen Museen: In der Saison ist es inzwischen fast unmöglich, eine Eintrittskarte ohne Voranmeldung zu ergattern. Die Warteschlangen sind meist 100–200 m lang. Nach Anmeldung unter ℡ 0039-055-294883 (Mo–Fr 8.30–18.30, Sa 8.30–12.30 Uhr, manchmal hängt man lange in der Warteschleife) wird dem Interessenten zunächst eine Buchungsnummer zugeteilt (Vorverkaufspreis 4 €), mit der man an den Vorverkaufsstellen *(Biglietteria di prenotazioni)* sein Ticket erhält. Online-Reservierungen sind über www.firenze musei.it möglich. Wie auch immer, mit einer Vorabreservierung spart man sich Wartezeit, die mitunter bis zu 4 Stunden betragen kann.

Aufgepasst: Öffnungszeiten, Eintrittspreise und Ermäßigungskriterien sind stetem Wandel unterworfen. Die angegebenen Daten können aktuell abweichen. Empfehlenswert ist es, unmittelbar vor der Reise einen Blick auf die regelmäßig aktualisierten Internetseiten www.firenzeturismo.it zu werfen oder, besser noch, direkt mit den Museen oder der Touristinformation Kontakt aufzunehmen – doch selbst die gibt keine Gewähr auf ihre Informationen ...

Sitz *Cosimos I.* und weiterer Medici. Die Bezeichnung „vecchio" (alt) erhielt er, nachdem die Großherzöge in den neuen Herzogspalast, den Palazzo Pitti, umgezogen waren.

Der Palazzo Vecchio ist bis heute das Rathaus von Florenz

Innenhof: Der von außen sehr schlicht wirkende Palazzo ist im Inneren umso aufwendiger und prunkvoller gestaltet. Man betritt zunächst einen Innenhof mit Säulengang, geschmückt mit Fresken und Stuckarbeiten. Der Brunnen geht auf einen Entwurf *Vasaris* zurück. Der leichtfüßige Bronzeputto, der über dem Brunnen zu schweben scheint, ist eine Nachbildung des Originals von *Verrocchio*, das sich heute auf der Juno-Terrasse im Palastinneren befindet.

An den Innenhof grenzt der einzige Raum, der aus der Erbauerzeit noch unversehrt erhalten ist: der *Waffensaal*, der häufig für Veranstaltungen genutzt wird. Der Freskenschmuck des Saals stammt von *Vasari*.

1. Stock: Die berühmteste Räumlichkeit im 1. Stock ist der „Saal der Fünfhundert". Ursprünglich waren *Michelangelo* und *Leonardo da Vinci* damit beauftragt worden, die Saalwände mit Fresken über die beiden siegreichen Schlachten der Republik Florenz auszuschmücken (Schlacht von Cascina, 1364, und Schlacht von Anghiari, 1440).

Keines dieser Projekte wurde jedoch realisiert: Leonardo musste die Arbeiten abbrechen, weil ihm beim Erproben einer neuen Technik die Farben an der Wand zerrannen. Michelangelo hat nur die vorbereitenden Zeichnungen in Originalgröße hinterlassen, nach denen man das Fresko auf die Wand übertrug. Immerhin ist sein Werk „Genius des Sieges" zu sehen, die Statue eines Jünglings, der einen Riesen bezwingt (1533–34 für Papst Julius II. gefertigt, seit 1980 im „Saal der Fünfhundert"). Daneben steht eine Serie von Herkules-Statuen, die amüsanteste vielleicht „Herkules und Diomedes" von Vincenzo de Rossi: Diomedes geht dem griechischen Helden handgreiflich ans Gemächt.

Vom „Saal der Fünfhundert" gelangt man ins „Studiolo", das Studierzimmerchen Francescos I., Sohn von Cosimo I. Wände und Decken sind dicht an dicht mit farbenprächtigen Gemälden überzogen. Gegenüber liegt der Eingang zu den großherzoglichen Gemächern, den sogenannten „Quartieri". Jeder Saal im „Quartiere Leone X", nach dem Medici-Papst Leo X. benannt, ist einem berühmten Mitglied der Familie gewidmet (zugänglich sind nur die ersten drei).

2. Stock: Hier ist u. a. der „Saal der Elemente" von Giorgio Vasari zu besichtigen. Der prunkvolle „Audienzsaal" ist mit großflächigen Schlachtenfresken versehen. Gleich daneben liegt der „Liliensaal", dessen Längswände goldene Lilien auf blauem Grund zieren. An der Stirnwand sieht man Fresken von *Domenico Ghirlandaio*. Hier steht auch die zierliche Judithfigur von *Donatello*; in der Rechten hält sie drohend das Schwert, mit der Linken packt sie Holofernes an den Haaren, um ihm die Kehle durchzuschneiden. Auch das „Quartiere di Eleonora" mit den Privatgemächern der spanischen Gemahlin Cosimos I. liegt im 2. Stock. Im „Geographiesaal" kann man sich dem Studium alter Landkarten von Grönland bis zum Bosporus hingeben.

Der Palastturm **Torre di Palazzo,** eines der Wahrzeichen der Stadt, wird von den Einheimischen als sogenanntes „Alberghetto" (Herbergchen) bespöttelt, da sich dort eine Zelle befindet, in der Cosimo Il Vecchio und auch Savonarola zeitweise gefangengehalten wurden.

▪ April–Sept. Do 9–14 Uhr, sonst 9–23 Uhr; Okt.–März Do 9–14 Uhr, sonst 9–19 Uhr. Eintritt Palazzo Vecchio 12,50 €, Torre 12,50 €, Kombiticket 17,50 €. ✆ 055-2768325, www. museicivicifiorentini.comune.fi.it. **(FC)**

Die „Neuen Uffizien"

Seit 1998 wird mit Unterbrechungen am Projekt „Neue Uffizien" gearbeitet; ein Ende ist nun abzusehen: 2024 soll das runderneuerte Haus samt supermodernem Ausgangsportal auf der Rückseite eröffnet werden. Allein die Zahlen versprechen viel: Die Ausstellungsfläche soll sich mehr als verdoppeln, neben dem bisher genutzten zweiten Stockwerk soll auch das erste für Ausstellungen geöffnet werden. Platz genug also für eine großzügigere Präsentation der 2000 Werke und für weitere 2000 Schätze, die in den Magazinen schlummern. Platz genug auch für mehr Besucher – man darf auf kürzeres Schlangestehen hoffen. Während des Umbaus sind Werke kurzfristig in anderen Sälen oder Stockwerken zu sehen. Verlässliche Angaben zu den diversen Sälen sind momentan nicht möglich. Am besten nimmt man sich nach der Eingangskontrolle eine Broschüre mit der aktuellen Anordnung der Kunstwerke, um sich vor Ort zu orientieren. Aktuelles unter www.uffizi.it.

Die Uffizien – Palazzo degli Uffizi

Das „Museum der Superlative" wird gern in einem Atemzug mit dem Louvre, dem Prado und der St. Petersburger Eremitage genannt. Die Uffizien bergen derart viele Schätze, dass man mit ihrer Beschreibung Bücher füllen kann. Wer keine Schwerpunkte setzt, läuft Gefahr, sich zu verzetteln.

Der von *Giorgio Vasari* im 16. Jahrhundert entworfene U-förmige Palastbau liegt am rechten Arno-Ufer neben dem Palazzo Vecchio. Hier waren die wichtigsten Verwaltungsämter (ital. *ufficio*) der Stadtrepublik untergebracht. Noch im selben Jahrhundert gründete Francesco I im 2. Stock des Gebäudes eine Galerie. Seine Nachfahren machten es sich zur Herzenssache, die Sammlung zu vergrößern. So entstand eine der berühmtesten Gemäldegalerien der Welt. Mit dem Tod der letzten Medici ging die Privatsammlung im Jahr 1737 als Geschenk in den Besitz der Stadt Florenz über. 1765 wurde sie dann der Öffentlichkeit zugänglich gemacht. Den Schwerpunkt der

Florenz und Florentiner Umland   ↓ Karte S. 21

Von Piero della Francesca ist das Dyptichon der Herzogin ...

Sammlung bilden Werke der Florentiner und der Toskanischen Schule aus dem 13. bis 16. Jahrhundert.

■ Di–So 8.15–18.50 Uhr. Eintritt: 1. März bis 31. Okt. 20 €, 1. Nov. bis 28. Feb. 12 € (bei Vorbestellung telefonisch oder online plus 4 €), Jahreskarte 50 €, 3 Tage gültiges Kombiticket (Uffizien, Palazzo Pitti, Giardino Boboli) 1. März bis 31. Okt. 38 €, 1. Nov. bis 28. Feb. 18 €, Jahresticket 70 €. ✆ 055-294883, www.uffizi.it. (FC)

Rundgang durch die Uffizien

Die Reihenfolge der Ausstellungssäle ist provisorisch – die Anordnung der Themen und Werke ändert sich ständig! Ein Besuch der Uffizien beginnt im 2. Stock.

Kirche San Pier Scheraggio (neben dem Eingangsraum): Die 1068 eingeweihte Kirche ist kaum mehr als solche zu erkennen. Schon vor *Vasari* riss man das linke Seitenschiff ab, später wurde der Rest der Kirche in die Uffizien eingegliedert. Restaurierungsarbeiten förderten römisches Mauerwerk mit Fresken zutage. Heute kann man hier die fast lebensgroßen Porträts berühmter Persönlichkeiten bewundern, die *Andrea del Castagno* für die Medici-Villa Carducci gemalt hat – u. a. die Bildnisse Boccaccios und Petrarcas.

Kabinett für Zeichnungen und Drucke, 1. Stock (Gabinetto dei Disegni e delle Stampe): Im ehemaligen Theaterraum der Medici sind Zeichnungen und Entwürfe großer Meister wie *Leonardo da Vinci, Michelangelo und Raffael* aufbewahrt, die aber nur zu Studienzwecken einzusehen sind. Der Öffentlichkeit ist der Saal nur bei Sonderausstellungen zugänglich.

Skulpturensammlung in den drei Korridoren: Die Medici sammelten mit Leidenschaft antike und zeitgenössische Skulpturen. Die heute in den Uffizien noch vorhandenen Werke sind hauptsächlich in den Korridoren des Palasts ausgestellt, darunter eine römische schlafende Ariadne und Ammannatis voranschreitender Mars. Die drei Korridore mit ihren Fensterreihen und ihrer großzügigen Bauweise wirken sehr elegant. Die Decken zieren Fresken aus dem 16. Jh. Das dichte Netz farbenfroher Pflanzen- und Tiermotive wurde unter Anleitung von *Alessandro Allori* gemalt.

Saal 1 Duecento: Vorläufer der Renaissance aus dem 13. und 14. Jh.

Saal 2 Duecento/Giotto: An zentraler Stelle ist die „Thronende Muttergottes" von *Giotto* (um 1310) ausgestellt. Die Nebenwände schmücken Madonnendarstellungen aus dem späten 13. Jh. Ist die „Madonna Santa Trinità" von *Cimabue* noch ganz der byzantinischen Malerei verhaftet, sind in *Duccios* „Madonna Rucellai" bereits gotische Stilelemente zu entdecken.

Saal 3 Saal des sienesischen Trecento: Die sienesische Kunst des beginnenden 14. Jh. ist charakterisiert durch ihre Lieblichkeit. *Simone Martinis* „Verkündigung" lässt den strengen Bildaufbau vermissen, der die früheren Jahrhunderte geprägt hatte.

Saal 4 Saal des florentinischen Trecento: Die florentinische Kunst der ersten Hälfte des 14. Jh. stand unter dem Einfluss *Giottos*. Die Perspektivtechnik des großen Künstlers ist im Altarbild des *Meisters der heiligen Cäcilie*, eines bisher nicht identifizierten Schülers von *Giotto*, gut erkennbar. Von *Giottino* stammt die „Beweinung Christi", eine Pietà, in der Schmerz und Trauer lebensnah zum Ausdruck kommen. Die Figuren sind vor dem goldenen Hintergrund kontrastreich voneinander abgesetzt. Zwei Gestalten wohnen dem Ereignis beobachtend bei: eine Benediktinernonne und eine prächtig gekleidete junge Frau, vermutlich die Porträts von Zeitgenossen *Giottinos*.

Saal 5 und 6 Internationale Spätgotik: Die Spätgotik gilt als Fortsetzung der alten

Malweise, in der Größenverhältnisse und perspektivische Anordnung nur eine untergeordnete Rolle spielten. Ein herausragender Vertreter war *Lorenzo Monaco*. Besonders beachtenswert ist die prunkvoll mit Gold und Stuck ausgestattete „Anbetung der Könige" von *Gentile da Fabriano*.

Saal 7 Frührenaissance mit Masolino, Masaccio und Beato Angelico: Mitte des 15. Jh. eroberten die Ideen des Humanismus auch die Malerei. Entsprechend änderten sich z. T. die Bildmotive, aber auch die Techniken (Komposition, Perspektive). Zu sehen sind u. a. „Anna selbdritt" (Anna, Maria, Jesus), eine Gemeinschaftsarbeit von *Masolino* und seinem damals 23-jährigen Schüler *Masaccio*, der als Vater der Renaissance-Malerei gilt. Die leuchtende Muttergottesfigur und das kräftige Kind werden ihm zugeschrieben, die heilige Anna stammt von *Masolinos* Hand.

Saal 8 Masaccio, Filippo Lippi, Paolo Uccello: Vermutlich wegen seiner Schwäche für weibliche Reize malte *Fra Filippo* die schönsten Marien-Darstellungen. Die zarte Sinnlichkeit seiner Madonnen weist auf ein anbrechendes „heidnisch-frohes" Zeitalter hin.

Saal 9 Die Pollaiuoli: Werke von *Antonio Pollaiuolo* und seinem jüngeren Bruder *Piero*. Antonio war wegen seiner Gold-, Silber- und Bronzearbeiten Mitte des 15. Jh. der Lieblingskünstler der reichen florentinischen Auftraggeber.

Saal 10–14 Die Botticelli: Mit seiner sanfterotischen Malweise prägte *Sandro Botticelli* das 15. Jh. Mit Vorliebe malte er gut aussehen-

... und des Herzogs von Urbino, Frederico da Montefeltro

de Frauen. Weltberühmt sind seine „Allegorie des Frühlings" und die „Geburt der Venus". Diese Venus lebte wirklich, hieß Simonetta Vespucci und war Giuliano de' Medicis Angebetete oder sogar Geliebte, starb aber schon in jungen Jahren an Tuberkulose.

Saal 15: Hugo van der Goes.

Florenz und Florentiner Umland → Karte S. 21

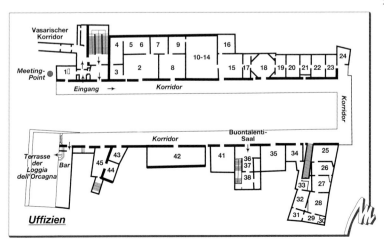

Die Uffizien unter deutscher Leitung

2015 übernahm der Freiburger Kunsthistoriker Eike Schmidt die Leitung der Uffizien. Trotz der Skepsis, die ihm als „Ausländer" (noch dazu als Deutschem) entgegengebracht wurde, schätzen viele das Inangriffnehmen einer überfälligen Verwaltungsreform sowie vieler Maßnahmen, die die Uffizien besucherfreundlicher machen sollen. Einiges wurde bereits realisiert, Umbauten im Gebäude, eine Neuorganisation des Ticketverkaufs, saisonabhängige Eintrittspreise, das Angebot einer Jahreskarte sollen die Besucherströme entspannen.

Derzeit ist Schmidts Ansehen wieder im Steigen, zumal es ihm auch gelang, Kunstwerke, die im Zweiten Weltkrieg gestohlen worden waren, in die Stadt zurückzuholen.

Saal 17 Saal der Mathematik: Ursprünglich wurden hier wissenschaftliche Geräte gesammelt. Die Grotesken lassen noch diverse Instrumente erkennen, ansonsten sind Büsten und Skulpturen zu sehen.

Saal 18 Tribuna: Der reich geschmückte achteckige Raum war für die Meisterwerke aus der Sammlung der Medici gedacht und wurde dafür eigens beim Hofarchitekten *Buontalenti* in Auftrag gegeben.

Saal 19: Sienesische Malerei des 15. Jh.

Saal 20: Mantegna, Bellini, Antonello

Saal 21 und 22: Venezianische Malerei und Malerei der Emilia-Romagna des 15. Jh.

Saal 23: Lombardische Malerei des 15. Jh.

Saal 24 Saal der Miniaturen: Miniaturensammlung der großherzoglichen Familie.

Die Säle 25–32 zeigen vorrangig Werke der Florentiner Malerei des 15. Jh.

Saal 25: Alessio Baldovinetti und Domenico Ghirlandaio

Saal 26: Cosimo Rosselli

Saal 27: Pietro Perugino

Saal 28: Filippino Lippi und Piero di Cosimo

Saal 29: Lorenzo di Credi

Saal 30: Doriforo

Saal 31 und 32: Luca Signorelli

Saal 33 und 34: Griechenland, Antike

Saal 35 Leonardo-Saal: Drei Werke mit der „Taufe Christi", noch mit und für Verrocchio, „Verkündigung", „Anbetung der Hl. Drei Könige".

Saal 41 Saal Raffaels und Michelangelos: Hier ist das einzige gesicherte Tafelbild Michelangelos zu sehen. Der berühmte Tondo mit der Darstellung der heiligen Familie ist in Aufbau und Bewegung seiner Figuren ein für seine Zeit revolutionäres Werk. Im gleichen Saal auch einige Werke von Raffael.

Saal 42 Saal der Niobe: Benannt nach der antiken Skulpturengruppe, die 1583 in einem römischen Weinberg gefunden wurde. Kardinal Ferdinand de' Medici kaufte sie und ließ sie in der Villa Medici in Rom aufstellen. Erst 1770 kam sie in die Uffizien. Bei einem Bombenanschlag 1993 wurde sie schwer beschädigt und erst Jahre später wieder in dem eigens für sie konzipierten Raum aufgestellt.

Saal 43 bis 45: Malerei des 15. Jh. aus Nordeuropa, Veneto und Umbrien mit Dürer und anderen nordischen Renaissance-Interpreten.

1. Stock: Hier finden wechselnde Ausstellungen statt. Zu sehen sind in 14 neuen Salen auch viele Werke italienischer und europäischer Meister des 16. und 17. Jahrhunderts. Eine Auswahl:

Saal 46–55: Sammlung Contini Bonacossi

Saal 57–59: Andrea del Sarto und seine Freunde

Saal 60: Rosso Fiorentino

Saal 61: Pontormo

Saal 85: Tizian

Saal 84a: El Greco

Saal 90–97: Caravaggio

Saal 99: Rembrandt, Rubens

Vasari-Korridor: Der etwa 1,5 km lange Korridor verbindet die Uffizien mit dem Palazzo Pitti. Gebaut wurde er unter Cosimo I., der hier inmitten des städtischen Trubels einen sicheren Weg zwischen Regierungspalast und Residenz schaffen wollte – auch für die frisch angetraute erste Ehefrau seines Sohnes Francesco, die als Tochter des österreichischen Kaisers Volksnähe nicht gewohnt war. Die Idee, den Weg mit Kunstwerken auszuschmücken und ihn so etwas kurzweiliger zu gestalten, machte den Vasari-Korridor zu einer der frühesten Kunstgalerien. Der Korridor ist derzeit geschlossen.

Duomo di Santa Maria del Fiore

Der Dom ist das Wahrzeichen der Stadt und die viertgrößte Kirche der christlichen Welt. Bis zum 14. Jahrhundert war der innen nüchtern gehaltene Bau Versammlungsort des Stadtparlaments. Mit seinen Ausmaßen – 153 Meter lang, 38 Meter breit – bietet er 4000 bis 5000 Personen Platz.

Trotzdem fiel der Bau weit kleiner aus als geplant: Ursprünglich sollte er die gesamte Florentiner Bevölkerung aufnehmen – damals rund 30.000 Menschen. Der Dombau wurde 1296 von *Arnolfo di Cambio* begonnen und nach dessen Tod von *Francesco Talenti* fortgeführt. *Filippo Brunelleschi* vollendete über hundert Jahre später das Werk, indem er die imposante Kuppel aufsetzte. Der Baustil läutet bereits die Renaissance ein. Die Einweihungsfeier fand 1436 statt.

Das größte mittelalterliche Kulturereignis war die Predigt. So versammelten sich zu den Predigten Savonarolas im und vor dem Dom bis zu 12.000 Menschen. Der Dom war aber auch Tatort einer blutigen Machtintrige gegen die Medici (die Verschwörung der Pazzi). Auf dem Platz vor dem Dom wurde die Stadtgerichtsbarkeit abgehalten.

Fassade: Die heutige, erst zwischen 1875–1887 nach dem Entwurf von *Emilio de Fabris* fertiggestellte Fassade ist farbenprächtig mit rotem, weißem und grünem Marmor verkleidet. Die Statuen in den Nischen unter dem Tympanon stellen Persönlichkeiten der Dombaugeschichte dar, über den Portalen thronen die Apostel. Weitere biblische Motive finden sich auf den

Il Duomo – filigrane Fassadengestaltung aus farbigem Marmor

kunstvollen vorderen Portalen. Wie die ursprüngliche Fassade Arnolfo di Cambios ausgesehen hat, kann man heute nebenan im **Museo dell'Opera del Duomo** nachvollziehen.

Hauptschiff: Im Inneren wirkt der Bau ziemlich kahl, vielleicht weil er nicht allein dem Lobpreis Gottes, sondern auch als Versammlungsort diente. Im linken Seitenschiff zeigen zwei gemalte Reiterstandbilder von *Paolo Uccello* und *Andrea del Castagno* zwei Söldnerführer der Stadtrepublik: den englischen Condottiere John Hawkwood (von den Italienern Giovanni Acuto genannt) und Niccolò da Tolentino, den Heerführer der Schlacht von San Romano, in der die Florentiner den Sieg über die Sieneser errangen. Die Glasmalereien der Kuppel wurden nach Entwürfen von *Paolo Uccello*, *Donatello*, *Andrea del Castagno* und *Ghiberti* gefertigt.

Kuppel: Allein die Kuppel ist 35 m hoch, der gesamte Kuppelbau einschließlich der aufgesetzten Laterne erreicht eine Höhe von 107 m. Innen sind die Kuppelgewölbe mit Fresken bemalt, die das Jüngste Gericht zeigen. Der Kuppelbau wurde 1366 vom Stadtrat beschlossen, doch kein Baumeister wagte sich an das monumentale Werk.

Nach einer internationalen Ausschreibung im Jahr 1418 wurde *Brunelleschi* zum Sieger erklärt. Die Arbeiten an der Kuppel wurden 1436 abgeschlossen.

Nicht nur wegen der **Aussichtsplattform** lohnt es, die schon von *Jakob Burckhardt* ekstatisch beschriebene Kuppel hinaufzusteigen. Interessant ist allein die Konstruktion mit den auf verschiedenen Ebenen angeordneten Ziegelsteinen, die dazu dient, die immense Spannung auszugleichen. Der Baumeister ließ für diesen Zweck eine Art Ur-Porotonziegel herstellen: Der Lehm wurde mit Stroh vermischt, das beim Brennen verkohlte und Hohlräume hinterließ; dadurch wurde viel Gewicht gespart. Im Zweiten Weltkrieg diente das Labyrinth von Gängen und Treppchen zwischen innerer und äußerer Kuppelschale als Versteck vor den Nazis. Die Besichtigung der Kuppel ist nur nach Reservierung möglich. Infos unter www.ilgrandemuseodelduomo.it oder am Ticketschalter gegenüber dem Baptisterium-Eingang.

▪ **Dom** tägl. 10–16.30 Uhr. Eintritt frei. **Kuppel** Mo–Fr 8.30–19, Sa 8.30–17.40, So 13–16 Uhr. Eintritt 18 € (Kombiticket Kuppel, Campanile, Baptisterium, Dommuseum, Krypta S. Reparata). ✆ 055-2302885, www.operaduomo.firenze.it. **(FC)**

Die Finanzierung des Dombaus

Verantwortlich für den Bau war nicht der Bischof, sondern die Stadtverwaltung, die die „Dombauhütte" *(Opera del Duomo)* ins Leben rief und diese mit der Ausführung betraute. Zeitweise wurden bis zu 8,5 % (!) der städtischen Steuereinnahmen in den Dombau gesteckt. Bei fast 70 Jahren Bauzeit ergaben sich dadurch astronomische Summen. Da auch diese nicht ausreichten, stellte man in den Kaufmannsläden Sammelbüchsen auf und führte zudem eine Pro-Kopf-Erbschaftssteuer ein.

Campanile: Er wurde von *Giotto* entworfen, der noch vor der Fertigstellung starb. Ursprünglich sollte der Turm 122 m hoch werden, schließlich begnügte man sich mit 84 m. Mit seiner Verkleidung aus farbigem Marmor war er Vorbild für die Gestaltung der Domfassade.

Die dekorativen **Flachreliefs** des Glockenturms sind einzigartig. Der größte

Teil wurde durch Kopien ersetzt, da die Abgase dem Material stark zugesetzt hatten. Die Originale befinden sich heute im Dommuseum links an der Kopfseite des Doms.

An der Westseite beginnt der Zyklus mit der Erschaffung Adams und Evas (Feldarbeit); es folgen die ersten Viehzüchter, dann Kains Sohn Jubal (Erfinder von Musikinstrumenten) und Tubalkain (der erste Schmied), schließlich Noah, der erste Weinbauer. Die Reliefs zur Kirchenseite stammen von *Luca della Robbia* und wurden erst hundert Jahre später angefertigt. Die rhombenförmigen Reliefs weiter oben stellen die sieben Planeten, die sieben Tugenden und die sieben Sakramente dar. In den Nischen des dritten Geschosses sieht man Propheten-Statuen von *Donatello* und *Nanni di Banco*.

▪ Tägl. 8.15–19.20 Uhr. Eintritt 18 € (Kombiticket Kuppel, Campanile, Baptisterium, Dommuseum, Krypta Santa Reparata). 463 Treppenstufen bis zur Aussichtsterrasse, kein Lift! ☎ 055-2302885, www.ilgrandemuseodelduomo.it. **(FC)**

Baptisterium – Battistero di San Giovanni

Die Taufkirche, bis ins 19. Jahrhundert die einzige in der Stadt, entstand in der zweiten Hälfte des 11. Jahrhunderts. Eine besondere Sehenswürdigkeit sind die drei Eingangstore mit ihren Bronzereliefs.

Obwohl Dom und Baptisterium dicht nebeneinander stehen, war die Taufkirche ursprünglich die „Hauskapelle" des Bischofspalastes gegenüber.

Die Außenwände des achtseitigen Baus im Vorrenaissance-Stil, der später zu einem der Vorbilder der Florentiner Architektur wurde, sind mit fünf Zentimeter dicken Platten aus weißem Carrara-Marmor und grünem Prato-Marmor verkleidet. Das Untergeschoss ist mit antikisierenden Wandpfeilern, das Kircheninnere mit alten römischen Säulen besetzt. Wegen dieser Säulen hielten die Florentiner das Baptisterium bis ins 14. Jh. hinein für einen ursprünglich römischen Mars-Tempel.

Die achteckige mächtige Taufkapelle neben dem Dom

Florenz und Florentiner Umland → Karte S. 21

Bronzetüren: Sie sind die eindrucksvollsten Arbeiten des gesamten Baptisteriums und wurden zwischen 1330 und 1452 gefertigt:

Südportal: 1336 fertiggestellt von *Andrea Pisano*. Es zeigt Begebenheiten aus dem Leben Johannes des Täufers. In den unteren acht Feldern symbolisieren Frauengestalten die christlichen Tugenden.

Nordportal: Vom Bauauftrag bis zur Fertigstellung dauerte es 20 Jahre; erst dann konnte *Lorenzo Ghiberti* das Werk abliefern. Auch hier 28 Felder, oben Stationen aus dem Leben Christi, unten die vier Evangelisten und die vier Kirchenväter.

Paradiestor: Während bei den anderen Toren die Motive nur einzeln hervortreten, wirken hier die Reliefs bildhaft komponiert. Dargestellt sind zehn Begebenheiten aus dem Alten Testament – besonders beeindruckend die Opferung Isaaks. Sie ist das Meisterwerk von *Ghiberti,* in dessen Werkstatt auch *Donatello* lernte. Über 27 Jahre benötigte er zum Formen und Gießen der wuchtigen Torflügel mit ihren mehr als hundert Figuren.

Auch ein Selbstbildnis hat Meister *Ghiberti* in sein Werk geschmuggelt: auf der rechten Leiste des linken Flügels inmitten einer Reihe von Seherinnen und Propheten (dritter Kopf von unten).

Innenraum: Hier glänzt das Baptisterium mit prachtvollen Mosaiken, die wahrscheinlich von venezianischen Steinschneidern angefertigt wurden. Phantastisch bis Angst einflößend wirkt das Deckenmosaik oberhalb der Chornische. Es zeigt einen menschenfressenden Satan; darüber thront Jesus auf schillerndem Regenbogen. Der Marmorfußboden weist Tierkreiszeichen und orientalische Motive auf. Kurios das von *Donatello* auf Geheiß der Medici gefertigte, prunkvolle Gold- und Marmor-Grabmal für den Gegenpapst Johannes XXIII., der während des Konstanzer Konzils für widerrechtlich befunden und abgesetzt worden war.

◼ Mo–Sa 8.15–10.15 und 11.15–19.30, So 8.15–13.30 Uhr; Eintritt 18 € (Kombiticket Kuppel, Campanile, Baptisterium, Dommuseum, Krypta Santa Reparata). ✆ 055-2302885, www.ilgrande museodelduomo.it. **(FC)**

Dommuseum – Museo dell'Opera del Duomo

Etwas unauffällig steht das Dommuseum gegenüber der Nordseite des Doms. Nach langer Renovierung ist es seit 2015 wieder geöffnet – die Mühen und Kosten haben sich gelohnt.

Neben Relikten romanischer Architektur und einer Reihe von Kunstwerken aus der Renaissance, die aus dem Dom, dem Campanile und dem Baptisterium hierher geschafft wurden, um ihren Erhalt zu sichern, steht auch ein bemerkenswertes Werk Michelangelos – die **Pietà Bandini** – endlich in dem ihm gebührenden Licht. Die Skulptur war für sein eigenes Grabmal bestimmt und blieb ursprünglich unvollendet. Der Meister selbst hatte sein Werk in einem Wutanfall zerstört, als ihm ein Bein der Christus-Figur abgebrochen war. Sein Diener verkaufte das Werk, und der spätere Besitzer ließ es von einem Michelangelo-Schüler restaurieren. Der Auslöser für Michelangelos Wutausbruch, das besagte Bein Christi, fehlt aber immer noch.

Beachtung verdient auch die Holzfigur der ausgezehrten, in Lumpen gehüllten Büßerin Maria Magdalena von *Donatello*. Nach langer Restaurierung hat Ghibertis Paradiestür ebenfalls den Weg ins Dommuseum gefunden. Sehenswert ist auch die Geschichte zum Dom- und Kuppelbau, die mit vielen Modellen, teilweise originalen Utensilien und Gerätschaften anschaulich dargestellt wird. Das Herzstück des neuen Museums und wohl imposantester Zeuge der Domgestalt um das Jahr 1300 ist aber die 20 m hohe und 36 m breite ehemalige Domfassade, wie sie *Arnolfo di Cambio* geplant hatte.

◼ Tägl. 9–19 Uhr, am 1. Dienstag des Monats geschlossen. Eintritt 18 € (Kombiticket für Kuppel, Campanile, Baptisterium, Dommuseum, Krypta Santa Reparata ist 72 Std. gültig). **(FC)**

Sargöffnung zu Forschungszwecken in San Lorenzo

Ein wissenschaftliches Projekt der Universität Florenz geht seit langem der Tatsache nach, dass auffallend viele Mitglieder des berühmten florentinischen Geschlechts auf unnatürliche Weise ums Leben kamen und inwieweit dabei Gifte wie Arsen oder andere Methoden verantwortlich waren. Die Exhumierung der Gebeine von Anna Maria Luisa de' Medici (1667–1743) in der Basilika von San Lorenzo 2012 sorgte für Aufsehen und setzte mit DNA-Analysen den Focus aus medizinischer Sicht erneut auf Mord. Die Untersuchungen schlossen ein Ableben als Spätfolge einer Syphilis aus und erhärteten die Theorie, dass sie dem Brustkrebs erlag.

Medici-Grabkapellen – Cappelle Medicee

Das prunkvolle Familiengrab der Medici hinter San Lorenzo und unweit des Doms lohnt den Besuch allein wegen der Werke Michelangelos in der Neuen Sakristei.

In Auftrag gegeben wurde der kuppelförmige Bau von Cosimo I, die Neue Sakristei bereits vom Medici-Papst Leo X. Man betritt zunächst eine angenehm kühle und schlichte Krypta. In den Boden sind die Grabplatten der weniger bekannten Familienmitglieder eingelassen. Darüber liegt die prunkvolle, mit Marmor und Einlegearbeiten aus Halbedelsteinen ausgestattete **Fürstenkapelle.** Speziell für die Einlegearbeiten, die in ihrer Farbenpracht und Exaktheit fast wie gemalt wirken, wurde damals eine eigene Steinschneideschule, das **Opificio delle Pietre Dure,** ins Leben gerufen, die bis heute existiert. Die riesigen Sarkophage waren für Cosimos Familie bestimmt.

Neue Sakristei: In der von Michelangelo gestalteten Sakristei drängt sich ständig eine Menschentraube, darunter jede Menge Kunstprofessoren, die ihren Schülern die Werke des Meisters erläutern. Drei Jahre lang arbeitete er an der Sakristei, ohne sie vollenden zu können.

Die Grabskulpturen sind Lorenzo di Piero de' Medici und Giuliano di Lorenzo de' Medici gewidmet. Rechts die Skulptur Giulianos, der als Feldherr dargestellt ist, links die von Lorenzo, die den Herzog nachdenklich zeigt. Den Skulpturen hat Michelangelo allegorische Liegefiguren beigefügt (Abend- und Morgendämmerung bei Lorenzo, Nacht und Tag bei Giuliano). Unter dem Altar befinden sich die einfachen Gräber von Lorenzo dem Prächtigen und dessen Bruder Giuliano.

▪ Tägl. 8.15–16.20 Uhr, in der Nebensaison bis 14 Uhr. Jeden 1., 3. und 5. Montag sowie jeden 2. und 4. Sonntag im Monat geschlossen. Eintritt 6 €, bei Ausstellungen 8 €. Piazza di Madonna degli Aldobrandini (Kirche San Lorenzo), ✆ 055-0649430, www.bargellomusei. beniculturali.it **(FC)**

Museo Nazionale del Bargello

Das weltberühmte Museum für Bildhauerei ist von außen ein schlichter, festungsartiger Bau aus dem 13. Jahrhundert, der später immer wieder erweitert wurde. Ursprünglich war er Amts- und Wohnsitz des Podestà, des von den Bürgern gewählten Stadtoberhauptes; später tagte hier das Kirchengericht.

1574 zog der Polizeipräsident *Capitano di Giustizia* (im Volksmund *Bargello* – „Büttel") in den ehrwürdigen

Florenz und Florentiner Umland ↓ Karte S. 21

Der Innenhof des Bargello

Palast ein und verwandelte ihn in ein Gefängnis mit Folterkammern und Schafott. Damals wurden die Außenmauern des Gebäudes zur Abschreckung mit Schandbildern bemalt – sie zeigten überlebensgroße Hinrichtungsszenen der bekanntesten zeitgenössischen „Volksverräter".

Wer den Bau von außen betrachtet, erwartet kleine Rittersäle und enge Treppenaufgänge. Doch die für den Bargello zuständigen Baumeister der Frührenaissance brachten „Weihrauchduft" in den Staatspalast, die riesigen Säle und Bogengänge schaffen fast Kirchenatmosphäre.

Man betritt den Bargello durch einen von einem Portikus umgebenen schönen Innenhof. Hier stehen Statuen aus der Hochrenaissance, darüber eine malerische Loggia. In den Sälen sind Skulpturen (Mittelalter bis zum 16. Jh.) zu sehen, darunter große Werke von *Michelangelo* („Bacchus", „Tondo Pitti", „Brutus" u. a.), *Benvenuto Cellini*, Am-

mannati, *Verrocchio* und *Giambologna*. Im 1. Stock sind Werke von *Donatello* ausgestellt („Heiliger Georg", „David", „Johannes der Täufer"), zudem Glas- und Bronzearbeiten, Elfenbeinschnitzereien, Terrakotten, Hieb- und Stichwaffen sowie Werke weniger bekannter Florentiner Künstler.

▪ Tägl. 8.15–13.20 Uhr. Geschlossen am 1., 3., 5. Montag und 2. und 4. Sonntag im Monat. Eintritt 8 €. Am 1. Sonntag im Monat ist der Eintritt frei. Via del Proconsolo 4, ✆ 055-294883, www.bargellomusei.beniculturali.it. **(FC)**

Galleria dell'Accademia

Die von Cosimo I. 1562 gegründete Florentiner Kunstakademie zeigt Gemälde und Skulpturen aus der Zeit zwischen dem 13. und 18. Jh. Darunter sind Werke toskanischer und umbrischer Künstler wie *Botticelli, Fra Bartolomeo, Filippino Lippi, Pontormo* und *Perugino*, aber auch russische Ikonen und die berühmte Hochzeitstruhe „Cassone Adimari". Sie alle werden jedoch von einem einzigen Werk in den Schatten gestellt: dem vielkopierten „David" von *Michelangelo*. Das 4,10 m hohe Meisterwerk entstand 1501–1504 als Sinnbild der Republik und Zeichen des (vorübergehenden) Sieges über die Tyrannei der Medici.

In der allgemeinen Begeisterung über den vom Licht überfluteten „David" wird oft übersehen, dass in den Gängen rechts und links noch andere Skulpturen *Michelangelos* ausgestellt sind. Dazu zählen der „Matthäus" sowie die „Sklaven", die nach dem Tod des Künstlers in den Besitz von Cosimo I. kamen, der sie in Buontalentis Grotte in den Boboli-Gärten aufstellen ließ; dort befindet sich heute eine wenig überzeugende Nachbildung. Wenn man die „Sklaven" betrachtet, gewinnt man den Eindruck, als versuchten die Figuren vergeblich, sich aus dem Stein zu befreien – ein eindrückliches Sinnbild dafür, dass die menschliche Existenz an die Materie gebunden ist, aus der es kein Entrinnen gibt.

◼ Di–So 8.15–18.50 Uhr, im Sommer Di & Do bis 22 Uhr. Eintritt 12 € (bei Vorbestellung telefonisch oder online plus 4 €). Via Ricasoli 58-60, ☏ 055-0987100, www.galleriaaccademia firenze.beniculturali.it. Für Reservierungen ☏ 055-294883, www.firenzemusei.it. **(FC)**

Ponte Vecchio

Der Ponte Vecchio ist die einzige noch erhaltene mittelalterliche Brücke in Florenz; die anderen wurden kurz vor dem Ende des Zweiten Weltkriegs von deutschen Truppen zerstört, um den Vormarsch der Alliierten zu stoppen. Ursprünglich waren hier ausschließlich Florentiner Handwerker mit ihren Verkaufsständen zu finden (vor allem Metzger). Erst im 16. Jahrhundert zogen die Goldschmiede ein.

Seit 2014 erstrahlt der Ponte Vecchio übrigens in modernem LED-Licht. Die von einem Florentiner Modelabel gesponserten Birnchen sollen der Stadt pro Jahr rund 15 Millionen Euro einsparen – einleuchtend ...

Erst die Heimat der Metzger, dann der Goldschmiede: Ponte Vecchio

Florenz und Florentiner Umland ↓ Karte S. 21

Brückenbau in Florenz

Bau und Unterhalt der Brücken waren bis ins 13. Jahrhundert die Aufgabe der Kirche. Kirchenverwaltung wie Dombaugesellschaft mussten den Gästen Übernachtungsmöglichkeiten bereitstellen. In den Brückenhotels nächtigten die Kaufleute, im Domhotel fanden die Beamten Unterkunft. Die Grundstücke in der Stadt waren damals so rar, dass auf den Brücken Ladenstraßen mit kleinen Buden entstanden. Mietverträge mit 20-jähriger Laufzeit sollten die Baukosten abdecken.

Andere Brücken dienten nicht dem Geschäft, sondern dem Gebet. Auf dem Ponte delle Grazie ließen sich Nonnen in kleinen Kabäuschen einmauern und lebten von Essensspenden, die durch eine Luke hineingeschoben wurden. Eine Kapelle mit Muttergottesbild half gegen den schon damals verbreiteten Liebesschmerz – die Bittgeschenke mussten täglich abgeräumt werden, um Platz für neue zu schaffen.

Palazzo Pitti

Der Palast, wie er heute zu sehen ist, wurde erst 1839 vollendet und liegt an der Verlängerung des Ponte Vecchio (auf der südlichen Flussseite). Seine Entstehung verdankt er den Repräsentationsbedürfnissen der Patrizierfamilien des 15. Jh. Der reiche Kaufmann Pitti wollte den größten Bau der Stadt schaffen, um mit dem Glanz der Medici konkurrieren zu können. *Brunelleschi* plante den mittleren Gebäudeteil im Stil der Renaissance, das Innere prunkt mit prachtvollen Sälen. Doch die Pitti gingen pleite, und so wurde der Palast von den Medici übernommen, die zeitweise hier lebten und herrschten. Heute sind in dem Gebäude mehrere beliebte Museen und Galerien untergebracht.

Galleria Palatina: Mehr als 500 von den Medici gesammelte Arbeiten aus verschiedenen Kunstepochen schmücken die Säle. Fresken und Bilder hängen von der Decke bis zum Boden dicht an dicht – Kunst statt Tapete. Die Masse erschlägt den Besucher, das Auge findet kaum Halt. Trotzdem sei der Besuch empfohlen, allein schon wegen des guten Einblicks in den verschwenderisch-aufwendigen Lebensstil der Herrscherfamilie. Neben der Privatkapelle

der Großherzogin Maria Magdalena von Österreich (Gemahlin Cosimos II.) ist auch ihr Badezimmer zu sehen – ein eher bescheidener Ort inmitten der prunkvollen Räumlichkeiten.

Wer sich Zeit nimmt, findet in der Unmenge auch Gemälde von *Raffael, Rubens, Tizian, Caravaggio, Perugino, Fra Bartolomeo, Vasari, Sodoma, Andrea del Sarto, Tintoretto, Luca Signorelli, van Dyck, Velazquez* ...

Wer an Kücheneinrichtung und Küchenutensilien zur Zeit der Renaissance Interesse hat, kann an einer Führung der *Cucinone*, der ehemaligen Großküche *cucina comune* des Palazzo Pitti, teilnehmen. Führungen nach Verfügbarkeit.

Galleria dell'Arte Moderna: Hauptsächlich Bilder des Klassizismus (19. Jh.), aber auch des Macchiaiolo-Stils (der Name kommt von ital. *macchia* – Farbklecks). Den Künstlern, Vorläufern der Impressionisten, waren alle akademischen Malregeln ein Gräuel.

Silbermuseum: Die riesige Sammlung von Juwelen, Porzellan, Stoffen und Edelsteinen ist in Sälen mit prunkvollen Panoramafresken untergebracht.

Weitere Ausstellungen: Darüber hinaus beherbergt der Palazzo eine **Kostümgalerie** und ein **Porzellanmuseum**. Wer mag, kann sich noch die **Appartamenti Monumentali** anschauen: In den „königlichen Gemächern" wohnten die Medici und eine Zeitlang auch die italienischen Könige.

Öffnungszeiten Di–So 8.15–18.50 Uhr, Mo geschlossen. ☎ 055-2388614, ☎ 055-294883, www.uffizi.it.

Tickets 1. März bis 31. Okt. 16 €, 1. Nov. bis 28. Febr. 10 € (bei Vorbestellung telefonisch oder online plus 4 €), Jahreskarte 35 €, Kombiticket (Uffizien, Palazzo Pitti, Giardino Boboli) 3 Tage gültig 1. März bis 31. Okt. 38 €, 1. Nov. bis 28. Febr. 18 € Jahresticket 70 €. **(FC)**

Giardini di Boboli

Hinter dem Palazzo Pitti (ein weiterer Eingang ist nahe der Porta Romana) erstrecken sich die Boboli-Gärten, eine kunstvoll gestaltete Parkanlage. Meterhohe Hecken, in denen Nischen für Büsten und Skulpturen ausgespart sind, unterteilen das weitläufige Gelände. Hier findet man immer ein schattiges Plätzchen. Am besten durchstreift man die Boboli-Gärten durch die kühlen, überwachsenen Bogengänge seitlich der Hauptwege. Sehenswert ist der **Bacchus-Brunnen** gleich am Eingang hinter dem linken Palastflügel. Das dicke Männchen auf der Schildkröte war der Hofzwerg von Cosimo I.

Wenige Meter von dieser skurrilen Figur entfernt liegt die **Grotte des Buontalenti**, eine künstliche Tropfsteinhöhle zur Erbauung der Blaublütigen. Hier standen früher die „Sklaven" von *Michelangelo*, die heute durch eine billige Tuffnachbildung ersetzt sind (Original in der Galleria dell'Accademia, s. o.). Im Original zu sehen ist hingegen eine schöne „Venus" von *Giambologna* in der letzten Grotte. Von den oberen Gartenanlagen genießt man einen herrlichen Ausblick über die Dächer von Florenz.

▪ 8.15–19.30 Uhr, im Winter bis 16.30 Uhr (am 1. und letzten Mo im Monat zu). Die Eintrittskarte für die Boboli-Gärten gilt auch für das Porzellanmuseum und den Bardini-Garten. 1. März bis 31. Okt. 10 €, 1. Nov. bis 28. Febr. 6 € (bei Vorbestellung telefon. oder online plus 4 €), Jahreskarte 25 €. Kombiticket (Uffizien, Pal. Pitti, Giard. Boboli) 3 Tage gültig, 1. März bis 31. Okt. 38 €, 1. Nov. bis 28. Febr. 18 €, Jahresticket 70 €. ☎ 055-294883, www.uffizi.it. **(FC)**

Der Hofzwerg von Cosimo I. als Brunnenfigur

Giardino Bardini

Am südlichen Hang des Arno-Ufers, wo im Mittelalter Obst- und Gemüse angebaut wurden, entstand über die Jahrhunderte ein vier Hektar großes Areal mit Beispielen schönster Gartenbaukunst. In den diversen Abteilungen des Bardini-Gartens beginnt die Saison im Frühjahr mit der Kamelienblüte, gefolgt von Glyzinien, Azaleen und Rhododendren, bis dann im Sommer Rosen und Hortensien die Besucher begeistern. Besonders imposant ist die wegen Einsturzgefahr stets gesperrte Barocktreppe. Vom Eingang Via dei Bardi führt der Weg an der Treppe vorbei (!) hinauf zur Terrasse Belvedere, wo ein gemütliches Teehaus wartet – und ein schöner Blick auf die Stadt. Die Bardini-Gärten sind über die Costa San Giorgio mit den Boboli-Gärten verbunden. Der Namensgeber für Garten und Villa war Stefano Bardini, ein einflussreicher

Florenz und Florentiner Umland → Karte S. 21

italienischer Kunsthändler und „Zulieferer" deutscher Museen.

▪ Eingang: Via dei Bardi 1r oder über die Costa San Giorgio 2. Nov.–Febr. 8.15–16.30 Uhr, März 8.15–17.30 Uhr; April, Mai, Sept., Okt 8.15–18.30 Uhr; Juni–Aug. 8.15–19.30 Uhr; geschlossen am 1. und letzten Mo im Monat. Eintritt 10 €; die Eintrittskarte gilt auch für den Besuch von Ausstellungen in der Villa Bardini, das Porzellanmuseum und die Boboli-Gärten. ℰ 055-20066233, www.bardinipeyron.it. **(FC)**

Giardino Torrigiani

Von hohen Mauern umgeben, stellt das sieben Hektar große Gelände der Torrigiani-Gärten den größten innerstädtischen Privatgarten Europas dar. 22 Meter misst der neugotische Turm der einstigen Sternwarte. Die 1½-stündige Besichtigung des Gartens kostet 20 € (mind. 5 Personen). Dafür wird einem das parkähnliche Anwesen immerhin vom Besitzer persönlich gezeigt.

▪ Via Serragli 144, ℰ 055-224527, www. giardinotorrigiani.it.

Forte di Belvedere

Die Festung auf einer Hügelkuppe oberhalb des Palazzo Pitti (hinter den Boboli-Gärten) stammt aus der Zeit des ausgehenden 16. Jahrhunderts und wurde von *Buontalenti* geplant. Der Zugang zu der wuchtigen Anlage ist nur möglich, wenn dort Ausstellungen stattfinden. Der Besuch lohnt dann allein wegen der wirklich schönen Aussicht. Hinter der Festung führt die Via Belvedere entlang der alten Mauer ins Tal zurück. Ein schöner Spazierweg: auf der einen Seite die Festungsmauer mit grünen Büschen und Olivenbäumen, rechts der Straße Gärten. Unten angekommen, führt rechts eine Steintreppe hinauf zum Piazzale Michelangelo.

Piazzale Michelangelo

Der berühmteste Aussichtspunkt von Florenz liegt am grün bewachsenen Berghang. Der riesige asphaltierte Platz, gesäumt von einer niedrigen Balustrade, wurde vom Architekten Giuseppe Poggi 1865 eigens als touristische Attraktion angelegt, als Florenz einige Jahre die Hauptstadt Italiens war. Den Piazzale ziert eine weitere Kopie von *Michelangelos* „David". Tagsüber kommen beim Betrachten der Stadt kaum romantische Gefühle auf – dann ist der Platz voll von Bussen und Touristen. Schöner ist es hier in den Abendstunden.

Florentiner Kirchen und Klöster

Neben der Stadt, die den Dombau finanzierte, waren die Ordensgemeinschaften die fleißigsten Kirchenbauer. Es entstanden wuchtige Gotteshäuser, meist in gotischem Stil, die von der schlichten Architektur der Zisterzienser beeinflusst waren.

Santa Croce

Eine Kirche, zugleich eine Ruhmeshalle für Florentiner Berühmtheiten: Hier liegen neben *Michelangelo*, *Machiavelli* und *Galilei* weitere weltbekannte Bürger der Stadt und des Landes begraben, wie Gioacchino Rossini, Ugo Foscolo und Enrico Fermi.

Santa Croce wurde von den Franziskanern erbaut und ist die an Kunstschätzen reichste Kirche von Florenz. Der Bau der mächtigen, 116 m langen Hallenkirche zog sich von 1295 bis 1385 hin. Mitte des 16. Jahrhunderts gestaltete *Vasari* das Innere radikal um, er ließ den Chor der Patres abreißen und in den Seitenschiffen Marmoraltäre aufstellen – ein heute kaum nachvollziehbarer Fauxpas, dem die gotischen Wandmalereien zum großen Teil

Santa Croce – letzte Ruhestatt vieler Berühmtheiten

zum Opfer fielen. Was noch in den Querhauskapellen an Fresken erhalten ist, vermittelt nur eine Ahnung vom einstigen Bilderschmuck, der vor Vasaris Eingriff die Kirchenwände überzogen haben muss. Die Kirche dient heute nicht mehr als Gotteshaus, sondern nur noch als Museum.

Hauptschiff: Das **Grabmal Michelangelos ▮** ist kaum zu übersehen. Cosimo I. ließ den toten Meister aus Rom in seine Heimatstadt überführen, *Vasari* baute die Grabstätte. Auf dem Sarkophag sind die Künste der Malerei, Bildhauerei und Architektur dargestellt. Eine Nische weiter wurde im 19. Jh. ein Scheingrab für den in Florenz geborenen Dichter *Dante Alighieri* ▮ errichtet, der in Ravenna im Exil starb. Unweit davon steht eine fein skulptierte Marmorkanzel von *Benedetto de Maiano* (15. Jh.) ▮ mit fünf Flachreliefs, die aus dem Leben des heiligen *Franziskus* erzählen.

Als nächstes gelangt man zum **Grabmal Machiavellis ▮**, vor dessen Größe der Verfasser der Inschrift kapitulierte: „Für einen so großen Namen ist kein Lob groß genug", meint er in lateinischer Sprache. Ein paar Meter weiter *Donatellos* „Verkündigung" ▮, ein fein bearbeitetes, vergoldetes Sandsteinrelief. Der von Gottvater gesandte Engel verkündet in Demut die wundersame Empfängnis der Gottesmutter. Maria wird von Donatello als unschuldiges Bauernmädchen dargestellt – ganz im Gegensatz zu den madonnenhaften Bildnissen anderer Meister des 15. Jh.

Gleich daneben liegt der Opernkomponist *Gioacchino Rossini* ▮ begraben, kein Florentiner, nicht einmal Toskaner, sondern aus den Marken stammend und in Paris gestorben – aber eben doch ein berühmter Italiener.

An der linken Wand des Längsschiffs, gleich gegenüber dem Michelangelo-Grab, ruht *Galileo Galilei* ▮, dem die Inquisition zweimal den Prozess machte. Hundert Jahre später räumte man ihm dennoch einen Ehrenplatz in der Kirche ein.

Seitenkapellen im Transept ▮: Sie wurden im sachlich-schlichten Baustil der Zisterziensermönche erbaut. Ein Leckerbissen sind sie wegen der zum Teil restaurierten Fresken von *Giotto, Gaddi* und anderen.

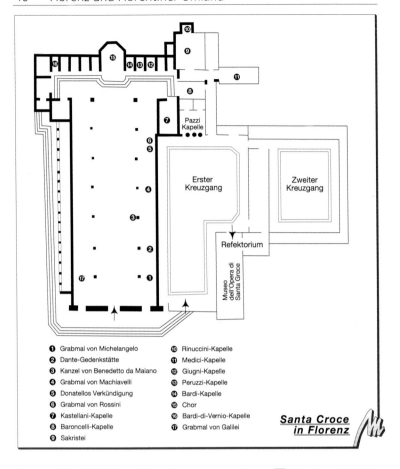

0 Grabmal von Michelangelo
2 Dante-Gedenkstätte
3 Kanzel von Benedetto da Maiano
4 Grabmal von Machiavelli
5 Donatellos Verkündigung
6 Grabmal von Rossini
7 Kastellani-Kapelle
8 Baroncelli-Kapelle
9 Sakristei

10 Rinuccini-Kapelle
11 Medici-Kapelle
12 Giugni-Kapelle
13 Peruzzi-Kapelle
14 Bardi-Kapelle
15 Chor
16 Bardi-di-Vernio-Kapelle
17 Grabmal von Galilei

Santa Croce in Florenz

Baroncelli-Kapelle 8: Sie enthält das *Grabmal der Familie Baroncelli* (Bernardo Baroncelli wurde nach einer Verschwörung gegen die Medici gehängt). Die Fresken stammen von *Taddeo Gaddi*, einem Schüler *Giottos*. Bei der Verkündigungsszene sitzt die Jungfrau Maria demütig am Boden.

Giugni-Kapelle 12: Früher zierten wohl Fresken von *Giotto* ihre Wände. Die Kapelle hatte mehrere Stifter, bevor sie endgültig von den Bonapartes vereinnahmt wurde. Im schmucklosen Interieur ruhen Napoleons Schwägerin Julie Clairy Bonaparte und deren Tochter Charlotte Bonaparte, von Napoleons Gnaden Infantin von Spanien.

Peruzzi-Kapelle 13: Die zu ihrer Zeit reichste Bankiersfamilie Peruzzi (nach dem Bankencrash 1348 bankrott wie die Bardi) gab *Giotto* den Auftrag zur Wandbemalung (1328, da waren sie noch liquide). 1714 übertüncht, wurden die Bilder erst Mitte des 19. Jahrhunderts wieder freigelegt.

Giotto stellte viel Architektur ins Bild, um den Figurengruppen einen Rahmen zu geben. Menschliche Körperformen stellte er realistisch, fast plastisch dar. An der linken Seite die Geschichte von Johannes dem Täufer, rechts Geschichten aus dem Leben des Evangelisten Johannes.

Bardi-Kapelle 🔟: Zu Ehren der Bardi-Familie malte *Giotto* Episoden aus dem Leben des heiligen Franz von Assisi. Links die „Ablage der Kleider", „Der Heilige erscheint in der Kirche von Arles" und „Tod des Heiligen" (Franz von Assisi liegt tot auf der Bahre, vier Engel tragen seine Seele in den Himmel). Rechts die „Verleihung der Ordensregel", die „Feuerprobe vor dem Sultan" und die „Visionen des Bruders Augustin und des Bischofs von Assisi". Oben im Gewölbe die drei franziskanischen Tugenden: Armut, Gehorsam, Keuschheit.

Bardi-di-Vernio-Kapelle 🔟: Die Kapelle der Papstbankiers-Familie Bardi. Über dem Grab ein Fresko von *Maso di Banco* (ca. 1340), ebenfalls ein Schüler *Giottos*. Es zeigt das Jüngste Gericht. Der Stifter, Bettino de' Bardi, ist darauf abgebildet: Gerade wieder auferstanden, kniet er auf seinem Sarkophag und blickt flehend zum Himmel.

Pazzi-Kapelle: Der von *Brunelleschi* konzipierte Familientempel steht am Kopfende des ersten Kreuzgangs und ist von diesem über einen separaten Eingang zu erreichen. Brunelleschi engagierte für die Ausschmückung eine Reihe berühmter Zeitgenossen, u. a. *Donatello* und *Luca della Robbia*. Vom Meister selbst stammen die vier schmucken Evangelisten-Medaillons in der Kuppel.

40 Jahre nach der Fertigstellung der Kapelle wurden Mitglieder der Familie Pazzi auf der Piazza della Signoria gehenkt – ihre Verschwörung gegen die Medici war gescheitert. *Botticelli* bekam übrigens den Auftrag, die Hinrichtungsszene auf der Mauer des Palazzo Vecchio zu verewigen.

Mo–Sa 9.30–17, So 14–17 Uhr. Eintritt 8 €. ☎ 055-2466105, www.santacroceopera.it. **(FC)**

San Marco und Museo di San Marco

Das Dominikanerkloster ist vor allem für die Werke von *Fra Angelico* (1387–1455) bekannt. Nirgendwo finden sich so viele seiner Fresken und Bilder wie hier. Der malende Mönch lebte im nahen Dominikanerkonvent von Fiesole, als er den Auftrag erhielt, San Marco auszuschmücken. Das Geld dafür stellten die Medici zur Verfügung. Cosimo Il Vecchio verbrachte hier seinen Lebensabend, anders als die mönchischen Wohngenossen immerhin in einer Doppelzelle. Ein weiterer illustrer Gast von San Marco war Savonarola. Der berühmte Dominikanerprediger amtierte hier als Prior, bevor er politisch von sich reden machte. Zum Kloster gehören zwei Kreuzgänge; der hintere ist den Mönchen vorbehalten. Die einschiffige Kirche selbst ist wenig aufregend, umso mehr das **Museum**, das den Kreuzgang des heiligen Antoninus mit den angrenzenden Räumlichkeiten sowie die darüberliegenden 44 Mönchszellen und eine Bibliothek umfasst.

Kreuzgang des heiligen Antoninus: Die Hauptsehenswürdigkeit hier ist ein fast 10 m breites Kreuzigungsfresko von Fra Angelico. An den Nebenkreuzen hängen die beiden Leidensgenossen Jesu: blond der gute, schwarzhaarig der böse.

Das **Große Refektorium**, gleich hinter dem Kreuzgang liegend, wird dominiert vom „Wundertätigen Mahl des heiligen Dominikus" mit der Kreuzigung darüber.

Das **Kleine Refektorium**, über eine Treppe vom Korridor aus erreichbar, zeigt – Refektorien sind Speisesäle – das „Letzte Abendmahl" von *Ghirlandaio*.

In der **Sala del Lavabo** (Waschraum) ist Fra Angelico mit zwei Tafelgemälden vertreten, die dem Frühwerk des Meisters zugeordnet werden. Die **Sala degli Ospiti** (Pilgerherberge) schließlich ist das Kernstück des Museums. Hier sind u. a. einige Werke von Fra Angelico ausgestellt. Auf zwei monumentalen Tafelgemälden sieht man die „Thronende Maria mit Kind", umgeben von Heiligen. Bei der Betrachtung des „Jüngsten Gerichts" erfährt man, wohin die Reise gehen kann: ins Paradies oder in die von Fra Angelico sehr ergötzlich gestaltete Küche des Teufels, dort in den Schmortopf und dann ins bluttriefende Maul eines schwarzen Monsters. Eine Reihe offener Gräber, wie sie 500 Jahre später Salvador Dalí gezeichnet haben könnte, trennt Himmel und Hölle.

Licht in das Rätsel um „Mona Lisa"

Im angegliederten Institut für Militärgeographie – das Gebäude gehörte früher zum Klosterkomplex – wurde 2005 eine vergessene Werkstatt von Leonardo da Vinci entdeckt. Der sensationelle Fund liegt am Ende eines bisher zugemauerten Treppenaufgangs, den ein Restaurator des Instituts aus Neugierde aufbrechen ließ. Das Studio besteht aus fünf Räumen, deren Wände Fresken schmücken. Ob diese vom Meister selbst stammen, ist unklar. Leonardo hatte zahlreiche Schüler, die ihn bei seinen vielen Auftragsarbeiten unterstützten. Auch Leonardos berühmtestes Gemälde, die „Mona Lisa", war eine solche Auftragsarbeit: Francesco del Giocondo, ein Florentiner Seidenhändler, ließ seine Frau porträtieren – Lisa (auf Italienisch wird das Werk „La Gioconda" genannt). Und weil die Familie eine Kapelle im Kloster Annunziata besaß, spricht viel dafür, dass Leonardo die „Mona Lisa" in der wiederentdeckten Werkstatt begann. Beendet hat er das Bild sicherlich anderswo, denn das Porträt verlangte ihm weitaus mehr Zeit ab als die zwei Jahre, die er in dem florentinischen Kloster arbeitete.

Im Obergeschoss befinden sich insgesamt 44 **Mönchszellen,** jede mit einem Fresko ausgestattet, einige stammen von Fra Angelico selbst, andere hat er nur konzipiert und die Ausführung seinen Schülern überlassen.

Eine Besonderheit bildet die **Zelle Savonarolas** (Nr. 12), eine kleine Gedenkstätte für den gestrengen Dominikanermönch, der wegen seiner feurigen Reden wider den Sittenverfall auf dem Scheiterhaufen landete. Zwei Bilder von unbekannten Malern des 17. Jh. zeigen seine öffentliche Verbrennung auf der Piazza della Signoria. Daneben hängt das berühmte Savonarola-Porträt von *Fra Bartolomeo*, einem seiner glühendsten Anhänger. Von der Zelle Nr. 38 führt ein Durchbruch zum nächsten Abteil mit Nr. 39. Die „Zweizimmerwohnung" war Cosimo dem Älteren, dem Stifter von San Marco, zugedacht, der hier seinen Lebensabend verbrachte.

Zum Abschluss kann man durch die langgestreckte **Bibliothek** wandeln, deren Eingang zwischen den Zellen Nr. 42 und 43 liegt – nach 44-maligem Bü-

cken und Reinschauen in eine enge Mönchszelle eine Erholung.

■ Mo–Fr 8.15–13.50 Uhr, Sa/So/Feiertag 8.15–16.50 Uhr. Geschlossen am 2. und 4. Montag und 1., 3., 5. Sonntag im Monat sowie an Weihnachten, Neujahr, 1. Mai. Eintritt 8 €. 📞 055-2388608, www.polomusealetoscana. beniculturali.it. **(FC)**

Santissima Annunziata

In den 30er-Jahren des 13. Jahrhunderts erbauten die Serviten, die „Diener Mariens", außerhalb der Stadtmauern ein kleines Heiligtum zu Ehren der Jungfrau, das zum vielbesuchten Wallfahrtsort wurde und schon wenige Jahre später erweitert werden musste. Die heutige Basilika, die den architektonisch vollendetsten Platz von Florenz im Norden abschließt, geht auf die Mitte des 14. Jahrhunderts zurück.

Besonders beeindruckt der **Vorhof** von *Michelozzo*, der wegen der einst hier dargebotenen Votivgaben auch **Chiostrino dei Voti** heißt. Die Wände sind mit wunderbaren Fresken u. a. von *Rosso Fiorentino, Pontormo* und *Andrea* del Sarto geschmückt, die das Leben der Jungfrau Maria erzählen. Den **Großen Kreuzgang** (Chiostro dei Morti) schmückt die berühmte „Madonna del Sacco" von Andrea del Sarto: Josef, an einen Getreidesack gelehnt, liest aus dem heiligen Buch, während die zarte Maria das lebhafte Jesuskind auf ihrem Schoß zu bändigen sucht.

▪ Tägl. 7.30–12.30 und 16–18.30 Uhr, Feiertage auch 20.45–21.45 Uhr. Eintritt frei.

Findelhaus – Spedale degli Innocenti

Das einstige Findelhaus von Florenz steht an der rechten Längsseite des Platzes. Die reiche Seidenhändlerzunft hatte diesen Bau 1419 bei Filippo Brunelleschi in Auftrag gegeben, fertiggestellt wurde er 1445 von Francesco della Luna. Noch bis 1875 konnte man unerwünschte Kinder durch eine kleine Drehtür **(Ruota degli Innocenti)** an der linken Schmalwand der Loggia der Obhut der Kirche anvertrauen – ohne erkannt zu werden.

Die noch von Brunelleschi entworfenen Rundbilder, sog. Tondos, füllte Andrea della Robbia 1487 mit Terrakottareliefs, die die kleinen Insassen des Hauses darstellen. Das Museum wurde aufwendig renoviert und erzählt die Geschichte des Waisenhauses, das erste dieser Art überhaupt, sehr eindrücklich. Interessant ist die Abteilung, in der in 140 Fächern, jeweils einem Findelkind zugeordnet, kleine Gegenstände zu sehen sind. Den Neugeborenen wurden bei der Abgabe im Waisenhaus oft kleine Objekte wie halbierte Münzen oder Ähnliches mitgegeben, mit deren Hilfe man die Kinder später identifizieren konnte; eine Münzhälfte für das Kind, die andere behielt die Mutter. Auf dem Dach des Gebäudes befindet sich in der Loggia eine Dachterrassen-Bar **Caffè del Verone** mit Blick auf den Dom.

▪ Tägl. 10–19 Uhr, Eintritt 9 €. ☎ 055-2037308, www.istitutodeglinnocenti.it. **(FC)**

Die Babyklappe war bis ins 19 Jh. im Einsatz

Santa Maria Novella

Das erste Dominikanerkloster der Stadt stammt aus dem 13. und 14. Jh. Wer sich dem Kloster vom Bahnhof her nähert, findet den groben gotischen Bau wahrscheinlich wenig attraktiv. Geht man jedoch weiter an der alten Friedhofsmauer entlang bis zur großzügigen Piazza Santa Maria Novella, zeigt sich die Kirche von ihrer schmuckeren Seite. Der obere Teil der Fassade aus schwarzem und weißem Marmor wurde erst im 15. Jh. fertiggestellt; im Giebel prangt die Sonne, das Wappen des Stadtviertels Santa Maria Novella. Die weitläufige Piazza selbst – ein Ruhepunkt in der hektischen Stadt – ist ebenfalls einen Blick wert. Die beiden Obelisken, auf je vier bronzenen Schildkröten ruhend, dienten als Ziel beim traditionellen Palio dei Cocchi (Wettrennen der Kutschen), der bis zur Mitte des 19. Jh. ausgetragen wurde.

Florenz und Florentiner Umland → Karte S. 21

Geometrisch formvollendet – die Fassade von Santa Maria Novella

Das Kircheninnere ist ziemlich kahl. Das fast 100 m lange Gotteshaus wirkt dank der zebragestreiften Gewölbebögen im Mittelschiff noch länger – ein optischer Trick der gotischen Architekten. Doch lasse man sich vom ersten Eindruck nicht täuschen – auch in dieser Kirche finden sich großartige Kunstwerke: Das bemerkenswerteste ist das Trinitätsfresko von *Masaccio* über dem dritten Altar der linken Seitenwand. Als es um 1427 vollendet war, sprachen Künstlerkollegen zu Recht von noch nie erreichter Qualität – es war eines der ersten Werke mit Zentralperspektive, die später für die Renaissance bestimmend wurde. Die geschickte Platzierung der Figuren im Bildraum unterstreicht die Tiefenwirkung: Gottvater über und gleichzeitig auch hinter dem gekreuzigten Christus, dazwischen symbolisiert eine Taube den Heiligen Geist. Im untersten Teil des Gemäldes erinnert ein menschliches Skelett an die Vergänglichkeit alles Irdischen. Auf den Stufen darüber – zwischen Tod und göttlicher Dreifaltigkeit – kniet das Stifterehepaar Lenzi.

Die Hauptkapelle des Chors ist mit Fresken von *Ghirlandaio* gänzlich ausgeschmückt. Der Auftraggeber *Giovanni Tornabuoni* wünschte sich, dass das Werk dem „Lobpreis seines Hauses und seiner Familie" diene. Diesen Wunsch hat Ghirlandaio umgesetzt. Diverse Tornabuoni und Mitglieder befreundeter Familien figurieren als Komparsen in den biblischen Darstellungen. Die Noblesse der Florentiner Renaissance gibt sich die Ehre – eine Mischung aus sakraler Kunst und Porträtmalerei.

■ Im Sommer Mo–Do 9–19, Fr 11–19, Sa 9–17.30, So/Feiertag 13–17.30 Uhr, im Winter nur bis 17.30 Uhr. Eintritt 7,50 €. ☎ 055-282187, www.smn.it. **(FC)**

Orsanmichele

Die Kirche zwischen der Piazza della Repubblica und der Piazza della Signoria wirkt überhaupt nicht wie ein sakraler Bau. Kein Wunder, sie sollte Gotteshaus und zugleich Kornspeicher sein. Im Untergeschoss wurde noch bis 1367 der Kornmarkt abgehalten. Dann mauerte *Simone Talenti* die Arkaden zu und schuf wunderschöne filigrane Portale. In den 14 äußeren Mauernischen stehen Marmorskulpturen von Schutzheiligen der Zünfte. Die Renaissance-Plastiken stammen u. a. von *Donatello, Ghiberti und Nanni di Banco*. Eine Sehenswürdigkeit im düsteren Inneren ist der berühmte **Marmortabernakel von Orcagna** – eine einzigartige Arbeit mit einer Fülle von Flachreliefs, Engelchen und Statuetten.

▪ **Kirche** tägl. 10–16.50 Uhr, **Museum** mit der Skulpturensammlung Mo 10–16.50, Sa 10–12.30 Uhr. Eintritt frei. Via Arte della Lana, ☎ 055-0649450, www.bargellomusei.beniculturali.it.

An der Seite der Via dei Calzaioli ist zudem eine Kartenverkaufsstelle für Uffizien, Palazzo Pitti, Boboli-Gärten, Archäologisches Museums und San Marco untergebracht.

Ognissanti

Die Kirche (am gleichnamigen Platz am Ufer des Arno) mit ihrer Barockfassade von 1637 – der ersten in Florenz – gehörte ursprünglich den Humiliaten, die als Spezialisten für die Wollverarbeitung im 13. Jh. den Grundstock für diesen so bedeutenden Wirtschaftszweig der Stadt legten. 1561 überließ man Kirche und Kloster den Franziskanern – die Vorgänger hatten ihr Ansehen längst verloren. Im Inneren, über dem zweiten Altar rechts, ist die sog. „Schutzmantelmadonna" zu sehen, ein Jugendwerk von *Domenico Ghirlandaio*, das er für die Familie Vespucci malte. Der Seefahrer Amerigo Vespucci, nach dem Amerika benannt wurde, lebte in dem Viertel und ist vermutlich in dem jungen Mann unter dem rechten Arm der lieblichen Madonna zu erkennen. Im einstigen **Refektorium** des Klosters (Zugang links von der Kirche) befindet sich die berühmte Abendmahlszene von *Ghirlandaio*. Judas, mit schwarzem Haar und „teuflisch" abstehendem Spitzbart, sitzt in herausfordernder Haltung vor dem Tisch und scheint mit den Aposteln zu debattieren.

▪ Tägl. 9.30–12.30 und 16–19.30 Uhr, Mi Vormittag geschlossen. Eintritt frei, ☎ 055-2398700, www.chiesaognissanti.it.

Santa Trinita

Neben der gleichnamigen Brücke. Der Kernbau stammt aus der zweiten Hälfte des 11. Jahrhunderts, Anfang des 14. Jahrhunderts wurde er dem gotischen Zeitgeschmack entsprechend umgebaut. Ihre Fassade erhielt die Kirche fast zwei Jahrhunderte später durch *Buontalenti*, den Hofarchitekten Ferdinands I.

Auch hier begegnen wir wieder dem Florentiner Geschichtenerzähler *Domenico Ghirlandaio*. Seine Fresken zum Leben des heiligen Franz von Assisi in der Sassetti-Kapelle gelten als Dokument der Zeitgeschichte – in den Szenen sind viele Persönlichkeiten abgebildet, die damals in Florenz den Ton angaben.

▪ Mo–Sa 8–12 und 16–17.45, So 8.30–10.45 und 16–17.45 Uhr. Eintritt frei.

San Lorenzo und Biblioteca Laurenziana

Die „Haus- und Grabkirche" der Medici-Familie, deren Palazzo sich um die Ecke befand. Links hinten, in Nähe des Altars der Kreuzbasilika, liegt die Alte Sakristei, vom Stammvater der Medici Giovanni di Bicci 1418 als Auftrag an Filippo Brunelleschi vergeben. Die Reinheit der Formen beeindrucken, die in krassem Gegensatz zur schwülstig wirkenden Neuen Sakristei der Medici-Kappellen stehen. Am Eingang links neben der Kirche hat man vom doppelgeschossigen Kreuzgang aus Zugang zur **Biblioteca Laurenziana**. Der große *Michelangelo* sprengte hier alle Grenzen des architektonischen Formenkanons. Die geschwungene Freitreppe im Vestibül, dem sogenannten *Ricetto*, bildet den Auftakt: Der Besucher fühlt sich wie magisch angezogen, die Stufen zum Lesesaal emporzusteigen. Die

Florenz und Florentiner Umland → Karte S. 21

Sitzbänke zum Studieren sind kunstvoll geschnitzt, aber knochenhart – Bildung ist eben nichts für Weichlinge. Die rund 11.000 Bücher und Handschriften sind in den Archiven eingelagert. Nur bei Sonderausstellungen ist eine kleine Auswahl in den Räumen der Bibliothek zu sehen.

▪ Mo–Sa 10–17.30 Uhr. Eintritt Basilika 7 €, zusammen mit der Bibliothek 9,50 €. www.opera medicealaurenziana.org. **(FC)**

Santo Spirito

Die Kirche, abseits der Touristenströme im nach ihr benannten Stadtviertel südlich des Arno gelegen, ist ein schönes Beispiel der Frührenaissance. Die Pläne stammen von *Brunelleschi*, doch wurden sie nicht vollständig verwirklicht. Die Kirche wurde erst 1482, fast vier Jahrzehnte nach seinem Tod, vollendet. Die 38 Familienkapellen bergen nur noch einen kleinen Teil ihrer einstigen Kunstschätze. Das Altarbild „Madonna und Kind mit dem Johannesknaben" stammt von *Filippino Lippi*. Besonderes Interesse gilt dem hölzernen Kruzifix, das Michelangelo im Alter von 18 Jahren vermutlich für den Prior von Santo Spirito angefertigt haben soll.

▪ Mo–Sa 10–12.30 und 16–18, So 16–17.30 Uhr. Piazza Santo Spirito. Eintritt frei. Besichtigung von Michelangelos Kruzifix 3 €.

Santa Maria del Carmine mit Cappella Brancacci

Ebenfalls südlich des Arno steht diese Barockkirche aus dem 18. Jh. auf Resten eines Karmeliterklosters aus dem 13. Jh. Berühmt ist der restaurierte Freskenzyklus „Szenen aus dem Leben Petri" der Maler *Masolino* und *Masaccio* aus den Jahren 1423–28 in der Brancacci-Kapelle gleich links, wenn man eintritt. Nach dem frühen Tod Masaccios im Alter von 26 Jahren stellte *Filippino Lippi* den Rest Jahre später fertig. Das berühmte Meisterwerk „Vertreibung aus dem Paradies" (linker Pfeiler oben) zeigt den realistischen Stil, der den Beginn der Renaissance-Malerei kennzeichnet. Plastisch durch die von Masaccio entwickelte Technik *Chiaroscuro* (hell-dunkel) spiegeln sich die Gefühle in den Gesichtern der aus dem Paradies Vertriebenen.

▪ Cappella Brancacci: Mo–Sa 10–17, So/Feiertag 13–17 Uhr, Di geschlossen. Eintritt Mi, Do, Fr 8 €, Sa/So 10 €. ☎ 055-2382195, www.musei civicifiorentini.comune.fi.it. **(FC)**

San Miniato al Monte

Die gern von Liebespärchen besuchte Basilika liegt mitten im Grünen auf einer Hügelkuppe, eine Kurve vom Piazzale Michelangelo entfernt. Geweiht ist die Kirche dem heiligen Miniatus, einem Opfer von Kaiser Decius, der als einer der fanatischsten Christenverfolger in die Geschichte einging. Miniatus starb hier, nachdem er von seiner Hinrichtungsstätte geflohen war und mit seinem Kopf in der Hand den Arno überquert hatte – so berichtet es die Legende.

Die klare Linienführung der Frontfassade ist typische Florentiner Romanik des 11. Jh., die verschiedenfarbige Marmorverkleidung erzeugt hübsche geometrische Muster. Im Inneren beeindrucken die Freskenmalereien sowie die feinen Marmorintarsien im Mittelgang des Fußbodens. Prunkstück ist die Kanzel und die Abtrennung zum Presbyterium, ebenfalls filigrane Arbeiten in Marmor. Die Sakristei (oben rechts) ist komplett ausgemalt. Sehenswert ist auch das Mosaik in der Halbkuppel der Apsis, das ganz im byzantinischen Stil gehalten ist.

▪ Tägl. um 17.30 Uhr wird die Messe gefeiert, bei der man den gregorianischen Gesängen der Olivetanermönche lauschen kann. Neben der Basilika unterhalten die Mönche eine Apotheke, in der u. a. auch Honig und andere selbst hergestellte Produkte verkauft werden.

Aufstieg zu Fuß: Ein schöner Weg zur Basilika von der Porta San Niccolò ist die Via San Salvatore di Monte, der alte Kreuzweg mit seinen kaum mehr sichtbaren Stationen. Auf halber Höhe kann

Lohnender Spaziergang hinauf zur Kirche von San Miniato al Monte

man in einem hübschen Rosengarten, dem **Skulpturengarten Folon,** Rast machen. Der Belgier Jean-Michel Folon (1934–2005), der in den 1960er- und 70er-Jahren vor allem als Plakatkünstler bekannt wurde, ist mit einigen bildhauerischen Arbeiten vertreten. Weiter führt der Treppenweg zur **Kirche San Salvatore al Monte,** die knapp unterhalb der Miniato-Basilika steht.

▪ **San Salvatore** im Sommer Mo–Sa 9.30–13/15–19.30, So 8.15–19 Uhr. Eintritt frei, www.sanminiatoalmonte.it.

Certosa – Kartäuserkloster

Die vom heiligen Bruno aus Köln gegründete Gemeinschaft gehört zu den strengsten Orden der katholischen Kirche. Die Kartäuser verbringen einen Großteil ihres Lebens in ihrer Zelle, die Stimme erheben sie nur beim gemeinsamen Gebet.

Die Kartause von Florenz liegt bei Galluzzo. Über dem Abzweig der Superstrada nach Siena thronend, ist sie für Autofahrer kaum zu übersehen. 1957 verließen die letzten Kartäuser das Kloster und überließen es den Zis-

terziensern. Seit ein paar Jahren wird das Kloster von einer Gruppe Freiwilliger geführt. Wer sich für Kunst abseits der ausgetretenen Pfade interessiert, wird einige Kleinode entdecken. Die Fresken in der **Pinakothek** von *Jacopo Carrucci,* genannt *Pontormo,* verdienen Aufmerksamkeit. Der Maler hatte sich, als 1523 in Florenz die Pest ausbrach, in die Kartause gerettet und hier einen Bilderzyklus „Passion Christi" geschaffen; er gilt als eines der frühesten Zeugnisse des Manierismus.

In der barocken **Klosterkirche** mit der „Himmelfahrt des heiligen Bruno" über dem Altar ist vor allem das Chorgestühl sehenswert: großartige Intarsienarbeiten und geschnitzte Darstellungen von Heiligen in den Rückenlehnen. Der Besucher wird weiter zum **Großen Kreuzgang** geführt, an den sich die Zellen anschließen. Neben jeder Tür befindet sich eine Durchreiche, durch die den Mönchen das Essen zugeschoben wurde und die sogar ums Eck gebaut wurde, damit nicht einmal bei der Essensreichung Blickkontakt möglich war. Unwillkürlich denkt man an ein Gefängnis; beim Blick von außerhalb aber, etwa von Galluzzo aus, wirken die Zellen fast wie Einfamilienhäuschen. Ein architektonisches Juwel des Klosters ist der **Kreuzgang der Laienbrüder** aus dem 15. Jh., ein kleiner, rechteckiger Innenhof mit doppelten Arkaden.

Zum Abschluss empfiehlt sich unbedingt der Besuch der **Klosterapotheke,** denn hier wird selbstgebrannter Likör verkauft, u. a. auch Sambuca und Grappa.

Führungen Di–Sa 10, 11, 15, 16 Uhr, im Sommer zudem 17 Uhr. Geschlossen So vormittags und Mo. Eintritt frei, Spenden erwünscht. Via della Certosa 1, ☎ 055-2049226, www.certosadifirenze.it

Messe Am Sonntag um 10 und 11 Uhr.

Anfahrt Vom Stadtzentrum zunächst Richtung Siena, kurz nach Galluzzo führt eine breite Auffahrt hoch zur Kartause. Oder mit Buslinie 37 von der Piazza Santa Maria Novella bis Haltestelle Certosa.

Gärten und Villen in und um Florenz

Einen entspannten Blick auf das Leben der Medici bieten die teils recht imposanten Gärten und Villenanlagen im Raum von Florenz, übrigens **seit 2013 UNESCO-Welterbe.**

Viele dieser Villen lagen in ihrer Entstehungszeit an der Peripherie der Stadt und waren Refugien, in die sich die Mächtigen zurückzogen, wenn zum Beispiel wieder einmal die Pest ausbrach – wie etwa jene Gruppe junger Städter, die Boccaccio in seinem Werk „Decamerone" beschribt.

Villa Medicea di Castello: ein schönes Beispiel eines italienischen Gartens mit einer Sammlung von nicht weniger als 500 Zitrusbäumen. Nur der Garten ist öffentlich zugänglich.

◾ März/Okt. 8.15–17.30 Uhr, April–Mai, Sept. 8.15–18.30 Uhr, Juni–Aug. 8.15–19.30 Uhr, Nov.–Febr. 8.15–16.30 Uhr, am 2. und 3. Montag im Monat geschlossen. Eintritt frei. Mit Bus Nr. 2 oder Nr. 28 bis Via Senese. Via di Castello 47, ☎ 055-452691.

Villa Medicea La Petraia: stündlich Führungen durch die Räume der üppig dekorierten Villa mit imposanter Dachkonstruktion und Originaleinrichtung aus dem 19. Jh.

◾ Geöffnet wie die Gärten der Villa Medicea (s. o.); Eintritt frei. Via della Petraia 40 (unweit der Villa Medicea).

Parco Pratolino der Villa Demidoff: Parkanlage mit Uralt-Baumbestand und der Statue des 14 m hohen „Gigante dell' Appennino", der 1580 von Giambologna aus Kalkstein geschaffen wurde.

◾ Mai–Okt. Fr–So 10–20 Uhr. Eintritt frei. Vaglia, Loc. Pratolino, von der Via Bolognese (alte Verbindungsstraße nach Bologna) zu erreichen. ☎ 055-409427.

Abseits des Touristenstroms

Warum in Schlangen anstehen, um sich einen „David" oder eine „Primavera" anzusehen, wenn auch andernorts außergewöhnliche Zeugnisse der Kunst, Kultur und Geschichte darauf warten, entdeckt zu werden ...

Florenz bietet so viele Baudenkmäler und Museen, die auch Kulturinteressierte kaum alle besichtigen können. Hier ein paar Vorschläge, wie Sie etwas über die Stadt und ihre Geschichte erfahren können, ohne auf den ausgetretenen Pfaden zu wandeln.

Palazzo Strozzi (Centro di Cultura Contemporanea la Strozzina – CCCS): In den Kellerräumen und im 1. Stock des ehrwürdigen Renaissancepalasts zeigen wechselnde Ausstellungen moderne Kunst, die sich in der Toskana ansonsten eher rar macht.

▪ Geöffnet je nach Ausstellung, meist 10–20, Do 10–23 Uhr. Eintritt 13 €. ☎ 055-2469600, www.palazzostrozzi.org. **(FC)**

Archäologisches Museum: Überragende Sammlung ägyptischer und etruskischer Kunst mit Mumien und altägyptischen Sarkophagen neben etruskischen Urnen und Bronzefiguren. Eines der bedeutendsten archäologischen Museen Italiens.

▪ Di–Fr 8.30–19, Sa–Mo 8.30–14 Uhr. Geschlossen am 2., 4., 5. Sonntag im Monat. Eintritt 8 €. Via della Colonna 36, ☎ 055-23575, www.beniculturali.it. **(FC)**

Synagoge und Jüdisches Museum: Nicht nur wegen ihres in Florenz einzigartigen, mattgrünen Kupferdachs ist die Synagoge einen Abstecher wert. Zwischen 1874 und 1882 errichtet, weist sie einen interessanten maurischen Stil auf, der die offizielle Bezeichnung *Tempio Maggiore* mehr als rechtfertigt. Das Museum erzählt die lange Geschichte der Florentiner Juden, die wohl bis in die Römerzeit zurückreicht, und die des Ghettos.

1944 wollten die Deutschen die Synagoge sprengen, doch der italienischen Resistenza gelang es, fast alle Sprengkörper rechtzeitig zu entschärfen.

▪ Okt.–Mai So–Do 10–17.30, Fr 10–15 Uhr, Juni–Sept. So–Do 9.30–18.30, Fr 9.30–17 Uhr. Geschlossen am Sa und an jüdischen Feiertagen. Eintritt 6,50 €. Via Farini 4, ☎ 055-245252, www.firenzebraica.it. **(FC)**

Museo Galileo: Eine Fundgrube für technisch Interessierte. Erstaunlich, mit welcher Präzision schon im 16. Jahrhundert mechanische Messgeräte gebaut wurden. Im 1. Stock finden sich Instrumente zur Bestimmung der Mondstellung. In Saal 7 ist das Fernrohr zu sehen, mit dem Galilei die Jupitermonde entdeckte. In den oberen Geschossen werden zahlreiche weitere Wunderwerke aus den Bereichen Pneumatik, Chemie und Anatomie verwahrt.

Passend zum Museum steht vor dem Eingang seit 2007 eine große Bronzestele mit ausgeschnittenen Tierkreiszeichen. Sie funktioniert als Sonnenuhr – und stimmt!

▪ 9.30–18, Di 9.30–13 Uhr. Eintritt 10 €. Piazza dei Giudici, ☎ 055-265311, www.museogalileo.it. **(FC)**

Palazzo Davanzati (Museo della Casa Fiorentina): Wer sich vor Augen führen will, wie die reichen Florentiner im 14. und 15. Jahrhundert lebten, kann den Familienpalast der Davanzati besuchen. Der Kunst- und Antiquitätenhändler Elia Volpi kaufte ihn zu Anfang des 20. Jh., ließ ihn restaurieren und nach dem Vorbild der alten Patrizierhäuser einrichten. Auch wenn über die Authentizität der Einrichtung Uneinigkeit herrscht, handelt es sich um ein einzigartiges Dokument der zeitgenössischen florentinischen Wohnkultur.

▪ Mo–Fr 8.15–14, Sa/So 13.15-19 Uhr. Geschlossen am 1., 3., 5. Mo sowie am 2. und 4. So im Monat. Eintritt 6 €. Via Porta Rossa 13, ☎ 055-2388610, www.bargellomusei.beniculturali.it. **(FC)**

Museo Casa di Dante: Zwar ist es nicht das historische Wohnhaus Dantes, doch der größte Dichter Italiens lebte zumindest in dem Viertel. Unter die Lupe genommen werden natürlich Leben und Werk – zuvorderst die „Göttliche Komödie" – aber auch Dantes Epoche.

▪ April–Sept. tägl. 10–18 Uhr, Okt.–März 10–17 Uhr, im Winter Mo geschlossen. Eintritt 4 €. Via S. Margherita 1, ☎ 055-219416, www.museocasadidante.it. **(FC)**

Casa Buonarroti: Buonarroti, so hieß der große *Michelangelo* mit Nachnamen. Zwar hat er diesen Palast nie selbst bewohnt – er lebte zu dessen

Meditative Plattform mit Absturzgefahr

Entstehungszeit längst in Rom –, doch gilt die Casa Buonarroti als Kultstätte. Zahllose Nachfahren und Bewunderer Michelangelos haben hier Zeichnungen, Porträts und andere Werke zusammengetragen, darunter das marmorne Flachrelief „Madonna an der Treppe". Herzstück der Sammlung ist der Saal mit den zahlreichen „Bozzetti" (Entwürfe, Modelle im kleinen Maßstab) des Meisters.

▪ Mi–Mo 10–17 Uhr, Di geschlossen. Eintritt 8 €. Via Ghibellina 70, ℘ 055-241752, www.casabuonarroti.it. (FC)

Palazzo Medici Riccardi: Mit seinem arkadengesäumten Innenhof ist er ein typisches Beispiel eines Renaissance-Wohnpalasts. Cosimo der Ältere ließ ihn 1444 von seinem Lieblingsarchitekten *Michelozzo* erbauen, doch seine heutige Gestalt erhielt das Gebäude 1584, als der neue Besitzer Francesco Riccardi hier einzog. In der Palastkapelle sind die restaurierten Fresken **Benozzo Gozzolis** mit dem „Zug der Heiligen Drei Könige" zu bewundern.

▪ Do–Di 9–19 Uhr, Mi geschlossen. Eintritt 7 €. Via Cavour 1, ℘ 055-2760340, www.palazzomediciriccardi.it. (FC)

Museo Marino Marini: In der ehemaligen Kirche San Pancrazio wurde vor Jahren ein Museum eingerichtet – einer der wenigen Orte der Stadt, die der Kunst des 20. Jahrhunderts gewidmet sind. Die abstrakten, archaisch wirkenden Figuren *Marino Marinis*, eines der größten zeitgenössischen Bildhauer Italiens, schaffen einen überraschenden Kontrast zur sakralen Umgebung.

▪ Sa, So, Mo 10–19 Uhr, Eintritt frei. Eintritt für die Kapelle Rucellai 6 €. Piazza S. Pancrazio, ℘ 055-219432, www.museomarinomarini.it. (FC)

Museo Novecento: Die Ausstellung widmet sich mit Gemälden, Skulpturen und Installationen den italienischen Kunstströmungen des 20. Jahrhunderts.

▪ April–Sept. Sa–Mi 11–20, Do 11–14, Fr 11–23 Uhr, Okt.–März Fr–Mi 11–19, Do 11–14 Uhr, Piazza Santa Maria Novella 10, Eintritt 9,50 €, ℘ 055-286132, www.museonovecento.it. (FC)

Stibbert: 60 im Stil unterschiedlicher Epochen eingerichtete Säle, vollgestopft mit Kunstgegenständen aller Art, die der weitgereiste Engländer Frederick Stibbert in seinem bewegten Leben zusammengetragen und 1906 der Stadt Florenz vermacht hat. Bekannt ist das Museum vor allem wegen seiner umfangreichen Sammlung von Waffen und Rüstungen, die aber nicht in sterilen Glaskästen verschlossen sind, sondern dem Besucher an lebensgroßen Puppen präsentiert werden. Vor allem für Kinder ein Erlebnis! Hinter der Villa lädt der schöne Park zum Spaziergang ein; hier ist der Eintritt frei.

▪ Führungen Mo–Mi jede Stunde von 10 bis 13 Uhr, Fr–So jede Stunde von 10 bis 17 Uhr. Do geschlossen. Eintritt 8 €. Via di Montughi 4, ☏ 055-475520, www.museostibbert.it. **(FC)**

Museo Horne: Eine schöne Auswahl von Exponaten der Renaissance-Malerei hat der englische Sammler Herbert Percy Horne Ende des 19. Jh. in seinem Stadtpalast zusammengetragen, darunter Arbeiten von *Giotto, Beccafumi* und *Lorenzetti*. Zudem Einrichtungs- und Gebrauchsgegenstände aus der Renaissance.

▪ Do–Di 10–14 Uhr, Mittwoch geschlossen, Eintritt 7 €. Via de Benci 6, ☏ 055-244661, www.museohorne.it. **(FC)**

Museo Salvatore Ferragamo: Ferragamo, ein italienischer Auswanderer und Schuhmacher, bekleidete in den 1920ern die Füße der Filmköniginnen Hollywoods. 1927 kehrte er nach Italien zurück und eröffnete im Palazzo Spini Feroni in der Via Tornabuoni sein Geschäft. Viele Schuhkunstwerke, nostalgisch vergilbte Fotos und wechselnde Ausstellungen, u. a. Audrey Hepburn, Greta Garbo und Marilyn Monroe.

▪ Tägl. 10–19.30 Uhr. Eintritt 9 €. Piazza Santa Trinità 5r, im Untergeschoss des Luxusschuhgeschäfts Ferragamo. www.museoferragamo.com.

Museo di Casa Martelli: Privathaus eines Bankiers aus dem 18. Jahrhundert, dessen Kollektion von Gemälden (u. a. Beccafumi, Brueghel) die Wände schmücken. Der „eingerankte" Gartensaal-Raum mit aufwendigen Trompe l'oeil-Malereien sticht dabei hervor.

▪ Besichtigung Do 14, 15, 16, 17 Uhr, Sa 9, 10, 11, 12 Uhr. Geschlossen am 2. und 4. Sonntag im Monat sowie im August. Eintritt frei. ☏ 055-2388602 oder ☏ 216725. Via Zannetti 8, www.bargellomusei.beniculturali.it.

Museo Opificio delle Pietre Dure: Das Museum veranschaulicht mit beeindruckenden Exponaten die Kunst des Mosaiklegens mit Halbedelsteinen und dem Werkstoff Marmor. In den Räumlichkeiten ist auch die Werkstatt für Restaurierung sowie die Ausbildungsstätte für das alte Florentiner Kunsthandwerk untergebracht.

▪ Mo–Sa 8.15–14 Uhr. 4 €, Via degli Alfani 78, ☏ 055-26511, www.opificiodellepietredure.it. **(FC)**

Fondazione Franco Zeffirelli: Stiftung des 2019 verstorbenen Regisseurs und überzeugten Florentiners, zu sehen sind 250 Exponate aus Theater, Oper und Filmen.

▪ Tägl. 10–18 Uhr, Mo geschlossen. Eintritt 10 €. Piazza San Firenze 5, www.fondazione francozeffirelli.com.

Orto Botanico: Der im Jahr 1545 von Cosimo I. gegründete botanische Garten im Zentrum der Stadt, von den Florentinern „Giardino dei Semplici" genannt, zählt nach Padua und Pisa zu den drei ältesten der Welt. Im Herbst 2014 hatten Unwetter im Garten große Schäden angerichtet. Die alten Gewächshäuser konnten restauriert werden, der Verlust einiger jahrhundertealter Baumriesen ist hingegen unwiederbringlich. Die über 250 Jahre alte Korkeiche hat den Sturm überlebt.

▪ 1. April bis 15. Okt. Do–Di 10–19 Uhr, Mo geschlossen. 16. Okt. bis 31. März Sa/So 10–16 Uhr, Eintritt 6 €. Via Micheli 3, ☏ 055-2756444. **(FC)**

Florenz und Florentiner Umland → Karte S. 21

Praktische Infos

Information

Ufficio turistico, gegenüber dem Hauptbahnhof, neben dem Eingang zur Kirche Santa Maria Novella. Ganzjährig Mo–Sa 9–19, So und Feiertag 9–14 Uhr. Piazza Stazione 4, ☏ 055-212245, turismo3@comune.fi.it.

Infobüro Via Cavour 1r, neben Palazzo Medici Riccardi. Mo–Fr 9–13 Uhr, ☏ 055-290832, infoturismo@cittametropolitana.fi.it.

Touristinfo-Flughafenbüro, tägl. 9–19 Uhr (keine Flugauskunft!). ☏ 055-315874, info aeroporto@comune.fi.it.

Point Bigallo, Piazza San Giovanni, an der Piazza del Duomo. Mo–Sa 9–19, So 9–14 Uhr. ☏ 055-288496, bigallo@comune.fi.it.

Weitere Informationen unter der offiziellen Webseite www.firenzeturismo.it.

Übernachtungsinfos → „Übernachten/Reservierung".

Firenze Spettacolo: Informationsheft auf Italienisch mit dem vollständigen Veranstaltungskalender des Monats; die Highlights sind in Englisch abgedruckt. Preis 2 €. www.firenzespettacolo.it.

The Florentine und Florence is You: Monatlich erscheinende Stadtmagazine listen (auf Englisch bzw. mehrsprachig) interessante Konzerte, Filme, Ausstellungen, Märkte usw. auf. Viele Berichte zum Stadtgeschehen aus der Sicht von ausländischen Einwohnern. Kostenlos am Flughafen, in den Touristbüros und in vielen Hotels und Restaurants. www.the florentine.net; www.florenceisyou.com.

Nach Florenz mit dem Auto

Wer aus Richtung Bologna für einen Tagesbesuch in die Stadt kommt, kann in der **Villa Costanza** zwischen den Ausfahrten **Scandicci** und **Impruneta** gleich an der Autobahn parken und mit der Tram Leonardo T1 in die Innenstadt fahren (einfache Fahrt nach Santa

Maria Novella 1,50 €). Die Parkgebühren sind erschwinglich: 1–4 Stunden 2 €, 4–10 Stunden 5 €.

Oder man verlässt bereits bei **Prato/Calenzano** die Autobahn, um über die Via Pratese zur **Tiefgarage am Hauptbahnhof** (3 € pro Std.) vorzustoßen. Eine weitere Parkmöglichkeit ist die **Tiefgarage an der Piazza della Libertà,** die größer und günstiger ist: Std. 2 €, 1 Tag 10 €, 2 Tage 15 €, 3 Tage 20 €). Zentrumsnäher parken Sie an der **Porta Romana** (2 €/Stunde), die Sie über die Autobahnabfahrt Firenze-Signa erreichen. Auf dem **Piazzale Michelangelo** weiter östlich (dieselbe Autobahnausfahrt) kostet das Parken 1 €/Std., zudem hat man sofort eine schöne Sicht auf die Stadt. Am Zentralsten (und entsprechend teuer) ist das Parken am Arnoufer der *Lungarni.*

Wenn Sie **Campingplätze** suchen, sollten Sie die Stadt auf der Autobahn umfahren (Richtung Rom) und dann von Süden her (Ausfahrt **Firenze-Sud**) in Richtung Zentrum einbiegen. Die Innenstadt ist teilweise für den Autoverkehr gesperrt, den richtigen und möglichst direkten Weg im chaotischen Verkehr zu finden, ist oft stressig und zeitaufwendig.

Ladestationen für Elektroautos: Mittlerweile gibt es 45 Ladestationen in Florenz. Verzeichnis mit Übersicht, ob frei oder in Gebrauch unter www.enel drive.it. Außerdem finden sich Ladestationen oft in Supermärkten wie dem Coop.

Nach Florenz mit der Bahn

Hauptbahnhof (Stazione Santa Maria Novella): Der kühl und funktionell wirkende Bau aus dem Jahr 1932 wurde von Giovanni Michelucci erbaut und ist – wie kann es anders sein – inzwischen mit einer Shopping Mall unterkellert. Hier halten die Fernzüge der Europaverbindungen Hamburg – Basel – Mailand – Rom sowie München – Bologna – Rom (ausgenommen wenige Verbindungen über den **Bahnhof Campo di Marte.**

Zugverbindungen Infos über www.trenitalia.it & www.italotreno.it.

Gepäckaufbewahrung Schließfächer gibt es nicht! Am Bahnsteig 16 befindet sich die einzige Gepäckaufbewahrung *Deposito Bagagli a Mano*. Pro Gepäckstück 6 € für die ersten 5 Std., danach weitere 1 € bis 12 Std., ab der 13. Std. weitere 0,50 € pro Std. Geöffnet 6–23 Uhr. ℘ 055-2352190, www.kipoint.it oder www.bagbnb.

Überlandbusse: Die Innenstadt-Terminals befinden sich 10 Gehminuten entlang dem Bahnhof Santa Maria Novella am Piazzale Montelungo.

▪ **BUSITALIA,** Via Santa Caterina da Siena 17 (großer Terminal westlich des Bahnhofs). Nach Anghiari, Arezzo, Assisi, Bologna, Borgo San Lorenzo, Camaldoli, Casentino, Chianciano Terme, Città di Castello, Colle Val d'Elsa, Firenzuola, Greve, Grosseto, Gubbio, La Verna, Massa Marittima, Montevarchi, Perugia, Piombino, Pontassieve, San Piero a Sieve, Sansepolcro, Scarperia, Siena, Vallombrosa, Volterra. ℘ 055-478214, ℘ 800-373760. www.fsbusitalia.it.

Nach Florenz mit dem Flugzeug

Flughafen Amerigo Vespucci: Der Airport liegt 5 km nordwestlich des Zentrums im Peretola-Viertel (Via del Termine). Auskunfts-Telefon tägl. 5.30–0.30 Uhr ℘ 055-3061830 (Customer Service). Im Internet unter www.aeroporto.firenze.it.

Shuttlebusse Ab/zum Bahnhof fahren Busse von „Volainbus/Busitalia" zwischen 5 und 20 Uhr alle 30 Min., danach stündlich bis 0.10 Uhr, einfache Fahrt 6 €.

Taxi Damit ist man nur unwesentlich schneller, ca. 22 €. Funktaxi ℘ 055-4242, Taxigesellschaft www.socota.it.

Tram Zwischen Flughafen und Bahnhof Santa Maria Novella mit Linie T 2, einfache Fahrt 1,50 € (Fahrzeit ca. 20 Min.).

Unterwegs in Florenz

Das Wichtigste zuerst: Die historischen Stätten von Florenz – Piazza Signoria, Uffizien, Ponte Vecchio, Dom, Piazza S. Maria Novella, Piazza S. Croce, Piazza Pitti, Piazza S. Spirito, Piazza S. Lorenzo, Piazza SS. Annunziata – sind ganz und gar für den Verkehr gesperrt und als **Zona pedonale** nur für Fußgänger zugänglich.

Adressen und Hausnummern: Die Orientierung in der Stadt wird erschwert durch die unterschiedlichen Hausnummern, die ursprünglich so gedacht waren: Die roten (für Gewerbebetriebe) und die schwarzen (für Privathäuser) laufen in dieselbe Richtung. Bei unseren Adressangaben steht hinter der Ziffer ein „r", wenn es sich um eine rote Hausnummer handelt. Viele Hotels und Gaststätten geben aber beide Nummern an, sofern vorhanden.

Stadtbusse: Am Bahnhof hält fast jede Linie. Tickets sollte man sich vorher besorgen: im Bahnhof am Ticketver-

Dante ist noch heute Thema

kauf-Schalter Nr. 8; in vielen Bars, an den meisten Zeitungsständen, in den mit weißem „T" auf schwarzem Grund gekennzeichneten Tabakläden – sowie gegen Aufpreis im Bus. Das 90-Minuten-Ticket kostet 1,50 € (im Bus 2,50 €!), (Viererticket 4,70 €), Tageskarten 5 €, 3 Tage 12 €, eine ganze Woche 18 €. Tickets vor der ersten Fahrt entwerten; wer ohne Fahrschein erwischt wird, zahlt 50 €. Ein Infotelefon (✆ 800-424500) ist täglich zwischen 6 und 21 Uhr besetzt. Die Webseite der Verkehrsbetriebe gibt es auch auf Englisch, sie ist in Sachen Streckennetz für italienische Verhältnisse sehr übersichtlich (www.ataf.net).

Taxi: Eine Fahrt vom Dom zum Campingplatz Michelangelo kostet etwa 15 € (mit Glück weniger, mit Pech mehr), vom Bahnhof zum Flughafen etwa 22–25 €. Pro Koffer, Reisetasche etc. (höchstens fünf!) wird 1 € zusätzlich verlangt. Der Startpreis beträgt im Normalfall 3,30 €, zwischen 22 und 6 Uhr 6,60 €, an Sonn-/Feiertagen klettert er auf 5,30 €, an Sonn- und Feiertagen nachts werden sogar 7 € fällig.

■ Funktaxi ✆ 055-4242 und ✆ 055-4390. Taxigesellschaft www.socota.it.

In bici in città – mit dem Radl durch Florenz

Bevor Matteo Renzi im Jahr 2014 den Posten des Ministerpräsidenten Italiens übernahm, war er Bürgermeister von Florenz. Eine seiner Initiativen war, die Innenstadt autofrei zu gestalten. Er ging mit gutem Beispiel voran, seinerzeit sah man ihn auf dem Fahrrad durch die Altstadt kurven. Seit ein paar Jahren kann man per App die orange-befelgten Räder von Mobike nutzen, wo immer sie vorhanden sind. Bislang gibt es allerdings nur wenige Radwege, unter anderem am Arnoufer entlang und auf der Ringstraße um das Zentrum der Stadt – doch in den schmalen Straßen kommt einem der Autoverkehr bedenklich nah. Also aufpassen und den Sattel etwas tiefer einstellen, um den Fuß schnell am Boden zu haben. Und Vorsicht vor Fahrraddiebstahl: Selbst die klapprigsten Drahtesel werden mitunter trotz Fahrradschloss gestohlen. Um in den Fußgängerzonen voranzukommen, bahnen sich die Florentiner ihren Weg übrigens durch Dauerklingeln ...

■ Günstig ab 0,69 € Basistarif und einfach per App zu buchen: www.mobike.com.

Straßenbahn: Seit 2010 fährt eine Tram die 7 km lange Strecke vom Hauptbahnhof nach Scandicci, seit kurzem auch zwischen Flughafen und Innenstadt. Weitere Strecken sind im Bau.

Mit dem Auto in der Stadt: Die erweiterte Innenstadt ist **Zona di Traffico Limitato (ZTL)**, sie ist für Anwohner reserviert, die Sehenswürdigkeiten liegen ohnehin in der Fußgängerzone. Touristen dürfen nur zum Hotel fahren, um dort ihr Gepäck abzuladen. Eine solche Fahrt in die „ZTL" ist nur mit Buchungsbeleg in der Tasche möglich. Danach muss das Auto sofort aus der Zone entfernt werden. Einige Hotels in der ZTL bieten an, den Wagen im Parkhaus abzustellen. Für diesen Service muss man mindestens 25 € pro Nacht einplanen. Die Zufahrten werden mit Ampelanlagen und Kameras kontrolliert. Einfahrtsverbot in die ZTL Mo–Fr 7.30–3 Uhr, Sa 16 Uhr bis So 3 Uhr, am So frei.

Bußgelder Verstöße werden mit mind. 80 € bestraft. Der Strafzettel muss innerhalb von 5 Werktagen bezahlt werden – ansonsten verteuert er sich um 30 Prozent!

> Weitere Infos zur Anfahrt zu Hotels, die in der „ZTL" liegen, finden Sie im Kapitel Übernachten.

Parken Abgesehen von gebührenpflichtigen Parkplätzen (aufpassen, kann teuer werden, da inzwischen auch nachts kassiert wird) gibt es keine Parkmöglichkeit im Altstadtbereich (dafür erhöhte Abschleppgefahr). Es empfiehlt sich, den Wagen auf einem Parkplatz am Rand der Altstadt abzustellen.

Blau eingerahmte Parkflächen: Hier muss am Automaten ein Parkschein gelöst werden. **Weiß eingerahmte Parkflächen** sind für Anwohner reserviert.

Freie Parkplätze: unter www.fipark.com: Adressen, Preise und Anzahl der Möglichkeiten sind übersichtlich aufgelistet.

Parkhäuser: Es gibt etliche Parkhäuser in der Innenstadt – eine Auswahl: Parkhaus Hauptbahnhof Santa Maria Novella: 3,80 €/Std.; Parkhaus Beccaria (Piazza Beccaria) 1,70 €/Std.; Parkhaus Parterre (an der Piazza della Libertà) 2 €/Std., 10 €/Tag; Parkplatz Oltrarno (an den Boboli Gärten/Porta Romana) 2 €/Std.

Viele Hotels haben private Abmachungen mit Parkhausbetreibern getroffen, deshalb an der Rezeption nachfragen. Es ist ratsam, Autos mit Gepäck in privaten Garagen, die von den Hotels empfohlen werden, zu parken. Hier ist die Einbruchgefahr gering.

Kostenloses Parken: ist nur außerhalb der Innenstadtzone möglich, sowie in den Seitenstraßen rund um die Porta Romana südlich vom Arno und z. B. auch in der Viale Francesco Petrarca (an der Mauer der Torrigiani-Gärten).

Balkenklau im Schilderwald

Im Gewirr der Einbahnstraßen und der Gebots- und Verbotsschilder begegnet man überall der Straßenkunst von Clet Abraham. Mit immer neuen Ideen ergänzt bzw. überklebt er vorzugsweise bei Nacht die Straßenschilder mit kreativ-künstlerischen Folien oder pappt den noch erhaltenen Türmen der Stadt eine Nase an. Clet ist international zugange, seine Kreationen werden auch in anderen Metropolen Europas wie in Paris oder Berlin gesichtet. Sein Atelier ist hier in Florenz und lohnt den Besuch. Eine eigene Webseite hat er nicht. Clet ist anderweitig kreativ und – die Ideen gehen ihm nicht aus. Sein Atelier liegt in der Via dell' Olmo 8/Ecke Via di San Niccolò (im Stadtteil San Niccolò). Mo–Di 10–20 Uhr, sporadisch auch an anderen Tagen.

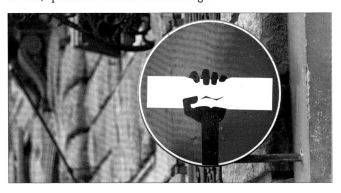

Florenz und Florentiner Umland → Karte S. 21

Adressen von A bis Z

Apotheken Farmacia Santa Maria Novella, im Hauptbahnhof. 24 Stunden geöffnet. ☎ 055-216761.

Farmacia Molteni, 8–22 Uhr. Via Calzaiuoli 7r (Piazza Signoria), ☎ 055-215472.

All'Insegna del Moro, 8–24 Uhr. Am Dom (Piazza San Giovanni 20r, Ecke Via Borgo S. Lorenzo), ☎ 055-211343.

Ärzte Eine Liste mit deutschsprachigen Ärzten ist beim Konsulat erhältlich.

Allgemeinmedizin/Kinderärztin, Dr. Silberhorn, Via Lorenzo il Magnifico 59, ☎ 055-4754111, ☎ 339-2970302.

Orthopädie, Dr. Glückert, c/o Studio Medico Naldi, Via Aretina 397/a, ☎ 055-6504798, ☎ 335-7061278.

Chiropraktiker, Dr. Herms, Via Ghibellina 55, ☎ 366-4531425.

Medical Service Firenze bietet Hilfe rund um die Uhr; ist das Büro nicht besetzt, erfährt man über den Anrufbeantworter die Mobiltelefonnummer des zuständigen Arztes. Diese Ärzte sprechen auf jeden Fall Englisch, z. T. auch Deutsch, und machen Hausbesuche. Via Roma 4 (Nähe Dom). Mo–Fr 11–12, 13–15 und 17–18, Sa 11–12 und 13–15 Uhr. ☎ 055-475411.

Guardia Medica Turistica, Hilfe in der Krankenstation Mo–Fr 14–16 Uhr; Vicolo degli Adimari 1 (Nähe Dom), ☎ 055-212221, oder rund um die Uhr unter ☎ 347-3381882.

Automobilclubs Automobil Club d'Italia (A.C.I.), Viale Amendola 36, ☎ 055-24861, www.acifirenze.it.

Touring Club Italiano (T.C.I.), www.touring club.it.

Autoverleih City Car Rent, Borgo Ognissanti 111r, ☎ 055-2399231, www.citycarrent.org. **Avis,** Borgo Ognissanti 128r, ☎ 055-213629, www.avis.com. **Hertz,** Borgo Ognissanti 137, ☎ 055-2398205, www.hertz.it. **Europcar,** Borgo Ognissanti 53-59r, ☎ 055-290438, www.europcar.it.

Verleihstellen natürlich auch am Flughafen.

Fahrrad/Mofa Alinari, 5 Std. ab 7 €. Via S. Zanobi 38r, ☎ 055-280500, www.alinarirental.com.

Florence by Bike, gute Auswahl an Rädern und Zubehör, Citybike 6 Std. ab 9 €; auch E-Bikes. Mo–Sa 9–13 und 15.30–19.30 (Sa durchgehend), So 9–17 Uhr. Via S. Zanobi 54r, ☎ 055-488992, www.florencebybike.it.

Mobike, die chinesischen Fahrräder mit den orangefarbenen Speichen sind mittlerweile überall präsent. Gebühren günstig per App: 1 € für eine Fahrt. www.mobike.com.

Fundbüro Im **Ufficio Oggetti Trovati,** Via Francesco Veracini 5/5, bei der Piazza Puccini und Via Maragliano (Bus 29, 30 oder 35). Mo, Mi, Fr 9–12.30, Di,Do 14.30–16 Uhr. ☎ 055-334802.

Kartenvorverkauf Infos zur Reservierung für die wichtigsten Museen siehe Kastentext Sehenswertes/Palazzo Vecchio „Eintrittspreise, Kartenvorverkauf" – unbedingt in Anspruch nehmen: Die Wartezeit vor allem für die Uffizien kann bis zu vier (!) Stunden betragen. ☎ 0039-055-294883 (Mo–Fr 8.30–18.30, Sa 8.30–12.30 Uhr), www.firenzemusei.it.

Box Office, Kartenvorverkauf für kulturelle Veranstaltungen. Via delle Vecchie Carceri 1 (Nähe Santa Croce). ☎ 055-210804, www.box officetoscana.it.

Konsulate Deutschland, I-50122 Firenze, Corso dei Tintori 3. Mo–Do 9–10 und 14–15, Fr 9–10 Uhr. Termine nur nach Vereinbarung: ☎ 055-2343543.

Österreich, Lungarno Vespucci 58. Mo–Fr 10–12 Uhr. ☎ 055-2654222.

Schweiz, c/o Hotel Park Palace, Piazzale Galileo 5. Mo–Fr 11–13 und 16–18 Uhr. ☎ 055-222434.

Krankenhäuser Ospedale di S. Maria Nuova, Via Maurizio Bufalini 1r, ☎ 055-69381.

Ospedale Careggi, Largo Brambilla 3, im Norden von Florenz. ☎ 055-794111.

Kinderklinik Ospedale Pediatrico Meyer, Viale Pieraccini 24, gleich über dem Careggi-Spital, ☎ 055-56621.

Kunsthandwerkskurse Firenze nell'Arte, Kunsthandwerks- und Kunstkurse finden in den Werkstätten der Handwerker statt, u. a. Malerei, Kostümfertigung, Möbelrestaurierung usw. Piazza S. Spirito 4, ☎ 055-2396966. Lässt sich gut mit einem Sprachkurs kombinieren, den die unter der gleichen Adresse erreichbare **Sprachenschule Machiavelli** anbietet. (www.centromachiavelli.it).

Polizei **Polizeipräsidium/Questura,** Ausländerbehörde. Via Zara 2, ☎ 055-49771.

Notruf Polizei ☎ 112, **Carabinieri** ☎ 113

Stadtpolizei (Polizia Municipale), rund um die Uhr erreichbar unter ☎ 055-3283333.

Polizia Ferroviaria im Bahnhof; Büro nahe der Gepäckaufbewahrung (Gleis 16), ☎ 055-211012.

Postamt **Palazzo delle Poste,** Mo–Fr 8.15–19, Sa nur bis 12.30 Uhr. Via Pellicceria 3r (neben Piazza Repubblica).

Poste Nuove, Mo–Fr 8.15–19, Sa 8.15–12.30 Uhr. Via Pietrapiana 53/55 (im Viertel S. Croce, gegenüber Supermarkt Conad).

Schwimmbäder **Costoli,** Viale Paoli, beim Stadion. **Nannini/Bellariva,** Lungarno A. Moro 6, ☎ 055-677521.

Segway-Verleih **Segway Firenze,** Via Guelfa 1 H/r (neben McDonald's).

Sprachkurse **Centro di Cultura per Stranieri,** das der Universität angeschlossene Institut zählt zu den besten Sprachenschulen der Stadt. Gut ausgebildete Lehrer, bester Service und annehmbare Preise (siehe auch Sprachschule Machiavelli → „Kunsthandwerkskurse"). Via F. Valori 9, ☎ 055-2756938, www.ccs.unifi.it.

Istituto Parola, 1-wöchiger Intensivkurs ab 180 €, Unterkunft bei Familien wird organisiert. Borgo S. Croce 4, ☎ 055-242182, www.parola.it.

Einkaufen

Für Selbstversorger und Camper ist es nicht einfach, einen Lebensmittelladen oder Supermarkt zu finden (abgesehen von den Markthallen in der Nähe der Kirche San Lorenzo und in Sant'Ambrogio). Die Mieten im Zentrum sind so hoch, dass Händler sie kaum mehr bezahlen können (Gemüsemärkte → „Märkte").

Basar In den Straßen rund um die Markthalle von San Lorenzo bis zur gleichnamigen Kirche gibt es viele fliegende Händler und noch mehr Trubel. Große Auswahl an Spielsachen, Kleidung, Taschen, Schuhen und Secondhand-Klamotten. Ganzjährig geöffnet.

Buchhandlungen **Feltrinelli International,** große Auswahl an Kunstbüchern in diesen Filialen: Stazione Santa Maria Novella (Bahnhof), Via Dè Cerretani 40r und Piazza della Repubblica 26. www.lafeltrinelli.it.

Fabrikverkauf **Clara Lorj,** günstige Angebote eher unbekannter Designer. Viale E. de Nicola 15 (kurz vor dem Autobahnzubringer nach Firenze-Sud), ☎ 055-6503204.

Keramik **Ginori,** exklusives Porzellan, Via dei Rondinelli 5r.

Sbigoli, die seit 1850 bestehende Töpferwerkstatt fertigt rostbraune Toskana-Keramik. Via Sant'Egidio 4r, www.sbigoliterrecotte.it.

Lampen **Lampadari artistici Gherardo degli Albizzi,** ein Traum aus Kristallglas! Auf engstem Raum, vollgestopft mit Kandelabern,

Lampen und Leuchtern, funkelt es in der Ausstellung für Kristallleuchter, was das Zeug hält. Via Maggio 13.

Liköre, Tees, Düfte **Antica Erboristeria San Simone,** Kräuter- und Reformhaus. Im Angebot nach alten Rezepturen sind Mottenschutz, Einschlaftees und verdauungsfördernde Bonbons, aber auch interessante Duftkreationen, z. B. mit Brunello-Weinaroma. Via Ghibellina 190r, www.anticaerboristeriasansimone.it.

MeinTipp **Parfümerie Flor,** hier tauchen Sie ein in die olfaktorische Welt Florentiner Parfümeure. Die Wahl zwischen 250 ausschließlich aus natürlichen Aromen hergestellten Düften (u. a. Aoud aus arabischem Wurzelholz) in schönen Flaschen und Flakons fällt nicht leicht. Wer sich eine Stunde Zeit nimmt und rund 600 Euro übrig hat, wird vom Profumateur Sileno nach Erstellen des individuellen Duftprofils mit einem für ihn persönlich kreierten Parfüm beglückt. Die Handcreme mit frischem Duft von Tomatenblättern ist gunstiger. Das eigentlich Atemberaubende ist hier jedoch die Einrichtung. Borgo Santa Croce 6.

Officina Profumo Farmaceutica di Santa Maria Novella, allein der reich dekorierte Verkaufsraum der 1612 gegründeten Klosterapotheke ist einen Besuch wert. Würzige Kräuterliköre und verführerische Düfte auf Pflanzenbasis. Tägl. 9–20 Uhr. Via della Scala 16r, www.smnovella.it.

Farmacia Münstermann, das Sortiment an Toilettenartikeln des Drogeriemarkts anno

Klassischer Feinkostladen
im Marktviertel

1897 kann sich sehen lassen. Haarbürsten, Spangen, Schaumbäder, Kräuteressenzen, Parfums, Cremes – und viel mehr; präsentiert in einer wunderschönen Apothekeneinrichtung. Piazza Goldoni 2r.

Luxusläden Die **Via Tornabuoni** ist eine der teuersten Einkaufsstraßen Italiens – Bekleidung, Leder, Parfüm etc. Gucci, Armani, Trussardi, Dolce, Versace, Cavalli und Prada – alles ist vertreten. Schön schlendern lässt es sich auch entlang der eleganten Boutiquen in der Via della Vigna Nuova.

Mode, Design **Boutique Nadine,** nicht nur Vintage-Fashionvictims werden an der ausgefallenen Mode, den Accessoires und der Inneneinrichtung der florentinischen Designerin ihre Freude haben. Via de' Benci 32r.

*mein*Tipp **T.A.C.S. Fashion & Furniture,** die Kombination von nostalgischer Kücheneinrich-tung und Countryjacken, Capes und Mänteln aus bunten Casentino-Wollstoffen hat was. Selbstverständlich auch Maßanfertigung. Borgo Santi Apostoli 43r.

Modekaufhäuser Einen guten Überblick in Sachen Mode bieten die Kaufhäuser **COIN** in der Via Calzaiuoli 56r und **Rinascente** an der Piazza della Repubblica, wo Fashion und Luxus in einer Dachterrasse mit Barbetrieb gipfeln. **Oviesse,** z.B. in der Via Panzani 31 ist die Kaufhaus-Adresse für „moda" zu erschwinglicheren Preisen.

Schmuck **Ponte Vecchio,** winzige Juwelierläden, dicht an dicht.

Bottega Orafa Maestro Alessandro Dari, der Meister der Goldschmiedekunst kreiert in einer Werkstatt mit Alchemistenflair bei klassischen Klängen extravaganten Renaissanceschmuck. Der winzige Raum ist zudem mit einer beachtlichen Kollektion von Saiteninstrumenten gefüllt. Via San Niccolò 115r.

Mio Concept Store, modern, kreativ, recycled, handgemacht und unbedingt originell ist die Auswahl an Designer-Stücken und witzigen Ideen im kleinen Lädchen von Antje. Hier gibt es auch die Clet-Straßenschilder (siehe Kastentext) als Aufkleber. Via della Spada 34r.

*mein*Tipp Schokolade **Gelateria/Cioccolateria Vestri** **36** → Karte S. 70/71, hausgemachte Tafelschokolade, Schokodrinks, sehr gutes Eis und *Caffè al cioccolato* – ein wunderbarer Laden und gut für süße Souvenirs. Borgo degli Albizi 11r.

Schuhe Das „italienische Schuhgefühl" ereilt einen im Laden **Pino's.** Eine florentiner Nacht auf hohen, glitzernden Absätzen? Geht hier schon für 20 €. Etliche Sonderangebote. Via del Corso 1/11r.

Otisopse, hier ist die bequemere Variante für Schuhe made in Italy zu finden, vor allem Stiefel und Boots. Gegenüber vom Laden an der Piazza Nazario Sauro 7r befindet sich gleich das dazugehörige Outlet. Weitere Läden in der Via Porta Rossa 13r und Via Guicciardini 2r.

Stoffe **Bacci,** eines der ältesten Stoffgeschäfte der Stadt, verkauft **Brokat und Seide.** Via dell'Ariento 32r (Nähe Großmarkthalle Mercato di San Lorenzo). **Lisio,** u. a. mit Motiven aus Botticelli-Bildern. Via Fortini 143 (auf der anderen Arnoseite, Richtung Viale Europa).

Supermärkte **Conad:** z.B. am Hauptbahnhof zwischen Bahnsteig 1a und Via Luigi

Alamanni 2/10r, Largo Alinari 6/7 (am Hauptbahnhof), Via Pietrapiana 42 (Nähe Piazza Santa Croce), Via de Bardi 45/47 (südlich der Ponte Vecchio) und in der Via dei Servi 56r. **Esselunga:** z. B. in der Via Masaccio 274/276 (beim Bahnhof Campo di Marte). **Coop:** z. B. in der Via Cimabue 47r (etwas abseits im Viertel Santa Croce) oder das riesige **Coop**-Einkaufszentrum *Centro commerciale* in der Via Erbosa 66b (an der Viale Europa).

Pegna, Feinkost- und Haushaltswarenladen; hier geht es nostalgischer zu: Drogerieartikel, Batterien, frisch gemahlener Kaffee, Schinken- und Käsespezialitäten – seit 1860 gibt es hier fast nichts, was man in den schönen Auslagen nicht entdeckt. Via dello Studio 8.

Eataly, die trendige Variante für italienische Feinkost und alles, was zur Slow-Food-Philosophie gehört: Bücher, Kochkurse, Gastrostände usw. Via dei Martelli 22r.

Szeneläden Vor allem in der Via Nazionale (Hauptbahnhof) und in den Querstraßen in Richtung der Kirche San Lorenzo. Originelles findet man u. a. in den kleinen Gassen in und um die Via della Spada und Borgo degli Albizi. Wegen hoher Mieten weichen kleinere Geschäfte zunehmend in den Stadtteil Santo Spirito südlich des Arnos aus – hier in den Künstlervierteln San Frediano und San Niccolò sind sie noch bezahlbar. Das Bild um die Piazza Santo Spirito und Piazza Pitti ist nach wie vor von kleinen Werkstätten geprägt, in denen noch altes Handwerk betrieben wird. Allerlei Originelles findet man in den Gassen rund um die Piazza della Passera, z. B. in der Via dello Sprone.

Prachtstraße Via Tornabuoni

Feste und Veranstaltungen

Über den Veranstaltungskalender, Konzerte, Filme, Ausstellungen, Märkte informiert **Firenze Spettacolo** (auf Italienisch) sowie in monatlich erscheinenden mehrsprachigen Magazine, z. B. **The Florentine** oder **Florence is You** → Information, S. 56.

Scoppio del Carro: Ostersonntag. Während im Dom die Messe gefeiert wird, fährt vor dem Dom der von zwei Ochsen gezogene *carro* vor – ein Holzkasten, einem chinesischen Heiligtum ähnlich, bestückt mit Bildern und jeder Menge Feuerwerkskörpern. Während man in der Kirche das Gloria anstimmt, schlägt aus dem Portal ein Feuerschweif (die sogenannte *colombina*) und entzündet das Feuerwerk. Das Fest geht auf das 11. Jahrhundert zurück.

Calcio Storico Fiorentino: Das traditionelle Florentiner „Fußballspiel" findet um den 24. Juni, dem Tag des Schutzheiligen San Giovanni auf der Piazza Santa Croce statt. Die Mannschaften der vier historischen Stadtteile spielen gegeneinander. An zwei dem 24. Juni vorangehenden Sonntagen finden in der Regel die Vorspiele statt. Das Finale beginnt mit einem Festzug, der sich von der Kirche Santa Maria Novella zur Piazza Santa Croce bewegt. Die über 500 Teilnehmer stecken in historischen Kostümen, vom Feldmeister bis zu den mächtigsten Vertretern der Zünfte. Beim anschließenden Endspiel geht es derb zu, es wird mehr geschlagen als gespielt. Die Stadtbevölkerung nimmt regen Anteil an dem Wettkampf und erhitzt sich und die Spieler mit anfeuernden Rufen, wobei es nicht selten zu Handgreiflichkeiten kommt. Den krönenden Abschluss bildet ein riesiges Feuerwerk *(I „Fochi" di San Giovanni)*, das die Florentiner auf die Straße treibt. www.calciostorico.it.

▪ Gespielt wird mit zwei Mannschaften zu je 27 Spielern. Das Tor ist eine Markierung, die über die gesamte Breite des Platzes geht und von vier Torhütern verteidigt wird. Trifft man darunter, ist es Tor, geht der Ball aber darüber, ist es ein halber Punkt für den Gegner.

L'Estate Fiorentina: Alljährlich von Juni bis September verwandelt sich Florenz in eine riesige Schaubühne. Dann bilden Straßen und Plätze, versteckte Kreuzgänge und Parks altehrwürdiger Villen die eindrucksvolle Kulisse für Kultur von internationalem Rang. Die Palette reicht von Jazz-, Rock-, Folklore- und klassischen Konzerten über Filme, Dance- und Straßentheater, Dichterlesungen und Ausstellungen bis zu bunten Stadtteilfesten. Die Stadtteile überbieten sich dabei mit Ideen und Initiativen, obendrein sind die meisten Veranstaltungen gratis! Neben dem **Säulenhof der Uffizien** hier die wichtigsten Veranstaltungsorte:

Le Murate, im Viertel S. Croce. Bis in die 1980er-Jahre drehten hier die Insassen des ehemaligen Männergefängnisses ihre Runden. Noch früher, im 14. und 15. Jh., waren die Murate ein Nonnenkloster, wo man hinter dicken Mauern die Töchter von Patrizierfamilien einsperrte, sofern man sie nicht anderweitig unter

die Haube bringen konnte; daher der Name: Le murate – die Eingemauerten. Neben Konzerten auch Open-Air-Filmvorführungen, zudem ein beliebter Ort für professionelle Party-Veranstalter. www.lemurate.it.

Le Rampe, so heißen die Terrassen, die hinter dem Stadttor San Niccolò zum Piazzale Michelangelo hinaufführen.

Piazzale Michelangelo, der große Platz mit einer Kopie von Michelangelos David-Statue hoch über den Dächern von Florenz.

Giardini di Boboli, der italienische Garten par excellence, hinter dem Palazzo Pitti.

Le Cascine, der gelegentlich wegen Drogenhandel und Prostitution in Verruf gekommene Park am diesseitigen Arno-Ufer (Ponte della Vittoria) hat eine durchaus noble Vergangenheit: Im 19. Jh. und noch Anfang des 20. Jh. flanierte hier die feine Gesellschaft. Vor ein paar Jahren haben die Florentiner diese ins Abseits gedrängte Uferpromenade für sich wiederentdeckt – heute gibt's hier nächtliche Flutlichtbeleuchtung, Snack-Bars und Kultur.

Maggio Musicale Fiorentino: Das Event schlechthin für Liebhaber klassischer Musik. Der Maggio Musicale wurde 1933 ins Leben gerufen. Ein Ziel war, in Vergessenheit geratene Kompositionen wieder ins öffentliche Bewusstsein zu rücken, ein anderes, jungen, unbekannten Musikern die Gelegenheit zu bieten, ihre Fähigkeiten vor einem größeren Publikum unter Beweis zu stellen. Seit seinem nun über 80-jährigen Bestehen hat der Maggio immer für Aufsehen gesorgt und zum Teil heftige Kontroversen unter Musikern, Kritikern und dem Publikum ausgelöst. Infos unter www.maggiofiorentino.com.

Die Veranstaltungen des Maggio Musicale (Konzerte, Opern, Ballettvorführungen) finden von April bis Ende Juni in der **Opera di Firenze,** Piazzale Vittorio Gui 1, sowie im **Teatro Goldoni,** Via Santa Maria 24, und im **Teatro della Pergola,** Via della Pergola 18 statt.

▪ Reservierung: Biglietteria Opera di Firenze, Piazzale Vittorio Gui 1, ☎ 055-2779309 (Di–Fr 10–18, Sa 10–13 Uhr), www.operadifirenze.it.

Festivals

Fabbrica Europa, im Mai: Internationales Festival der zeitgenössischen Kunst – Musik, Tanz, und Videokunst. Auf dem stillgelegten Bahnhofsgelände der Stazione Leopolda, Viale Fratelli Rosselli 5. ☎ 055-2638480, www.fabbricaeuropa.net.

Klassische Konzerte, Infos zu Konzerten in Kirchen und auf Plätzen u. a. unter www.orchestrafiorentina.it. Das **Orchestra da Camera Fiorentina** spielt z. B. in der Kirche Santo Stefano am Ponte Vecchio und in Orsanmichele, Via Calzaiuoli.

Scuola di Musica di Fiesole, die Veranstaltungen finden u. a. im Palazzo Pitti, in den Uffizien und auch openair statt. www.scuolamusica.fiesole.fi.it.

Märkte

Strohmarkt (Mercato Nuovo): Früher war in der wuchtigen Renaissance-Loggia mit den hohen Säulenbögen (gebaut 1547–1551) der Seiden- und Goldmarkt zuhause. Heute ist der Strohmarkt auf Touristen ausgerichtet: viele Ledersachen, Strohhüte und Taschen.

▪ Tägl. 9–19.30 Uhr. Via Calimala/Via Porta Rossa.

Mercato Centrale di San Lorenzo: Die größte Lebensmittelmarkthalle der Stadt. Fisch, Fleisch, Geflügel, Käse, Gemüse, Obst ... Herrlich – aber nichts für schwache Nerven und Mägen: An den Ständen baumeln tote Hasen, an den gerupften Hühnern hängt meist noch der Kopf, und an den Wildschweinkeulen kleben die Borsten. In der 1. Etage befindet sich eine Feinschmeckeretage.

▪ Mo–Sa 7–14 Uhr. Via dell'Ariento (Nähe Medici-Kapellen).

In der ersten Etage des Mercato Centrale – gleich darüber – ist ein wahres Mekka der Gastronomie entstanden. Dort kann man an zahlreichen Imbiss-

Kuttelverkäufer am Mercato Nuovo

ständen nach Herzenslust die ganze Bandbreite Florentiner Spezialitäten probieren; das Angebot der Schlemmermeile ist beachtlich und täglich bis in die Nacht geöffnet. Tolle Atmosphäre, oft auch Veranstaltungen (Mittwochabend Livemusik!).

■ Tägl. 8–24 Uhr. www.mercatocentrale.it → Essen und Trinken.

> **Vorsicht auf Märkten:** Achten Sie auf Brieftasche, Handgepäck, Kamera. Bei „Schnäppchen" ist ein gesundes Misstrauen zu empfehlen. Auch wenn man mit dem Label „Made in Italy" lockt, kommen die Produkte oft aus Fernost – auch bei höheren Preisen kann man nicht sicher sein. Dann kommen zum Ärger, ein Plagiat erstanden zu haben, möglicherweise noch Probleme mit der Polizei, die den Kauf gefälschter Artikel mit Geldbußen bestraft.

In den Straßen rundum bis zur Kirche San Lorenzo haben sich unzählige Händler angesiedelt, die ganzjährig ein großes Publikum mit günstigen Angeboten locken (→ Einkaufen/Basar).

Mercato Cascine: Großer Wochenmarkt mit großem Angebot an Lebensmitteln, Geschirr, Töpfen, Kleidung, Taschen, Schmuck – es gibt alles, vom einfachen Porzellanteller für einen Euro bis zu Levis-Jeans und Kronleuchter.

■ Dienstag 7–14 Uhr. Am Arno-Ufer zwischen Ponte della Vittoria und der Fußgängerbrücke zum Isolotto-Viertel. Auf 2 km Länge reihen sich die Stände am Cascine-Park entlang.

Mercato S. Ambrogio: Kleiner, preiswerter und urtümlicher Markt. Unser

Tipp: In der Markthalle bei „Da Rocco" in quirliger Atmosphäre zu unschlagbaren Preisen zu Mittag essen.

■ Mo–Sa 7–14 Uhr. Piazza Ghiberti (zwischen Piazza S. Croce und Piazza C. Beccaria).

Kunsthandwerksmarkt La Fierucola: Ein Markt auf der Piazza Santo Spirito, jeden 3. Sonntag im Monat. www.la fierucola.org.

Kunsthandwerkliche Produkte gibt es auch jeden Donnerstag an der **Loggia del Grano**, Ende Via de Neri, hinter dem Palazzo Vecchio.

Biomarkt Fierucola: Diverse Themenmärkte gibt es an den Wochenenden auf der Piazza Santissima Annunziata: etwa einmal monatlich zu handwerklichen Produkten wie Holzarbeiten und Stoffe sowie ein- bis zweimal monatlich rund um Lebensmittel von Honig bis Weizen.

Blumenmarkt: Vor dem Hauptpostamt jeden Donnerstag 8–14 Uhr.

Iris-Schau: Wer sich im Mai in Florenz aufhält, sollte sich die große Iris-Schau im Giardino dell'Iris unterhalb des Piazzale Michelangelo nicht entgehen lassen. Züchter aus aller Welt stellen dann ihre Züchtungen vor.

■ 25. April bis 20. Mai Mo–Fr 10–13 und 15–19.30, Sa/So 10–19.30 Uhr.

Trödelmarkt: Die Möbel sind überteuert, die Kleinutensilien interessant, gute Auswahl an alten Kristallleuchtern. Vor allem am letzten Sonntag im Monat ist hier viel los.

■ Täglich auf der Piazza dei Ciompi. Im Winter Sonntag und Montag geschlossen.

Übernachten

Die Finanzkrise seit 2008, mittlerweile in Italien zur Dauerkrise ausgewachsen, hatte auch Florenz getroffen, und zwar heftig – die Übernachtungspreise waren teilweise rapide gefallen, mitunter um mehr als 100 €! Während die Luxushotels heute noch immer sagenhafte Preise verlangen, stehen die weniger luxuriösen Häuser unter Druck durch Privatanbieter, z. B. via Airbnb.

Abendstimmung über dem Arno

Höchstpreise gelten im Allgemeinen für die Zeit um Ostern, von April bis Mitte Juli sowie im September und Oktober. Nebensaison ist immer dann, wenn weder Messen noch andere Events (z. B. Feiertage) anstehen – also im Februar, vom 1. bis 15. März, im November und Dezember (vor Weihnachten). Auch der August fällt überraschenderweise in diese Rubrik, weil dann die meisten Florentiner am Meer sind.

Reservierung

Von Deutschland aus Alle von der Tourismusbehörde lizenzierten Hotels finden sich unter www.firenzeturismo.it.

Weitere Websites sind z. B.:

www.turismo.intoscana.it

www.dormireintoscana.it

www.tuscanylowcost.com

www.budgetplaces.com

www.airbnb.de

Hotels und andere Unterkünfte → Karte S. 70/71

Tassa di Soggiorno: Diese Steuer für Übernachtungen muss dem Zimmerpreis pro Person noch zugerechnet werden. Je nach Hotelkategorie werden für 1–5 Sterne jeweils 1,50–5 € pro Person (bis max. 7 Übernachtungen) erhoben. Kinder bis 12 Jahren sind von der Gebühr befreit.

Unsere Preisangaben dienen der groben Orientierung. Zimmerpreise variieren je nach Saison, Nachfrage und mitunter sogar nach Wetterlage. Vor allem bei Hotels der höheren Kategorie lohnt es, auf den Webseiten spezielle Angebote zu prüfen – Rabatte bis zu 60 % kann man herausfischen. Für die Hotels nennen wir Mindest- bzw. Höchstpreise in der einfachen Kategorie inkl. Frühstück fürs Doppelzimmer. Bei Unterkünften, die sich in der autofreien Zone **Zona di Traffico Limitato (ZTL)** im Stadtzentrum befinden (bei der Hotelbeschreibung mit „ZTL" markiert), muss man für einen Garagenplatz mit 25–36 € pro Nacht rechnen.

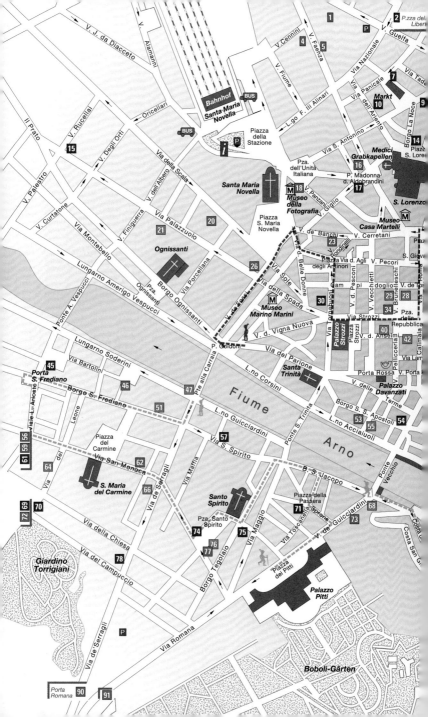

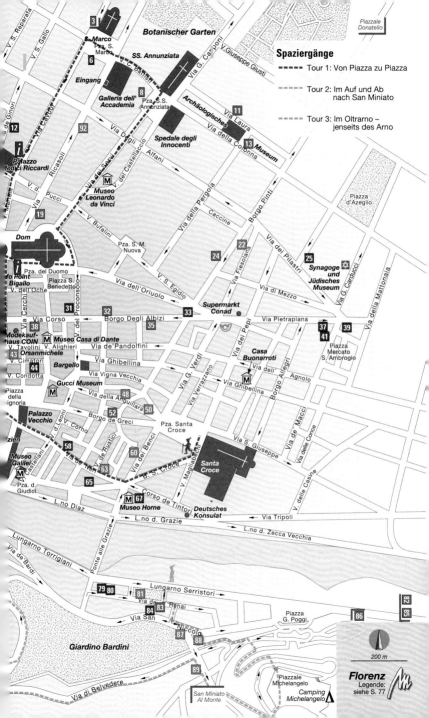

Spaziergänge

- - - - Tour 1: Von Piazza zu Piazza

- - - - Tour 2: Im Auf und Ab nach San Miniato

- - - - Tour 3: Im Oltrarno – jenseits des Arno

Piazzale Donatello

Botanischer Garten

S. Marco
Pza. S. Marco

SS. Annunziata

Eingang

Galleria dell'Accademia

Pza. S.S. Annunziata

Archäologisches Museum

Spedale degli Innocenti

Museo Leonardo da Vinci

Palazzo Medici Riccardi

Dom

Pza. del Duomo

Point Bigallo

V. dell'Oche

Piazza S.S. Benedetto

Pza. S. M. Nuova

Piazza d'Azeglio

Synagoge und Jüdisches Museum

Via dell'Oriuolo

Supermarkt Conad

Via Corso

Borgo Degli Albizi

Via Pietrapiana

Modekaufhaus COIN

Museo Casa di Dante

Orsanmichele

Bargello

Gucci Museum

Casa Buonarroti

Piazza Mercato S. Ambrogio

Palazzo Vecchio

Piazza della Signoria

Museo Galilei

Pza. Santa Croce

Santa Croce

Museo Horne

Deutsches Konsulat

Via Tripoli

L.no d. Grazie

L.no d. Zecca Vecchia

Lungarno Torrigiani

Lungarno Serristori

Ponte alle Grazie

Giardino Bardini

Via San Niccolo

Piazza G. Poggi

Via di Belvedere

San Miniato Al Monte

Piazzale Michelangelo

Camping Michelangelo

200 m

Florenz
Legende: siehe S. 77

Zona di Traffico Limitato (ZTL): Der Hinweis „ZTL" bei einem Hotel bedeutet: Anfahrt ist nur mit Buchungsnachweis des Hotels erlaubt. Die Zugänge zur ZTL werden mit Kameras überwacht, jedes einfahrende Auto wird registriert. Und so vermeiden Sie eine Geldbuße: Nach Einfahrt in die ZTL gleich zum Hotel fahren und sich bei der Rezeption melden, die bei der städtischen Polizeibehörde anruft, um Ihr von der Kamera registriertes Autokennzeichen freischalten zu lassen. Nach dem Gepäckausladen die ZTL wieder verlassen, es sei denn, Sie stellen den Wagen auf einem hoteleigenen Parkplatz ab. Ohne die Freischaltung erhalten Sie in Deutschland mit Sicherheit einen Strafzettel – mindestens 80 €! Weitere Infos s. o. „Unterwegs in Florenz/Mit dem Auto" und unter https://ztl.comune.fi.it/tzi/index.jsp.

**** Monna Lisa 24, Renaissancepalast mit Uraltflair, 48 komfortablen Zimmern und herrlichem Frühstückssaal. Ein Labyrinth von kleinen Salons und gemütlichen Ecken voller Antiquitäten und altem Mobiliar, sogar ein echter Giambologna versteckt sich in einer der Nischen. Ein kleines Juwel ist der lauschige Innenhof mit schönen Sitzecken. Nicht perfekt, aber ein Tipp für 4-Sterne-Romantiker. Eigener Parkplatz 22 €. DZ 120–200 €, ✆ 055-2479751, Borgo Pinti 27 (ZTL), www.monnalisa.it.

mein Tipp ****** Villa Carlotta 91,** etwas abseits im Grünen an der Porta Romana; angenehm ruhiges Wohnen in einer Patriziervilla aus dem 19. Jh. Wegen Gesamtzustand, Lage, eigenem Parkplatz und Swimmingpool unsere Empfehlung. Allerdings unbedingt nach Zimmern in der Villa fragen – von der Dependance raten wir wegen mangelndem Schallschutz ab. DZ 150–200 €. Via Michele di Lando 3, ✆ 055-2336151, www.hotelvillacarlotta.it.

mein Tipp ***** Hotel Morandi alla Crocetta 11,** in einer ruhigen Nebenstraße hinter dem archäologischen Museum; hinter unauffälliger Fassade verbirgt sich im 1. Stock eines Palazzo behagliches Wohnen in einem ehemaligen Nonnenkloster. Das kleine Hotel zeigt sich mit edel-gediegener Einrichtung und Antiquitäten, einige der Zimmer schmücken sogar Originalfresken. Sehr ruhig und intim – die gute Adres-

se, um sich nach der Stadtbesichtigung zu erholen. Der Besitzer engagiert sich für Nachwuchskünstler der klassischen Musik. DZ 100–170 €. Via Laura 50 (ZTL), Parkplatz 25 €, ✆ 055-2344747, www.hotelmorandi.it.

*** Pendini 34, an der Piazza Repubblica, superzentral, in einem der oberen Stockwerke eines Monumentalbaus aus dem 19. Jh. Der nostalgische Charme, Fotogalerie und Opernmusik am Empfang lassen die Lage am belebten Platz fast vergessen. 45 Zimmer teils mit spiegelndem Parkettboden, recht großzügig, mit halbbarockem Mobiliar, einige mit Blick auf die Piazza. DZ 139–189 €. Via Strozzi 2 (ZTL), ✆ 055-211170, www.hotelpendini.it.

mein Tipp ***** Palazzo Guadagni 77,** so sollte man in Florenz nächtigen! Bei der Restaurierung der 15 großen Zimmer in der oberen Etage des altehrwürdigen Renaissancepalastes wurde behutsam vorgegangen. Die Crew am Empfang ist freundlich, die Lage in Santo Spirito top und die Loggia – eine Dachterrasse mit Panoramablick – zählt zu den schönsten der Stadt. DZ 160–210 €. Piazza Santo Spirito 9 (ZTL), ✆ 055-2658376, www.palazzoguadagni.com.

*** Silla 83, im Künstlerviertel San Niccolò, in einem Palast aus dem 15. Jh. Freundliches Personal, einfache, recht große Zimmer, im Sommer Frühstück auf der blumengeschmückten Terrasse. Bilanz: Hier kann man sich wohlfühlen! Garagenplatz 23 €. DZ 109–200 €. Via dei Renai 5, ✆ 055-2342888, www.hotelsilla.it.

*** Relais Il Cestello 46, an der ruhigen kleinen Piazza di Cestello. Insgesamt 10 Zimmer, davon drei mit tollem Blick auf den Arno. Renovierte Zimmer, die meisten sehr geräumig. Klimaanlage. Kostenpflichtiger Parkplatz vor dem Hotel oder 20 €/Tag für die Garage. DZ 90–150 €. Piazza di Cestello 9, ✆ 055-280632, www.relaisilcestello.it.

mein Tipp ***** Loggiato dei Serviti 8,** fast unscheinbar direkt an der Piazza SS. Annunziata, im 16. Jh. als Gästehaus vom Serviten-Orden gegründet. Das kleine Hotel hat viel Atmosphäre, ist aber längst kein Geheimtipp mehr. Über die schlicht schönen Steintreppen gelangt man in eines der romantisch-verspielt, aber komfortabel eingerichteten Zimmer – einige mit Blick auf die Piazza, die seit Jahrhunderten vom Geist der Barmherzigkeit geprägt ist – nebenan befindet sich z. B. die Suppenküche der Stadt.

DZ 114–240 €. Piazza SS. Annunziata 3 (ZTL), ☎ 055-289592, www.loggiatodeiservitihotel.it.

*** **La Scaletta** , hinter dem Ponte Vecchio. Mit Lift oder über verwinkelte Treppen erreicht man die Rezeption, an der man freundlich empfangen wird. DZ mit solidem Mobiliar – und vom Dachgarten ein herrlicher Blick auf die Boboli-Gärten und die Stadt. DZ 69–180 €. Via Guicciardini 13 (ZTL), ☎ 055-283028, www.hotellascaletta.it.

*** **Lombardia** ⑱, in Bahnhofsnähe. Funktionelle, moderne Einrichtung, teilweise sind die verglasten Duschkabinen mitten im Zimmer (!). Der Straßenlärm war durch die Schallschutzfenster als Rauschen zu vernehmen. DZ 90–120 €. Via Panzani 19 (ZTL), ☎ 055-5389552, www.lombardiahotel.net.

*** **Firenze** ㊳, eher unspektakulär praktische Einrichtung, aber freundlicher Empfang und sehr zentrale Lage. Vor über 700 Jahren wurde in diesem Haus Gemma Donati geboren, die spätere Ehefrau von Dante Alighieri. DZ 70–190 €. Piazza Donati 4 (Via del Corso) (ZTL), ☎ 055-268301, www.hotelfirenze-fi.it.

mein Tipp *** **B & B Rosary Garden** ㊷, außerhalb des Zentrums an der Viale Europa, gegenüber dem Einkaufszentrum La Gavinana. Herzlicher Empfang, Schallschutzfenster und die picobello gepflegte Einrichtung machen das B & B am kleinen, betriebsamen Platz zur heimeligen Oase abseits des Touristenstroms. Kostenlose Fahrräder! DZ 69–169 €. Bushaltestelle vor dem Haus (10 Min. ins Zentrum). Via di Ripoli 169, ☎ 055-6800136 www.rosarygarden.it.

*** **Azzi - Locanda degli Artisti** ⑤, 200 m vom Hauptbahnhof in ruhiger Lage. Das kleine Hotel ist mit seinen 19 teils in altem, teils in modernem Stil eingerichteten Zimmern vor allem bei Künstlern, Musikern und Schauspielern wegen seiner Atmosphäre beliebt. In der Lobby steht ein Klavier für die Gäste bereit. DZ 70–110 €. Via Faenza 56/88r (ZTL), ☎ 055-213806, www.hotelazzi.com.

** **Medici** ㉗, gleich hinter der Piazza Repubblica. Die vier Zimmer im 5. und 6. Stock bieten eine unvergleichliche Aussicht auf den Dom, der von der Dachterrasse zum Staunen nah ist. DZ 55–150 €, die schöneren mit Zuschlag: ca. 20 €. Via dei Medici 6 (ZTL), ☎ 055-284818, www.hotelmedici.it.

** **Alessandra** ㊾, zentrale Lage, netter Empfang, hilfsbereites Personal, große Zimmer

3-Sterne-Unterkunft in Florenz

in den oberen Etagen mit schweren, geschmackvollen Holzmöbeln – und teilweise Blick auf den Arno. Teilnahme an Kochkursen wird organisiert. Bilanz nach unserer letzten Inspektion: positiv. DZ 100–150 €. Borgo SS. Apostoli 17 (ZTL), ☎ 055-283438, www.hotelalessandra.com.

** **Monica** ①, renoviert, klein und ein freundlicher Inhaber. Sogar eine Terrasse zum Draußensitzen gibt es im 1. Stock. Klimaanlage. Parkplatz 20 €. DZ 60–150 €. Via Faenza 66 (ZTL), ☎ 055-283804, www.hotelmonicaflorence.com.

** **Santa Croce** ㊼, ruhige Lage in einer mittelalterlich-düsteren Gasse im Santa-Croce-Viertel. Kleine Zimmer, DZ 80–150 €. Via de' Bentaccordi 3 (ZTL), ☎ 055-217000, www.hotelsantacroce.it.

** **Lorena** ⑯, gegenüber der alten Medici-Kapelle, teils spektakuläres Stadtpanorama aus den Fenstern. Nicht sehr geräumige Zimmer, aber nett eingerichtet und mit gut funktionierender Klimaanlage und Lärmschutzfenstern versehen. Etwas verkramt, mit liebenswertem Service und guten Preisen: DZ ab 70 €, ohne eigenes Bad billiger. Via Faenza 1 (ZTL), ☎ 055-282785, www.hotellorena.com.

Florenz und Florentiner Umland → Karte S. 21

* Hotel Bavaria 32, in der 2. Etage des alten Palazzo Ramirez überrascht die geschmackvoll rustikale Einrichtung der zum Teil riesigen Zimmer. 17 Zimmer mit und ohne Bad ab 70 € (auch ein 4-Bett-Zimmer) Borgo degli Albizi 26, ☎ 055-2340313, www.hotelbavariafirenze.it.

* Locanda Orchidea 35, nur 7 Zimmer ohne Bad, 4 mit Blick in den Garten, angenehme Atmosphäre. Zimmer nach hinten ruhig. DZ 50–75 €, kein Frühstück, aber Bar für den Cappuccino gleich nebenan. Borgo degli Albizi 11 (ZTL), ☎ 055-2001410, www.hotelorchidea florence.it.

Luxushotels, Hotels im Grünen   → Karte S. 70/71

**** Mulino di Firenze 85, ca. 5 km östlich vom Zentrum, ein Lesertipp. Aus der mittelalterlichen Mühle, in der einst mit der Wasserkraft des Arnos Mehl gemahlen wurde, ist nach aufwendiger Restaurierung ein schönes, verwinkeltes Anwesen mit kleinen Zimmern entstanden. Touristisch erschlossen mit Pool/Terrasse am rauschenden Fluss, mit reichlichem Frühstücksbüffet, Busshuttle und Fahrradverleih (30 Min. ins Zentrum). DZ 119–329 €. Via di Villamagna 119, ☎ 055-6530279, www.mulinodi firenze.com. ▪ **Lesertipp**

Ruhige, gehobene Unterkünfte findet man südlich der Boboli-Gärten (in Richtung Siena), ca. 7 km nordöstlich von Florenz in Fiesole (S. 86) sowie ca. 15 km südlich in Impruneta (S. 95).

mein Tipp ****** Torre di Bellosguardo 72**, Exklusivität über den Dächern von Florenz wie in Zeiten der Renaissance – und der Welt ein

Stück entrückt. Alter Turm mit Gewölbefresken, mit Antiquitäten eingerichtete Zimmer und spektakulärer Aussichtsterrasse (mit Swimmingpool). Mit dem Auto nur ca. 10 Min. vom Zentrum oberhalb der Piazza Tasso. Wer sich eine außergewöhnlich schöne Unterkunft leisten möchte, ist hier richtig. DZ 300 €, Frühstück 20 €/Pers., in der Nebensaison 260 € inkl. Frühstück. Via Roti Michelozzi 2, ☎ 055-2298145, www. torrebellosguardo.com.

*** Villa Betania 56, von der Porta Romana stadtauswärts, bis sich der Poggio Imperiale mit dem Autobahnzubringer kreuzt; das Tor ist etwas versteckt an einer Ecke der Kreuzung. Die Zimmer des alten, hübsch renovierten Landhauses in ruhiger Lage inmitten eines Parks sind hell und praktisch-modern eingerichtet. Alles ordentlich und unter deutsch-italienischer Leitung. DZ 99–149 €, Frühstück 12 €/Pers. Viale del Poggio Imperiale 23, ☎ 055-222243, www.villabetania.it.

Preiswerte Pensionen, B & B   → Karte S. 70/71

Preiswerte Häuser sind in der Stadt oft von Dauermietern, z. B. Studenten, belegt. Viele der noch günstigen Adressen liegen im Viertel östlich des Bahnhofs, z. B. in der Via Fiume, Via Faenza, Via Nazionale und Via Guelfa.

* Ottaviani 26, wenige Schritte von der Piazza Santa Maria Novella entfernt. Einfache, saubere, Pension. DZ 65–75 €, EZ 45–55 €. Piazza Ottaviani 1 (ZTL), ☎ 055-2396223, www. hotelottaviani.com.

Bellevue House 20, Zimmervermietung 7 Min. vom Bahnhof entfernt, im 3. Stock eines ehemaligen Klosters. Die neuen Besitzer (seit 2012) machten einen guten Eindruck und waren sogleich mit dem Gepäck behilflich (kein

Lift!). Die DZ (ohne Frühstück 80–180 €) sind mit Wasserkocher und Kühlschrank ausgestattet. Via della Scala 21 (ZTL), ☎ 055-2608932, www. bellevuehouse.it.

Soggiorno Abaco 23, ein Leser fand „das Hotel im alten Stil mit dunklem Holz und hohen Räumen einfach gemütlich". DZ mit Bad 70–85 €. Via dei Banchi 1 (ZTL), ☎ 055-2381919, www.hotelabaco.it.

B & B Fiorenza, außerhalb, südlich der Innenstadt, ein Lesertipp: „Elena Particellis liebevoll geführtes B & B in einer Privatstraße bietet neben sauberen, geschmackvollen Räumen vor allem eines: freies Parken vor dem Haus." DZ 90 €. Via Grecchi 36; aus Florenz über die Via del Gelsomino in Richtung Siena, an der Ampel links. Via Grecchi 36, ☎ 055-2322183, www. fiorenzabb.it. ▪ **Lesertipp**

Charakteristisch für Santa Croce: am Torbogen Volta di San Pietro

Florenz und Florentiner Umland → Karte S. 21

MeinTipp Sognando Michelangelo **90**, Nähe Porta Romana; einfaches, günstiges Apartment in modernem Gebäude, freundliche deutsche Vermieterin. 2 Pers. ab 65 € inkl. Garagenplatz, weitere Person (insg. max. 4) 8 €. Endreinigung 30 €. Liegt noch außerhalb der ZTL: Via Dante da Castiglione 33, ☎ 338-7068590, Facebook: SognandoMichelangelo.

> Vor allem im unteren Preissegment drängen private Anbieter z. B. über Airbnb auf den Markt, wie besonders im Centro Storico zu sehen und zu hören ist: Hier werden zahlreiche Wohnungen zurzeit zu Unterkünften für Kurzzeitmieter umgebaut. – mit dem Effekt, dass die Einheimischen aus der Stadt verdrängt werden.

Kirchliche Einrichtungen Fondazione S. Maria degli Angeli **13**, eine Leserin schwärmte: „Mein Unterkunft-Tipp für Florenz! Unschlagbar ist auch die Lage (Nähe Archäologisches Museum), weil absolut zentrumsnah, ca. 5 Min. zum Dom und absolut ruhige Wohnlage." Die Stiftung wird von Nonnen des Klosters betrieben. Nur für Frauen und Paare, nicht für allein reisende Männer. EZ 49 €, DZ 79 € mit Bad. Via della Colonna 34 (ZTL), ☎ 055-2478051, www.conservatorioangeli.it.

Istituto Suore di Santa Elisabetta **86**, ein weiterer Lesertipp: Wohnen bei den Schwestern der heiligen Elisabeth, einer Ordensgemeinschaft, die im 19. Jh. in Polen gegründet wurde und nicht nur Herberge für Pilger ist. Einfache Unterkünfte. DZ 80 €, EZ 43 €. Viale Michelangelo 46, ☎ 055-6811884, www.csse-roma.com. **■ Lesertipp**

Jugendherbergen/Studentenwohnheime   → Karte S. 70/71

Ostello Archi Rossi **4**, Bahnhofsnähe. Private Herberge mit ca. 140 Betten in Räumen für 4–9 Personen. Schlafplatz 25–30 € inkl. Frühstück. Waschmaschine, privater Garten und Terrasse. Via Faenza 94r (ZTL), ☎ 055-290804, www.hostelarchirossi.com.

Ostello Gallo d'Oro **3**, kleineres Ostello mit Möglichkeit zur Küchenbenutzung. 24 -Std.-Check-In. Im 6er-Zimmer 20–35 €/Pers. Via Cavour 104 (ZTL), ☎ 055-5522964, www.ostello gallodoro.it.

The Student Hotel, 20.000 m² Wohnfläche, Dachterrassenpool, Schaukel im Eingang, bunt und hip für kürzere oder längere Aufenthalte. Nicht wirklich nah am Kern der Altstadt, aber Espresso und Pizza gibt's auch im Haus. Betonung liegt auf Hotel, nicht auf Student. EZ ca. 83–104 €. Viale Spartaco Lavagnini 70-72, ☎ 055-0621855, www.thestudenthotel.com/florence.

MeinTipp Ostello Tasso **59**, 2013 eröffnete dieses kleine Ostello; in der Lobby, einem ehemaligen Theater, lädt die coole Atmosphäre bei guter Musik und Cocktails zum Abhängen ein. Besitzer Lorenzo hat die trendigsten Tipps für die Stadt. Die Ausstattung der 13 Zimmer ist eher schlicht. DZ ca. 60–80 € inkl. Frühstück und Begrüßungscocktail. Schöner Innenhof, gut ausgestattete Küche. Freitag Livemusik. Via Villani 15, ℡ 055-0602087, www.ostellotassofirenze.it.

Academy Hostel 19, superzentral und praktisch an der Piazza del Duomo gelegen, mit viel Komfort und angenehmer Atmosphäre. DZ ab 80 €, Übernachten auch in gemischten 6er-Schlafräumen, in einer Art Separee mit abgetrennten Betten und Schließfächern ab 29 €. Reservierung ausschließlich online! Via Ricasoli 9 (in der ZTL), ℡ 055-2398665, www.academyhostel.eu.

Ostello Santa Monaca 62, Privatherberge in einem alten Kloster aus dem 15. Jh. Vorteil: nur etwa 10 Min. zu Fuß ins Zentrum. Kochmöglichkeit und Fahrradverleih. DZ 40–60 €, billiger wird's im Schlafsaal: 14–21 €. Kein Frühstück. Via Santa Monaca 6 (ZTL), ℡ 055-268338, www.ostellosantamonaca.com.

IYH Ostello Villa Camerata, ca. 5 km außerhalb am Stadtrand (Richtung Fiesole) inmitten eines Parks. In der Villa Camerata aus dem 17. Jh. herrscht Massenbetrieb, ca. 300 Betten, auch warmes Abendessen. Auch 2-Sterne-Campingmöglichkeit (ganzjährig geöffnet).*Anfahrt:* Ab Bahnhof mit Bus Nr. 11 oder 17, Fahrzeit ca. 25 Min., Aussteigen am Viale Augusto Righi, von dort ca. 1 km zu Fuß eine schmale Straße bergauf. Im 4er-, 6er-, 8er-Zimmer 12–21 €/ Pers., DZ/Bad 30–50 € inkl. Frühstück. Großzügige, prunkvolle Empfangshalle. Viale Augusto Righi 2/4, ℡ 055-5326194, www.ostellofirenze.it, www.aig.it.

Camping

**** Michelangelo,** ca. 20 Min. vom Zentrum entfernt. Verbindung vom Bahnhof mit Bus Nr. 12 und 13. Der städtische Campingplatz von Florenz liegt hübsch am Hang unterhalb des Piazzale Michelangelo, beim Zähneputzen sieht man im Spiegel die Kuppel des Doms. Die dünnen Olivenbäume spenden nur wenig Schatten. Der Verkehrslärm dringt abends aus der Stadt hinauf. Preisbeispiel: 2 Pers. + Zelt + Auto 41,30 €. Geöffnet Juni bis Mitte Sept.Viale Michelangelo 80, ℡ 055-6811977, www.ecvacanze.it.

Camping in Town, 5 Autominuten vom Bahnhof Rovezzano entfernt, zwar nicht „in Town", aber stadtnah. Auch mit dem Fahrrad kann man am Arno entlang bis zum Ponte Vecchio fahren. Shuttle-Service in die Innenstadt. Mit Swimmingpool und diversen Bars/ Restaurants. Eine Woche z. B. ab 98 €. Viale Generale della Chiesa 1, ℡ 055-4698300, www.humancompany.com.

**** Villa Camerata,** IYH Ostello della Gioventù (siehe oben, Jugendherbergen). Viale Augusto Righi 2/4, ℡ 055-5326194, www.ostellofirenze.it, www.aig.it.

***** Internazionale,** in Impruneta, im Bottai-Viertel, am Ortsausgang von Galluzzo (ca. 7 km südl. von Florenz, Straße nach Siena, nicht weit von der Autobahnausfahrt Firenze-Impruneta). Etwa 2-mal stündlich Bus Nr. 37 ins Zentrum. Großzügiges Gelände auf einem Hügel. Mit Restaurant, Küche und Pool. Von der einen Seite ist die Autobahn zu hören. Preisbeispiel: 2 Pers. + Auto + Zelt ca. 39,50 €. Geöffnet April–Okt. Via San Cristofano 2, ℡ 055-2374704, www.florencevillage.com.

Weiterer Campingplatz **in Fiesole.**

Was haben Sie entdeckt?

Haben Sie ein besonderes Restaurant, ein neues Museum oder ein nettes Hotel entdeckt? Wenn Sie Ergänzungen, Verbesserungen oder Tipps zum Buch haben, lassen Sie es uns bitte wissen!

Schreiben Sie an: Michael Müller, Stichwort „Florenz – Chianti"

c/o Michael Müller Verlag GmbH | Gerberei 19, D – 91054 Erlangen

michael.mueller@michael-mueller-verlag.de

Essen & Trinken

2 Il Vegetariano
6 Accademia
7 La Burrasca
9 Trattoria/Fiaschetteria Mario
10 Mercato Centrale di San Lorenzo
12 La Ménagère
14 Gozzi
15 La Carabaccia
17 Ciro & Sons
25 Ruth's
30 Procacci
31 Le Mossacce
33 L'Antico Noè
37 Rosticceria La Ghiotta
39 Cibrèo
41 Il Pizzaiuolo
44 I Due Fratellini
45 Di Cambi
54 Toto
57 Angiolino
58 All'Antico Vinaio
61 Vico del Carmine
65 Brac
67 Del Fagioli
69 Alla Vecchia Bettola
70 Al Tranvai
71 Il Magazzino
74 Santo Spirito
75 Casalinga
78 Diladdarno
79 Zoe
80 I Tarocchi
84 Antica Mescita San Niccolò

Cafés/Bars/Nachtleben

21 Disco Space Electronic
22 Rex Caffè
28 Caffè Paszkowski
28 Gilli
29 Hard Rock Café
36 Gelateria/Cioccolateria Vestri
40 YAB
42 Caffè Giubbe Rosse
43 Perché no!
47 Gelateria La Carraia
48 Gelateria Vivoli
49 Caffè Rivoire
50 Note di Vino
51 Libreria la Cité

55 Amblé
60 Red Garter
63 Gelateria Grom
64 Le Barrique
66 Birreria Archea
68 Le Volpi e l'uva
76 Cabiria
81 Gelateria Vivaldi
87 Bevo Vino
88 Il Rifrullo
89 Enoteca Fuori Porta
92 Gelateria Carabé

Übernachten

1 Monica
3 Ostello Gallo d'Oro
4 Ostello Archi Rossi
5 Azzi - Locanda degli Artisti
8 Loggiato dei Serv. ti
11 Morandi alla Crocetta
13 Fondazione S. Maria degli Angeli
16 Lorena
18 Lombardia
19 Academy Hostel
20 Bellevue House
23 Soggiorno Abaco
24 Hotel Monna Lisa
26 Ottaviani
27 Medici
32 Bavaria
34 Pendini
35 Locanda Orchidea
38 Firenze
46 Relais Il Cestello
52 Santa Croce
53 Alessandra
56 Villa Betania
59 Ostello Tasso
62 Ostello Santa Monaca
72 Torre di Bellosguardo
73 La Scaletta
77 Palazzo Guadagni
82 B&B Rosary Garden
83 Silla
85 Mulino di Firenze
86 Istituto Suore S. Elisabetta
90 Sognando Michelangelo
91 Villa Carlotta

Florenz und Florentiner Umland → Karte S. 21

Florenz
Legende der Adressen
Karte siehe S. 70/71

Essen & Trinken

Wer echte Florentiner Küche genießen will, muss viel hinblättern – oder eine längere Suche am Altstadtrand in Kauf nehmen. Die Restaurants im Zentrum sind zu 90 % auf Touristen eingestellt – die Wirte leben von Laufkundschaft. Preisgünstig ist gelegentlich das *menu* (*a prezzo fisso*) ab 15 €, viel Genuss darf man bei dieser Variante des Menüs jedoch nicht erwarten. Und: Meiden Sie die Pizza-Stuben im Altstadtkern!

An Sonntagen ist es schwierig, ein passendes Lokal zu finden, die meisten Familienbetriebe haben dann geschlossen. Generell gilt: je exponierter die Lage und je größer der Andrang, umso höher der Stress der Beschäftigten. Das wiederum hat Auswirkungen auf Wartezeit, Gemüt des Personals und Qualität der Speisen. Wer für den Abend vorbestellt, muss oft nicht allzu lange warten. Mittagszeit ist zwischen 12 und 14/15 Uhr, danach schließen die Restaurants bis 19 Uhr. Und nach 22.30 Uhr haben nur noch die wenigsten geöffnet.

Trippai, die Florentiner Kuttel-Verkäufer

Es gibt sie noch, doch sie sind weniger geworden, vielleicht ein halbes Dutzend noch: fahrende Kuttelnverkäufer, *Trippai* genannt. Angeboten werden *Trippa alla fiorentina* (Kutteln auf Florentiner Art, mit Tomatensauce) und *Lampredotto*, eine Innerei, die man nur in Florenz kennt: Es handelt sich um den Labmagen der Kuh, in der Regel mit einer pikanten Sauce serviert. Buon appetito!

Restaurants/Trattorien etc.   → Karte S. 70/71

Centro storico – nördlich des Arno
Ristorante Cibrèo 39, das Florentiner Feinschmeckerlokal mit der bodenständigen Note hat mittlerweile die Nachbarschaft fest im Griff und bietet mit Trattoria und Café für jeden Geldbeutel die passende Lokalität. Fabio Picchis Institution mit dem *Teatro del Sale* ist immer voll und fehlt in keinem Reiseführer. Das Team versteht sich auf die traditionelle florentinische Küche (keine Pasta!). In der unkomplizierteren Trattoria werden auch mal ein paar Stühle 'rangestellt. Unbedingt reservieren. Via A. del Verrocchio 8r, neben dem Mercato S. Ambrogio, ☎ 055-2341100.

La Carabaccia 15, hier treffen sich Feinschmecker mit schmalem Portemonnaie. Gute Auswahl an Hauptgerichten, z. B. *Frittura di pesce e verdure* (frittierte Meeresfrüchte und Gemüse) oder *Bocconcini di vitella al curry* (Kalbsragout mit Curry), auch Pizza. Menü ca.

45 €. Tägl. geöffnet, außer Mi. Via Palazzuolo 190r, ☎ 055-214782.

Wer sich nach einem Besichtigungstag abends zum wohlverdienten Mahl niederlassen will, möge beachten, dass trotz aller Heimeligkeit der Osterien und Trattorien besonders in der Hochsaison ein straffes Programm gefahren wird. Wer z. B. für 19.30 Uhr einen Tisch reserviert, kann davon ausgehen, dass sein Platz bereits gegen 21 Uhr ein zweites Mal reserviert ist – und einem die Rechnung unaufgefordert gebracht wird …

Trattoria Gozzi 14, viel Stammpublikum kommt mittags für 3 bis 4 Primi und Secondi, von denen vor allem die *Pappa al Pomodoro* sehr lecker ist. Wenig Auswahl, aber beste Qualität, die Zutaten kommen direkt vom Mercato Centrale.

Wer bis 12.30 Uhr hier ist, kann noch Platz finden, sonst reservieren. Nur Mittagstisch. So Ruhetag. Piazza S. Lorenzo 8r, ☎ 055-281941.

Il Pizzaiuolo 41, hier kommt keine Touri-Pizza auf den Tisch, sondern das neapolitanische Original mit dickem Teig! Sehr beliebt bei florentinischen Studenten, deshalb besser vorbestellen. Abends bis 24 Uhr geöffnet, So Ruhetag. Via de' Macci 113r, ☎ 055-241171.

mein Tipp **Ciro & Sons 17**, schmackhaft zubereitete toskanische Gerichte unter wuchtigen Kronleuchter. Auch gluten- und laktosefreie Gerichte und hervorragende Pizza nach neapolitanischem Rezept. Der Service ist superfreundlich, die Preise sind in Ordnung. Montagmittag und So Ruhetag. Via Giglio 28r, ☎ 055-289694.

All' Antico Vinaio 58, origineller Treffpunkt an der Brötchentheke; der Andrang vor dem kleinen Imbiss Florentiner Art spricht für sich: Die Panini gehen hier weg wie die sprichwörtlichen warmen Semmeln ... Auch gut für einen Aperitif. Tägl. 10.30–22 Uhr. Via de' Neri 65r.

Procacci 30, ein Feinkostladen mit Weinausschank – eine Panini-Adresse exklusiverer Art. 2,20 € für einen Happs mit Trüffelcreme – reinster Luxus! Dazu passt ein Gläschen vom Weingut des Inhabers Antinori. Mo–Sa 9–21, So 11–21 Uhr. Via Tornabuoni 64r.

Für den hungrigen Magen dann doch eher am Tresen der **I Due Fratellini 44** anstellen, wo auf 6 Quadratmetern leckere Brötchen zu 3 € serviert werden. Tägl. 10–19 Uhr. Via dei Cimatori 38r.

mein Tipp **L'Antico Noè 33**, unter dem Torbogen zwischen Borgo degli Albizi und der Via dell' Oriuolo versteckt sich zwischen Kisten frischer Tomaten und Zucchinis eine urige kleine Osteria mit guter Küche. Allerdings hat der Besitzer gleich nebenan auch einen Verkauf für Paninis etabliert. Das Florentiner Sandwich gehört mittlerweile zum festen gastronomischen Angebot; hier kann man aus 20 Sorten wählen. Volta di San Piero 6r, ☎ 055-2340838.

mein Tipp **Ristorante Accademia 6**, ein Ristorante-Klassiker mal ganz ohne Folklore, der mit reichlichen Portionen, guter Qualität und Service in gediegenem Rahmen auch von Einheimischen geschätzt wird. Piazza San Marco 7r, ☎ 055-217343.

mein Tipp **Ristorante del Fagioli 67**, ein Florentiner Klassiker, Einheimische loben vor allem die *Polpette della Nonna* – Frikadellen

nach Großmutters Art. Freitag steht Stockfisch auf der Karte – *Baccalà* klingt besser und schmeckt jedenfalls ausgezeichnet. Sa/So geschlossen. Corso Tintori 47r, ☎ 055-244285.

La Burrasca 7, stürmisch wird es in dieser Trattoria in der Nähe des Marktes oft. Bei Einheimischen wie Touristen sind die einfachen und recht preiswerten Gerichte beliebt. Auch eine saftige *Bistecca fiorentina* wird hier aufgetischt. So Abend zu, Mo Ruhetag. Via Panicale 6r, ☎ 055-215827.

mein Tipp **Mercato Centrale di San Lorenzo 10**, seine 1. Etage zählt Zu den ultimativen Gastro-Koordinaten. Hier erfreuen sich vor allem die Touristen an der trendigen Foodcourt-Idee: Man trifft sich an den Imbiss-Ständen der Schlemmermeile, um sich durch das vielfältige Angebot der zahlreichen Stände zu probieren: frischer Fisch, Meeresfrüchte, Steak, Pizza, Pasta, Gemüse – vieles ist bio, einiges vegan. Am Mittwochabend bekommt die Marktatmosphäre unter den gigantischen Korblampenschirmen dann Dynamik: Livemusik! Tägl. 10–24 Uhr. Zwischen Via dell' Ariento und Piazza del Mercato Centrale.

Le Mossacce 31, mitten im Zentrum, doch scheinbar unbeeindruckt von den vorbeizeihenden Touristenmassen: Schinken hängen an der Theke, die Korbflasche steht auf dem Tisch. Mittags ist Hochbetrieb, man bekommt einen freien Platz an einem der langen Tische zugewiesen und kommt schnell mit dem Nachbarn ins Gespräch. Arbeiter verdrücken hier eine Portion Spaghetti und einen Teller Kutteln hinterher. Ein uriger Betrieb. Sa/So geschl. Via del Proconsolo 55r, ☎ 055-294361.

mein Tipp **Trattoria/Fiaschetteria Mario 9**, einfache, bodenständige Küche und oft brechend voll. Familienbetrieb mit Leib und Seele, was Küche und den Fußballclub AC Fiorentina anbelangt. Nur Mittagstisch. So Ruhetag. Via Rosina 2r, ☎ 055-218550.

Toto 54, ein Lesertipp: „Schönes, großzügiges Ristorante mit offenem, großem Grill und Pizzaofen. Frequentiert von Touristen mit Insiderwissen, aber auch von Nachbarn und Angestellten aus der Nähe, die mittags ihre üppig belegten Pizze mit dem selbst aufgesetzten Olio Peperoncino des Hauses genüsslich verspeisen", schreiben Leser. Mi Ruhetag. Borgo SS. Apostoli 6r, ☎ 055-212096. ▪ **Lesertipp**

🌿 **Il Vegetariano 2**, vegetarische, teils vegane Küche, meist mit Bioprodukten. Selfservice.

Florenz und Florentiner Umland → Karte S. 21

Liebhaber nostalgischer Cafékultur ...

... können eines der Cafés an der Piazza della Repubblica besuchen. Abends lauscht man im matten Art-Déco-Glanz der dezenten Unterhaltungsmusik am Flügel im **Caffè Paszkowski 28**. Tipp: Tagsüber kann man hier für 6 € gut und günstig zu Mittag essen – an der Kasse bezahlen und im Self-Service an der Theke sein Primo auswählen (12–15 Uhr). An derselben Seite des Platzes liegt das 1733 gegründete **Gilli 28**, eines der ältesten Cafés der Stadt, besonders die Terrasse zieht die Gäste an. Die Schaufensterauslagen mit ihren Schokoladenkreationen sind sehenswert, und überhaupt ist es wohl die eleganteste Art, hier seinen Caffè an der Bar zu bestellen. Den Käsekuchen (Neuitalienisch: „cheese cake") unbedingt probieren! Gegenüber wartet das Ende des 19. Jahrhunderts gegründete **Caffè Giubbe Rosse 42** auf, ebenso berühmt für italienische Kaffeehauskultur wie für seine Vergangenheit. Kurz vor dem Ersten Weltkrieg wurde es zu einer Art Hauptquartier der Futuristen, in den 1920ern trafen sich hier Literaten und Künstler aus aller Welt, die bei ihren Florenzbesuchen in dem Lokal mit den rotbefrackten Kellnern einkehrten.

Die köstlichste **heiße Schokolade** der Stadt gibt's übrigens im **Caffè Rivoire** an der Piazza della Signoria 5 **49**; im Stehen genossen kostet sie 3 €, am Tisch 6,50 €. Das Büffet für den Aperitivo ab 18 Uhr mit 6 € für einen Aperol Spritz war ebenfalls überzeugend. Mo Ruhetag.

Espresso? Lungo oder Doppio? Macchiato oder Marocchino?

Für 17 € kann man sich hier sattessen. Sa/So nur abends, Mo nur mittags geöffnet. Via delle Ruote 30r, zwischen Piazza S. Marco und Piazza Indipendenza, ☎ 055-475030.

Brac 65, trendiges Künstlercafé mit vegetarischer Speisekarte sowie Buchhandlung. Tägl. 12–15 und 19–24 Uhr, So ab 19 Uhr. Via dei Vagellai 18r, ☎ 055-0944877.

Ruth's 25, bei der Synagoge. Koschere Küche unter der Aufsicht des Rabbiners von Florenz – köstliche Suppen, Falafel, Couscous ... stets gut gewürzt. Neben großem vegetarischem Angebot auch einige Fleischgerichte. Freitagabend und Samstagmittag geschlossen. Via Farini 2a, ☎ 055-2480888.

mein Tipp Rosticceria La Ghiotta 37, im schönsten Teil von Santa Croce an der Piazza Sant Ambrogio – eine Selfservice-Grillstube wie in alten Zeiten. An der Theke wählt man zwischen Gegrilltem und extrem leckerer Pasta al forno, z. B. Lasagne. Rustikal-spartanisch, mit ein paar Tischen, geldbeutelschonend. Die Tavola Calda brummt tägl. zwischen 11.30–14.30 und 19.30–22 Uhr (Mo nur mittags). Via Pietrapiana 7r, ☎ 055-241237.

Oltrarno – südlich des Arno Casalinga 75, die ganze Familie ist auf den Beinen, um die Gäste mit bodenständiger Küche zu bewirten – und die Zahl der hungrig Wartenden nimmt kaum ab! Unbedingt reservieren. So Ruhetag. Via de' Michelozzi 9r (Nähe Piazza Santo Spirito), ☎ 055-218624.

Osteria Santo Spirito 74, nach Jahren hat diese Osteria den Weg in unsere Auswahl zurückgefunden. „Geheimtipp" ist etwas anderes, aber die riesigen Teller mit guten Portionen, auf der einladenden Terrasse an einem der schönsten Plätze serviert – das wollen wir unseren Lesern nicht vorenthalten. Tägl. 12–23.30 Uhr. Piazza Santo Spirito 16r, ☎ 055-2382383.

Di Cambi 45, die empfehlenswerte Familientrattoria bietet jeden Tag einen komplett neuen Speisezettel mit hausgemachten Nudeln als Primi und einer guten Auswahl typischer Florentiner Secondi. Freundlicher schneller Service und moderate Preise, Menü ca. 25 €. Abseits der Touristenströme, obwohl eines der ältesten Wirtshäuser der Stadt. Tägl. mittags und abends geöffnet, So Ruhetag. Via Sant'Onofrio 1r, am Eck des kleinen Platzes (Ponte Vespucci), ☎ 055-217134.

Il Magazzino 71, der Kuttelspezialist des Oltrarno. Und schließlich findet man hier auch *Lampredotto*, ein Gericht, das man nur in Florenz kennt, ein mit pikanter Sauce servierter Labmagen der Kuh. Wer derlei nichts abgewinnen kann, kommt in dem beliebten Restaurant trotzdem auf seine Kosten: Ein paar klassische Gerichte der toskanischen Küche stehen auf der Karte, und auch Vegetarier werden fündig. Tägl. geöffnet. Piazza della Passera, ☎ 055-215969.

Alla Vecchia Bettola 69, an der Piazza Tasso; ein Leser freute sich über die „urgemütliche Atmosphäre", die „typische toskanische Hausmannskost" und „flinke, gut gelaunte Kellner". In der Tat ist die „alte Kaschemme" stets krachend voll, und die Florentiner fühlen sich hier wie zu Hause. Di–Sa mittags und abends geöffnet. Viale Vasco Pratolini 3-7, ☎ 055-224158.

Antica Mescita San Niccolò 84, inmitten einfacher Holzbänke, ungedeckter Tische, holzgetäfelter Wände und einer blank polierten Messing-Kaffeemaschine bekommt man hier so seltsame Dinge wie *Lingua in salsa verde* (Zunge in grüner Soße) serviert – alles, was die einfache traditionelle Florentiner Küche zu bieten hat, bei schönem Wetter am liebsten auf der kleinen Terrasse. Via San Niccolo 60r, ☎ 055-2342836.

I Tarocchi 80, preiswerte und gute Pizzeria; entsprechend meist proppenvoll – Wartezeiten bis zu einer Dreiviertelstunde sind nicht selten. Tipp: Wer in Ruhe essen will, kommt lieber gleich erst um 22 Uhr. Bedienung immer im Stress, dabei aber erstaunlich gelassen. Tägl. abends bis 24 Uhr, Mo Ruhetag. Via de'Renai 14r, ☎ 055-2343912.

mein Tipp Diladdarno 78, geräumiges Interieur mit langen Tischen. Die Wände waren frisch in Altrosa getüncht und auf das, was aus der Küche kam, war Verlass. Als Abrundung zum Dessert *Cantucci* probieren, die steinharten Mandelplätzchen, die man in den dazu servierten Vinsanto tunkt. (Leitungs-)Wasser und *coperto* werden nicht extra berechnet. Mo Ruhetag, Dienstagmittag geschlossen. Via de'Serragli 108r, ☎ 055-224917.

Bei der letzten Recherche kamen wir an **La Ménagère 12**, einem der ältesten Florentiner Geschäfte für Haushaltswaren (1896) nicht vorbei. Heute bietet der trendige Concept Store mit einnehmender Inneneinrichtung Restaurant, Bistro, internationale Presse, Designer-

Florenz und Florentiner Umland → Karte S. 21

Wohnaccessoires, Livemusik sowie einen Blumenverkauf. Preise umgekehrt proportional zur Größe der Portionen – aber was fürs Auge. Tägl. 12–23 Uhr. Via dè Ginori 8r, ☏ 055-0750600.

Angiolino 57, eine der charakteristischsten Trattorien von Florenz, wo man dem Koch noch auf die Finger schauen kann. Ein länglicher Saal mit Bullerofen, im hinteren Teil befindet sich die Küche, es geht dementsprechend volksnah zu. Menü ca. 25 €. Tägl. mittags und abends geöffnet. Via S. Spirito 36r, ☏ 055-2398976.

MeinTipp **Al Tranvai** 70, klitzekleines Lokal, das der Wirt nicht umsonst „Straßenbahn" getauft hat: die grüne Theke erinnert an eine Trambahnfront, die Gäste sitzen im schmalen Raum dicht an dicht. Mittags oft brechend voll. Traditionelle Gerichte zu annehmbaren Preisen (Primi ca. 10 €), vieles glutenfrei. Reservierung dringend empfohlen. Geschlossen Montagmittag, So Ruhetag. Piazza Tasso 14r, ☏ 055-225197.

Vico del Carmine 61, originell eingerichtet – dicht gedrängt sitzt man drinnen bei Pizza, Fisch und anderem. Auch eine kleine Veranda gibt es. Tägl. abends geöffnet. Via Pisana 40r, ☏ 055-2336862.

Zoe 79, großes Café mit Veranda – ideal fürs morgendliche Frühstück, den mittäglichen Lunch und den abendlichen Drink. Via de' Renai 13r, ☏ 055-243111.

Wein-Adressen → Karte S. 70/71

Bevo Vino 87, entspannte Enoteca und Bar im Künstlerviertel mit entsprechender Klientel. Ein paar wackelige Stühle laden bis 20 Uhr zum Aperitivo ein. Danach Abendessen. Tägl. 12–24 Uhr. San Niccolò 59r, ☏ 055-2001709.

Enoteca Fuori Porta 89, ebenfalls gut frequentiert, man sitzt draußen auf der Schräge gleich hinter dem Stadttor San Miniato. Zu der Auswahl von ca. 300 Weinen kann man sich mit Primi, Salaten, Aufschnittplatten oder vegetarischen Frikadellen stärken. Tägl. durchgehend 12–23.30 Uhr. Via del Monte alle Croci 10r, ☏ 055-2342483.

Il Rifrullo 88, American Bar in der Nähe der vorher Genannten und beliebter Treffpunkt der Florentiner im südlich des Arnos gelegenen *Oltrarno*-Gebiet; das Apertivobuffet für 10 € war passabel. Sonntags gibt's Brunch für 20 € – bei schönem Wetter im Garten. San Niccolò 55r, ☏ 055-2342621.

Amblé 55, super-zentral und doch versteckt, gleich ums Eck am Ponte Vecchio. Unsere Empfehlung in dieser „Fresh-food-old-furniture"-Adresse" sind die leckeren Tramezzini und das Vegetarische. Falls Ihnen in der zurzeit angesagten Bar mit hoher Florentiner-Dichte ein

Reichlich Roter – Enoteca in Florenz

Tisch, Stuhl oder Topf gefallen sollte: Hier hat alles ein Preisschild und kann erworben werden. Mo–Sa durchgehend 10–23, So ab 12 Uhr. Piazzetta dei del Bene 7a, ☏ 055-268528.

Note di Vino 50, hohe Punktzahl für diese Weinbar: „Super gemütliche Enoteca zum Kaffee- und Weintrinken, klein, aber fein!", schwärmte eine Leserin. Tägl. 12–22 Uhr. Borgo dei Greci 4/6r, ☏ 334-8568706.

Le Barrique 64, die Weinstube wurde mehrfach von Fachzeitschriften ausgezeichnet. Drinnen klein und sehr behaglich (an den Wänden hängen die Werke lokaler Künstler), draußen gibt es einen Sommergarten. Zur Wahl stehen 250 Weine, Wert wird aber auch auf die Küche gelegt (Menü 30–45 €). In einer typischen Wohnstraße des San-Frediano-Viertels (mit kleinen Ateliers, Handwerkerstuben und Kfz-Werkstätten). Mittags und abends geöffnet. Mo Ruhetag. Via del Leone 40r, ☏ 055-224192.

Le Volpi e l'uva 68, gediegene kleine Enoteca für ein gepflegtes Glas Wein, gleich hinter dem Ponte Vecchio, an der südlichen Seite (Oltrarno). 12–21 Uhr, So Ruhetag. Piazza dei Rossi 1r, ☏ 055-2398132.

Eis-Adressen

→ Karte S. 70/71

Gelateria Vivoli 48, in einer unscheinbaren Gasse hinter dem Teatro Verdi. Mit fast hundert Jahren Betrieb ist Vivoli die vermutlich älteste Eisstube der Stadt. Die Qualität – z. B. Zitrone oder Pistazie – war ausgezeichnet. Di–So 7.30–24 Uhr, Mo Ruhetag. Via Isola delle Stinche 7r.

Gelateria La Carraia 47, winzig, mit Wartezeit ist zu rechnen. Dafür kann man die traditionellen Eissorten auf der Brückenmauer schlecken. Piazza Nazario Sauro 25r, am Ponte alla Carraia, der zweiten Brücke westlich des Ponte Vecchio.

Perché no! 43, ob „Sachertorte", „Grüner Tee" oder „Ingwer"– eine der besten Eisdielen der Stadt. Traditionsbetrieb seit 1939 mit besten Zutaten für die diversen Kugeln. Via dei Tavolini 19r.

Gelateria Grom 63, Anstehen lohnt sich! Ein weiteres Traditionslokal mit hausgemachtem Qualitätseis. Via del Campanile 2r.

Gelateria Vivaldi 81, südlich des Arno. Die Gelato-Entdeckung einer Leserin empfehlen wir gerne weiter: Das Eis wird nur aus frischen Zutaten und vor Ort hergestellt – es schmeckt köstlich! Kuchen und Cappuccino runden das Angebot ab. Via dei Renai 15r.

Gelateria Carabé 92, beste Zutaten aus seiner sizilianischen Heimat machen Eis und Granite von Antonio zu einem frischen Sommernachtstraum. Via Ricasoli 60r.

Abends und nachts

Nicht nur Freunde klassischer Musik werfen einen Blick in *Firenze Spettacolo* oder besorgen sich die Broschüre *Firenze Estate* bei der Touristinformation (gratis). In den Sommermonaten wird fast täglich etwas geboten (→ „Feste und Veranstaltungen/L'Estate Fiorentina", S. 66).

Kneipen und Musiklokale gibt es viele, besonders im Uni-Viertel zwischen Dom und Piazza SS. Annunziata (v. a. am Borgo Pinti und in der Via dei Servi). Die Studenten, speziell Sprachenschüler aus den USA, lieben buntes Abendprogramm. Viele der Bars servieren am frühen Abend den Aperitivo am Buffet – ein Glas inklusive einer Auswahl kleiner Leckereien. Ein guter Ort, den Abend zu beginnen, ist die Piazza Santo Spirito im Oltrarno mit Bars, Livemusik und Stimmung.

Um Steuern zu sparen, sind viele Clubs nur für „Mitglieder" zugänglich, will heißen, man bekommt für den Abend eine Karte als **tessera** ausgestellt – gelegentlich umsonst, wenn's innen leer ist. Bei anderen ist der erste Abend kostenlos, wer ein zweites Mal kommt, zahlt Clubbeitrag („tessera", ca. 5 € pro Monat).

Generell hat sich die Szene in Richtung südlich des Arnos nach San Frediano und San Niccolò verlagert. In den ruhigeren Gassen der beiden Viertel begegnet einem noch etwas vom alten Florenz. Das hat sich herumgesprochen, und so sprießen dort zurzeit die Bars und Pubs aus dem Boden.

Kneipen, Musiklokale, Livemusik   → Karte S. 70/71

Rex Caffè 22, kunstvoll, schillernd, gemütlich mit shabby-schick abgenutzten Sofas, die zwischen fantasievoller Einrichtung dekorativ in Szene gesetzt sind. Gute Musik, am Wochenende auch mal spontane Gigs. Via Fiesolana 25r.

Red Garter 60, rockige Musikkneipe, viele amerikanische Gaststudenten. Do, Fr, Sa Livemusik. Es wird gern wild getanzt, und zwar bis 4 Uhr morgens. Vorher kann man sich mit Hamburgern oder Steaks stärken. Via dei Benci 33r.

Hard Rock Café 29, riesige Halle. In den Schaukästen entlang der Wände Reliquien von Madonna, Britney Spears, Jimi Hendrix, Elton John und anderer Größen. Teure Snacks und Burger, abends um 22 Uhr oft Livekonzerte. Via Brunelleschi 1.

Cabiria 76, Café, Restaurant und Aperitivo-Bar (Drink inkl. Vorspeisenbuffet 5 €). Im Sommer Livemusik. Sympathisch, aber nichts für Zimperliche – hier darf man nicht so genau hingucken, was unter dem Tisch weitergereicht wird. Piazza S. Spirito 4r.

Libreria La Cité 51, die hippe Adresse bietet den kulturellen Rahmen zum Abhängen zwischen Büchern, Kunst, Musik, Barbetrieb, Caffetteria. Tägl. 17–1 Uhr nachts, So ab 14 Uhr. Borgo San Frediano 20r.

Birreria Archea 66, Brauhandwerk auf Italienisch! Der Braumeister und Wirt des Bierpubs im Oltrarno ist kreativ und nutzt den Umstand, dass es hier Vorgaben wie das deutsche Reinheitsgebot nicht gibt. Erfrischend überraschen die Craft-Pints mit innovativen Geschmacksrichtungen. Gemütliche Einrichtung, solide Rockmusik. Tägl. ab 18 Uhr. Via de' Serragli 44r.

Tanzen   → Karte S. 70/71

Eintrittspreise liegen zwischen 15 und 25 €, erster Drink umsonst. Einige Clubs mussten wegen wiederholter Verstöße gegen Drogengesetze schließen.

Disco Space Electronic 21, verrückte Einrichtung, junges Publikum, Acid und House, megalaut und riesengroß. Via Palazzuolo 37, www.spaceclubfirenze.it.

Auditorium Flog, sehr beliebt bei eher alternativ eingestellten Studenten, italienischen wie ausländischen. Auch Konzertbühne für Bands. Via M. Mercati 24b, www.flog.it.

Central Park, im Herzen des Parco delle Cascine. Teure Großdisco mit 5 Tanzflächen und täglich wechselnder Musikrichtung. Eintritt 20 €. Via Fosso Macinante 1.

Tenax, legendäres Theater, Mode-Shows, Live-Konzerte, Disko: Pop, Rock und südamerikanische Musik. Samstags House mit internationalen DJs. Eintritt 12 €, Studenten kommen in der Woche umsonst rein. Via Pratese 46, ca. 10 km außerhalb (auf halbem Weg nach Prato), Bus Nr. 29/30, www.tenax.org.

YAB 40, Disko-Pub, immer noch hochgradig „in". Via Sassetti 5r, www.yab.it.

Kinos

Filme in Originalsprache Odeon Cinehall, Kino in einem Renaissance-Bau, der 1922 um das Art-Nouveau-Kino Odeon erweitert wurde. Ein eindrucksvolles Kinoerlebnis! Von Mai bis Juli tägl. Originalfilme. Ticket 9 €. Via degli Anselmi 53, www.cinehall.it.

Freilichtkinos Aktuelle Programme z. B. in Firenze Spettacolo → Information.

Flog, Esterno notte, Via Michele Mercati 24b (Nähe Piazza Dalmazia).

Arena Chiaro di Luna, Via Monte Oliveto 1 (oberhalb der Piazza Tasso).

Le Murate, während der *L'Estate Fiorentina* (→ Feste und Veranstaltungen) werden nicht nur Filme gezeigt, auch Party- und Konzertveranstalter nutzen den früheren Gefängnishof. Via Ghibellina 52.

Blick von Settignano in Richtung Florenz

Das Florentiner Umland

Für Individualisten ist das hügelige Umland der Kulturmetropole Florenz ein idealer Standort. Hier residiert man ruhiger, grüner und kühler als im Arno-Tal, isst und trinkt zusammen mit den Italienern und genießt im Wortsinn den Überblick.

Sowohl Settignano als auch Fiesole eignen sich prima für die vorsätzliche Stadtflucht. Spätestens im 19. Jh. erholte sich hier schon die Oberschicht vom Florentiner Getümmel. Sehenswertes gibt es vor allem in Fiesole, das seit der etruskischen Antike besiedelt war, zur Genüge. Hier oben gibt es vorzügliche Lokale und prachtvolle Villen mit ebensolchen Gärten, einen Campingplatz mit dem vielversprechenden Namen Panoramico und den Monte Ceceri, auf dem Leonardo da Vinci tollkühn seine Fluggeräte ausprobierte.

Settignano

Wer der Großstadthektik entrinnen und den Cappuccino abseits von Menschenmassen genießen will, fährt mit der Buslinie 10 von der Piazza S. Marco oder mit dem eigenen Fahrzeug die Hügel im Nordosten der Stadt nach Settignano hoch.

Der kleine Ort – er besteht eigentlich nur aus einem Platz und ein paar engen Sträßchen – lädt mit seinen Straßencafés zu einer Pause und einem anschließenden Spaziergang auf den Spuren des bekannten italienischen Dichters *Gabriele D'Annunzio* ein, der hier in seiner prachtvollen Villa La Capponcina lebte.

Villa Gamberaia: Im Süden, unterhalb von Settignano, steht diese Villa mit ihrem einzigartigen Park. Die 20 € Eintritt für den Park sind happig, aber ein Spaziergang durch die weltberühmten Anlagen lohnt (tägl. 9–18, So nur bis 18 Uhr, letzter Einlass 17 Uhr). Von hier bietet sich ein unvergesslicher Ausblick auf Florenz, das sich zu Füßen greifbar nahe ausbreitet. Die Besichtigung der 400 Jahre alten Villa ist nur nach Voranmeldung möglich (Eintritt nochmal 20 €).

▪ Durch Settignano durchfahren bis zu einem Schild, das nach rechts weist. Der immer schmaler werdenden Straße für ca. 1 km bis zur Villa folgen. Via del Rossellino 72, 50135 Settignano, ✆ 055-697205, www.villagamberaia.it.

Essen & Trinken **Enoteca La Sosta del Rossellino,** gemütliches, renommiertes Restaurant in einem alten Pfarrhaus aus dem 15. Jh. an der engen Kreuzung zur Villa Gamberaia. Neben einem großen Weinangebot stehen traditionelle Gerichte auf der Karte – oder z. B. Gnocchi mit einer Piemonteser Käsesauce oder Spaghetti Faraglione (ein Teller für 2 Personen mit allem, was das Meer zu bieten hat). Ein schönes Mitbringsel ist der im Haus entwickelte Weinflaschen-Dekanter für die 0,1-Liter-Probiermenge. Mittags und abends geöffnet, Mo/Di Ruhetag. Via del Rossellino 2r, ✆ 055-697245, www.rossellino.com.

Fiesole

ca. 14.000 Einwohner

Hübsch liegt das Städtchen eingebettet zwischen zwei Hügeln oberhalb von Florenz. Eine von Zypressen gesäumte Straße führt in Serpentinen hinauf und öffnet atemberaubende Blicke auf das im Dunst flimmernde Häusermeer von Florenz.

Fiesole ist heute eine Art Villenvorort und „sommerliche Freilichtbühne" von Florenz. Dabei hat es eine viel län-

gere Geschichte: Die Zeugnisse menschlicher Besiedlung, die in der Gegend ausgegraben wurden, reichen bis zur Bronzezeit zurück. Vor allem als Etruskerzentrum war Fiesole bedeutend, und das lange bevor von Florenz nur die Rede gewesen wäre. Bereits Ende des 4. und Anfang des 3. Jahrhunderts v. Chr. schützte man den Ort mit einer über 2500 m langen Mauer (z. T.

Fiesole – Sommerfrische über dem Häusermeer von Florenz

noch erhalten), um ihn gegen Übergriffe der von Norden her einfallenden „Barbaren" zu sichern. Dauerhafte Sicherheit vermochte das Bauwerk aber nicht zu bieten, denn bereits 225 v. Chr. wurde Fiesole von den Galliern eingenommen, die später ihrerseits den vordringenden Römern weichen mussten. Im Jahr 90 v. Chr. wurde Fiesole wegen seiner antirömischen Haltung von den Truppen Catos dem Erdboden gleichgemacht und 80 v. Chr. schließlich unter Sulla kolonisiert. Von da an entwickelte es sich als typisch römische Stadt mit Amphitheater, Tempel und Thermalbad. Nach dem Zerfall des Römischen Reichs verlor es mehr und mehr an Bedeutung und erlag 1125 den Expansionsgelüsten der Florentiner.

Wegen seiner zauberhaften Lage und seines, verglichen mit Florenz, angenehm kühlen Klimas war Fiesole stets ein Rückzugsort aus dem Getümmel der nahen Großstadt. Schon der Geldadel des Renaissance-Zeitalters ließ sich im grünen Umland seine Sommerresidenzen bauen, und noch heute verstecken sich hier die herrschaftlichen Villen wohlbetuchter Florentiner und mehr oder minder berühmter Zugereister. Über die Jahrhunderte war Fiesole auch Zufluchtsort für Dichter, Schriftsteller und Künstler, darunter *Boccaccio*, der hier sein „Decamerone" schrieb, oder der Schweizer Maler *Arnold Böcklin*, der hier seine letzten Lebensjahre verbrachte.

Sehenswertes

Kleiner Spaziergang: Zum ersten „Beschnuppern" des Städtchens starten wir am Hauptplatz, der Piazza Mino. Wir folgen dem schmalen Gässchen, der Via San Francesco, hinauf, genießen den herrlichen Blick über Florenz und erreichen das Kloster San Francesco (s. u.). Gegenüber vom Kloster gehen wir durch das Tor eines Eisenzauns. Der Weg führt durch ein Steineichenwäldchen stets bergab und zurück zur Via San Francesco. Dort angekommen, gehen wir links zurück zu unserem Startpunkt an der Piazza Mino. Ein hübscher Spaziergang von etwa 1 km (hin/zurück).

Piazza Mino: Auf dem Hauptplatz von Fiesole lag vermutlich in römischer Zeit das Forum. Hier befinden sich die meisten Sehenswürdigkeiten. Im Sommer wimmelt es hier von Menschen, ein Straßencafé reiht sich ans nächste, und bis in die Nacht trifft man hier auf Leute aus aller Herren Länder, die dem heißen Florenz für ein paar Stunden entfliehen wollen.

Kurz vor dem Platz steht links das 1637 gegründete frühere **Priesterseminar** (heute ein Flüchtlingsheim). Daneben erhebt sich, etwas zurückversetzt, der elegante **Bischofspalast** (11. Jh., Fassade 17. Jh.).

Cattedrale San Romolo: Der Dom stammt ursprünglich aus dem 11. Jh. und wurde im Lauf der Zeit mehrfach umgebaut; sein heutiges Aussehen erhielt er 1878. Der schlichte Bau aus Naturstein, dessen Längsseite die Piazza Mino im Norden begrenzt, sticht eigentlich nur wegen seines schlanken Glockenturms (1213) ins Auge, der dem Städtchen aus der Ferne sein typisches Panorama verleiht. Im Inneren sind u. a. Werke des hier gebürtigen Bildhauers *Mino da Fiesole* (Salutati-Kapelle) und der Florentiner Maler *Bicci di Lorenzo* und *Cosimo Rosselli* zu sehen.

▪ Tägl. 8–12 Uhr. www.diocesifiesole.it.

Oratorium Santa Maria Primerana: Rechts vom Rathaus erhebt sich das vermutlich im 10. Jh. auf einer frühchristlichen Kultstätte errichtete Oratorium mit seinem reich geschmückten Portal aus dem 16. Jh. und dem zweisäuligen Portikus (19. Jh.). Im Inneren sind Werke von *Andrea della Robbia* und *Francesco da Sangallo* zu sehen.

Basilika Sant'Alessandro: Rechts vor der Domfassade, zwischen Priesterseminar und Bischofspalast, führt ein steiles Gässchen auf einen der beiden Hügel von Fiesole. Auf halbem Wege liegt die Basilika Sant'Alessandro. Das dreischiffige Innere mit sechzehn Säulen aus griechischem Marmor bildet heute die eindrucksvolle Kulisse für Kunstausstellungen und Konzerte. Nur bei Ausstellungen geöffnet.

Kloster San Francesco: Nachdem man schnaufend das letzte Stück des steilen Gässchens überwunden hat, gelangt man zum Kloster, das seit 1399 im Besitz des Franziskanerordens ist. Abgesehen von der Klosterkirche mit einem Altarbild von *Raffaellino del Garbo* und dem *Museum der franziskanischen Missionare* kann man hier einige der spartanischen Mönchszellen aus dem 15. Jahrhundert besichtigen.

▪ Tägl. 7–19 Uhr. Eintritt frei. Auf der letzten Etappe belohnt das schöne Panorama für die Mühe des Anstiegs. Gegenüber vom Kloster gelangt man durch ein schmiedeeisernes Tor und durch ein Steineichenwäldchen, zunächst an den alten Mauern, dann am Friedhof entlang, stets hinab bis zur Piste. Hier nun links zurück zur Piazza. Oben am Kloster werden in der „Botteghina Solidale" biologische Produkte aus dem Santuario della Verna angeboten. Der Erlös aus dem Verkauf von Seife, Tee, Honig und Likören kommt sozialen Projekten in Entwicklungsländern zugute. www.fratifiesole.it.

Amphitheater/römisch-etruskisches Ausgrabungsgelände: Das Gelände erstreckt sich hinter der Apsis des Doms auf einer Fläche von 35.000 m² und ist damit fast so groß wie der Stadtkern von Fiesole. Man hat einen freien Blick auf die umgebende Hügellandschaft. Anfang des 19. Jahrhunderts wurde die Fundstätte von einem Deutschen entdeckt, der sie gleich wieder zuschüttete, um sie vor Plünderungen zu bewahren. Erst 1873 wurde sie von italienischen Archäologen freigelegt.

▪ März und Okt. tägl. 10–18 Uhr, April–Sept. tägl. 9–19 Uhr, Nov.–Febr. tägl. außer Di 10–15 Uhr. Eintritt 7–12 €, inklusive der Museen; mit Firenze Card (→ Florenz) gratis. Via Portigiani 3-5. Kasse: Via Portigiani 1. ☎ 055-5961293, www.museidifiesole.it.

Museo Bandini: Das Museum zeigt Gemälde und Skulpturen toskanischer Künstler vom 13. bis 16. Jh., darunter Bernardo Daddi, Taddeo Gaddi, Lorenzo Monaco und Nicola Pisano, sowie Terrakotten aus der Della-Robbia-Schule (15. und 16. Jh.).

▪ Geöffnet wie Ausgrabungsgelände, allerdings nur Fr, Sa und So (s. o.). Eintritt 5 €, mit Firenze Card (→ Florenz) gratis. Via Dupré 18 (links gegenüber dem Eingang zum römischen Theater), ☎ 055-5961293.

Kloster San Francesco oberhalb von Fiesole

Römisches Amphitheater: Das imposante Theater aus dem 1. Jh. v. Chr. erfüllt jeden Sommer während der Veranstaltungen der *Estate Fiesolana* wieder seinen ursprünglichen Zweck. Auf seinen zum Teil wieder aufgebauten Sitzreihen finden 2500 bis 3000 Besucher Platz. Rechts hinter dem Theater liegen die **Thermen** mit noch erhaltenem Schwimmbecken, Resten der Baderäume wie Kaldarium (Warmbad), Sudatorium (Schwitzraum), Tepidarium (lauwarmes Bad) und Frigidarium (Kaltbad) sowie Teilen der Heizungsanlagen. Das Wasser wurde über ein Aquädukt aus dem rund 4 km entfernten Montereggi zugeleitet.

Die Ausgrabungen des **römischen Tempels** (1. Jh. n. Chr.) und seines etruskischen Vorgängers (3. Jh. v. Chr.) waren erst 1960 abgeschlossen. Erhalten sind ein paar Säulensockel und der von Stufen umgebene Vorplatz mit zwei Altären (der größere ist römisch, der kleinere etruskisch). Am hinteren Ende des Geländes ist noch ein Abschnitt der etruskischen Stadtmauer auszumachen.

Das **Archäologische Museum** (Museo Civico Archeologico) im Inneren des Geländes, ein klassizistischer Bau in Form eines etruskischen Tempels, präsentiert die Ausgrabungspläne und Funde – eine Sammlung, die sich sehen lassen kann.

Im **Antiquarium Costantini,** einer Unterabteilung des Archäologischen Museums, kann man den archäologischen Rundgang fortsetzen. Diese ursprünglich private Sammlung von Funden etruskischer und griechischer Provenienz besticht vor allem wegen ihrer komplett erhaltenen attischen Tongefäße mit Motiven aus der griechischen Mythologie.

Kloster San Domenico: Wer vom Viale Volta aus nach Fiesole hinauffährt, kommt auf halbem Wege nach San Domenico mit seinem 1406 gegründeten Dominikanerkloster. Hier war *Fra Angelico* fast zwanzig Jahre lang als malender Mönch tätig. In der Klosterkirche ist sein Gemälde „Madonna mit Dominikanerheiligen" zu bewundern.

▪ **Kirche:** Mo–Sa 7–12 und 16–18 Uhr, So geschlossen. Sonntagsmesse um 10.30 und 12 Uhr. Eintritt frei. **Essen & Trinken:** *Piatti e Fagotti*, kleine Trattoria mit Feinkostverkauf in der Ladenzeile der Via delle Fontanelle. So Ruhetag. Via delle Fontanelle 9.

Abtei Badia Fiesolana: Gegenüber von San Domenico führt links eine kleine Seitenstraße (Via dei Roccettini) steil nach unten zu der mittelalterlichen Abtei. Die Kirche des Gebäudekomplexes geht auf einen Vorgängerbau aus dem 11. Jahrhundert zurück, der bis ins Jahr 1028 der Dom des damaligen Bistums Fiesole war. Seit 1976 ist die Badia Fiesolana Sitz der Europäischen Universität.

▪ Mo–Fr 8.30–19.30 Uhr, Sa geschlossen. Sonntagsmesse um 10.30 Uhr. Eintritt frei.

Estate Fiesolana im römischen Amphitheater

Die Veranstaltungsreihe *Estate Fiesolana* („Sommer in Fiesole") belebt das Amphitheater und die Kirchen von Fiesole alljährlich von Juni bis August. Das Spektrum reicht von Jazz-, Folklore- und Klassikkonzerten über Ballett- und Theaterinszenierungen bis zu Kunst- und Fotoausstellungen. Abgesehen vom hohen Niveau der Events mit Künstlern und Interpreten aus aller Welt, bietet die Veranstaltungsreihe auch die einzigartige Gelegenheit, die Pracht einer Renaissance-Villa einmal von innen zu erleben. Mehr unter www.estatefiesolana.it.

Florenz und Florentiner Umland ↓ Karte S. 21

Maiano: Im Nachbarort befinden sich die früheren Steinbrüche **Cave di Maiano,** in denen über die Jahrhunderte das für die Florentiner Baumeister kostbare graue Sedimentgestein „Pietra Serena" abgebaut wurde. Vor Ort eine empfehlenswerte Gastronomie (→ „Essen & Trinken").

Basis-Infos

Information Im Sommer Mo und Fr–So 10–13 und 16–18 Uhr, im Winter Fr–So 10–13 und 14–16 Uhr. Material für Wanderungen zum Parco di Monte Ceceri und Infos zur Besichtigung der Villen und Gärten um Fiesole. Via Portigiani 3, ☎ 055-5961311, www.fiesoleforyou.it.

Hin und weg Bus Man erreicht Fiesole von Florenz in ca. 20 Min. mit Stadtbus Nr. 7 ab Piazza S. Marco und S. Domenico. Von 6–24 Uhr alle 15–35 Min.

Parken   Von Florenz kommend nach links zum Ausgrabungsgelände, dort mehrere kostenlose Parkplätze.

Übernachten/Camping

Mein Tipp ***** Bencistà,** beliebte Pension etwa auf halber Höhe des rechten Fiesole-Hügels, toller Blick auf die Stadt. Riesiges altes Landhaus mit über 40 Zimmern und Salons im Stil des 19. Jh. Seit fünf Generationen in Familienbesitz. DZ ab 120 €. Via Benedetto da Maiano 4, ☎ 055-59163, www.bencista.com.

* Villa Sorriso, altmodische Unterkunft im 1. Stock an der Hauptstraße mit herzlicher Besitzerin, spartanischen Zimmern, üppigem Frühstück (Ei wird nach Wunsch zubereitet) und schöner Panorama-Blumenterrasse. Alles wie früher! DZ 65–73 €, EZ 38 €, Frühstück 5 €. Via Gramsci 21, ☎ 055-59027, Info & Zimmerfotos über www.booking.com.

B & B Antiche Scale, gleich gegenüber, die Treppe hinab, etwas zeitgemäßer eingerichtete DZ mit einem hübschen Terrässchen für's Frühstück. DZ 65–110 €. Via delle Cannelle 1, ☎ 055-0604814, www.antichescalebeb.it.

*** Dino, etwa 8 km außerhalb, in nördlicher Richtung bei Olmo; an der Kreuzung mit der Via Faentina nach links abbiegen. Preisgünstiges und schönes Hotel mit 18 Zimmern, empfehlenswertes **Restaurant.** Ganzjährig geöffnet. EZ 45–65 €, DZ 60–90 €. Via Faentina 329, Olmo, ☎ 055-548932, www.hotel-dino.it.

Camping Panoramico, etwa 1 km außerhalb; im östlichen Ortsteil der Via Francesco Ferrucci folgen, dann ausgeschildert. Sehr schöne Lage auf einer Hügelkuppe (Pool mit Aussichtsplattform über Florenz). Hier weht meist eine leichte Brise, und es gibt weniger Stechmücken als auf dem Stadtcamping Michelangelo. Viel Schatten durch hohe Zypressen. Die Anfahrt mit Anhänger oder Campingbus über die steile und enge Straße erfordert allerdings Erfahrung! Geöffnet März–Okt. Via Peramonda 1, ☎ 055-599069, www.florence village.com.

Essen & Trinken/Nachtleben

Die meisten der Gaststätten im Zentrum sind Touristenfallen. Um besser zu speisen, sollte man nach Maiano (ca. 1,5 km von Fiesole) fahren.

La Reggia degli Etruschi, viel Lob gab es für die raffinierte Küche in Edelambiente, vor allem für die romantische Panorama-Terrasse. Vom Hauptplatz aus zu Fuß über die steile Straße hoch zum Kloster San Francesco zu erreichen. Mittags und abends geöffnet, in der Nebensaison Di Ruhetag. Via San Francesco 18, ☎ 055-59385.

Le Cave di Maiano, 1,5 km in Richtung Florenz; ein ehemaliges Bauernhaus in wunderschöner Lage mit kleinen, gediegen eingerichteten Speiseräumen und schöner Terrasse. Auf die Qualität, den Service und auf die Empfehlungen aus der Weinkarte ist nach wie vor Verlass. Hochpreisig, aber nicht überspannt. Via Cave di Maiano 16, ☎ 055-59133, www.trattoria cavedimaiano.it.

Cave Mare, ebenfalls 1,5 km in Richtung Florenz. Hier weht einem eine frische Meeresbrise entgegen – das Restaurant hat sich auf die Zubereitung von frischem Fisch und Meeresfrüchten spezialisiert. Tägl. mittags und abends geöffnet, Mo Ruhetag. Via Cave di Maiano 18/20 (300 m vom o. g. Cave di Maiano entfernt). ☎ 055-59133.

Lo Spaccio, Restaurant in der Fattoria di Maiano, im schönen Anwesen mit speziellen Angeboten für Gruppen, mit Delikatessengeschäft (Olivenöl aus eigener Produktion usw.), Kochkurse, Apartments und Safaritouren werden ebenfalls angeboten. In der Saison Di 10.30–15.30, Mi–Sa 10.30–15.30/19–22, So 9–18 Uhr. Mo Ruhetag. Via Cave di Maiano 2, ☎ 055-59049, ☎ 055-59432, www.fattoriadimaiano.com.

Trattoria La Casa del Prosciutto, außerhalb, nach ca. 8 km an der Straße Richtung Olmo; die ehemalige Bauernkneipe hat sich mit ihrer hervorragenden Küche einen Namen gemacht. Am Wochenende oft brechend voll. Die

Bistecca alla fiorentina und anderes Gegrilltes sind die Renner. Di Ruhetag, Mittwochmittag geschlossen. Via Bosconi 58 (Torre de Buiano), ☎ 055-548830, www.casadelprosciutto.com.

Da Dino all'Olmo, ca.8 km außerhalb, in Richtung Norden, beim Dorf Olmo (dem Hotel Dino angeschlossen). Auch hier deftige toskanische Küche, ganz auf den Appetit hart arbeitender Waldbauern abgestimmt. Doch das Publikum ist städtisch und hat entsprechende Ansprüche, die aufs Beste erfüllt werden. Man speist auf der großen Terrasse mit wunderbarem Blick auf die Nordhänge der Hügel von Fiesole. Mi Ruhetag. Via Faentina 329, ☎ 055-548932, www.hotel-dino.it.

Nachtleben J. J. Hills, Irish Pub mit bunt gemischtem Publikum direkt an der Piazza Mino. Das Guinness fließt tägl. von 18 bis 1.30 Uhr.

Osteria Vinandro, für die späte Einkehr auf ein Glas Wein, dazu kleines Speisenangebot. Tägl. geöffnet. An der Piazza Mino, ☎ 055-59121.

Monte Ceceri

Wer von der Piazza Mino in Fiesole geradeaus weiterfährt, erreicht den im frühen Mittelalter entstandenen Vorort Borgunto (mit weiteren Abschnitten der etruskischen Stadtmauer in der Via Mari und der Via del Bargellino, hier auch Etruskergräber). Kurz hinter dem Ort geht es rechts zum Campingplatz Panoramico (→ Übernachten) und weiter zum Monte Ceceri. Man stellt den Wagen auf der kleinen Piazza Prato ai Pini ab und steigt die letzten Meter zu Fuß hinauf. Auf diesem Berg hat Leonardo da Vinci seine innovativen Fluggeräte getestet, mit eher geringem Erfolg.

An den Hängen des Monte Ceceri liegen frühmittelalterliche Burgen und traumhafte Villen mit herrlichen Gartenanlagen. Sie wurden Ende des 19. Jahrhunderts im neugotischen Stil errichtet; die meisten sind in Privatbesitz, einige Villen kann man nach Voranmeldung besichtigen – zumindest ihre Gärten:

Villa Peyron: Gartenbesichtigung mit Anmeldung für Gruppen ab 10 Pers.

100 €, ☎ 055-20066206, www.bardinipeyron.it.

Villa Le Balze: Garten Mo–Fr nach Anmeldung 9–12.30 Uhr, Spende erwünscht, Ende Juli bis Ende August geschlossen, ☎ 055-59208.

Ganz in der Nähe steht auch die prächtige Renaissance-Villa I Tatti, in der der amerikanische Kunstgelehrte und Historiker Bernard Berenson vierzig Jahre lang lebte und arbeitete. Nach seinem Tod hinterließ er seinen gesamten Besitz, einschließlich einer großen Kunstsammlung und Bibliothek der Harvard-Universität, die hier ein Forschungszentrum zur Geschichte der italienischen Renaissance eingerichtet hat (Besichtigung der Villa nur nach Online-Anmeldung unter www.itatti.harvard.edu).

Infos zu organisierten Gartenbesichtigungen in den Sommermonaten unter www.fiesoleforyou.it oder unter Suchbegriff „giardini fiesolani". Ein Programm für die Besichtigung von Villen und Gärten (Eintritt 5 €) gibt's im Touristenbüro.

Das Chianti

Zwischen Florenz und Siena liegt das Chianti, Herz der Toskana und Heimat des Chianti Classico. Hier haben sich die Winzer 1924 im Consorzio del Vino Chianti Classico zusammengeschlossen. Unter dem Symbol des Schwarzen Hahns wacht das Consorzio über die Qualität seiner Weine. Atmosphärisch könnte der Kontrast zum trubeligen Florenz kaum größer sein: sanfte Hügel, Zypressen, Olivenhaine, malerische Dörfer, viel Ruhe und eben viel, viel Wein.

Mehr zum legendären Symbol des Schwarzen Hahns lesen Sie auf Seite 207. Noch mehr Wissenswertes zum Wein finden Sie außerdem ab Seite 206 sowie bei den einschlägigen Adressen dieses Kapitels.

Wo Wein probieren?

Castello di Fonterutoli: Bei einer Führung durch das Weingut im malerischen gleichnamigen Weiler sind hypermodernste Kellertechnik und die uralte Quelle des Ortes zu bestaunen. → S. 120

Rocca di Castagnoli: Hinter wuchtigen Mauern der alten Burganlage werden bei einer Weingutbesichtigung auch edle Tropfen verkostet. Die schönen Zimmer und Wohnungen laden hier gleich zum Bleiben ein. → S. 130

Castello di Meleto: in der Nähe der Rocca. Die Führung durch die Säle zeigt auch ein entzückendes Theater und endet in der modernen Enoteca, wo ein guter Tropfen und toskanische Brotzeit angeboten werden. → S. 130

Castello di Brolio: einst das wichtigste Schloss der Region mit gut organisierter Probierstube. Der Besichtigung der Anlage mit Garten und die Weinverkostung gehören unbedingt zusammen. → S. 134

Achtung, Geheimtipp! Weinbar Divino: In einem lauschigen Garten zwischen den Reben Antinoris, direkt an der Abtei von Passignano gibt es die köstlichsten Crostoni (überbackene Panini). Dazu ein Glas vom offenen Wein – man kann es hier stundenlang aushalten. → S. 100

Wo essen?

Osteria Cinque di Vino in San Casciano: hervorragende Adresse für eine Bistecca Fiorentina und andere Spezialitäten vom Holzkohlengrill. Im gemütlichen Gastraum hat der Wirt alles im Griff. → S. 96

Antica Macelleria Falorni in Greve: Auf dem Marktplatz führt kein Weg an dieser Institution vorbei. Verkauft und auf einladender Terrasse vorm Ladengeschäft serviert werden Spezialitäten wie Fenchelsalami, Toskanischer Schinken – die Salami vom allgegenwärtigen Wildschwein nicht zu vergessen! → **S. 106**

Giovannino in Radda in Chianti: Beim Ausflug hierher schlendert man die Hauptstraße Via Roma mit ihren kleinen Geschäften entlang. Falls sich auf der Miniterrasse von Giovannino noch Platz finden sollte: Pasta bestellen!→ **S. 124**

Apropos Essen: Noch ein Tipp für alle, die sich noch immer nicht zu den Vegetariern zählen. Er oder sie sollte auf den Speisekarten nach dem **Cinta-Senese-Schwein** Ausschau halten. Diese schon auf Renaissance-Bildern verewigte Rasse wird in Eichenwäldern gehalten, ihr Fleisch schmeckt unglaublich aromatisch und ist dabei noch cholesterinarm. → **S. 104**

Was anschauen?

Badia a Coltibuono: Die Abtei ist schon wegen der herrlichen Lage einen Ausflug wert. Nach Besichtigung von historischem Keller, Kreuzgang und italienischem Garten kann an einer Wein- und Olivenöldegustation teilgenommen werden. → **S. 131**

Volpaia: Immer weiter schlängelt sich der Weg durch die Weinberge empor bis hinauf in den 40-Seelen-Ort. Pures Mittelalter! Wie wunderbar, dass der abgeschiedene Weiler zwei gute und gut frequentierte Adressen zur Einkehr bereithält. → **S. 125**

Castellina in Chianti: In der Nähe wurden ein etruskisches Grab und einiges mehr entdeckt. Das Museum im Zentrum bietet eine kleine, aber feine Ausstellung zur einstigen Präsenz der Etrusker.→ **S. 117**

Parco Sculture del Chianti in Pievasciata: Im Skulpturenpark wandert man durch eine Open-air-Ausstellung zeitgenössischer Kunst von Künstlern aus aller Welt. Ein Top-Tipp und mal ganz unmittelalterlich! → **S. 133**

Was unternehmen?

„Heldenhaftes" Radfahren: Wir sind im Chianti und somit in der Welt des Radsport-Klassikers **Eroica**. Also, Fahrrad im Ort Gaiole ausgeliehen und los geht es! Unser **Touren-Tipp:** Von Gaiole auf Asphaltstraße durch Wald und Weinberge nach Pianella und zurück. Übrigens auch für Flachlandradler mit weniger Kondition geeignet! → **S. 129**

Mit dem Auto auf der Höhenroute: bietet sich die landschaftlich interessantere **Höhenroute** von San Casciano über Mercatale nach Panzano an – ein uralter Fahrweg, den schon die Etrusker nutzten und der inzwischen geteert ist: Der Automobilhersteller Daimler-Benz hatte die Strecke seinerzeit als Kulisse für einen Werbefilm ausgewählt und den Gemeinden die Asphaltierung spendiert.

Wanderungen: Unsere Chianti-Touren finden Sie ab **S. 222**.

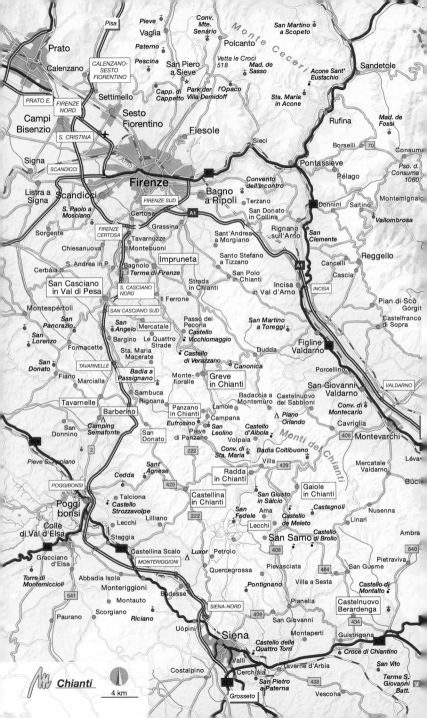

Impruneta

ca. 15.000 Einwohner

Das nur wenige Kilometer südlich von Florenz gelegene Städtchen ist das Tor zum Chianti-Gebiet. Schon die Etrusker, später die Römer siedelten sich auf den sanften Hügeln oberhalb der Talsenke des Arnos an.

Berühmt ist das zauberhaft inmitten von Weinbergen und Olivenhainen gelegene Impruneta vor allem wegen seiner jahrhundertealten Töpfertradition. Man sollte nicht versäumen, die handgearbeiteten Terrakotta-Erzeugnisse eines der zahlreichen Betriebe einmal aus der Nähe anzuschauen.

Santa Maria: Die ehemalige Wallfahrtskirche mit ihrem eindrucksvollen, fünfbogigen Portikus (1634) und ihrem Camapanile aus dem 13. Jh. erhebt sich auf dem abschüssigen Hauptplatz. Ein guter Grund für einen Abstecher nach Impruneta ist das *Weinfest* am letzten Sonntag im September.

Information **Pro Loco,** nur im Sommer und nur unregelmäßig geöffnet, da von freiwilligen Mitarbeitern organisiert. Via Cavalleggeri 29, ✆ 055-2313729, prolocoimpruneta@gmail.com.

Hin und weg **Bus:** Etwa halbstündlich nach Florenz, Haltestelle an der Piazza Buondelmonti im Zentrum, Tickets im Tabakladen an der Piazza.

Einkaufen Wir sind dem Tipp eines Lesers gefolgt und haben ausgefallene Stücke in den Boutiquen **Cuci & Ricuci** (Damen) und **Uscio** (Herren) entdeckt. Schicke Klamotten, nette Leute und super Beratung mit angeschlossener Schneiderei. Via Paolieri 3/7.

Feste Bereits ein Jahr im Voraus beginnen die Vorbereitungen für die **Festa dell' Uva.** Für das traditionelle Weinfest am letzten Septemberwochenende stellen die Bewohner von Impruneta mit großem Engagement einiges auf die Beine.

Markt Samstagvormittag Wochenmarkt im Zentrum.

Tonwaren Ist der Transport von Tonkübeln in heimische Gefilde aus Platzgründen nicht unproblematisch, lohnt ein Besuch in einem der ansässigen Handwerksbetriebe hingegen allemal. Sehenswert ist z. B. die Verkaufsausstellung von **Poggi Ugo.**

Auch moderne Exponate werden hier noch traditionell per Hand gefertigt. Die Tonerde wird gleich hinter der Brennerei gewonnen. Der Ofen aus dem 14. Jh. ist zwar noch vorhanden, doch der Brand bei ca. 1000 °C erfolgt heute in modernen Brennöfen. Mit etwas Glück wird Interessierten der Familienbetrieb gezeigt. Den Parkplatz schmückt unübersehbar ein über 7 Meter hoher Ring aus Ton – ein Werk von Mauro Staccioli. Mo–Sa 8.30–12.30 und 14–18 Uhr. Via Imprunetana 16 (in Richtung Tavarnuzze), ✆ 055-2011077, www.poggiugo.it.

Manetti Gusmano & Söhne, in Ferrone. Hier stellt Manetti Gusmano mit ca. 40 Mitarbeitern vor allem Bodenfliesen aus Terracotta her – z. B. für die Böden in den Uffizien; sogar die Dachziegel für Ausbesserungen am Dom in Florenz werden hier gefertigt. Ein „Showroom" demonstriert die Besonderheiten von industrieller und handwerklicher Herstellungsweise. Geöffnet Mo–Fr 8–17 Uhr (Siesta 12–13 Uhr). Anfahrt: Von Impruneta für ca. 4 km der Via Ferrone in Richtung Ferrone folgen. Im Ort links in die Via Chiantigiana einbiegen, dort linker Hand. www.cottomanetti.com.

Mein Tipp **Andreini,** nur 300 m weiter in Richtung Greve weisen oberhalb der Straße imposante Terracottakübel auf die Fabrik hin. Neugierigen gewährt man gern Einblick in die urige Produktionsstätte von Ziegeln und Tonkrügen, den *Orcie,* die einst der Aufbewahrung von Olivenöl dienten. Heute sieht man sie vor allem mit Blumen bepflanzt in den Gärten. Geöffnet Mo–Fr 8–17 Uhr (Siesta 12–13 Uhr).

Übernachten/Essen ***** Albergo/Ristorante Bellavista,** das beste Haus am Platze – seit 1906! Auf der großen Dachterrasse kann man an lauen Abenden bei Glockengeläut speisen und das Treiben unten auf der Piazza beobachten. Es gibt auch ein kleines Gärtchen. Herzlicher Service. Restaurant am Abend tägl. geöffnet, Sa/So zudem auch mittags. DZ mit Bad 69–149 €, Rabatt ab drei Tagen. Am Hauptplatz, Via della Croce 2, ✆ 055-2011083, www.bellavistaimpruneta.it.

B & B **Benedetta Bianchi,** im Zentrum von Impruneta, 3 modern eingerichtete DZ in ange-

Das Chianti → Karte S. 94

nehmer Atmosphäre, auch Apartments gibt es. DZ 65 €, Apt. 75 €, Frühstück 3 €. Via Paolieri 26 (Seitenstraße der zentralen Piazza Buondelmonti). ☎ 055-2312558, www.bed-breakfast-bianchi.it.

Agriturismo **Vecchio Borgo di Inalbi,** ca. 1 km außerhalb, an der Straße nach Strada in Chianti. Großes, kinderfreundliches Anwesen mit Garten und zwei Swimmingpools. Restaurant (Mo Ruhetag). Ferienwohnungen für 2, 3, 4 Pers. DZ 80–120 € inkl. Frühstück. Via delle Terre Bianche 32, ☎ 055-2011797, www.inalbi.it.

San Casciano in Val di Pesa ca. 17.000 Einwohner

Am Rande des Chianti gelegen und nur 20 Autominuten von Florenz entfernt, also die ideale Wohnlage für Florentiner: San Casciano ist nicht so teuer wie Fiesole und anders als Scandicci oder Sesto Fiorentino ohne Industrie. Das Städtchen ist vorrangig ein Zentrum der Landwirtschaft und für Touristen nicht sonderlich attraktiv. Doch gibt es in der Umgebung einige interessante Weingüter und Restaurants, in denen man hervorragend speisen kann.

Information **Touristbüro,** April, Mai, Okt. nur Mo und Sa 10–13 und 15–18 Uhr, Juni-Sept. tägl. 10–13 und 16–19 Uhr. Via Macchiavelli 8, ☎ 055-828324, E-Mail ufficioturistico.san cascianovp@gmail.com.

Hin und weg **Bus:** Stündlich nach Florenz. Abfahrt: Via Terracini am Busbahnhof, Tickets im Tabakladen oder bei der Latteria Maranci gegenüber der Haltestelle.

Einkaufen **Antica Dolce Forneria,** neben Süßigkeiten und einem guten Brotangebot hervorragende Auswahl an Käse und Schinken sowie Porchetta – entsprechend gute Panini. Via Machiavelli 26.

Markt am Montagvormittag

Museum Neben Kirchenkunst und archäologischen Funden gibt es eine Ausstellung über menschliche Behausungen. Zahlreiche kleine Modelle – vom toskanischen Steinhaus über die „Trulli" aus Apulien bis zu Zeltbauten der Beduinen. Geöffnet 1. April bis 15. Okt. Mo, Mi, Do 10–13, Di, Fr 15–19, Sa/So 10–13 und 15–18 Uhr. Eintritt 3 €. Via Roma 37, ☎ 055-8256385.

Mein Tipp **Torre Panoramico del Chianti,** der alte, recht hässlich anmutende Wasserspeicher, eine 33 m hohe Konstruktion aus den 50er-Jahren, wurde mit einem Aufzug ausgestattet. Der Anblick des Turmes von unten ist beim Ausblick von oben schnell vergessen – die Aussicht von der Terrasse bietet einen 360°-Rundblick. Richtung Norden erspäht man den Dom von Florenz. Tickets (2 €) im Museum oder im Touristbüro.

Übernachten **** Minisoggiorno,** am Ortsausgang Richtung Empoli. Familiär geführtes, ruhiges Hotel. Die sympatische Signora spricht Deutsch. Zimmer fast alle mit Balkon. DZ mit Bad 70–80 €, Frühstück 6–8 €. Via Leonardo da Vinci 5, ☎ 055-822241, www.minisoggiorno.it.

Bed & Breakfast Art, von der Viale Corsini aus gegenüber dem Bar Turismo durch die Maueröffnung. Hinter der strengen Fassade verbergen sich 6 geschmackvoll eingerichtete Zimmer mit moderner Kunst an den Wänden. DZ 75–100 €. Via della Volta 6, ☎ 055-8290372, www.bbart.eu.

Mein Tipp **Villa Il Poggiale,** ca. 2 km außerhalb, in Richtung Cerbaia/Empoli – der Sommerwohnsitz auf dem Lande! Schon der Anblic k der Villa bezaubert. Innen wandelt man über Treppen und Stiegen durch mit Antiquitäten und Gemälden eingerichtete Säle und elegante Salons. Gediegen-großzügig die fast familiäre Atmosphäre, romantisch die Zimmer mit Baldachinbetten. Pool im schönen Garten. Ausgezeichnetes Frühstück, im Sommer auf der Terrasse mit Ausblick. Was den Preis anbelangt, ist das Wohnen in der herrschaftlichen Renaissancevilla erschwinglich. Classic-DZ 90–160 €. Via Empolese 69, ☎ 055-828311, www. villailpoggiale.it.

Essen & Trinken **Cantinetta del Nonno,** im historischen Zentrum. Vorne werden Wurstwaren und Käse verkauft, im Hinterstübchen sitzen vorwiegend Arbeiter zu Tisch. Die Kutteln (trippa alla fiorentina) schmecken hier ausgezeichnet. Mi Ruhetag. Via IV Novembre 18, ☎ 055-820570.

Mein Tipp **Cinque di Vino,** am zentralen Park bei der Franziskanerkirche. Kleines Lokal mit Außenbetischung. Die Speisekarte ist auf das jahreszeitliche Angebot abgestimmt und bietet beste Qualität. Der sympathische Inhaber

Schöner Landsitz – Hotel Villa Il Poggiale mit Loggia

schwingt den Kochlöffel selbst, berät und bedient – alle fühlten sich rundum wohl. Für die Bistecca kommen die Gäste bis aus Florenz. Nur abends geöffnet, Sa/So zudem auch mittags; Mo Ruhetag. Viale San Francesco 32, ℡ 055-8228116.

Gelateria I Pini, hier gibts „Gelato artigianale", also aus eigener Herstellung; unsere Eisdielenempfehlung im Zentrum; Via Machiavelli 49.

Tavernetta Machiavelli (Albergaccio), in S. Andrea in Percussina, ca. 4 km Richtung Florenz, knapp außerhalb von San Casciano Richtung Spedaletto, hinter diesem Ort rechts abbiegen. Die uralte Osteria mit hauseigener Kellerei ist berühmt – hier verkehrte im 16. Jh.

Machiavelli, der sich in das gegenüberliegende Haus zurückgezogen hatte. Unbestritten gut ist die Qualität des Essens, unbestritten zu hoch sind die Preise. Nur Flaschenweine. Reservierung empfohlen. In der Saison kein Ruhetag! ℡ 055-828471.

A Casa mia, winziges Restaurant, eine Empfehlung von Einheimischen für einfache toskanische Küche. Witzig: Das Besteck wird – wie früher – in den Schubladen der insgesamt 7 wackligen Tische aufbewahrt. Mo/Di Ruhetag. Von San Casciano in Richtung Mercatale, dort kurz vorher rechts ab in Richtung Località Montefiridolfi (ca. 8 km von San Casciano enferrnt). ℡ 055-8244392.

Mercatale

ca. 2000 Einwohner

Der 5 km von San Casciano entfernte mittelalterliche Marktflecken liegt bereits mitten in den Weinbergen. Am zentralen Platz, der einst dem Warenumschlag diente, laden heute zwei Cafés ein. Am Ortsrand wurden neue Häuser gebaut, doch trübt dies den Gesamteindruck kaum. Auch hier gibt es in der Umgebung einige empfehlenswerte Weingüter und Restaurants.

Hin und weg **Bus:** Alle 90 Min. direkt nach Florenz. Abfahrt an der Piazza Vittorio Veneto im Zentrum, Tickets in der Bar Italia oder in der Bar Briciolo im Zentrum.

Käse **Fattoria Corzano e Paterno,** ca. 12 km von San Casciano in Richtung San Pancrazio. Die Käsespezialitäten, ausschließlich aus Schafsmilch, werden vor Ort in der kleinen Käserei hergestellt – die Milchlieferanten für den Pecorino weiden unweit des Gehöfts. Tische laden zur Verkostung von Käse und Wein ein. Verkostung 15 €, mit Führung 20 €, Führungen in Englisch 11.30 und 16 Uhr. Die Käserei ist nur bei der 16 Uhr-Führung zu besichtigen. Käsespezialitäten können auch vakuumverpackt werden. Auch Fewo-Vermietung. Mo–Fr durchgehend geöffnet von 9–18, Sa 9–13.30 Uhr. Besser reservieren. Via San Vito di Sopra 9, ℡ 055-8248179, www.corzanoepaterno.com.

Das Chianti ↓ Karte S. 94

Markt am Donnerstagvormittag.

Wein **Fattoria Le Corti**, auf halbem Weg nach San Casciano; zum Schloss führt eine hübsche Zypressenallee, die allerdings der Familie der Corsini vorbehalten ist, die seit 1427 hier residiert. Normalsterbliche Weinkäufer finden knapp hinter der Kuppe links eine Zufahrt. Wein- und Olivenölverkostung im großzügigen Verkaufsraum. Geführte Kellertour 15 €, Kellertour mit Weinverkostung, Besichtigung der Ölmühle und Garten 24 €, mit Besichtigung der Villa 40 €. Nur mit Voranmeldung. Geöffnet tägl. 10–18 Uhr, Mo/So nur bis 15, Di nur bis 17 Uhr. ☎ 055-829301, www.principe corsini.com.

Agriturismo **Castello di Gabbiano**, anmutiges Schlösschen ca. 3 km von Mercatale, mit den dahinter versteckten Produktionsanlagen für den Chianti Classico. Pool und Restaurant (Mo Ruhetag). Kellerbesichtigung mit Weinverkostung tägl. 11 Uhr (15 €), Mo–Fr Führung auch um 15 Uhr (25 €), dann mit Olivenölverkostung und Zutritt zum Castello und zum Garten. DZ im Schloss ab 165 €. Via di Gabbiano 22, 50024 Mercatale Val di Pesa, ☎ 055-821053, www.castellogabbiano.it.

Essen & Trinken **Trattoria Da Pordo**, von Mercatale der Straße 6 km in Richtung Panzano in Chianti folgen. An einem Abzweig rechts steht ein Schild, das auf die Trattoria hinweist; hier rechts abbiegen. Nach 100 m ist das Gehöft Località Valigondoli erreicht. Im urigen Gasthaus wird es vor allem an Wochenenden voll; es wird gekocht, gegrillt und frittiert, was das Zeug hält. Innen klein, im Sommer ist auch draußen betischt; Spezialitäten sind z. B. frittiertes Kaninchenfleisch und frittiertes Gemüse. Mo/Di Ruhetag, Do nur abends geöffnet; besser vorher anrufen. Località Valigondoli, ☎ 055-821038, ☎ 331-5268151.

Die Tropfen des Hauses Antinori in Bargino

... summieren sich auf knapp 10 Millionen Liter Chianti Classico – jährlich. Damit ist das vor über 600 Jahren gegründete Unternehmen „Marchesi L. e P. Antinori" die Nummer eins unter den Chianti-Produzenten. Die Güter befinden sich vor allem in der Umgebung von Mercatale und San Casciano, aber auch beim Kloster Badia a Passignano. Heute ist die Firma eine GmbH in Familienbesitz. An den Hebeln der Macht sitzt Marchese Piero Antinori, der – unterstützt von seinen drei Töchtern und einem Önologenteam – über die Qualität der Weine wacht. Ungefähr 70 % der Produktion gehen ins Ausland, Hauptabnehmer sind die USA, Japan und Deutschland.

Mit der 2012 eröffneten Cantina in Bargino ist ein Produktionsbetrieb in hypermoderner Architektur entstanden, die sich in die Chianti-Landschaft elegant einfügt, für den Durchfahrenden kaum wahrnehmbar. Der flache, geschwungene Bau in Brauntönen mit einer Verglasung zur Talseite hin beherbergt nicht nur die Weinkeller, sondern auch ein kleines Museum, einen Vortragssaal, einen Verkaufsladen und ein schickes Terrassenrestaurant. Doch schon allein die Architektur ist spektakulär.

■**Anfahrt:** Von San Casciano auf der Landstraße in Richtung Tavarnelle. Nach ca. 5 km weist links der große Schriftzug zur Cantina hoch. Der Besucher wird gleich an der Eingangspforte abgefangen: Besichtigung nur mit Führung und nach Anmeldung. Führungen täglich (in englisch) zwischen 10 und 16 Uhr. Die 90-minütige Führung mit Verkostung von drei Weinen kostet 35 €, 2½-stündige Führung mit Verkostung von 4 Weinen 60 €. Besser ein paar Tage vorher anmelden, es ist schnell ausgebucht: ☎ 055-2359700 oder online unter www.antinor chianticlassico.it. Das **Restaurant Rinuccio 1180** ist nur von 12–16 Uhr geöffnet. (☎ 055-2359720).

Badia a Passignano

Badia a Passignano   ca. 100 Einwohner

Auf etwa halbem Weg zwischen Mercatale und Panzano sollte man einen Abstecher zu dem 1049 gegründeten **Kloster Badia a Passignano** machen. Die wunderschön gelegene, dicht von Zypressen umrahmte Abtei mit ihrem zinnenbekrönten Kirchturm wird noch von einer knappen Handvoll Mönchen des Vallombrosaner-Ordens bewohnt. Das Kircheninnere ist architektonisch uneinheitlich, auffallend ist die hölzerne Trennwand zwischen Chorgestühl und Hauptraum. Nach langer Renovierung ist das Refektorium mit dem Abendmahl-Fresko von *Domenico Ghirlandaio* (15. Jh.) wieder zugänglich.

▪ Tägl. 10–12.30 und 15–17.30 Uhr, So nur nachmittags geöffnet, Do geschlossen. Spende *(offerta)* erbeten. Zu Pfingsten lohnt der Besuch eines der Konzerte beim *Festival di Pentecoste.*

Bereits im Mittelalter baute die Abtei ihren eigenen Wein an, heute befinden sich ihre Weingüter großteils im Besitz der weltbekannten Firma Antinori (→ Kastentext „Die Tropfen des Hauses Antinori"), die an der Straße zu Verkostung und Einkauf einlädt.

Wein Das bekannte **Weingut Antinori** betreibt unterhalb der Abtei eine Osteria und eine Verkaufsstelle für seine guten und teuren Weine (tägl. 9–21 Uhr, So Ruhetag). Im Keller der Abtei, der im Mittelalter als Getreidespeicher diente, reifen heute die Weine. Kellerführung mit Verkostung nur nach Anmeldung ab 70 € (tägl. außer So 9.30, 11.15, 16.30, 18.15 Uhr). ✆ 055-8071278, www.osteria dipassignano.com.

*mein*Tipp Übernachten **Fattoria di Rignana,** weißes Gebäude neben dem Restaurant Cantinetta di Rignana (s. u.). Schönes, gepflegtes Anwesen unter deutsch-italienischer Leitung mit uralt-edlem Interieur, das gleich beim Betreten in den Bann zieht. Im Sommer wird das Frühstück im Hof eingenommen. Sehr ruhig gelegen, mit Pool – und einem schönen Luxus: kein TV im Zimmer! Man möchte hier nicht mehr weg! Die Stammgäste kommen seit Jahren immer wieder – für den Sommer frühzeitig reservieren! 16 Zimmer, DZ mit Bad

Das Chianti → Karte S. 94

120 €, ohne Bad 100 €, in der Villa 120–150 €. Via di Rignana 15, 50022 Greve in Chianti, ☎ 055-8561589, www.rignana.it.

Essen & Trinken Osteria di Passignano, gleich neben der Klosteranlage. Die Michelin-stern-Adresse inmitten der Weinberge ist vor allem bei Amerikanern beliebt. So Ruhetag. ☎ 055-8071278.

Cantinetta di Passignano, ca. 300 m von der Badia entfernt; Restaurant im luftigleichten Mediterran-Shabby-Chic für Fisch und Meeresfrüchte. Mo mittags geschlossen. ☎ 055-8071975.

/meinTipp **Bar Paninoteca Divino,** in der alten Schmiede gegenüber der Abtei ist eine kleine Weinbar mit toskanischem Brotzeitangebot zuhause. Man sitzt an Weinfässern im schönen Garten und genießt zwanglos sein Gläschen mit Blick auf den jungen Weinberg. Durchgehend geöffnet.

/meinTipp **Cantinetta di Rignana,** im Weiler Rignana; bei der Anfahrt zum herrlich abgelegenen Landgasthof können schon mal Hase, Wild- und Stachelschwein den schotterigen Weg kreuzen. Die zuverlässige Adresse für eine *Bistecca fiorentina* oder eine *Tagliata* vom Rind vom Holzkohlengrill – an warmen Sommerabenden auf einer der Terrassen, inklusive Ausblick und freundlichem Service. Küche tägl. 12.30–14 und 19.30–22 Uhr. In der Saison kein Ruhetag. ☎ 055-852601.

Tavarnelle Val di Pesa   ca. 7800 Einwohner

Tavarnelle, an der wichtigen Handelsstraße **Via Cassia** (N 2) gelegen, war zur Zeit der Römer unter dem Namen „Tabernulae" bekannt. Später entwickelte sich der Ort zu einem landwirtschaftlichen Zentrum. Tavarnelle zählt nicht mehr zum Kerngebiet des Chianti, ist auch sonst bar jeglicher Attraktion und zeigt sich vom Tourismus ganz unbeeindruckt. Etwas Leben spielt sich einzig an der großen, aufwendig restaurierten Piazza Matteotti und an der Via Roma mit ihren Läden ab.

Information Ufficio turistico, Mo–Sa 10–13 und 15–18, So 10–13 Uhr. Piazza Matteotti, ☎ 055-8077832, info@prolocotavarnelle.

Hin und weg Bus: u. a. 12-mal tägl. nach San Casciano, 9-mal nach Florenz. Abfahrt an

Bio-Pool im Agriturismo der Villa Spoiano

der Piazza Matteotti, Tickets in der Bar schräg gegenüber (Via Roma).

Markt Donnerstag auf der Piazza Matteotti.

Bed & Breakfast Antica Pieve, 200 m vom Dorfzentrum, in der Nähe vom Sportplatz. Landhaus mit 6 Zimmern und Pool, DZ ca. 100 €, bei mehrtägigem Aufenthalt Rabatt. Strada della Pieve 1, ✆ 055-8076314, www. anticapieve.net.

*** Park Hotel Chianti, 7 km in Richtung Florenz; modernes Haus mit Komfort, zeitgemäßer Einrichtung und Swimmingpool, genau an der Superstrada Siena/Florenz. Standardzimmer 70–140 €. ✆ 055-8070106, www.park hotelchianti.com.

Mein Tipp **Agriturismo Villa Spoiano,** besser kann man es kaum treffen als in der Medici-Villa der Schweizer Familie Wäspi. Die Kombination aus Bio-Weinanbau, herzlichem Empfang und komfortablen und großen Zimmern passt. Engagiert widmen sich die Besitzer neben Wein und Oliven auch ihren Dexter-Rindern, der kleinsten europäischen Rasse, die hier im Olivenhain lebt, das Unkraut abgrast und gleichzeitig für die Düngung der Erde sorgt. Das Hauptaugenmerk liegt jedoch auf der Cinta-Senese-Schweine-Zucht; die toskanische Rasse wird hier frei in den Weinbergen gehalten. Wein und Produkte wie Salami und Finocchiona (ebenfalls biologisch) sind vor Ort käuflich. Im Garten mit Bio-Pool kann man herrlich entspannen. Abends wird mit gutseigenen Produkten gekocht. An der gastlichen Tafel wird gespeist und der Hauswein passt hervorragend. Freitag um 10 Uhr oder nach Vereinbarung ist Kellerführung mit Weinprobe. DZ mit großen Gemeinschaftsküchen in der Villa 70–110 €, Frühstück 9 €, auch großzügige Apartments. Ganzjährig geöffnet (Zentralheizung!). **Anfahrt:** Auf der Cassia in Richtung Barberino, kurz nach dem Ortsausgang von Tavarnelle rechts auf die Schotterstraße zur Villa abbiegen. Strada Spoiano 2, ✆ 055-8077313, www. villaspoiano.com.

✍ **Il Bacio,** an einem der Kreisverkehre im Ort, 4 km in Richtung Bonazza. Kleines bio-zertifiziertes Gehöft mit Wein- und Olivenölproduktion, das den anthroposophischen Lehren Rudolf Steiners folgt. Besitzerin Sonia empfängt die Gäste in abgeschiedener Ruhe mit 4 hübsch eingerichteten Apartments. Kleiner Pool. Guter Biowein. Via Bonazza 35, ✆ 055-8076437, www.ilbacio.net.

Jugendherberge Ostello del Chianti, am südlichen Ortsausgang (Richtung Siena), rechte Seite, ca. 300 m vom Zentrum. Wenig einladender Betonklotz, aber freundlicher Empfang an der Rezeption (deutschsprachig). Übernachtung im Schlafsaal 17 €/Pers., im 2- oder 4-Bett-Zimmer mit Bad 25 €/Pers., ohne 19,50 €/Pers., Frühstück 3 €, Abendessen 10,50 € (nur wenn Gruppenbuchungen vorliegen), Lunchpaket 7,50 €. Fahrradverleih. Geöffnet Ende März–Okt. Via Roma 137, ✆ 055-8050265, www.ostellodelchianti.it.

Camping Panorama del Chianti, ca. 5 km in Richtung Certaldo, hinter dem Dorf Marcialla, das die nächste Einkaufmöglichkeit bietet. 45 Stellplätze und saubere sanitäre Anlagen in hübscher Hanglage. Die *Trattoria/Pizzeria Il Frantoio* – die alte Ölmühle in Marcialla – ist in knapp 1 km zu erreichen (Mo Ruhetag). Geöffnet April–Okt. Via Marcialla 349, 50052 Certaldo. ✆ 0571-669334, www.campingchianti.it.

Essen & Trinken La Vecchia Piazza, hier schmeckte vor allem die Pizza, und das zu akzeptablen Preisen. Nur abends geöffnet, Do Ruhetag. Via Roma 58, ✆ 055-8076600.

La Fattoria, ca. 2 km in Richtung Florenz; beliebtes Speiselokal mit Terrasse, weit über die Grenzen von Tavarnelle hinaus bekannt. Sehr gute *Bistecca fiorentina* vom Holzkohlengrill. Mo Ruhetag. Via del Cerro 10, ✆ 055-8070000.

Barberino Val d'Elsa   ca. 4400 Einwohner

Auf einem Plateau zwischen den Tälern Val d'Elsa und Val di Pesa gelegen, bietet Barberino ein herrliches Panorama – und einen schönen mittelalterlichen Kern, geschützt von der Stadtmauer und den Toren **Porta Fiorentina** im Norden und **Porta Romana** im Süden. Der Ort aus dem 13. Jahrhundert mit seinen schmalen Gassen zeigt sich malerisch; im Zentrum stößt man auf die

Das Chianti → Karte S. 94

Piazza Barberini, deren Ostseite der wappengeschmückte **Palazzo Pretorio** aus dem 15. Jh. dominiert. Auf der Rückseite des Palazzo steht die mit Kunstwerken geschmückte, sehenswerte **Pieve di SS. Bartolomeo e Stefano** (14. Jh.) mit ihrem weithin sichtbaren Campanile.

Wie Tavarnelle lag Barberino an der römischen **Via Cassia** (heute N 2). Funde aus der Gegend belegen, dass der Ort schon von den Etruskern besiedelt war. Erwähnt wird Barberino, das nach seinem Gründer Francesco di Barberino benannt ist, erstmals im Jahr 1054. Als das benachbarte Semifonte 1202 zerstört wurde, machten sich die Florentiner daran, die steinernen Überreste des Ortes zum Bau der Stadtmauer von Barberino zu nutzen.

Pieve S. Appiano: Die romanische Kirche befindet sich 4 km südwestlich von Barberino. Einige Bauelemente wie die Apsis stammen aus dem 10. Jahrhundert, der größte Teil der Pfarrkirche mit ihren herrlichen Fresken (14./15. Jh.) aus dem 12. und 13. Jahrhundert. Neben der Kirche sind Säulen einer antiken Taufkapelle zu sehen. Leider ist die Kirche oft verschlossen.

▪ Am südlichen Ortsausgang von Barberino rechts abzweigen (Beschilderung Appiano), dann zweimal links der Beschilderung folgen.

Basis-Infos

Information **Informazioni turistiche,** am nördlichen Ortsausgang im Centro storico. Mitte April–Okt. Mo–Sa 10–13 und 15–18 Uhr. Piazzetta dei Pellegrini 2, ☏ 055-8075319.

Hin und weg **Bus:** 9-mal tägl. nach Florenz via Tavarnelle und San Casciano, 10-mal über Poggibonsi (hier umsteigen) nach Siena. Haltestelle am Parkplatz an der Via Cassia und an der Bar (Piazza Mazzini). Hier auch Ticketverkauf.

Einkaufen **Le Sete di Paola** ist eindeutig der bunteste Laden des Orts: handbemalte Seide, Schals, Blusen und Filzverarbeitung – und mittendrin die fröhliche Paola, die ihr Handwerk gerne erklärt. Via F. da Barberino 21 (centro storico).

🧀 In der **Käserei Casa Nova,** im 4 km entfernt gelegenen Weiler Poneta, verkauft eine sizilianische Familie Käse (auch vakuumverpackt) ihrer vor der Tür weidenden Schafe. Besonders zu empfehlen ist der drei bis vier Monate gereifte *Semistaggionato*. Verkauf 8.30–12.30 und 16–19.30 Uhr. Anfahrt: Barberino in südwestlicher Richtung auf der SP 50 verlassen, nach ca. 3 km links nach Pastine abzweigen, dort Ausschilderung (Poneta) beachten. Strada di Poneta 120.

Hübsche Parkanlage in Barberino

Feste Barberino in Fiore, an einem der ersten Maiwochenenden während des hübschen Blumenmarkts Verkostung an den Ständen. **Festa Medievale,** das Mittelalterfest Ende Mai.

Mode Wer sich von den Preisen italienischer Designer nicht abschrecken lässt, findet in der **Boutique Morandi** vielleicht seine Lieblingsjeans. Via Cassia 33/37.

Wein & Souvenirs Pasolini dall' Onda, Besichtigung der historischen Weinkeller aus dem 15. Jh. Mo–Sa 9–12/16–19 Uhr, So 16–19 Uhr. Piazza Mazzini 10 (südliches Ende des Centro storico).

/MeinTipp **Enoteca Il Canto di Baccio,** Bar mit Weinverkostung und Verkauf u. a. vom Weingut „La Spinosa". Kleine Auswahl an Bioprodukten. Piazza Barberini, im Centro storico.

🍃 **La Spinosa,** das Team des Weinguts pflegt seit Jahren biologischen Wein- und Olivenanbau. Die Trauben der immer wieder prämierten Weine reifen auf sandigen Muschelkalkböden, bevor sie gekeltert werden. Die Flaschen zieren Etiketten mit Stachelschwein, Wiedehopf und anderem einheimischen Getier. Weingutbesichtigung 15 €; Anmeldung unter info@laspinosa.it (Signora Claudia). Via Le Masse 15, ☎ 055-8075413.

Übernachten/Essen & Trinken

Übernachten *** Hotel Primavera, 2 km außerhalb, in S. Filippo (südlich von Barberino von der Hauptstraße links abzweigen); in die Jahre gekommener, kaum ansprechender Betonbau, sicher keine Chianti-Romantik. Netter Service, von einigen Zimmern schöner Talblick. Alle 27 Zimmer mit Bad und Balkon. DZ 70 €. Via della Repubblica 27, Loc. S. Filippo, ☎ 055-8059223, www.primavera-hotel.it.

B & B Borghetto di San Filippo, ca. 3 km in Richtung Poggibonsi. Gepflegte Zimmer; 4 DZ und 1 Apt. mit Klimaanlage und Mückenfenstern jeweils 90 €, mit Bad auf dem Gang 70 €. Frühstück und Abendessen (15 €) kann unter Glyzinien an einladenden Tischchen eingenommen werden. Swimmingpool. Strada delle Ginestre 3, ☎ 055-8059220, www.borghettosfilippo.com.

Il Paretaio, einige Kilometer südl. von Barberino bei S. Filippo. Reiterferien in einem rustikalen Herrenhaus mit 9 Zimmern; vom Hof fantastische, unverbaute Aussicht. Alles nett und unkompliziert. Pool vorhanden. DZ 80–180 € inkl. Frühstück, auch HP möglich. Strada delle Ginestre 12, ☎ 055-8059218, www.ilparetaio.it.

Camping Semifonte, einer der raren Campingplätze der Gegend. Recht schöner Platz, nicht allzu viel Schatten, mit Pool. Geöffnet Mitte März–Okt., für die Sommermonate besser reservieren. Pizzeria mit einladendem Garten in „walking distance"! Anfahrt: Von Norden kommend, gleich in die erste Straße in Barberino links einbiegen (Via U. Foscolo) und der Beschilderung folgen. Etwa 300 m vom Zentrum. Via U. Foscolo 4,

☎ 055-8075454, www.semifonte.it.
Essen & Trinken Il Triocco, im Centro storico auf zwei Etagen. Von der Terrasse herrlicher Blick auf das Hügelland. Neben den Klassikern ist die Besonderheit der Karte das *Fritto di Triocco,* eine frittierte Spezialität. Nur abends geöffnet, Mo Ruhetag. Via Vittorio Veneto 48, ☎ 055-8075209.

Il Campanellino, im Centro storico. Das „Glöckchen" ist in der uralten Dorfbäckerei mit Gewölbe untergebracht. Spezialität sind geschmorte Rindfleischklassiker wie der toskanische Pfeffertopf *Peposo* oder *Stracotto,* die in Rotwein gegarte Variante – an lauschigen Sommerabenden auf der schönen Terrasse mit Panoramablick. Mo mittags geschlossen. Via Vittorio Veneto 36, ☎ 055-8075770.

Il Paese del Campanelli, ca. 3 km von Barberino in Petrognano (Straße Richtung Certaldo). „Zauberhaft, mit unaufdringlichem Service in einem Weingarten, den Tisch liebevoll mit Blumen dekoriert. Perfekt und dabei völlig ungezwungen haben wir ausgezeichnet gegessen", schrieb eine Leserin. In der Tat sehr romantisch, in ruhiger Lage, nur abends geöffnet, Mo Ruhetag. Loc. Petrognano Semifonte, ☎ 055-8075318.

La Sosta di Pio VII, ca. 4 km außerhalb, südlich des Orts links nach S. Filippo abzweigen. Im alten Gasthof der Via Cassia nach Poggibonsi übernachtete einst Papst Pius VII. – im Jahre 1815. Eine urige Osteria, in der Bistecca- und Tagliatagerichte vom Grill empfohlen werden. Loc. Sosta del Papa, ☎ 055-8075923.

Das Chianti → Karte S. 94

Die Sattelschweine von Castello di Meleto in Gaiole

Leben in Freiheit – das Cinta-Senese-Schwein

Die uralte toskanische Schweinerasse war lange vom Aussterben bedroht. Erst in den 1980er-Jahren begannen Betriebe wieder mit der Zucht der Cinta Senese.

Schon das Fresko „Gute Regierung" von Ambrogio Lorenzetti (14. Jh.), das im Rathaus von Siena zu sehen ist, zeigt das Schwein mit der auffallenden Zeichnung. Das auch als Sattelschwein bekannte Tier hat ein dunkles Fell mit einem markanten weißen Streifen um den vorderen Rumpf. Durch häufige Kreuzungen mit dem Wildschwein veränderte sich im Lauf der Jahrhunderte seine ursprüngliche Erscheinungsform. Der helle, breite Fellgurt (Cinta) charakterisiert die Rasse jedoch bis heute.

Zentrale Voraussetzung für die Zucht der anspruchslosen Tiere ist die Freilandhaltung, bei der sich die Rotte vor allem in Eichenwäldern von Eicheln, Beeren, Pilzen und Wurzeln ernährt – in Ställen kann die Rasse nicht gehalten werden. Das Cinta-Senese-Schwein ist wegen seines langsamen Wachstums erst nach 12 Monaten schlachtreif und liefert dann alle Zutaten für die typischen toskanischen Salami-, Speck- und Schinkenspezialitäten. Das Fleisch ist gleichmäßig von Fett durchzogen, schmackhaft aromatisch, sehr gehaltvoll und cholesterinarm. Als Delikatesse gilt z. B. die mit Fenchelsamen gewürzte Finocchiona.

San Donato in Poggio

ca. 790 Einwohner

Das Mittelalterdorf mit gut erhaltener Stadtmauer aus dem 13. Jh. liegt weithin sichtbar auf einem Hügel nahe der Superstrada Florenz – Siena. San Donato gibt sich beschaulich, und es macht Spaß, durch die wenigen schmalen Gassen des Ortskerns zu schlendern. Ein paar Geschäfte an der „Hauptstraße", ein paar Restaurants, eine Bar mit Obst und Gemüseverkauf – das war's schon mit dem touristischen Angebot; lieber pflegt man die Tradition mit zahlreichen Festen und Veranstaltungen.

San Donato wird im Jahr 989 in einem Dokument der nahegelegenen Abtei Passignano erstmals erwähnt. Im 12. und 13. Jh. schlossen Florenz und Siena in der vormals heftig umkämpften Burg von San Donato zweimal Frieden. Die aus dieser Zeit stammende Ummauerung weist auf die damalige Bedeutung des Ortes hin. Die Gebäude innerhalb der Stadtmauern stammen großteils aus dem 14. Jahrhundert.

Palazzo di Malaspina: Der Renaissance-Palazzo ist das eindrucksvollste Gebäude im Zentrum von San Donato; er befindet sich in Privatbesitz und kann nur von außen besichtigt werden (→ Bed & Breakfast).

Drei Kirchen gibt es zu besichtigen: zunächst **Chiesa S. Maria delle Neve** aus dem 14. Jh. mit gotischen Stilelementen (im Ort), dann die schlichte romanische Pfarrkirche **Pieve di San Donato in Poggio** mit Campanile aus dem 12. Jh. (etwas außerhalb an der Umgehungsstraße) und schließlich das **Oratorio Santa Maria a Pietracupa** aus dem 16. Jh. (an der Straße Richtung Castellina).

Information Am zentralen Platz des Borgos. Mo–Di und Do–So 9.30–12.30 und 16–19 Uhr, Mi geschlossen. Via del Giglio 31 (im Palazzo Malaspina), ☎ 055-8072338, www.sandonatoinpoggio.it.

Hin und weg **Bus:** 8-mal tägl. nach Tavarnelle und nach Florenz. Tickets in der Bar an der Piazza Orlandini im Zentrum (beim oberen Stadttor). Hier auch Abfahrt.

Porta Fiorentina – nördliches Stadttor in San Donato

Das Chianti → Karte S. 94

Einkaufen Bar L'Ospitale del Pellegrino, hier gibt es Obst, Gemüse, Brot und Wein – und einen guten Cappuccino. Via Senese 53.

Markt Am Freitag Wochenmarkt am Rand des Borgos.

Zimmer Palazzo Malaspina, 5 Zimmer im alten Palast direkt im Zentrum, mit frischen Blumen dekoriert und stilvoll eingerichtet. DZ 84–110 €. Via del Giglio 35, 50020 San Donato in Poggio. ℘ 055-8072946, www.palazzo malaspina.it.

La Locanda di Pietracupa, am Ortsausgang Richtung Castellina. Über dem gleichnamigen guten Restaurant werden 4 DZ vermietet. DZ 107 €. Via Madonna di Pietracupa 31, 50020 San Donato in Poggio. ℘ 055-8072400, www. locandapietracupa.it.

Essen & Trinken   Antica Trattoria La Toppa, im historischen Zentrum nahe der Piazza Malaspina. Gemütliches Ambiente, Ti-sche stehen in der schmalen Gasse. Bei Touristen wie Einheimischen beliebtes Restaurant, mittleres Preisniveau. Mo Ruhetag. Via del Giglio 41, ℘ 055-8072900.

Mein Tipp **La Taverna di Ciccino,** direkt an der Piazza Malaspina, die günstigere Variante. Große Pizza-Auswahl mit dünnem Boden, viele um 6 €. Auch gute Antipasti. Unsere Empfehlung gilt der Pizza und dem gegrillten Gemüse. Nur abends geöffnet, außerhalb der Saison Mi Ruhetag. ℘ 055-8072307.

Mein Tipp **La Locanda di Pietracupa,** Richtung Ortsausgang an der Straße nach Castellina. Gediegenes Restaurant der oberen Preisklasse. Die Tische im einladenden Vorgärtchen sind gut besetzt, die hausgemachte Pasta schmeckt ausgezeichnet. Auch Zimmervermietung (s. o.). Via Madonna di Pietracupa 31, ℘ 055-8072400.

Greve in Chianti   ca. 3000 Einwohner

Das Zentrum der Region ist nicht so alt wie die benachbarten Orte und zeigt städtischen Charakter. Hübsch ist die zentrale Piazza Matteotti, auf der jeden Samstag ein attraktiver Wochenmarkt stattfindet.

Mitten auf dem Platz erinnert eine Statue an *Giovanni da Verrazzano.* Der Seefahrer, dessen Familiensitz im Ortsteil Greti liegt, erreichte 1524 die Hudson-Mündung an der amerikanischen Ostküste. In New York ist die Verrazzano-Bridge zwischen Brooklyn und Staten Island nach dem Pionier benannt.

Die 170 Weinbauern der Genossenschaft von Greve zählen zu den größten Chianti-Produzenten – auf 850 Hektar reifen die Trauben für 2,5 Millionen Flaschen Wein. Entsprechend groß ist die Auswahl in den Enoteche des Ortes, z. B. in der **Bottega del Chianti Classico** an der zentralen Piazza Matteotti 18. Oder man stattet den ehemaligen Weinkellern von Greve, der **Enoteca di Falorni** einen Besuch ab (Piazza delle Cantine 6, Eingang hinter COOP-Supermarkt an der Durchgangsstraße; tägl. 10–20 Uhr). In den weitläufigen Räumlichkeiten kann man über 140 Weine verkosten – im Selfservice-Verfahren: Mit einer Chipkarte (erwerbbar zu 10, 15, 20, bis zu 100 €) wird das Probierglas per Automat gefüllt (nicht genutztes Guthaben wird zurückerstattet). Im Bistro der Enoteca, kann man sich auch gleich mit den hauseigenen Produkten des zweiten Unternehmens der Familie Falorni, der Metzgerei Antica Macelleria Falorni, stärken.

Das Ladengeschäft der **Antica Macelleria Falorni** befindet sich im Zentrum an der Piazza Matteotti (→ Einkaufen). Auch hier kann man zu einer herzhaften Brotzeit einkehren, im Sommer besonders schön auf der Piazza – dem Marktplatz, Treffpunkt und Angelpunkt von Greve.

Basis-Infos

→ Karte S. 108

Information **Touristinfo** am Hauptplatz. April–Okt. tägl. 10–19 Uhr, Nov./Dez 10.30–17 Uhr. Vermittlung von Unterkünften und Weingutbesichtigungen. Kompetent und freundlich! Piazza Matteotti, ☎ 055-8546299, www.greve-in-chianti.com, info@turismo.greveinchianti.eu.

Hin und weg **Bus:** stündl. nach Florenz, wo man nach 60 Min. Fahrt direkt im Zentrum eintrifft (letzter Bus ca. 20 Uhr); alle 90 Min. nach Panzano, 2-mal tägl. nach Radda.

Parken Großparkplätze hinter der Brücke über den Greve-Bach sowie an der Piazza della Resistenza (teils gebührenpflichtig).

Einkaufen **Calzature Bianciardi,** großes Sortiment an nicht zu teurer Schuhmode. Piazza Trento.

Antica Macelleria Falorni ⁊, der Besuch gehört in Greve zum Pflichtprogramm – Vegetarier ausgenommen: Im Überfluss hängen hier die mit Pfeffer und Salz gepökelten Schinken und die Finocchiona, eine Salamispezialität, von der Decke. Der Duft von Kräutern wie Fenchel und Rosmarin ist fast atemberaubend, die Schinken-, Speck- und Wurstwaren sind eine Augenweide für Fleischfresser. Auf der Terrasse kann man dann ausgiebig seine Brotzeit zelebrieren. Piazza G. Matteotti 71.

Grazia Giachi, hier findet man in der Toskana hergestellte Textilien von hoher Qualität: Tischtücher (auch nach Maß), Servietten, Kinderkleider, Nachthemden … Piazza G. Matteotti 35, unter den Arkaden des Hauptplatzes.

Strickwarenladen Le Ciricotte, bei Wollmützenbedarf besucht man den kleinen Laden von Veronica – es gibt auch kalte Tage im Chianti. Via Roma.

Fahrrad/Zweirad Fahrrad 20 €/Tag, E-Bike 35 €. Marco Ramuzzi, ☎ 055-853037, Viale Falsettacci 6 (im Zentrum).

Vesparental Chianti, Scooterverleih (Fahrerfahrung vorausgesetzt) 65 €/Tag. ☎ 055-8544 934, Viale G. da Verrazzano 1.

Konzerte **Estate concertistica,** Konzertreihe von Juli bis Sept. auf der Piazza in Greve und in umliegenden Schlössern und Burgen, auch Kirchenmusikkonzerte in der Kirche des Nachbardorfs Lamole (Eintritt 10 €). Infos unter www.greve-in-chianti.com.

Markt **Wochenmarkt** Samstagvormittag auf der Piazza Matteotti. Alltägliches und Feinkost. Die Porchetta, den Spanferkelbraten, kann man direkt am Verkaufswagen probieren.

Die Antica Macelleria Falorni ist ein Paradies für Fleischfans

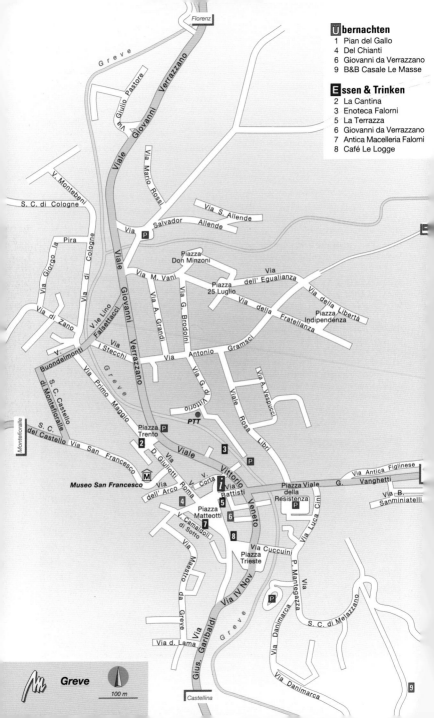

Übernachten
1 Pian del Gallo
4 Del Chianti
6 Giovanni da Verrazzano
9 B&B Casale Le Masse

Essen & Trinken
2 La Cantina
3 Enoteca Falorni
5 La Terrazza
6 Giovanni da Verrazzano
7 Antica Macelleria Falorni
8 Café Le Logge

Greve

100 m

Biomarkt Il Pagliaio jeden 4. Sonntag von 9 bis 19 Uhr auf der Piazza. **Blumenmarkt** am 2. Maiwochenende; dann verwandeln Balkon- und Gartenblumen die Piazza in ein Meer von bunten Blüten.

Mercatino delle Cose del Passato, ein großer Trödel- und Secondhand-Markt am Ostermontag. Die **Weinmesse** am 2. Sept.-Wochenende ist Treffpunkt für internationale Weineinkäufer.

Museum Museo San Francesco, in den drei Sälen des alten Konvents ist Kirchenkunst aus der Region zu sehen. April–Okt. Di/Do und Fr–So 16–19, Sa/So auch 10–13 Uhr; Nov.-März Di, Do und Sa/So 15–18, Sa/So auch 10–13 Uhr. Eintritt 3 €.

Museo del Vino, in einem Kellergewölbe wird mit allerlei Utensilien die Geschichte des regionalen Weinbaus erzählt. Führungen tägl. um 11.30 und 17 Uhr in der *Enoteca Falorni,* Piazza delle Cantine 6, hinter dem Coop (siehe Einleitungstext!). Eintritt frei.

Übernachten

*** Del Chianti 4, im Zentrum. 16 Zimmer, netter Empfang, nach hinten Garten mit Zitronenbäumchen – und im Innenhof ein einladender Swimmingpool. DZ mit Bad, Klimaanlage und Frühstück 115 €. Piazza Matteotti 86, ☎ 055-853763, www.albergodelchianti.it.

*** Giovanni da Verrazzano 6, Hotel im Zentrum, schöne Lage „über" dem Marktplatz. Die Zimmer sind klein und auf der Rückseite ruhiger. Gutes Restaurant (Mo Ruhetag). DZ mit Bad und Frühstücksbuffet 105 €, mit Bad auf Etage 86 €. Piazza Matteotti 28, ☎ 055-853189, www.albergoverrazzano.it.

Agriturismo Pian del Gallo 1, kleines Anwesen knapp 1 km außerhalb. Mit viel Liebe und Geschmack hergerichtet, auch kleiner Pool. 2er-Apt. 70 €, 4er-Apt. 80 €, Frühstück 7 €. Anfahrt: Die Via Gramsci bis zum Ende fahren, dann noch ca. 800 m (ausgeschildert). Via di Uzzano 31, ☎ 055-853365, www.piandelgallo.eu.

Bed & Breakfast Casale Le Masse 9, ein paar Minuten vom Zentrum entfernt (Straße Richtung Friedhof/San Michele). Pool und Garten vorhanden. 5 Zimmer, jeweils mit eigenem Bad 80–100 €. Via Case Sparse 41, ☎ 335-5716823, www.casalelemasse.it.

Villa Vignamaggio, außerhalb; Renaissanceluxus in traumhafter Lage. Dass hier Leonardos Mona Lisa das Licht der Welt erblickt haben soll, verleiht dem luxuriösen Anwesen mit antik eingerichteten Zimmern, italienischem Garten und schönem Pool besonderen Charme. DZ 230–280 €. Garten und Kellerei können tägl. um 11.30 und 15 Uhr besichtigt werden. Nur Führung 10 €, nur Weindegustation 15 €, Führung mit Weindegustation 29 €, mit Mittagessen 59 €. Anmeldung unter ☎ 055-8546624. Beim unserem letzten Besuch 2019 standen im Anwesen umfangreiche Renovierungsarbeiten an. Via Petriolo 5, ☎ 055-854661, www.vignamaggio.com.

Poggio all'Olmo, „Der schöne Agriturismo liegt mitten in den Weinbergen und Olivenhainen zwischen Greve und Lamole (von Greve ca. 10 Min.). Ein herrlich kühler Pool ist vorhanden", schreibt ein Leser. Freundlicher Empfang durch Signora Francesca. 2 DZ mit Bad und Kochecke 75 € (455 €/Woche), Frühstück 8 €. Via Petriolo 30, ☎ 055-8549056, ☎ 347-5216556, www.poggioallolmo.info.

Essen & Trinken

Auf der Piazza kann man auch im rustikalen Gewölbe oder auf der Terrasse der **Oliosteria La Terrazza 5** einkehren. Das alte Ristorante Nerbone wurde umbenannt und serviert hier von Trüffel bis Trippa über Fisch bis Fiorentina so ziemlich alles an Spezialitäten. Selbst *Lingua in Salsa verde* steht mitunter auf der Tageskarte. Auch für einen Aperitivo ist man willkommen. Di Ruhetag. Piazza Matteotti 22, ☎ 055-853308.

meinTipp **Giovanni da Verrazzano 6,** siehe gleichnamiges Hotel. Einladende Speiseterrasse über dem Platz, traditionelle Küche mit offenem Holzfeuer (optimal für Grillgerichte!); die Preise haben ziemlich angezogen, aber das *Pollo alla griglia* (auf Eichenholz gegrilltes Hühnchen) fanden wir nirgendwo besser. Mo Ruhetag. Piazza Matteotti 28, ☎ 055-853189.

Das Chianti → Karte S. 94

Antica Macelleria Falorni 🛈, das Familienunternehmen bereichert das gastronomische Angebot mit einer reichen Auswahl an toskanischen Brotzeiten – auf der Terrasse vor dem Ladengeschäft im Zentrum an der Piazza Matteotti oder in der **Enoteca Falorni** 🛈 an der Piazza delle Cantine 6. Antica Macelleria tägl. 10–20 Uhr, Piazza Matteotti 71.

Ristorante/Pizzeria La Cantina 🛈, die ehemalige Carbonaia (Kohlenhof) ist beliebt und drinnen wie auf der Terrasse oft brechend voll. Laut und gemütlich. Die Pizza kommt radgroß auf den Teller. Durchgehend geöffnet. Piazza Trento 3, ✆ 055-854097.

Café Le Logge 🛈, nettes Café am Hauptplatz, mit guter Küche und erstklassiger Pasta. Piazza Matteotti 32, ✆ 055-853038.

MeinTipp **Ristoro di Lamole**, im malerischen, einsamen Weiler Lamole, ca. 9 km von Greve. Restaurant mit Terrasse und herrlichem Panorama. Gute Küche. Bei Touristen beliebt – man hat sich darauf eingestellt. Der Kellner sprach fließend Deutsch und Englisch – er kam aus München. Auch nur für einen Aperitif auf der Terrasse lohnt der Weg mit vielen schönen Ausblicken! ✆ 055-8547050.

Gelateria Die **Gelateria Mordicrema** hat hervorragendes Eis in guter Auswahl. An der Hauptstraße neben Coop.

In der Umgebung von Greve

Castello di Montefioralle

Der ausnehmend schöne Weiler knapp 2 km westlich von Greve thront eindrucksvoll auf einem Hügel. Von hier zogen die Bewohner im späten Mittelalter ins Tal, um ihren Marktflecken auszubauen.

Die These, dass Amerigo Vespucci, der berühmte Seefahrer und Entdecker,

hier geboren wurde, ist umstritten – dem Image des Orts ist die Geschichte freilich förderlich. Fest steht, dass hier im Mittelalter diverse Adelsfamilien residierten, unter ihnen auch die besagten Vespucci, an deren letzten Spross *Amerigo Cesare Vespucci* (1823–1875) seit 2013 eine Tafel am Wohnhaus erinnert – immerhin hat ihm Amerika seinen Namen zu verdanken ...

Montefioralle – ein Weinbauerndorf wie im Bilderbuch

Das Castello di Montefioralle wurde erstmals 1085 erwähnt und 1250 zum Sitz der „Lega di Greve" ernannt. Nur zehn Jahre später wurde die Festung bei der Schlacht von Montaperti zum großen Teil zerstört. Die zahlreichen Türme trug man ab und errichtete mit dem Material Wohngebäude.

Sein heutiges romantisches Ortsbild hat Montefioralle im 14. Jh. erhalten. Im Inneren der früher oktogonal angelegten Festung (mit vier Toren) gibt es nur eine einzige Gasse, die als Rundweg um die romanische *Chiesa Santo Stefano* am höchsten Punkt des Weilers herumführt. Es gibt keine Geschäfte – aber zwei Restaurants, von denen wir eines empfehlen:

/mein Tipp **La Castellana,** kleines, rustikales Restaurant; gute Küche und schöne Sonnenuntergänge von der Terrasse. Mo Ruhetag. Am Ortseingang. ✆ 055-853134.

Castello di Verrazzano

An der Stelle einer etruskischen, später römischen Siedlung findet sich heute eine der Top-Adressen für Chianti-Wein: Das Castello di Verrazzano, in dem seit Ende des 12. Jahrhunderts Wein gekeltert wird, war 1924 nicht nur Gründungsmitglied des „Consorzio del Gallo Nero", es liefert bis heute hochwertige, aber auch relativ teure Chianti-Weine.

Der Geburtsort des Lokalhelden *Giovanni da Verrazzano* (→ Greve in Chianti) präsentiert sich als festungsartiges Anwesen mit zinnengekröntem Turm (1427). Von Verrazzano aus genießt man einen herrlichen Blick auf das Chianti-Gebiet.

Hin und weg Von Greve in nördliche Richtung in den 3 km entfernten Nachbarort Greti fahren, an der Verrazzano-Probierstube links abbiegen, dann noch 2 km bergauf, zunächst Asphalt, dann Schotter. Keine Busverbindung.

Wein Das Schloss mit Garten und Weinkeller kann täglich besichtigt werden, Reservierung erforderlich. Kompetente und unterhaltsame Führungen in drei Varianten: Tägl. Kellerfüh-

Castello di Verrazzano

rung und Verkostung um 10 und 15 Uhr (Fr auch 17 Uhr) zu 21 €, Führung mit Wein und Aufschnittplatte um 11 Uhr 34 €, Führung mit Mittagessen um 12 Uhr 58 €. Auch eine kostenlose Weinprobe ohne Führung ist möglich. ✆ 055-854243, www.verrazzano.com.

Übernachten **Verrazzano,** in einem der Bauernhäuser des Anwesens. Großzügige Zimmer, DZ ab 80 € inkl. Frühstück, bei längerem Aufenthalt billiger. Auch Apartments gibt es. Via Citille 32a (Via Castello di Verrazzano 1), 50022 Greve in Chianti, ✆ 055-853211, www.verrazzano.com.

Castello Vicchiomaggio

Die „Nachbarburg" von Verrazzano liegt ähnlich exponiert auf einem Hügel und bietet einen herrlichen Blick auf das Grevetal und die Umgebung. Das Castello aus dem 10. Jahrhundert, einst eine langobardische Festung, diente den Florentinern als strategischer Stützpunkt bei den Auseinandersetzungen mit Siena. Umgebaut wurde Vicchiomaggio erstmals in der Renaissance. Heute beherbergt das Weingut u. a. ein Hotel (Apartments) und ein Restaurant.

Hin und weg Auf der Chiantigiana (SS 222) von Greve in nördliche Richtung, 4 km nach Greve links ab (beschildert), dann noch 1,5 km auf Asphaltstraße den Berg hinauf. Keine Busverbindung.

Wein **Vicchiomaggio,** Probier- und Verkaufsstube direkt an der Abzweigung von der SS 222. Tägl. um 11.30 Uhr Führung durch Keller- und Gartenanlagen mit Mittagessen 45 €. Mo/Di und Do/Fr um 15.30 Uhr Kellerführung mit Weindegustation 20 €. Reservierung unter ☎ 055-854079.

Übernachten **Castello,** schicke Apartments im alten Gemäuer, für das Gebotene noch nicht mal zu teuer. Zum Anwesen gehört ein sehr schöner Garten mit Pool. 2-er Apt. ab 150 € inkl. Frühstück, auch 4 er Apt. Das angeschlossene Restaurant wird oft von Gruppen besucht, ist aber Mo–Fr mittags sowie Mo, Mi und Fr abends auch für jeden geöffnet. Via Vicchiomaggio 4, 50022 Greve in Chianti, ☎ 055-854079, www.vicchiomaggio.it.

Tutto Biologico: der Bio-Weinberg

Für die Methoden im Weinkeller gibt es in Sachen biologische Produktion bislang keine einheitliche europäische Regelung. Die Vorgaben für die Behandlung von Weinreben und Böden im Weinberg sind dagegen streng reglementiert.

Fungizide gegen den Mehltaupilz sind durch reduziertes Besprühen von Schwefel- und Kupfersulfatgemischen zu ersetzen. Diese Behandlung erfolgt je nach Wetterlage mehrmals im Jahr. Eine Bodenverbesserung wird statt durch Kunstdünger durch eine Wiederzuführung der eigenen Biomasse erzielt: Der Bodenbewuchs, z. B. Gras, Klee und Lupinen, bleibt nach dem Mähen liegen, führt dem Boden durch Verrotten seine organische Masse zu und mineralisiert ihn. Zusätzlich wirkt die Weinbergbegrünung schattenspendend und beugt der Bodenerosion vor. Nach sieben Jahren Anwendung umweltschonender Methoden erhält der Betrieb erstmals das Zertifikat für biologische Produktion.

Panzano in Chianti   ca. 800 Einwohner

Das Festungsdorf erhebt sich malerisch auf einer Hügelkuppe, an der Stelle, wo der alte etruskische Fahrweg von San Casciano auf die Chiantigiana (S 58) trifft. Die imposante Burg aus dem 12. Jahrhundert mit ihren hübschen Ecktürmen ist nicht zu besichtigen – der Traum vom Schöner Wohnen ist in Privatbesitz.

Chiesa Santa Maria: Die Dorfstraße führt fast geradlinig von der Piazza Bucciarelli hoch zur Kirche, ein wuchtiger Bau aus der Wende zum 20. Jahrhundert. Dahinter sind noch gut erhaltene Teile der Befestigungsmauer zu sehen – und hinter ihr ein dichter Hain mit knorrigen und bereits mehrfach „verarzteten" uralten Steineichen.

Auf der Piazza wird Sonntagvormittag (!) der *Wochenmarkt* veranstaltet, auch alle anderen Läden am Platz sind dann geöffnet. Das unter der Woche beschauliche Dorfleben spielt sich ebenfalls auf der Piazza ab.

Auf dem Weg zur Kirche kommt man an Keramikwerkstätten und kleinen Handwerksbetrieben vorbei. Ein Anziehungspunkt ist auch die Metzgerei **Antica Macelleria Cecchini:** Bei Opernarien kann man hier Salami und toskanischen Schinken mit einem Gläschen Chianti probieren. Zwischendurch demonstriert Maestro Dario Cecchini anschaulich die Kunst des Wurstmachens und Verkaufens.

Basis-Infos

Hin und weg Bus: Zwischen 7 und 20 Uhr stündl. nach Florenz über Greve. Tickets in der Bar/Pasticceria an der Hauptstraße im Zentrum (Florenz 4,50 €, im Bus teurer).

Parken Parkplatz auch für Wohnmobile oberhalb der Hauptstraße, kurz vor dem Ortsausgang Richtung Greve.

Einkaufen Antica Macelleria Cecchini, Fleisch und Würste, ordentlich mit Kräutern gewürzt. Tägl. 9–16 Uhr. Via XX Luglio 11, www.dariocecchini.com.

La Casina della Cipressaia: Wem der Sinn nach gutem **Käse** steht, ist in diesem Hofladen richtig. Die Milch der 250 Schafe wird zu Pecorino von ausgezeichneter Güte verarbeitet. Die kleine Käserei ist tägl. geöffnet. (Verkaufsstand auch auf dem Samstagsmarkt in Greve und dem Sonntagsmarkt in Panzano.) Vom Zentrum in Panzano ca. 1 km der Ausschilderung in Richtung Cennatoio folgen. Via Case Sparse 47.

Showroom, Werkstatt, Atelier, Schuhgeschäft? **Carlo Fagiani** ist in Panzano „un personaggio" – ein „Typ". Einen Besuch in seinem Studio an der Kreuzung im Zentrum ist er jedenfalls wert. Via XX Luglio 7.

Märkte Wochenmarkt: Sonntagvormittag trifft man man sich auf der Piazza Bucciarelli, um inmitten von Gemüse, Schuhen und gegrillten Hähnchen die Neuigkeiten der Woche zu besprechen.

Aprilante, jeden 1. Sonntag im Monat Markttreiben im Zentrum, eine Art Kunsthandwerkermarkt, auf dem auch toskanische Spezialitäten angeboten werden.

Mille Miglia Wer sich für das legendäre Rennen historischer Automobile interessiert, findet sich am Platz von Panzano ein. Die Etappe der Tausend Meilen (ca. 1600 km) von Brescia über Rom zurück nach Brescia führt durch das Chianti-Gebiet, oft auch durch die Gassen von Panzano. Stundenlang knattern die rund 350 Oldtimer-Raritäten vorbei. An einem Wochenende im Mai. Über den aktuellen Etappenverlauf informiert www.1000miglia.eu.

Wein Enoteca Baldi, auf dem Dorfplatz. Den Vino genießt man an einem der kleinen Tische auf der Piazza, zusammen mit Dorfbewohnern, Zugereisten, Durchreisenden … Es gibt auch eine kleine (teure) Speisekarte. Piazza Bucciarelli.

Panzano – Chiesa Santa Maria im oberen Dorfteil

Bistro/Enoteca Il Cardo („Die Distel"), köstliche Bruschetta mit frischen Tomaten, dazu ein Glas Wein. Noch etwas vornehmer. Sonntagabend und Mo geschlossen. Ebenfalls an der Piazza Bucciarelli.

Enoteca Il Vinaio, oben im Dorf gegenüber der Kirche; dort, auf der Terrasse der Bar, lohnt ein Gläschen wegen des herrlichen Panoramas. Do Ruhetag. Via S. Maria.

Accademia del Buon Gusto, Probierstube an der Dorfstraße hinauf zur Altstadt; bei einem Glas Chianti belehrt der Besitzer über den Wein und die Welt – in beachtlich gutem Deutsch. Auch originelle Souvenirs. Piazza Ricasoli 11.

MeinTipp **Weinfest** **Vino al Vino,** am 3. Sept.-Wochenende lädt die Winzergemeinschaft der Gegend zum Weinfest ein. Gut für eine Weinprobe bei Jazzmusik und ein Gespräch in Sachen biologischem Weinbau.

Übernachten

*** La Pensione di Vignamaggio, das alte Herrenhaus wurde vom neuen Besitzer 2019 komplett renoviert. In den 19 hellen und recht großzügigen Zimmern dreht sich alles um den Dichter Boccaccio. Hier nächtigt man komfortabel und nimmt – zentral am Platz – am Dorfgeschehen vor der Tür teil. Schöner Pool, Frühstück auf Panoramaterrasse. DZ 120–190 €. Piazza Bucciarelli 5, ☎ 055-8546691, www.villa sangiovese.it.

MeinTipp ****** Villa Le Barone,** Richtung Castellina, gut ausgeschildert. Das Haus strahlt nostalgische Eleganz aus, die sich auch in den Zimmern mit sorgfältig ausgesuchten Antiquitäten spiegelt. Wer braucht da noch Wirlpool oder Wellness? Man erfreut sich an den Blumen-Arrangements, die das Haus verschwenderisch schmücken und freut sich auf's Abendessen. An heißen Sommertagen genießt man den von einem Rosengarten umgebenen Salzwasserüberlaufpool, an kühleren Abenden wärmt man sich am Kaminfeuer im eleganten Salon. Die Besitzer, Graf und Gräfin, engagieren sich für biologisch-artgerechte Tierhaltung. DZ je nach Saison und Ausstattung ab 194 €. ☎ 055-852621, www.villalebarone.com.

B & B La Piazzetta, die nette Pension im Ortszentrum war bei der letzten Recherche „bis auf Weiteres geschlossen". Hoffen wir auf baldige Wiedereröffnung!

Alternative: **B & B Fagiolari,** (1,5 km vom Zentrum), schönes altes Bauernhaus mit 6 DZ und 1 Apartment inmitten der Weinberge (110–140 €). Via Case Sparse 25, ☎ 055-85 2351, www.fagiolari.it.

🍃 **Agriturismo San Martino a Cecione,** außerhalb; kleiner Bio-Betrieb für Wein, Oliven und Getreide. Der Weizen wächst auf unbehandelten Böden zwischen Olivenbäumen, die Stickstoffanreicherung des Bodens erfolgt durch Aussaat von Lupinen, Senfkraut u. a. Die Nudeln aus Hartweizen schmecken vorzüglich, garen aber länger als die übliche Pasta. Direktverkauf vor Ort. Bei Renzo Marinai reifen die Weine im Keller im Holzfass zu Klängen klassischer Musik – bevorzugt von Mozart. Drei frisch renovierte 4er-Apartments ab 1300 € (nur wochenweise) mit zwei Swimmingpools. *Anfahrt:* Straße am Mercatale, gleich nach dem Ortsausgang links ab, dann noch 1,5 km gut befahrbare Naturstraße. Via Case Sparse 6, ☎ 055-8560237, www.agriturismo-cecione.com.

🍃 **Agriturismo Vallone di Cecione,** gleich neben dem vorgenannten. Francesco Anichini hat den elterlichen Betrieb übernommen, Vater und Mutter arbeiten aber noch tatkräftig mit. Wein- und Olivenanbau. Der rote Tropfen ist hervorragend und kann wie das Öl vor Ort gekauft werden. 2 preiswerte Apartments in ruhiger Lage mitten in der Natur, beide einfach, aber freundlich und sauber eingerichtet. Ansprechender Außenbereich mit Tisch und Stühlen. Apt. für 2 Pers. 80 €, Apt. für 4 Pers. 80 €. Via Case Sparse 7, Loc. Cecione, ☎ 055-8549112, ☎ 338-9750931, vallonedicecione. myadj.it/v/vallonedicecione.

Villa Rosa, ca. 4,5 km südl. in Richtung Castellina, knapp vor dem Abzweig nach Radda. Die rosafarbene Villa aus dem 19. Jh. einer deutschen Besitzerin liegt links direkt an der Straße. Stilvolles Ambiente, 10 geschmackvoll eingerichtete Zimmer. Pool und Garten. DZ 95–140 €. Geöffnet Ostern bis 1. Nov. Via San Leolino 59, ☎ 055-852577, ☎ 339-4709418, www.villarosapanzano.it.

Essen & Trinken

Das Unternehmen der Antica Macelleria Cecchini des weit über das Chianti hinaus bekannten Metzgers Dario Cecchini breitet sich auf beiden Seiten der Straße aus:

Antica Macelleria Cecchini, im Stammhaus der Metzgerei speist man mittags an einer der zwei großen Tafeln mit den anderen Gästen und lässt sich für rund zwei Stunden von der Speisenfolge des Menüs überraschen.

Im **Solociccia** auf der anderen Staßenseite wird auf zwei Etagen tägl. um 13, 20 und 21 Uhr ein Fixmenü zu 30 € serviert. Und der Metzger hat auch für Kein-Tier-Esser ein Herz: Es gibt ein vegetarisches Menü.

Officina della Bistecca, in der 1. Etage des Stammhauses findet tägl. um 13 und 20 Uhr ein dreistündiges Gastro-Event rund um die „Bistecca Panzanese" statt (inkl. Aperitif 50 €). Eigener Wein kann mitgebracht werden. Das Cecchini-Gesamtangebot ist am Haus angeschlagen. Für die Gastro-Variante der „Officina della Bistecca" im angeschlossenen Nebengebäude ist Reservierung geboten. Via XX Luglio 11, ☎ 055-852020. **Dario Doc** bietet tagsüber zwischen 12 und 15 Uhr in derselben Lokalität die zeitgemäße Hamburger-Variante an. Der Burger kostet 10 bzw. 15 €.

*mein*Tipp **Cantinetta Sassolini,** die Empfehlung für *cucina tipica* mit lauschigem Innenhof an der Dorfstraße hoch zur Altstadt, gleich hinter dem Torbogen links. Mi Ruhetag, Do Mittag geschlossen. Piazza Ricasoli 2, ☎ 055-8560142.

*mein*Tipp **Il Vescovino,** oben knapp vor der Chiesa Santa Maria; der frische Wind in dem kleinen Restaurant weht hier aus Brasilien. Die Mischung aus toskanischer Küche mit lokalen Produkten und dezenter Sambamusik hat uns gefallen. Von der noch nicht ganz zugewachsenen Terrasse hat man einen großartigen Blick in die Chianti-Landschaft. Mo Ruhetag. Via Ciampolo da Panzano 9, ☎ 338-3648446.

*mein*Tipp **Osteria Le Panzanelle,** ca. 5 km in Richtung Radda/Castellina an der SS 222, Ortsteil Lucarelli. *Das* toskanische Gasthaus, genau so, wie man es sich wünscht! Die jungen Leute machen eine einfache, gute Küche. Ungezwungene Atmosphäre und ein schönes Gärtchen – unser Lob für dieses Lokal! Unbedingt reservieren. Mo Ruhetag. ☎ 0577-733511.

Café La Curva, die „Kurvenbar" ist eine Adresse für gutes Eis und Treffpunkt der ortsansässigen Albaner.

Die Burg von Panzano Alto

In der Umgebung von Panzano

Zwei Kirchen in der Nähe von Panzano lohnen allein wegen ihrer Lage den Besuch. Beide ehren den *heiligen Eufrosino*; einer Legende nach soll dieser – aus Persien vertrieben – von Paulus persönlich gesandt worden sein, um die Menschen im Chianti zu missionieren. Wahrscheinlicher ist jedoch, dass Eufrosino erst in der zweiten Christianisierungsphase im 7. Jahrhundert von Rom hierher geschickt wurde, um den eingewanderten Langobarden das Christentum zu verkünden.

San Leolino a Panzano

Die Kirche steht etwa 1,5 km hinter dem Ortsausgang Richtung Castellina links oben am Hügel. Eine ornamentierte Sandsteinplatte vor dem Hauptaltar deutet auf eine vorromanische Gründung um das 8./9. Jh. hin. Sehenswert ist auch der schmucke Kreuzgang (rechts vorn durch die Tür).
▪ Tägl. 10–12.30 und 15–19 Uhr.

Oratorium des heiligen Eufrosino

Etwas unterhalb des Abzweigs nach San Leolino führt rechts ein Schotterweg hinunter (Hinweisschild). Das von Bäumen versteckte Oratorium – einst ein beliebtes Pilgerziel – ist auf den ersten Blick von den Bauerngehöften kaum zu unterscheiden. Erst der Blick auf den seitlichen Portikus verschafft Gewissheit, dass man sich vor einem sakralen Bau befindet. Hier soll Eufrosino seinen Lebensabend verbracht haben; angeblich wurde er fast 90 Jahre alt. Über seinem Grab wurde später das Oratorium errichtet.

Weingut **Cennatoio,** das Weingut (an der Straße nach Castellina, dann nach Radda abbiegen) hat neben Feinkost überwiegend prämierte Rotweine höchster Qualität im Angebot. Die schlichte Probierstube öffnet Mo–Fr 9–12 und 15–20 Uhr. Am Tor klingeln. Via S. Leolino 35, ☏ 055-852134, www.cennatoio.it.

Übernachten **Agriturismo Il Pozzo,** 50 Meter von der Piazza Lamoles entfernt. Ruhig und einfach schön mit herrlichem Panorama. 3 DZ à 100 €. Località Lamole, ☏ 055-8547065, www.fattoriadilamole.it.

La Piazza

Es gibt einen Grund, den abgelegenen Weiler ca. 3 km südwestlich von Panzano zu besuchen: Die schön gelegene **Osteria alla Piazza** (s. u.) ist als eines der besten Restaurants der Region bekannt.

Chiesa di San Giorgio a Piazza: Auch die romanische Kirche aus dem 11. Jh. mit Gemälden aus dem 15. Jh. ist den Abstecher nach La Piazza wert. Ein amerikanischer Investor hatte die Kirche und das umliegende Land erworben – und große Pläne, bis die Finanzkrise kam. Aus der Restaurierung wurde nichts, im Gegenteil: Das Dach ist undicht und die Wasserschäden lassen das Kirchlein mehr und mehr verkommen.

In Sachen Wein-, Öl- und Honigverkauf kann man sich in dem kleinen Weiler an die **Fattoria San Giorgio alla Piazza** wenden. Terminvereinbarung unter ☏ 0577-733560.

Übernachten **Residence Borgo Sicelle,** Apartmentanlage im Weiler Sicelle, 2 km von La Piazza entfernt (Straße Richtung San Donato), abgelegene, sehr ruhige Lage (ausgeschildert). Im Juli/Aug. nur wochenweise, sonst ab 2 Nächten. Der Pool ist von April bis Okt. geöffnet. Loc. Sicelle 59, 53011 Castellina in Chianti, ☏ 0577-749737, www.borgosicelle.it.

Osteria Uscio & Bottega, gleich gegenüber; urige Lokalität mit rumpelig lauschiger Terrasse mit Fernblick. Kleine Speisenauswahl; als Vorspeise seien Coccoli empfohlen, frittiertes florentiner Hefesalzgebäck. Mi Ruhetag. Loc. Sicelle, ☏ 0577-733572.

mein Tipp Essen & Trinken **Osteria alla Piazza,** unübersehbar an der Straße in La Piazza. Empfehlenswertes, vor allem bei den Einheimischen für seine gute Küche geschätztes Ristorante. Gemütliche Terrasse. Jeden Abend bis auf den letzten der 100 Plätze besetzt – also reservieren. Tägl. 12.30–14.30 und 19–21.30 Uhr, nur Montag ist Ruhetag! ☎ 331-9267403.

Castellina in Chianti

ca. 3000 Einwohner

Der Ort im zwischen Florenz und Siena lange umstrittenen Grenzgebiet musste häufig wechselnde Besatzer ertragen. Gut erhalten ist die alte Burganlage, in der heute ein kleines etruskisches Museum seine Schätze zeigt.

Die Gemeindekirche unterhalb des Burgplatzes ist ein „Neubau", im Inneren wird ein Fresko der Vorgängerkirche San Salvatore aufbewahrt. Nicht weit davon, parallel zur Fußgängerzone, findet man die tunnelartige **Via delle Volte;** sie ist ein Teil der Stadtbefestigung, in welche die Häuser integriert sind. Sehr schön restauriert und eindrucksvoll beleuchtet, lädt sie vor allem abends zu einem Spaziergang ein. Das dominanteste Bauwerk des Dorfs ist jedoch die einstige Futtermittelfabrik mit ihren riesigen Silos. Der Betrieb wurde 2006 eingestellt, die ungenutzten Gebäude gammeln vor sich hin und warten immer noch auf neue Betreiber. Der Plan, es als Schule zu nutzen, wird seit Jahren diskutiert ...

Unter einem kleinen Hügel oberhalb des Hotels Colombaio, im Volksmund „Monte Calvario" genannt, liegt ein **etruskisches Schachtgrab,** dessen vier Eingänge an den Himmelsrichtungen orientiert sind. Gleich am Eingang des Geländes steht ein Kästchen, das auf Knopfdruck für die Beleuchtung der Grabkammern sorgt (Eintritt frei). *Filippo Buonarotti,* einem Nachfahren *Michelangelos,* verdanken wir die Überlieferung der Entdeckungsgeschichte: „Gegenüber dieser Stadt ist ein kleiner

Castellina in Chianti

Das Chianti → Karte S. 94

Hügel, wo im Jahre des Herrn 1507 … ein gewisser Lando Reben anbaute und dabei, indem er mit dem Eisenpfahl ein Loch machte, um die Reben einzupflanzen, mit dem Pfahl auf ein altes Grab der Etrusker stieß … sie fanden … einen mit Kalksteinplatten verschlossenen Eingang, und der Raum war kreuzförmig."

Viele der Grabbeigaben (2.–1. Jh. v. Chr.) sind im archäologischen Museum von Siena zu besichtigen, einiges ist im achäologischen Museum in Castellina ausgestellt. Zu den wichtigsten Exponaten der kleinen Sammlung zählt ein steinerner Löwenkopf aus dem 7. Jh. v. Chr., der den Eingang der Grabstätte einst vor bösen Mächten schützte.

Ausflüge von Castellina

Castellina liegt etwa in der Mitte des Chianti-Gebiets. Die Straßen gehen in alle Himmelsrichtungen ab, sodass man von hier aus ideal Ausflüge unternehmen kann. So führt z. B. die **Panoramastrecke in Richtung Poggibonsi** (SS 429) durch schöne Waldgebiete und ermöglicht zwischendurch bemerkenswerte Ausblicke ins weite Land. Die Straße ist allerdings sehr kurvig und verlangt höchste Aufmerksamkeit. Hier einen Traktor vor sich zu haben kann bedeuten, dass man für die 20 km leicht eine Stunde Fahrzeit braucht.

Die Route von Castellina **in Richtung Monteriggioni/Colle di Val'Elsa** (SP 51) ist dagegen echter Fahrgenuss – die Straße ist kaum befahren und führt, je nach Jahreszeit, an Raps-, Mohn-, Ginster- und Sonnenblumenfeldern vorbei.

Wer sich von Castellina **in Richtung Radda in Chianti** orientiert (SS 429), gelangt über kurvige Straßen in die bewaldeteren Gebiete und in das Zentrum der Chianti-Classico-Produktion.

Auch die Strecke **in Richtung Autostrada Siena–Firenze über San Donato in Poggio** (SP 76) ist eine Panoramastraße. Bei guter Sicht kann man hier in der Ferne u. a. die Türme von San Gimignano erspähen.

Folgt man der SS 222, der Chiantigiana, **nach Süden in Richtung Siena,** so verlässt man allmählich das Gebiet des Chianti Classico und nähert sich dem Weinanbaugebiet der Colli Senesi.

Basis-Infos

Information **Touristinformation** ab Ostern bis Juni sowie Okt. Di–Sa 10–13 Uhr, Juli–Aug. tägl. außer Mo 10–13 und 16–19 Uhr. Freundliche Hilfe in allen Belangen. Via Ferruccio 40, zentral in der Fußgängerzone. ℡ 0577-741392.

Hin und weg **Busse** nach Siena und Radda. Tickets im Tabakladen am Ende der Via Ferruccio.

Parken Besonders am Wochenende wird es sehr voll. Größerer Parkplatz (1 Std. 1 €) unterhalb der Via Trento e Trieste, ein zweiter vor dem Friedhof im Norden des Orts.

Wohnmobil-Parkplatz hinter dem Hotel Colombaio an der Straße Richtung Radda, 2 Min. vom Zentrum.

Einkaufen **Macelleria Stiacchini,** freundliche Metzgerei im Zentrum mit guter Auswahl an Wurstwaren und Schinken; Ossobuco, Ribollita oder Panini gibt's auch fertig am Imbissstand. Via Ferruccio 33.

🐌 **Bio-Kräuter:** Biobauer Duccio Fontani betreibt samstags auf dem Wochenmarkt am südlichen Ende der Fußgängerzone einen Marktstand mit hervorragenden Mischungen aus eigenen Kräutern. Exkursionen von 1½ Std. in den Kräutergarten (ca. 4 km entfernt) sind nach Anmeldung möglich (10 €). Das 4 ha große Areal für Küchen- und Heilkräuter liegt terrassenförmig mitten im Wald. Anmeldung unter ✆ 0577-740662, ✆ 339-3679928, duccio2002@libero.it.

Cacio e Pepe bietet Feinkost vom Feinsten! Käse, Kräuter, Trüffel, Wurst, Schinken und *Lardo di Colonnata*, eine besondere Speckspezialität. Via Ferruccio, Fußgängerzone.

Fahrrad & Vespa   Verleih bei **Noleggio Chianti 500** in der Via IV Novembre. ✆ 0577-1481001.

Feste   **Weinfest** zu Pfingsten im mittelalterlichen Gang der Via della Volte. Auch im August wird dem Wein mit der **Calici delle Stelle** ein Fest gewidmet.

Autunno in Musica, spannende Konzertreihe mit klassischer Musik, ab Mitte Sept. bis Ende Okt. www.amocastellinainchianti.it.

Markt   Samstagvormittag

Museum   Das **Museo Acheologico** in der Burg zeigt Funde aus der Etruskerzeit. April/Mai und Sept./Okt. tägl. 10–18 Uhr; Juni–Aug. tägl. 11–19 Uhr; Nov.–März Sa/So 10–17 Uhr. Eintritt 5 € inkl. Turmbesichtigung.

◜Wein

Dievole, schönes Weingut in Vagliagli, der neue Investor aus Argentinien hat viel investiert. Im Besucherzentrum wird man mit einem Probierglas ausgestattet und folgt der Besuchergruppe durch die eleganten Kelleranlagen. Die Führung (Mi–So um 17 Uhr) kostet 25 €, Anmeldung unter ✆ 0577-321026. Nur Weinverkostung tägl. von 10–18 Uhr 10 €. Eine Übernachtung ist in der vornehmen Villa möglich. www.dievole.it.

Castellina in Chianti ist einer der Hauptanbauorte des Chianti-Classico. Entsprechend viele Enotheken gibt es, in denen man probieren und Mitbringsel erstehen kann. Einige Weingüter lohnen den Besuch, telefonische Voranmeldung ist stets zu empfehlen.

Castellare, von Castellina zunächst in Richtung Poggibonsi, nach 1 km links ab zum Weingut (ausgeschildert). Renommiertes Gut, bekannt für Chianti Classico und die charakteristischen Etiketten mit einheimischen Vogelarten. Kellerführung (nach Voranmeldung) 15 €. Weinprobe und Verkauf tägl. 10–-13 und 14–19 Uhr. ✆ 0577-740490, www.castellare.it.

Rocca delle Macie, auf der Straße nach Monteriggioni sieht man das große Weingut nach ca. 7 km auf der linken Seite. Der Weinshop (kostenlose Verkostung) ist tägl. von 9 bis 19 Uhr geöffnet. Kellerführung 15 €, bitte anmelden unter ✆ 0577-732236. Weinverkauf

auch in der Probierstube in Castellina (11–21 Uhr). Via IV Novembre 76, neben der Eisdiele. www.roccadellemacie.com.

Lilliano, ebenfalls auf der Straße Richtung Monteriggioni zweigt rechts eine wunderschöne Lindenallee zu diesem Weingut mit Direktverkauf ab (ausgeschildert). Verkostung von 3 Weinen 6 €, 6 Weine 10 €, mit toskanischer Brotzeit und Kellerbesichtigung 25 bzw 30 €. Mo–Sa 8-12.30 und 13.30–18 Uhr. ✆ 0577-743070, www.lilliano.it.

Aiola, großzügiger, für Gruppen ausgelegter Weinverkauf, in dem auch Individualtrinker ausgiebig probieren dürfen. Die Kellerei ist auch für ihre feinen Grappas bekannt. Kellerbesichtigung mit Degustation 15 €. Mo–Fr 9–13 und 14.30–18.30 Uhr. Vagliagli, ✆ 0577-322615, www.aiolawines.com.

Nittardi, in Richtung San Donato in Poggio bzw. in Richtung Autostrada Siena–Firenze geht nach ca. 3 km die Schotterpiste rechts ab (ausgeschildert). Hier nun 3,5 km weiterfahren. Die Fattoria bietet neben edlen Tropfen eine Art „Freilicht-Kunstausstellung": Der Garten ist voller Statuen und Kunstobjekte. Auch die Etiketten werden für jeden Jahrgang von renommierten Künstlern neu gestaltet. 2008 brachte sich noch Günter Grass für das Flaschenlabel des Chianti Classico künstlerisch ein. Wer in diesem kreativen Ambiente bleiben möchte, kann sich in einem der Apartments einmieten. Pool vorhanden – Ruhe garantiert! Die Besichtigung mit kleiner Weinprobe ist gratis, die ausführliche

Das Chianti → Karte S. 94

Bastoni – Holzwerkstatt für Wanderstäbe

Kellerführung kostet 15 €. Dafür anmelden! Weingut Mo–Sa 10–18 Uhr. ☏ 0577-740269, www.nittardi.com.

Azienda San Donatino, kleiner Familiebetrieb mit Wein und Olivenöl. Großzügig wird man gleich mit einer Flasche versorgt, um sich an den gemütlichen Tischen vor dem Haus von der Güte des Weins mit dem Picasso-Eulen-Etikett zu überzeugen. Gute Atmospäre, gute Preise. Das Haus ist voll von Erinnerungen an den französischen Chansonnier Léo Ferré. Anfahrt von Castellina auf der SS 429 in Richtung Poggibonsi, nach ca. 1,5 km links auf das Hinweisschild achten. Hier links abbiegen und ca. 3,5 km der Schotterstraße folgen. ☏ 0577-740 318, www.sandonatino.com.

Castello di Fonterutoli, auf der Chiantigiana ca. 7 km in Richtung Siena (SS 222). Feine Adresse im malerischen Weiler mit Quelle. Die Villa des renommierten Guts ist seit 1435 im Besitz der Familie Mazzei. Der heute nur noch 55 Einwohner zählende Weiler war früher ein

bedeutender Ort an der Pilgerstrecke. Die Quelle von Fonterutoli sprudelt heute noch und reguliert Temperatur und Luftfeuchtigkeit der hypermodernen Kellerei. Führungen durch den Betrieb inkl. Probe nach vorheriger Anmeldung um 10, 12, 15, 17 Uhr (25 €). Weinprobe in der *vendita diretta* 5 €. Tägl. 10–19 Uhr, Siesta So 13–14 Uhr. ☏ 0577-741385, www.mazzei.it.

Osteria di Fonterutoli, gegenüber der *vendita* diretta; hier werden die passenden Speisen serviert. Die Tische im Garten mit feiner, weißer Leinentischwäsche laden zum Verweilen ein. ☏ 0577-741125.

Enoteca/Bar Società Orchestrale, direkt daneben; hier, im Übungsraum der ehemaligen Dorfkapelle, kehrt man unkomplizierter und günstiger ein.

Bastoni, die Mini-Holzschnitzwerkstatt ist mit etwas Glück geöffnet – Wanderstäbe aus unterschiedlichen Harthölzern, originell geschnitzt und verziert. Via Puccini 18.

Übernachten

Villa Casafrassi, 7 km außerhalb an der Straße nach Siena, von Wald und Wein umgeben. Ein prächtiges Anwesen mit 37 ordentlichen Zimmern mit klassischem Mobiliar in Villa und Nebengebäuden. Bei den „prezzi popolari", also moderaten Preisen zwischen 75 und 110 €

sollte man nichts Raffiniertes erwarten. Viele Sessel zum Verweilen – etwas ältlich und unkompliziert schön, mit viel Platz und Pool für Familien mit Kindern. Ein alter Pilgerweg führt am Anwesen vorbei. Loc. Casafrassi, ☏ 0577-74 0621, www.casafrassi.it.

MeinTipp *** **Villa Casalecchi,** etwa 1,5 km außerhalb, etwas abseits der Straße nach Siena. Villa in gediegener Chianti-Romantik in ruhiger Lage mitten im Wald. Das 200 Jahre alte Gutsherrenhaus ist luxuriös mit Stilmöbeln und Holzvertäfelungen ausgestattet – etwas für Chianti-Nostalgie-Liebhaber. Vierbeiner sind willkommen. Das Frühstück wird im herrlichen, holzgetäfelten Saal serviert. DZ in der Villa oder im Bauernhaus 70–160 €. Loc. Casalecchi 18, ☎ 0577-740240, www.villacasalecchi.it.

*** **Palazzo Squarcialupi,** Palazzo aus dem 15. Jh. im Stadtzentrum (Fußgängerzone). Komfortables Haus mit 17 DZ und reichhaltigem Frühstück, das in der ehemaligen Küche eingenommen wird. Den Aufenthaltsraum mit Originalmobiliar schmücken Wandmalereien; ein Pool und sogar ein kleiner Wellnessbereich wurden in die alten Mauern integriert. *Restaurant Taverna* mit Panoramaterrasse angeschlossen. DZ 120–175 €. Via Ferruccio 22, ☎ 0577-741186, www.palazzosquarcialupi.com.

*** **Salivolpi,** 1 km in Richtung San Donato. Bestens renovierter Bauernhof, geschmackvoll eingerichtet, ruhig gelegen. Garten mit kleinem Pool. DZ mit Bad 100–140 €, Frühstück 8 €/Pers. Gute Pizzeria/Ristorante zu Fuß erreichbar. Via Fiorentina 89, ☎ 0577-740484, www.hotelsalivolpi.com.

*** **Il Colombaio,** an der Chiantigiana, Richtung Florenz, am Ortsrand. Pool. DZ mit Bad 90–100 €. Via Chiantigiana 29, ☎ 0577-740444, www.albergoilcolombaio.it.

**** **Belvedere di San Leonino,** ca. 7 km außerhalb; erst Richtung Siena, nach ca. 6 km der Beschilderung folgend rechts abbiegen. Großzügig renoviertes Bauernhaus aus dem 15. Jh. in herrlicher Umgebung. Im selben Besitz wie das „Salivolpi" (s. o.). Pool/Restaurant. DZ 130–260 €, Frühstück 12 €. Loc. S. Leonino, ☎ 0577-740887, www.hotelsanleonino.com.

B & B   **Villa Cristina,** quasi im Zentrum an der Straße Richtung San Donato. Zimmer mit Bad 92 €, in der Dependance 75 €. Das Turm-zimmer mit Panoramablick kostet 98 €. Etwas liebloser Empfang. Ein kleiner Pool sorgt für Erfrischung. Via Fiorentina 34, ☎ 0577-741410, www.villacristinachianti.it.

MeinTipp **Locanda La Capannuccia,** in Richtung Greve/Florenz, vor Pietrafitta auf die Ausschilderung achten. Wer die 1,5 km lange Schotterpiste hinter sich hat, gelangt zu dem kleinen Steinhaus im Wald (5 gepflegte Zimmer), wo sich Hausherr Mario um das Wohl der Gäste kümmert. Abendessen an der schönen Tafel zusammen mit den anderen Gästen. Pool unter Olivenbäumen. DZ mit Frühstück 90–120 € (Ermäßigung bei längerem Aufenthalt), Apt. für 2 Pers. 95 €. Loc. La Capannuccia 53, ☎ 0577-741183, www.lacapannuccia.it.

MeinTipp **Casa Vacanze Poderi Val Verde,** ca. 2 km in Richtung San Donato, in herrlicher Lage, ruhig und doch nicht allzu abgelegen. Schönes altes Landgut mit 6 renovierten Wohnungen und 2 Bauernhäusern. Die deutsche Besitzerin betreibt mit ihrem Sohn seit Jahren den Biobauernhof und steht ihren Gästen mit Rat und Tat zur Seite. An Aktivitäten mangelt es auf dem 2 ha großen Gelände nicht: Kochkurse, Pool, Gemüsegarten, Wanderwege, auch die Kunst des Bogenschießens kann hier erlernt werden (3-D-Parcours). Hunde sind willkommen. Apartment in der Regel nur wochenweise, je nach Größe und Saison ab ca. 550 €. Loc. Casanova di Ricavo 41, ☎ 0577-740266, www.poderivalverde.it.

Agriturismo   **Querceto,** ca. 7 km in Richtung Greve an der SS 222. Schöner Bauernhof aus dem 15. Jh. mit Apartments, Pool und viel Platz zum Draußensitzen. Guter Wein. Kochkurse: Bevor es an die Zubereitung geht, werden die biologischen Zutaten gemeinsam eingekauft. Apt. für 2, 4 und 8 Pers. Loc. Querceto 9, ☎ 0577-733590, www.quercetodicastellina.com.

Wohnmobil   Parkplatz an der Straße Richtung Florenz/Greve, ein paar hundert Meter vom Zentrum.

Das Chianti → Karte S. 94

Essen & Trinken

Albergaccio di Castellina, etwas unterhalb des Hotels Salivolpi (s. o.). Spitzenrestaurant, in dem der sonst deftig-schwere Wildschweinbraten in dünnen Scheiben mit leichter Soße serviert wird. So Ruhetag. Via Fiorentina 63, ☎ 0577-741042.

Pizzeria Il Fondaccio, im autofreien Zentrum. Auf den Pizzaiolo, den Mann am Holzofen, ist seit Jahren Verlass! Immer lecker, immer voll, daher Zeit mitbringen. Auch draußen sitzt man gemütlich Durchgehend geöffnet. Via Ferruccio 27, ☎ 0577-741084.

Speisen unter Kreuzgewölbe – im Zentrum von Castellina

Le Tre Porte, im Zentrum. Ristorante-Pizzeria, bei Touristen beliebt. Di Ruhetag. Via Trento e Trieste 4, ☎ 0577-741163.

mein Tipp **Antica Trattoria La Torre,** gleich neben der Burg, eine zuverlässige Adresse für gute Küche, seit über 100 Jahren im Besitz derselben Familie. Im klassischen Ambiente des La Torre waren das *Pilz-Risotto* und das geschmorte Perlhuhn *(la faraona)* wie immer „ottimo". Do Ruhetag. Piazza del Comune, ☎ 0577-740236.

Osteria Il Re Gallo, gleich gegenüber der „Antica Trattoria" an der Piazza; kleines Lokal mit unkompliziertem Ambiente und guter Speisenauswahl. Gemütlich bis etwas beengt. Mo Ruhetag. Via Toscana 1, ☎ 0577-742000.

Made in Chianti, ein Bistro mit Cocktails und Craft-Bieren. Ab 10 Uhr vormittags, auch für die späte Einkehr geeignet – Bar- und Imbiss-betrieb bis 4 Uhr morgens. Mi Ruhetag. Via Fiorentina 4, an der nördlichen Kreuzung.

Il Pestello, ca. 6 km außerhalb, an der Straße nach Poggibonsi. Besonders an Wochenenden, wenn die Florentiner in Scharen einfallen, ist kaum ein Platz zu bekommen. Stilvolle mittelalterliche Räumlichkeiten. Sehr gute Vorspeisen, z. B. *Tagliatelle alla boscaiola*, gute Grillgerichte, die Bistecca fiorentina natürlich vom Holzkohlengrill. Mi Ruhetag. Loc. Pestello, ☎ 0577-740671.

mein Tipp Gelateria **Gelateria di Castellina,** die Top-Eisadresse befindet sich ca. 800 m außerhalb des Zentrums in Richtung Siena (rotes Haus mit Garten davor). An Sonntagen ist das Angebot mit 30 Sorten am größten. Hinter einer großen Scheibe befindet sich die „gläserne Produktion", die einem das Zuschauen bei der Zubereitung erlaubt. Di Ruhetag. Via IV Novembre 47.

Radda in Chianti

ca. 1700 Einwohner

Der vielleicht einnehmendste Ort des Chianti. Den Kern des ummauerten Städtchens schmücken ein kleiner Marktplatz und das Rathaus aus dem 15. Jahrhundert mit seiner rustikalen Loggia.

Erstmals erwähnt wird Radda im Jahr 1002. Gut 400 Jahre später (1415) erhielt der Ort die höchste Gerichtsbarkeit im Chianti. Als Papst Sixtus IV. im 16. Jh. gegen die Florentiner kämpfte, hatte das Städtchen schwer zu leiden. Trotzdem blieb das mittelalterliche Ortsbild weitgehend erhalten.

Die Investitionen des französischen Lederwarenproduzenten *Céline* im Ortsteil La Villa sollen dem Ort ab 2019 neuen Aufschwung bringen. Die Fabrikanlage ist natürlich kein Idyll, wird aber Arbeitsplätze und wahrscheinlich auch ein Outlet (schicke Taschen u. a. von Louis Vuitton) entstehen lassen.

In der Hochsaison geht es hier international zu. Vor allem deutsche und englische Urlauber tummeln sich dann in den Gassen des kleinen Orts, dessen Infrastruktur seit den Chianti-Boom-Zeiten Ende der 1990er um eine Reihe von Hotels, Restaurants, Enotheken und Bars bereichert wurde. Beliebter Treffpunkt ist nach wie vor die **Bar Dante,** von der aus man das Geschehen im Blick hat und beim Aperitif draußen vor der Tür einmalige Sonnenuntergänge erleben kann.

Area archeologica Poggio la Croce: Von Radda (Ortsteil La Croce) der Straße ca. 1 km in Richtung Castellina in Chianti folgen. Beim Schild „Myhotels", das auf den 4-Sterne-Wellness-Komplex über der Straße hinweist, beginnt ein 20-minütiger Spaziergang nach **Poggio la Croce,** dem Ort, an dem 2000 Jahre v. Chr. eine etruskische Siedlung entstand. Das Auto am besten im Ortsteil La Croce stehen lassen.

🔖**Chianti Cashmere Company:** Der Traum vom Landleben in der Toskana – eine amerikanische Tierärztin hat ihn sich erfüllt. Allerdings gibt es auf dem abgelegenen Biobauernhof viel zu tun; sie züchtet seit Jahren eine Ziegenrasse, die Lieferant der kostbaren Kaschmirwolle ist, aus der in den umliegenden Handwebereien Schals und Decken gefertigt werden. Wer will, kann sich auf der Farm auch mal für einen Tag als Schafhirt erproben.

Etwa 3 km außerhalb von Radda, an der Straße in Richtung Lucolena auf die Ausschilderung links achten. Nach 16 Uhr ist meist jemand vor Ort. Besuch besser voranmelden: ☎ 0577-738080, www.chianticashmere.com.

Basis-Infos

Information **Touristinformation,** oberhalb der Fußgängerzone Via Roma. April–Okt. Mo–Sa 10–12.30/15–18.30, So 10–12.30 Uhr, Nov.–März tägl. 10–12.30 Uhr. So geschlossen. Signora Silvia ist superhilfsbereit und hat den Überblick. Piazza del Castello, ☎ 0577-738494, proradda@chiantinet.it.

Hin und weg Bus: 3-mal tägl. Florenz, 5-mal Siena (sonntags keine Verbindung). Tickets im Zeitungsladen in der Via Roma.

Einkaufen Porciatti, große Auswahl an lokalen Spezialitäten (Wein, Wurst, Käse). Piazza IV Novembre 1 (Ende der Via Roma, Richtung Florenz).

🔖**Madre Terra,** kleine Auswahl an Bio-Produkten. Via Roma 44, im Zentrum.

La Ceramica di Angela Pianigiani, Handwerksbetrieb, in dem Angela ihre Keramik selbst töpfert und nach traditionellen Motiven fein bemalt. Mo–Fr 10–12 und 14.30–19 Uhr. Loc. Malpensata 134.

Mein.Tipp **Nel Tempo,** neben der Dante-Bar. Künstler-Atelier für toskanisch gestaltete Inneneinrichtung, Dekorationen, extravagante Accessoires und Kleider aus schönen Stoffen. Viale G. Matteotti 1.

Mein.Tipp **Ceramiche Rampini,** Werkstatt für handbemalte Keramik, teils traditionelle Motive, teils Eigenkreationen. Präsentiert wird das Ganze in einer sehr ansprechenden Ausstellung. Casa Beretone di Vistarenni, an der Straße zwischen Radda und Gaiole. ☎ 0577-738043.

Markt Monatsmarkt an jedem 4. Montag des Monats auf der Piazza IV Novembre.

Wein Fattoria Castelvecchi, schön gelegenes Weingut in einem mittelalterlichen Weiler, das auch Agriturismo-Unterkünfte anbietet. Die

Gewölbe von Castelvecchi aus dem 11. Jh. zählen nach den Kellern von Castello di Brolio zu den ältesten in der Chianti-Region. Führungen tägl. 10–17 Uhr, je nach Verkostungsangebot 15, 20 oder 25 €. Auskunft unter ☎ 0577-735 612, www.castelvecchi.com.

🦪 **Fattoria Poggerino,** in Richtung Albola, dann knapp 3 km hinter dem Ortsteil Villa, rechts hoch; ausgeschildert. Besitzer sprechen gut Englisch. Exzellenter Rosso di Toscana „Il Labirinto", auch Olivenöl. Degustation April–Okt. Mo–Sa 10–17.30 Uhr. ☎ 0577-738958, www.poggerino.com.

Casa Chianti Classico, etwas abseits vom Trubel wurde in den ehemaligen Konvent Santa Maria al Prato investiert und aufwendig renoviert. Auf mehreren Etagen wird in einem Weinmuseum die Geschichte und Tradition des „Gallo nero"-Chianti geschildert. Mit einem Glas Wein ausgestattet (7 €), kann man sich auf dem „Percorso sensoriale", einem „önologischen Pfad der Sinne", in Sachen Farbe, Geschmack und Aromen wie Lakritze, Tabak und schwarzem Pfeffer sensibilisieren. Tägl. 11–19 Uhr, Mo geschlossen. Circonvallazione Santa Maria 18, ☎ 0577-738187, www.casachianticlassico.it.

Übernachten

**** Palazzo Leopoldo, herrschaftlicher Stadtpalast im Zentrum. Großzügiges Frühstücksbuffet in der uralten Küche, im Sommer auf der schönen Terrasse. Beachtliche Spa-Anlage (Pool), die in die Mittelaltermauern integriert wurde. DZ je nach Ausstattung und Saison 120–180 €. Ganzjährig geöffnet. Via Roma 33, ☎ 0577-735605, www.palazzo leopoldo.it.

**** Palazzo San Niccolo, im Zentrum; auch dieser Stadtpalast wurde in ein Hotel umgebaut. Selber Besitzer wie das oben genannte Haus, doch nicht so stilecht und günstiger. DZ 110–150 €. Via Roma 16, ☎ 0577-735666, www.hotelsanniccolo.com.

**** Relais Vignale, am Ortsausgang Richtung Castellina. Stilvoll renoviertes Herrenhaus, Pool im Garten und kleiner Spa-Bereich. Vornehmes Restaurant mit schöner Terrasse.

Ganzjährig geöffnet. DZ 120–300 €. Via Pianigiani 8, ☎ 0577-738300, www.vignale.it.

Zimmer/Apartments Podere Le Vigne, außerhalb; Zimmervermietung neben dem Restaurant *Le Vigne* (→ Essen). Pool vorhanden. DZ 80–110 €. ☎ 0577-738124.

*mein*Tipp **Bottega di Giovannino,** sympathischer kleiner Familienbetrieb inklusive Weinbar und Osteria im Ortszentrum. Die Herberge mit ordentlichen Zimmern wurde von Lesern gelobt. 15 DZ inkl. Frühstück in der Bar 60–70 €, inkl. Abendessen in der angeschlossenen Osteria 110–120 €. Ganzjährig geöffnet. Via Roma 6-8, ☎ 0577-735601, www.labottegadigiovannino.it.

**** Relais Vescine, in Vescine, auf halber Strecke nach Castellina. Luxuriös renoviertes Landgut mit 45 Betten, Pool und Restaurant. DZ 130–180 €. ☎ 0577-741144, www.vescine.it.

Essen & Trinken

Le Vigne, ein Landgasthaus in einmaliger Lage mit einer Terrasse inmitten der Weinberge und ordentlicher Küche. Knapp außerhalb des Orts, Abzweigung (Schotterstraße) von der Straße nach Montevarchi. Podere Le Vigne Est, ☎ 0577-738301.

*mein*Tipp **Bottega di Giovannino,** die Zimmervermietung im Zentrum (s. o.) betreibt auch eine kleine Osteria. Auf der heimeligen Terrasse im Zentrum der Fußgängerzone werden Wein, Antipasti und ausgezeichnete Primi serviert; und der Laden unter der Leitung der Geschwister Monica und David läuft ... Mi Ruhetag. Via Roma 6-8, ☎ 0577-735601, www.la bottegadigiovannino.it.

La Vin'Osteria, gemütliche Osteria mit Natursteinwänden. Wo einst die legendäre Signora Miranda am Herd stand, haben neue Wirtsleute Einzug gehalten – und das, was sie auf den Teller bringen, kann sich sehen lassen. Mi Ruhetag. Località La Villa 16, ☎ 0577-735604.

La Loggia del Chianti, im Zentrum an der Hauptstraße. Michele ist hier Chef und für die toskanische Speisekarte verantwortlich, wobei vor allem Fleischgerichte vom Holzkohlengrill zu empfehlen sind. Große Terrasse. Unkompliziert. Mo Ruhetag. Via Roma 41, ☎ 0577-738491.

Pizza Pie, an der Hauptstraße von Radda (neben der Dante-Bar). Gute Pizza vom Blech zum Mitnehmen oder vor Ort an einem der Tische. So Ruhetag. Viale XX Settembre, ✆ 0577-738758.

MeinTipp **Osteria Le Panzanelle,** ca. 10 km in Richtung Panzano/Firenze an der SS 222, Ortsteil Lucarelli. *Das* toskanische Gasthaus, genauso, wie man es sich wünscht! Die jungen Leute machen eine einfache, gute Küche. Ungezwungene Atmosphäre und ein schönes Gärtchen – unsere Empfehlung! Unbedingt reservieren. Mo Ruhetag. ✆ 0577-733511.

Bars   Dante, im Zentrum am westlichen Beginn der Via Roma. Seit jeher der Treffpunkt der morgendlichen Cappuccino- und der vorabendlichen Aperitivo-Trinker. Kleine Snacks und gute Weine auf der Terrasse mit Blick auf die Kreuzung. Sa Ruhetag. Piazza Dante Alighieri 1.

Café San Niccolò, auch hier im „Zentrum" vor dem Rathaus, am plätschernden Brunnen, sitzt es sich schön. Via Roma.

Caffè Sandy, im Zentrum an der Hauptstraße, neben dem Dorfkino. Von der Dorfbevölkerung frequentierter Treffpunkt mit leckerem, hausgemachtem Eis und guter Konditorei. Mo Ruhetag. Piazza IV Novembre.

Bar/Ristoro a Lucarelli, an der SS 222 in Richtung Florenz, im Ortsteil Lucarelli (ca. 8 km von Radda). Urige Straßenbar mit Uraltflair und kleinem Ladengeschäft (Fr Ruhetag). Via Chiantigiana 7, ✆ 0577-733564, www.lucarelli.info.

Umgebung von Radda

Pieve di San Giusto in Salcio

Links an der Straße nach Lecchi (ausgeschildert) – ein rund 1000 Jahre altes Juwel romanischer Kirchenarchitektur aus Feldsandstein, das mit seinem schlichten Innenraum an heißen Tagen eine kühle Oase der Ruhe ist.

Volpaia

Auch der 40-Einwohner-Weiler auf einem Bergrücken nördlich von Radda ist ein kleines Juwel – pures Mittelalter. Hinter den Gemäuern aus dem 12. Jh. verbergen sich sieben Weinkeller des **Weinguts Castello di Volpaia,** aber auch die Wohnungen der Einwohner, die zum Großteil in der Wein- und Olivenölproduktion der Familie Mascheroni, die Besitzer des Weinguts, beschäftigt sind.

Volpaia, exakt an der Grenze zwischen den einstigen Einflussbereichen von Florenz und Siena gelegen, entstand wahrscheinlich bereits im 10. Jh. als Schutzfestung. 1172 wird der Ort erstmals erwähnt, 1250 wird Volpaia Mitglied der „Lega del Chianti". Jahrhundertelang war der Weiler in die militärischen Auseinandersetzungen zwischen Florenz und Siena verwickelt, bis er im 16. Jh. in die Bedeutungslosigkeit versank. Mittlerweile sind die meisten Gebäude originalgetreu restauriert, entsprechend schön zeigt sich das Ortsbild.

Die älteste Kirche des Weilers hatte schon im 14. Jh. ausgedient: Das einstige Gotteshaus an der Piazza ist kaum noch zu erkennen, hier bewirtet heute das Gasthaus **La Bottega** die Ausflügler.

Parken   links vor dem Örtchen auf dem bislang kostenlosen Parkplatz.

Wein   Az. Vinicola Castello di Volpaia, Enoteca an der Piazza von Volpaia; hier kann man sich mit Chianti, Riserva, dem weißen Val d'Arbia, Vin Santo und Honig eindecken. Im ortseigenen Frantoio, der Ölmühle, wird mit moderner Technik in schonendem Verfahren hochwertiges Olivenöl gepresst. Weinverkauf tägl. geöffnet. Termine für Führungen durch Keller und Mühle tägl. um 11.30, 15, 17 Uhr (anmelden!), mit Weinprobe 24 €. Loc. Volpaia, Piazza della Cisterna 1, ✆ 0577-738066, www.volpaia.com.

Übernachten   Fattoria Castelvecchi, an der Straße Richtung Radda (beschildert). Weingut mit Villa und Bauernhäusern, in denen Zimmer und Apartments eingerichtet sind. Rustikales Ambiente mit Pool, schönem Park, uralten Weinkellern (➔ Wein) und Restaurant kann man ruhige Tage verbringen, allerdings ohne Hotelservice. DZ ab 75 €. Loc. Castelvecchi, 53017 Radda, ✆ 0577-738050, www.castelvecchi.com.

Das Chianti → Karte S. 94

Essen & Trinken La Bottega an der Piazza. Carla kocht hier immer noch gute toskanische Küche. Man sitzt im idyllischen Gärtchen – und der Rest der Welt scheint weit, weit weg ... Di Ruhetag. ℘ 0577-738001.

mein Tipp **Bar Ucci,** am Dorfplatz; beliebte Bar für Getränke, gute Bruschetta und kleine Speisen – ein herrlicher Ort zum Einkehren. Die

Volpaia – 40 Einwohner und sieben Weinkeller

fröhliche Wirtin Paola (Schwester von Carla, s. o.) ist Teil des Programms. Durchgehend 9–21 Uhr, Mo Ruhetag. ℘ 0577-738042.

Castello d'Albola (Cassero d'Albola)

Das terrassenförmig am Hang gelegene Weingut liegt ganz im Osten des Chianti-Classico-Gebiets (von Radda die Straße Richtung Lucolena). Zwar wird es Castello d'Albola genannt, doch liegt es nicht beim Schloss selbst, sondern bei dessen ehemaliger Schutzburg Cassero d'Albola aus dem 12. Jh. Hier werden die hochwertigen Weine von Albola gekeltert, degustiert und verkauft. Überaus angenehm ist die kühle Probierstube. Ein Besuch mit Weinprobe lohnt, zumal die Preise etwas niedriger sind als in manch anderem renommierten Weingut. 2019 kostete der Chianti Classico 12,50 €, der Riserva war für 19 € zu haben.

Degustation, Führung, Verkauf Cassero d'Albola, Chianti-Classico, Riserva, Grappa, Olivenöl und Vin Santo. Führung ohne Voranmeldung tägl. 12 und 17 Uhr (15 €). Geöffnet tägl. 10–18.30 Uhr. ℘ 0577-738019, www.albola.it.

mein Tipp Camping **Village Orlando di Chianti,** einladendes, schattiges Gelände, ca. 10 km von Radda entfernt (in der Nähe des Parco di Cavriglia). Die Anlage wurde rundum renoviert, verfügt über mehrere Pools, vermietet werden u. a. luxuriöse Airlodges. Restaurant/Pizzeria mit großer Terrasse; alles freundlich und super in Schuss! Loc. Cafaggiolo 170 (Parco Naturale di Cavriglia), Cavriglia, ℘ 055-967422, www.campingorlandoinchianti.it.

Gaiole in Chianti

ca. 2800 Einwohner

Der alte Marktflecken in einer Talsenke an der Straße ins Valdarno ist bis heute ein Zentrum der Landwirtschaft – besonders charmant oder gar malerisch ist er nicht, wirklich schöne Bauten sucht man vergebens. Allenfalls das Ensemble der Häuser, deren Balkone über dem Wildbach hängen, ist ein Foto wert.

An einer der Hausfassaden am Platz sind heute noch Teile einer martialischen Parole von Mussolini aus den 1930er-Jahren zu lesen. Vielleicht zum Ausgleich hat die Gemeinde 2010 eine Gedenktafel für einen von den Nazis erschossenen achtjährigen Jungen am Ende desselben Platzes angebracht.

Ansonsten zeigt sich Gaiole zersiedelt, auch eine längere Restaurierungsphase hat den Ort nicht zur Prinzessin gemacht. So bleiben die Gaioleser auch in der Hauptsaison weitgehend unter sich, und in den Geschäften rund um den mit Blumenkübeln geschmückten Marktplatz geht es meist beschaulich zu. Am meisten los ist noch auf der Terrasse des **Lo Sfizio di Bianchi,** dessen Gäste schon seit vielen Jahren von der Familie Bianchi kulinarisch verwöhnt werden (→ Essen).

Reizvoller als Gaiole ist seine Umgebung, die mit mittelalterlichen Weilern und jeder Menge Anlaufstationen für Weinliebhaber aufwartet, darunter auch eine Reihe von Burgen – in Gaiole beginnt die nach Süden verlaufende **Strada dei Castelli.**

Basis-Infos

Information **Ufficio Turistico,** am Marktplatz. April–Okt. tägl. 10–13 und 15–18 Uhr (So geschlossen), außerhalb der Saison nur sporadisch. Piazza Ricasoli 50, ℘ 0577-749411, ufficio turistico@comune.gaiole.si.it, www.comune. gaiole.si.it.

Hin und weg **Bus**: 2- bis 3-mal tägl. Siena.

Einkaufen **Colori del Chianti,** im Zentrum am Hauptplatz; kleine kreative Werkstatt einer ortsansässigen Künstlerin, die ihre Keramik mit traditionellen und eigenen Motiven bemalt. Der Brennofen steht gleich hinten im Raum. Ein Ort, der zum Zuschauen und Kaufen einlädt. Via Ricasoli 15.

🔪**Macelleria von Lorenzo Chini,** hier reifen Schinken und Salami mit Biogütesiegel. Der Traditionsbetrieb verkauft Chianina-Rindfleisch und Spezialitäten vom Cinta-Senese-Schwein. Via Baccio Bandinelli, im Zentrum.

Mein Tipp **Handweberei Stefanie Düx,** hier werden hochwertige Textilien wie Decken, Handtücher, Schals und Capes aus Leinen, Wolle und Seide gewebt. Wer die Werkstatt besuchen möchte, sollte vorher kurz anrufen. Dudda liegt an der Straße in Richtung Castello di Brolio. Loc. Dudda, ℘ 333-3548852.

Fahrradverleih In Gaiole, dem Dorf der Eroica (→ Kasten unten), darf ein Fahrradverleih nicht fehlen. Die Adresse für alles Zweirädrige ist **Tuscany bicycle** im Zentrum am Platz. Via Ricasoli 96, ℘ 0577-1522507, www.tuscany bicycles.com.

La Bottega, gleich daneben, bietet die passende Ausrüstung fürs Radeln. Vintage-Bekleidung vom Allerfeinsten. Was in dem Laden alles zusammengesucht und gefunden wurde, ist sehenswert; das reinste Museum! Via Ricasoli 88.

Markt Jeden 2. Montag im Monat auf der Durchgangsstraße im Zentrum (im September am 1. Montag im Monat).

Veranstaltungen **Eroica,** eine Radsportveranstaltung der Extraklasse! Das Vintage-Fahrradrennen der Helden auf zwei Rädern findet am 1. Sonntag im Oktober statt (siehe Kasten).

Übernachten

**** Castello di Spaltenna, knapp 1 km außerhalb, Abzweig von der Straße nach Vertine. Das Castello ist ein wuchtiger Komplex aus Pfarrkirche und Klostergebäuden. Anstelle asketischer Mönche bewohnen heute betuchte Touristen die Zellen und schwelgen im Luxus. Restaurant mit Michelin-Stern. Via Spaltenna 13, Loc. Pieve di Spaltenna, ℘ 0577-749483, www.spaltenna.it.

Mein Tipp **B & B Eroico,** seit 2018 im Zentrum neben den Carabinieri. Die junge Wirtin öffnete uns die Tür – mit riesiger Kochmütze auf dem Kopf – sie war eben beim Cantucci-Backen! 5 frisch-farbige DZ mit schönen Bädern (108–120 €). Unsere Einschätzung: piccobello! Via Marconi 19, ℘ 0577-1440001, ℘ 389-4862285, www.eroicochianti.it.

B & B Cavarchino, vom Zentrum 5 Min. zu Fuß in Richtung Vertine. 6 hübsch ausgestattete Zimmer mit Klimaanlage. Kleiner Pool im Garten. DZ 100–120 €. Via di Vertine 12, ℘ 0577-744025, www.cavarchino.it.

**** L'Ultimo Mulino, auf halbem Weg nach Radda. Die kleine Landherberge liegt romantisch versteckt im Grünen und wurde um eine alte Mühle herum gebaut. Swimmingpool und

Die Hauptstraße von Gaiole

Restaurant. Minuspunkt sind die dünnen Zimmerwände. DZ 112 € und höher. Loc. La Ripresa di Vistarenni, ☏ 0577-738520, www.ultimo mulino.it.

*mein*Tipp **B & B Borgo Argenina,** ca. 12 km außerhalb. „5-Sterne"- Bed & Breakfast vom Feinsten, dazu ein innenarchitektonischer Augenschmaus. Von der Terrasse aus wunderschöner Blick in die Landschaft. Die frühere Modedesignerin Elena kümmert sich in ihrer herzlichen Art um die Gäste und gibt auch Kochkurse. DZ 180 €, Suite 230 € (mindestens 3 Übernachtungen). Von Gaiole auf der SS 408 ca. 12 km in Richtung Siena, am Abzweig nach Monti links abbiegen; nach 800 m rechts auf die Ausschilderung achten. ☏ 345-3537673 www.borgoargenina.it.

B & B Antiche Rime, absolute Ruhe in einem abgeschiedenen Weiler bei Castagnoli. Kleine, komfortable Zimmer, die freundliche Wirtin sorgt für ein gemütliches Frühstück mit selbstgemachten Kuchen und Marmeladen. Zwei gute Restaurants in Fußnähe. DZ 85–95 €. Gut funktionierende Heizung – ganzjährig geöffnet. Loc. San Martino al Vento 18, ☏ 0577-731901, ☏ 333-3056019, www.anticherime.it.

Essen & Trinken

Lo Sfizio di Bianchi, die Institution am Marktplatz. Freundlicher Familienbetrieb, Verkauf von Feinkost und selbst gemachten Spezialitäten. Auf der Terrasse an der Piazza kann man ab 7 Uhr morgens bis 21 Uhr gut und durchgehend essen, wobei hier auch die Pizza am Abend zu empfehlen ist. Mi Ruhetag. Via Ricasoli 44, ☏ 0577-749501.

*mein*Tipp **Osteria Il Ponte,** im Zentrum; einfaches Gasthaus mit großem Gemüsegarten davor, hier kehren auch die Einheimischen gern ein. Auf der Terrasse ist im Sommer schon was los. Aufmerksamer Service, die Teller waren hübsch dekoriert! Mo Ruhetag. Via Casabianca 25, ☏ 0577-744007.

Ristorante Il Celliere, ca. 5 km außerhalb; ein Lob für das Restaurant im modern eingerichteten Saal der Burganlage von Rocca di Castagnoli: Ob Bruschetta oder Bistecca – die Küchenchefin versteht ihr Handwerk. Der Service war top! Mi Ruhetag. Località Castagnoli, Via del Castello 2, ☏ 0577-731921.

Osteria Il Papavero → Barbischio (unten).

Osteria Il Bandito, kleines Landgasthaus, ca. 5 km außerhalb; hier wird mit sardischem Akzent gut gekocht. Anfahrt: Zunächst an Castello di Meleto vorbei, dann Richtung Castagoli. Di Ruhetag. Via delle Croce 5, Loc. Castagnoli, ☏ 0577-1698218.

*mein*Tipp **La Vineria di Vertine,** Bar in Vertine, ein guter Ort, um auf ein Glas Wein einzukehren und die Stimmung dieses entzückenden, klitzekleinen Kastells zu genießen – Mittelalter pur. Tägl. 12–20 Uhr, Mo Ruhetag.

Eroica – die Rad-Helden der Schotterpiste

Am ersten Sonntag im Oktober geht auf den Straßen um Gaiole nicht mehr viel. Dann sind die teilweise schottrigen Pisten der originellen Radsportveranstaltung, einer Oldtimerralley auf Rennrädern, vorbehalten. Die „Heroen" kommen aus aller Welt, um mit umgeschlungenem Reservereifen und wollenen, altertümlichen Trikots in die Pedale ihrer museumsreifen Vehikel zu treten. Statt Energydrinks und Powerriegel gibt es Weintrauben und Salami. Die Strecken unterschiedlicher Länge und Schwierigkeitsgrade, die längste geht über 209 km, führen durch schönste Chianti-Landschaften, über Weinberge, Olivenhaine und durch mittelalterliche Dörfer. Entlang der Strecken wird gefiebert und gefeiert. Start und Ziel ist Gaiole. Das Spektakel lockt längst nicht nur Nostalgiker und Liebhaber des Radsports an. Mit ihrem großen Ersatzteilemarkt und Beiprogramm ist die Eroica für das kleine Gaiole seit der Gründung im Jahr 1987 zum Riesenevent geworden – über 7000 Teilnehmer gingen 2019 an den Start. Vom klapprigen Drahtesel bis zum kostbaren Einzelstück ist so ziemlich alles zu entdecken. Eines der ältesten Vehikel, das bislang gesichtet wurde, war ein Hochrad aus dem Jahr 1885, das der Fahrer mit halsbrecherischer Entschlossenheit über die Pisten steuerte ... www.eroica.it.

Eroica-Recke vor dem Start

Umgebung von Gaiole

Barbischio

Der 3 km von Gaiole entfernte, auf einem Hügel gelegene Weiler wirkt aus der Ferne eindrucksvoller und vor allem auch größer, als er ist. Von den Wehrmauern, die bei der Plünderung des Orts 1530 zerstört wurden, ist nichts mehr zu sehen, einzig ein imposanter Turm aus dem 10. Jh. (nicht zugänglich) krönt bis heute das kleine Dorf. Ansonsten besteht Barbischio aus einer Handvoll Häusern, einer Osteria und viel Beschaulichkeit.

*mein*Tipp **Weingut Casa al Vento,** ca. 5 km von Gaiole, noch hinter dem Weiler Barbischio. Hier kann man Urlaub machen! Herrliches Anwesen aus dem 15. Jh. auf 500 Höhenmetern, ein bisschen am Ende der Welt, aber nach der Ankunft fühlt man sich sofort wohl. Gut organisiert, es gibt allen Komfort, ein uriges Restaurant, Weinkeller, einen großen gepflegten Garten, Pool und stets eine frische Brise. DZ (90–110 €), Apartments und Häuser, kleine Spa-Anlage, wobei die eigentliche Wellness hier in der absoluten Ruhe besteht. Es fehlt an Nichts. ☎ 0577-749068, www.borgocasaalvento.com.

*mein*Tipp **Osteria Il Papavero,** ein uriges Lokal für Sonnenuntergangsromantiker. Die originelle Kunst von Franco Innocenti (er lebt im Turm von Barbischio) an den unverputzten Steinwänden ist käuflich. Kellner Claudio bereitet dem Gast mit Anekdoten und kompetentem Service ein wahres Vergnügen. Mo Ruhetag. ☎ 0577-749063.

Castello di Meleto

Etwa 3 km von Gaiole in Richtung Siena (ausgeschildert) findet man ein mittelalterliches Weingut und Schloss (12. Jh.), das in den kriegerischen Auseinandersetzungen zwischen Florenz und Siena hart umkämpft war. Die Besichtigung der wunderschönen Anlage mit den beiden Rundtürmen, hübschen Renaissance-Räumlichkeiten und einem entzückenden schlosseigenen Theater lohnt sich. Täglich Schloss-

führungen, Weindegustation und Direktverkauf im großzügigen Verkaufsraum sowie viele Angebote in der Saison, u. a. Yoga.

▪ Tägl. drei Führungen durchs Schloss und die stimmungsvollen Keller um 11.30, 15, 16.30 Uhr. Am Ende erwartet den Gast in der Enoteca eine Probe vom guten Meletos-Rotwein (15 €). Sicherheitshalber vorher anmelden: ☎ 0577-749129.

Übernachten/Essen **Castello di Tornano,** noch ein Tipp in Sachen Burgübernachtung: Erreicht man das mitten im Wald auf einer Anhöhe gelegene trutzige Anwesen über die Schotterstraße, kommt man aus dem Staunen nicht mehr heraus. Über die Treppen im Turm gelangt man in die mit Antiquitäten stilvoll eingerichteten Zimmer, abends speist man im Burgrestaurant bei gutem Wein. Der Pool liegt im früheren Wassergraben, und im Salon knistert abends der Kamin. Classic-DZ 100–150 €. Strada Provinciale 408, Km 20,2, Località Tornano, ☎ 0577-746067, www.castelloditornano.it.

*mein*Tipp **Castello di Meleto,** hinter den wuchtigen Schlossmauern wurden 7 schöne, teils enorm große Zimmer eingerichtet, zwei Pools stehen zur Verfügung. An Wochenenden sind oft Gruppen hier, doch es gibt genug Platz und unter der Woche scheint es, dass man die Burg fast für sich alleine hat. DZ 159–229 €, inkl. Frühstück im Schlosssaal. Gut eingerichtete Apartments für 2, 4 und 6 Pers. in Schlossnähe – alle mit Küche, Bad und Terrasse, teils auch zweistöckig. Castello di Meleto, ☎ 0577-749129, www.castellomeleto.it.

*mein*Tipp **Rocca di Castagnoli,** ca. 5 km von Gaiole. Der Weg hoch zum Weiler und zur Burg lohnt schon wegen der Enoteca mit ihren Kelleranlagen aus dem 13. Jh., in der die Weine ausgeschenkt werden, neben guten Roten ein sehr guter Bianco. Degustation 10 €, inkl. Kellerführung 15 €, die bei Kauf von Wein/Öl verrechnet werden. Umgeben von Weinbergen, ist Castagnoli trotz trutziger Mauern ein heiterer Ort, von dem man gar nicht mehr weg möchte. Nach Führung und Verkostung kann man dann auch gleich bleiben: Es gibt schöne Zimmer (DZ ab 120 €) und Apartments, ein gutes Restau-

Die mittelalterliche Burg Castello di Meleto – zu besichtigen und zu bewohnen

rant, großen Pool mit herrlichem Panorama sowie ein schwungvolles Rezeptionsteam. Netter Empfang und Supertipps für's Chianti-Gebiet. Tägl. geöffnet, Siesta 13–14 Uhr. Loc. Rocca di Castagnoli, ℘ 0577-731909, www. roccadicastagnoli.com.

Montegrossi

Der 1000 Jahre alte Wachturm wirkt aus der Entfernung weit eindrucksvoller als aus der Nähe. Wer die kraxelige Tour dennoch auf sich nehmen will, sollte nicht enttäuscht sein, wenn er am Ende vor ziemlich desolaten Überresten steht. Unterhalb der Ruine hat man allerdings einen spektakulären Blick auf das Valle del Chianti. Möglicherweise wurde die gesamte Gegend nach dem Fluss benannt, der früher Chianti hieß und sich heute als Massellone durchs Tal schlängelt.

▪ Erst in Richtung Montevarchi, dann ab der Gabelung SS 408/SS 429 ausgeschildert.

Badia a Coltibuono

Die Benediktinerabtei aus dem Jahr 930 ist allein wegen ihrer zauberhaften Lage den Ausflug wert. Von hier oben blickt man ins Valdarno hinunter, meist weht eine leichte Brise, und der alte, tiefgrüne Zedernwald sorgt für zusätzliche Frische.

Die „Abtei der guten Ernte" gelangte vor vielen Jahren in die Hand der Familie eines Mailänder Verlegers und Weinliebhabers, der mit seiner Frau,

der Kochbuchautorin Lorenza de' Medici, Coltibuono zu einem der bekanntesten Weingüter der Toskana machte. Die berühmte Familie gründete bereits 1874 das erste Fahrradwerk Italiens. Ihre Nachfahren leiten heute den Biobetrieb, betreiben das Restaurant und setzen auch die Tradition des Velo-Event „Eroica" fort (→ Gaiole in Chianti/Veranstaltungen).

Die Weine, die in den Weinbergen bei Monti in Chianti (ca. 20 km in Richtung Siena) reifen und dort gekeltert werden, können in der Osteria unterhalb der Klosteranlage probiert und gekauft werden. Der Betrieb ist seit 2003 biozertifiziert. Mönche gibt es auf Coltibuono schon lange nicht mehr, die einstigen „Zellen" dienen heute der komfortablen Einmietung der betuchten Gäste. Die restaurierte Klosterkirche lohnt einen Blick wegen ihrer strengen romanischen Architektur.

▪ Von Gaiole zunächst in Richtung Montevarchi fahren; nach knapp 5 km links ab, ein paar hundert Meter weiter ist die Abtei erreicht.

Führung durch den Kreuzgang, die historischen Keller und den wunderschönen Garten: April und Okt. 14.30–17.30 Uhr, Mai–Sept. von 14.30 bis 18.30 Uhr stündlich, ohne Voranmeldung mit anschließender Probe von zwei Weinen (10 €). Di, Mi, Fr nach Voranmeldung Führungen um 11 Uhr, denen eine Weindegustation folgt (25 €). Auch Olivenölverkostung sowie Kochkurse nach Anmeldung. ℘ 0577-74481, www.coltibuono.com.

Wandern Von Gaiole aus lässt sich ein Besuch der Badia a Coltibuono mit einer ca. 4½-stündigen Rundwanderung verbinden. Die Markierung ist allerdings nicht ausreichend; Karten und Auskünfte gibt es im örtlichen Informationsbüro.

Essen & Trinken **Ristorante Badia a Coltibuono,** das herrlich gelegene, renommierte Ausflugslokal präsentiert die toskanischen Klassiker. Auf der Terrasse mit Blick in's Arnotal sitzt es sich sehr angenehm. Geschlossen Nov. bis Mitte März. ☎ 0577-749031.

Übernachten Wer im stimmungsvollen Rahmen der früheren Benediktiner-Abtei Coltibuono bleiben möchte, kann sich in einem der 8 DZ, den ehemaligen Mönchszellen, einmieten (135–180 €). Herrliche Waldeinsamkeit ist ga-

rantiert! Loc. Badia a Coltibuono, ☎ 0577-74481, www.coltibuono.com.

Mein Tipp **B & B Locanda La Canonica,** in Nusenna; noch ein geheimer Geheimtipp zum Schluss: In dem Dorf mit 35 Einwohnern, ca. 10 km außerhalb am östlichsten Rand des Chiantigebiets, leiten die Wirtsleute Simone und Alessio diese B & B-Herberge. In jedem Detail des ehemaligen Pfarrhauses begegnen sich Kunst, Originalität und Gastfreundschaft. 5 DZ (65–70 €) Das Menue am Abend (25 € ohne Getränke), serviert im romantischen Gärtchen mit nicht weniger als 10 (!) Gängen war dann der Grund, warum wir diesen Tipp erst gar nicht verraten wollten. Für's Restaurant unbedingt reservieren! ☎ 0577-1503273, Loc. Nusenna 1.

Lecchi in Chianti   ca. 90 Einwohner

Eine Perle in der Gegend des Weinanbaus zwischen Radda und Gaiole – der idyllische Ort an der Straße zwischen Radda und der SS 408 zählt gerade mal 90 Einwohner, doch die sorgen nach wie vor für eine intakte Dorfgemeinschaft.

Monteluco di Lecchi: Ein schöner 10-Minuten-Spaziergang in Richtung des alten Turms führt zur 1000 Jahre alten Festung hinauf. Einst gehörte sie den Mönchen von Coltibuono, im Mittelalter wurde sie von der Familie Ricasoli übernommen. Die ringförmig angelegten Gebäude sind in privatem Besitz, doch der schöne Innenhof mit Brunnen kann besichtigt werden. Bei gutem Wetter hat man Aussicht bis nach Siena.

Le Pozze di Lecchi: Mitten in der Natur ein Wildbach mit eiskaltem Wasser, dessen Kaskaden kleine Becken füllen, in denen man ein erfrischendes Bad nehmen kann. Hinter der Häuserzeile, bei „Alimentari e Vini" (s. o.), führt eine Schotterpiste aus dem Ort heraus. Der Piste bis zum ersten Feld eines Weinberges folgen, dort scharf links den kleinen Pfad talabwärts durch die Macchia-Landschaft hinab bis zum Bach gehen (ab Lecchi ca. 20 Min. Fußweg).

Feste Das Dorffest **Festa della Carbonaia** am 1. Septemberwochenende ist den Köhlern gewidmet.

Mein Tipp **Essen/Wein** **Ristorante Malborghetto,** das kleine Restaurant im Zentrum wird allseits gelobt: „ … ausgezeichnet gegessen, freundlichst bedient worden. Der schönste Abend unserer Reise. Ungern verraten wir unseren Geheimtipp im Chianti", schwärmen Leser. Das junge Team macht sich in Küche und Service hervorragend; bei schönem Wetter sitzt man auf dem Vorplatz des Dorfkirchleins, der abends romantisch beleuchtet ist. In der Saison tägl. geöffnet, sonst Di Ruhetag. Via Monteluco 4, ☎ 0577-746201.

Mein Tipp **Alimentari e Vini,** gutsortierte Weinhandlung und Bar. Paolo berät fachkundig und serviert eine gute *merenda* (Brotzeit) an den Tischen entlang der Dorfstraße. Tägl. bis 19.30 Uhr, Mi und So nachmittags geschlossen. Via S. Martino 12, ☎ 0577-746021.

Umgebung von Lecchi

Castello di Ama: etwa 2 km in Richtung Radda, dann links abzweigen. Eines der namhaftesten Weingüter des Chianti mit Spitzenweinen zu entsprechenden Preisen. Die Führung schließt eine Besichtigung von zeitgenössischen Kunstinstallationen in Keller und Garten ein. Wer sich nur den Garten mit den

Skulpturen anschauen möchte, kann dies gratis tun. Eine Führung duch den Weinkeller, in dem weitere Installationen zu bestaunen sind, kostet nach Anmeldung 25 € (☎ 0577-746069), mit Verkostung von 4 Weinen und Öl 50 €.

■ Einkehrmöglichkeit im Restaurant **Ristoro di Ama,** Di Ruhetag. ☎ 0577-746031, www.castellodiama.com.

San Sano: Noch beschaulicher als in Lecchi geht es im nahen San Sano zu, ein kompaktes, herausgeputztes Dörfchen, das für seine Spitzenweine bekannt ist. Das Landgasthaus **La Grotta della Rana** lockt die wenigen Touristen an.

Übernachten/Essen   *** Hotel Residence San Sano, kleines, stilvolles Country-Hotel in einem Gebäudekomplex aus dem 13. Jh. 15 Zimmer, absolute Ruhe, Pool. Der Eigentümer ist etwas eigensinnig, aber schön ist es hier nach wie vor! Abends wird für die Gäste gekocht. DZ 130–150 €. San Sano 21, 53013 Gaiole, ☎ 0577-1698022, www.sansanohotel.it.

La Grotta della Rana, familiäres Lokal mit toskanischer Hausmannskost zu gehobenen Preisen. In der 1. Etage sitzt man wie im Wohnzimmer, im Sommer bietet sich die Terrasse vor dem Haus an. Dazu ein kleiner Lebensmit-

telladen. Mi Ruhetag. Loc. San Sano, ☎ 0577-746020, ☎ 0577-746925.

Parco Sculture del Chianti von Pievasciata: Noch sind in der Umgebung von Lecchi nur wenige Straßen asphaltiert, aber das könnte sich bald ändern. Der 2004 gegründete **Skulpturenpark** zieht jährlich mehr Besucher an, in der Kunstwelt hat er seinen Platz längst erobert und findet auch internationale Beachtung. Vielleicht sorgen die Behörden dereinst für staubfreiere Zufahrtswege.

Gründer des Parks sind Rosalba und Piero Giadrossi, die das bewaldete Gelände einer ehemaligen Wildschweinzucht aufkauften, um hier Kunstwerke in freier Natur auszustellen. Der **Rundgang** – ca. 1 Stunde, meist im Wald verlaufend – führt an Skulpturen von 28 zeitgenössischen Künstlern aus allen fünf Kontinenten vorbei. Die meisten Werke entstanden vor Ort: Die eingeladenen Künstler sahen sich auf dem Gelände um und ließen sich inspirieren. Auf dem Weg zum Skulpturenpark überraschen weitere 10 zeitgenössische Installationen. Die Werke des „Borgo

Landgasthaus seit Generationen in San Sano: die Terrasse der Grotta della Rana

d'Arte Contemporanea" sind über die ganze Ortschaft verstreut und stimmen auf den Skulpturenpark ein.

Anfahrt Am einfachsten von der Superstrada Florenz – Siena aus. Ausfahrt Siena Nord nehmen, für 1,5 km den Hinweisschildern Richtung Castellina in Chianti folgen, dann rechts Richtung Vagliagli abbiegen. Nach 8 km rechts abbiegen nach Pievasciata. Eine Naturstraße bringt Sie nach 4 km zum Park. Für die Anfahrt von Castellina, Radda oder Castelnuovo Berardenga (teils Naturstraßen) ist eine gute Karte bzw. ein gutes Navigationsgerät nützlich. Stets auf die braune Beschilderung („Parco Sculture") achten.

Öffnungszeiten April–Okt. tägl. 10 Uhr bis Sonnenuntergang. Eintritt 10 €, mit Konzert 15 €. An der Kasse gibt es eine kostenlose App auf Deutsch sowie einen Katalog (20 €), der die Werke ausführlich erklärt und von der Professionalität der Kuratoren zeugt. Von Juni bis Aug. jeweils Di 19 Uhr Konzerte im Park (Jazz, Tango, klassische Musik, Weltmusik). ✆ 0577-357151, www.chiantisculpturepark.it.

Castello di Brolio

Das beeindruckendste und auffallendste Schloss des südlichen Chianti ist schon von weitem sichtbar. Die stattliche schlosseigene Kellerei befindet sich direkt unterhalb der trutzigen Burgmauern. Als der Werbefotograf Barone Francesco Ricasoli das heruntergewirtschaftete Landgut seiner Familie Mitte der 1990er übernahm, dachte er wohl nicht im Traum daran, dass es die Weinpäpste des „Gambero Rosso" bald zum Weingut des Jahres küren würden.

Besichtigung Gartenanlagen, Burgmauern und Kapelle S. Jacopo, Mitte März–Okt. tägl. 10–18 Uhr, Nov./Dez. frühere Schließung, Jan./Febr. geschlossen. Eintritt 5 €. Von Gaiole in Richtung Siena, 11 km von Gaiole, ausgeschildert.

Es gibt unterschiedliche Varianten von Führungen. Vom Museumsbesuch über die Besichtigung des Waffensaals bis zur Verkostung alter Weine und Weinbergausflüge mit Picknick oder Mittagessen im Schloss ist zwischen 8 € und 140 € vieles möglich. Geführte Besichtigungen (auch Deutsch) Di–So 10.30–12.30 und 14.30–17 Uhr.

Wein Die Verkostung im großzügig gestalteten **Verkaufsraum der Enoteca** an der Straße direkt an der Weggabelung unterhalb der Burg kostet 5 €, die beim Einkauf verrechnet werden. Tägl. 10–19 Uhr. ✆ 0577-730220, www.ricasoli.it.

Essen **Osteria del Castello,** bei der Burg Brolio mit idyllischem Garten, in dem tagsüber im Schatten der Zypressen raffinierte toskanische Küche serviert wird. Dazu passen hervorragend die Weine des Schlosses (Castello di Brolio). Do Ruhetag. Loc. Brolio, ✆ 0577-747277.

Castello di Cacchiano

Ein weiteres traumhaft gelegenes Chianti-Schloss an der Burgenstraße. Allein der Ausblick von hier oben auf das südliche Chianti und das gegenüberliegende Castello di Brolio lohnt den Abstecher. Das Schloss befindet sich im Besitz der Familie Ricasoli-Firidolfi.

▪ An der Abzweigung beim Castello di Brolio links ab (beschildert). Direktverkauf Mo–Fr 10–12 und 14–18 Uhr. Loc. Monti in Chianti, ✆ 0577-747018, www.castellodicacchiano.it.

Castelnuovo Berardenga   ca. 9200 Einwohner

Das Städtchen, einer der frühesten Weinorte des Chianti, liegt südlich der heutigen Chianti-Classico-Gebietsgrenzen. Weil zahlreiche Weinberge von Castelnuovo Berardenga aber noch zum Chianti Classico gehören, wird auch der Ort selbst eng mit dem Wein in Verbindung gebracht. Castelnuovo geht auf eine Festungsgründung der Republik Siena im Jahr 1386 zurück.

Wenn man sich Castelnuovo von Norden nähert, fällt seine Randlage auch geographisch auf: Keine Hügel bis zum Horizont, nur weites, fast flaches Land prägt die Gegend. Das Städtchen selbst wirkt aus der Ferne größer, als es ist. Der Ortskern wird von der Piazza Marconi dominiert, an der sich das öffentliche Leben abspielt.

Villa Chigi: Das eindrucksvollste Gebäude des Ortes ist heute im Besitz der Bank Monte di Paschi di Siena. Der schöne Park ist nur zu besonderen Anlässen der Öffentlichkeit zugänglich (Auskünfte in der Touristinformation, s. u.).

Hin und weg **Bus:** 8-mal tägl. nach Siena, Tickets in der Bar Centrale.

Information **Touristbüro,** März–Okt. Di–So 9.30–12.30, Fr/Sa 15–18 Uhr. Via del Chianti 61, ℡ 0577-351337.

Übernachten **Pozzo della Citerna,** über die steilen Treppen des schmalen Gebäudes erreicht man 2 einfache DZ und ein Familienzimmer (2 Schlafräume). Die Besitzer sind begeisterte Radler; es gibt einen Fahrradverleih und gute Ausflugstipps. Eine sympathische Adresse! DZ ab 40 € ohne Frühstück, freie Küchenbenutzung. Via E. Mazzei 19, ℡ 0577-35 5337, www.ilpozzodellaciterna.it.

B & B Casa Cernano, ca. 1 km südlich des Orts. Kleines Anwesen einer Österreicherin mit 4 DZ, unkomplizierter Atmosphäre, Hängematte im Garten, gutes Frühstück. Hunde sind willkommen. DZ mit Bad 75 €, Frühstück 7 €. Strada Provinciale 7/5, ℡ 0577-355580, www.casa-cernano.com.

Certosa di Pontignano, die überwältigende Anlage des einstigen Klosters des Kartäuserordens aus dem 14. Jh. dient heute der Universität Siena als Kongresszentrum. Übernachten kann man in den früheren Klausurzellen, in komfortablen Räumen oder in modern-nüchternen Zimmern. DZ inkl. Frühstück 60–120 €, es gibt auch EZ. Auch ohne sich in Klausur zu begeben, lohnt ein Besuch der Kreuzgänge und des Gartens. Ein **Restaurant** ist in den Klosterkomplex integriert. Anfahrt: ca. 25 km von Castelnuovo Berardenga entfernt bzw. ca. 5 km von Siena. Loc. Pontignano. ℡ 0577-1521104, www.lacertosadipontignano.com.

Essen/Wein **La Taverna della Berardenga,** eine der zuverlässigen Adressen der Gegend. Einfache, frische Hausmannskost inklusive Gastlichkeit zu reellen Preisen. Mo Ruhetag. Via del Chianti 70, ℡ 0577-355547.

Ristorante Quei 2, bei Carlo und Claudio ist es immer voll und das Lob für die Küche groß. Gute Gerichte auch vom Holzkohlengrill. Mi Ruhetag. Via del Chianti 34, ℡ 0577-355433.

Enoteca Bengodi, Restaurant/Weinstube an der neu gestalteten Piazza Marconi;. Mo Ruhetag. Via della Società Operaia 11, ℡ 0577-355116.

Umgebung von Berardenga

San Gusmè: Das Dörfchen mit seinen Plätzen und verwinkelten, autofreien Gassen ist den Abstecher von der SS 484 unbedingt wert. San Gusmè, eine ehemalige Befestigung der Stadt Siena, wurde in den ersten Jahren des neuen Millenniums restauriert und wirkt entsprechend herausgeputzt.

Essen & Trinken **Da Sira e Remino,** im Zentrum, der Tipp für die toskanische Brotzeit: Auf Holztellern werden gute Portionen mit frischem Schinken und Käse serviert, dazu gibt es offenen Wein. Tägl. 11.30–14.30 und ab 18.30 Uhr bis Ende. Mo Ruhetag. Via della Porta 13, ℡ 0577-358043.

La Porta del Chianti, gehobenes Restaurant in einem Saal mit Kreuzgewölbe und mächtigem Kronleuchter. Die Toskanisch-sizilianische Küche serviert auch frischen Fisch. Piazza Castelli 10, ℡ 0577-359036.

Villa a Sesta: Wenige Kilometer nördlich von Castelnuovo Berardenga, noch kleiner als San Gusmè und ein total verschlafenes Nest, das aber im ganzen Chianti-Gebiet für sein hervorragendes Feinschmeckerrestaurant bekannt ist (s. u.). An der Piazza del Popolo gibt's eine Bar, gleich nebenan steht die restaurierte **Pieve di Santa Maria,** deren Gründung auf das 8. Jh. zurückgehen soll – und das war's.

Übernachten/Essen **Villa di Sotto,** am unteren Ortsrand; malerisch gelegenes kleines Bauerngehöft mit weitem Blick ins umliegende Land. Zwei Pools sorgen für Erfrischung. Im angeschlossenen Restaurant kann man ausgezeichnet essen – hier werden die Steaks noch auf Holzkohle gegrillt. DZ inkl. Frühstück ca. 77 €. Via S. Caterina 30, ℡ 347-9327090, www.villadisotto.it.

La Bottega del 30, chiantiweit bekanntes, geschätztes kleines Restaurant. Die feine Küche wurde oft prämiert, der Michelin-Stern wird der urigen Institution seit über 20 Jahren verliehen; die Preise sind entsprechend. Trotz alledem lohnt der kulinarische Ausflug hierher. Nur abends geöffnet, mittags nur auf Anfrage. Di Ruhetag. Via S. Caterina 2, ℡ 0577-359226.

Das Chianti ↓ Karte S. 94

Von Siena nach San Gimignano

Hinter dem Chianti wird der Wald weniger. Man erreicht eine Ebene mit Wein und Oliven – und mit einigen der schönsten mittelalterlichen Orte, die die Toskana zu bieten hat. Schon die spektakulären Silhouetten von Siena, San Gimignano und dem Castello di Monteriggioni erzählen von einstiger Größe.

Timing-Tipp! Wer Siena, San Gimignano oder Monteriggioni besucht, sollte dies vor bzw. nach den Reisebussen voller Tagestouristen tun. Es lohnt sich, der Eindruck ist ein völlig anderer.

Die Gegend wurde seit jeher von Reisenden frequentiert: Wir befinden uns an einer der schönsten Etappen der **Via Francigena,** der Frankenstraße, der traditionellen Route der Pilger aus dem Norden nach Rom.

Was anschauen?

Die Piazza del Campo und der Dom von Siena: Genau hier, am schönsten Platz der Toskana – wenn nicht gar der Welt – findet das traditionelle Pferderennen **Palio** statt, bei dem die sonst eher reservierten Sieneser mit Hingabe gegeneinander antreten. Was gibt es Schöneres, als bei Cappuccino oder Apérol die einzigartige Stimmung am Campo zu genießen? → **S. 142**

Auf einem Spaziergang durch die Backsteingotik der Altstadt steht der Dom mit hellem, reich verziertem Hauptportal auf einem Mal vor einem! Innen lohnt der Anstieg zur **Porta del Cielo** ins Kreuzgewölbe und erlaubt eine „himmlische" Perspektive bis zu den Bodenmosaiken. → **S. 149**

Castello di Monteriggioni: schon aus der Entfernung imposant – ein vollständig erhaltenes Kastell, dessen 570 m lange, begehbare Rundmauer mit 14 Türmen den schönen Platz eines echten Dorfes umgibt. → **S. 161**

Colle di Val d'Elsa: Ein Spaziergang in die ruhige Oberstadt Colle Alto führt zu Dom, grandiosen Renaissancepalästen und Sterneküche. → **S. 165**

San Gimignano: Das Manhattan der Toskana ist ein Muss mit Palazzo Communale, Torre Campatelli und Dom. Wer eine Pause braucht, spaziert zum Park an der Rocca. → **S. 176**

Certaldo Alto: Per Zahnradbähnchen geht es hoch in die ganz aus rotem Ziegelstein gebaute Heimat des Renaissance-Dichters Boccaccio. Sein Wohnhaus lohnt sich. → S. 172

La Gerusalemme di San Vivaldo: der Heilige Berg der Toskana, abgelegen in aller Waldeinsamkeit. In 18 Kapellchen werden Teile des Evangeliums erzählt und mit Terracotta-Figuren nachgestellt. → S. 174

Wo Wein probieren?

Wine Experience La Rocca in San Gimignano: Einen guten Überblick zu Güte und Genuss von Vernaccia, dem hiesigen Weißwein gibt das Museum am Park der Rocca mit anschließender Verkostung im Gärtchen. → S. 181

Poderi del Paradiso bei San Gimignano: Der Familienbetrieb des Weinguts mit angeschlossenem Agriturismo produziert inmitten paradiesischer Bilderbuchkulisse hochwertige Weine nicht nur aus der Vernacciatraube. Am Besten gleich einmieten! → S. 184

Fattoria Poggio Alloro bei San Gimignano: Das Angebot an guten Weinen und vielem mehr wird noch durch eine Besonderheit ergänzt: **Safran.** Im Hofladen des Biobetriebs wird er tütchenweise verkauft. Ein klasse Souvenir, das kaum Platz braucht. → S. 184

Wo essen und trinken?

Osteria Sotto le Fonti in Siena: Abseits vom Zentrum genießt man ausgezeichnete Küche und auf der Terrasse den 1a-Blick auf den Dom. Die Wirtsleute kochen und bedienen, man fühlt sich wie zu Hause – nur besser! → S. 159

La Mandragola in San Gimignano: Angenehm sitzt es sich bei regionaler Küche im einladenden Garten des Restaurants im Zentrum. → S. 182

Gelateria di Piazza in San Gimignano: Eine Schlange vor der Eisdiele weist auf die unwiderstehliche Nummer eins hin. Die Eiscreme-Kreationen lassen keinen Wunsch offen. Bleibt nur noch die Frage *coppa o conno* - Becher oder Tüte!

Wo wandern?

Zumindest ein Stück der insgesamt etwa 1700 Kilometer der Via Francigena sollte anhand unserer **Wanderung 9** gepilgert werden. Vielleicht der Beginn einer weiteren Reise ...? → S. 240

Wo einkaufen?

Siena: Mittwochvormittag geht in der Stadt noch etwas. Es ist Markttag, und den lässt sich hier keiner entgehen. Frühes Erscheinen erhöht die Chancen auf einen Parkplatz. Und dann nix wie rein ins Getümmel! → S. 138

Colle di Val d' Elsa: In der modernen Unterstadt kommt endlich das Thema **Shopping** ernsthaft zum Zuge! Die kleinen feinen Adressen im Zentrum haben das Gewisse Etwas und sollten bei Bedarf an Schuhen, Taschen und Vintage-Mode angesteuert werden. → S. 169

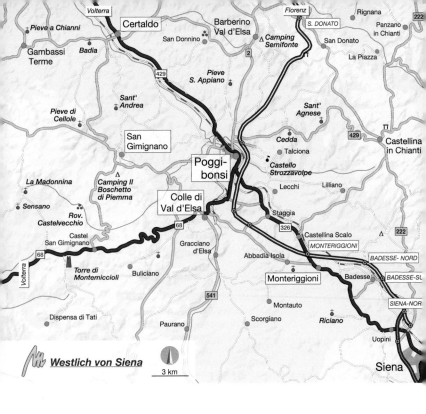

Siena

ca. 55.000 Einwohner

Rotbraune Backsteinbauten in schummrigen Straßenschluchten, dem gekrümmten Profil der Hügel angepasst, auf denen Siena erbaut wurde. Die Altstadt ist durch und durch gotisch-mittelalterlich, doch Verkehr und Tagestourismus verschonen nur wenige der engen Gassen. Seine Reize zeigt Siena besonders frühmorgens oder in den Abendstunden, wenn rund um die berühmte Piazza del Campo wieder Ruhe ist.

Siena ist nicht in das grüne Hügelland der Umgebung hineingewuchert, die Einwohnerzahl hat sich seit der Blütezeit der Stadt nicht erheblich verändert. Die Silhouette wird geprägt durch die vollständig erhaltene Stadtmauer und den bis zur Plattform 88 Meter (!) hohen Rathausturm, die **Torre del Mangia.**

Zu Füßen des Turms erstreckt sich muschelförmig die **Piazza del Campo,** Italiens berühmtester mittelalterlicher Platz, meist nur Campo genannt. Fast sämtliche Gebäude wurden aus Backstein erbaut, auch die Adelspaläste. Eine Ausnahme ist Sienas Prunkstück, der marmorverkleidete Dom. Auffällig sind auch die geschmiedeten Ösen an den Häuserwänden – fast schon kleine Kunstwerke aus Eisen –, an die einst die Pferde gebunden oder in die Fackeln gesteckt wurden.

Siena ist ein **Freilichtmuseum der italienischen Gotik,** die aber mit der himmelwärts strebenden nordischen Gotik, wie sie z. B. der Kölner Dom zeigt, wenig gemein hat. Seit der Blütezeit im 14. Jahrhundert und besonders nach der Eroberung durch Florenz (1559) entstanden keine herausragenden Bauwerke mehr. Für kunsthistorisch Interessierte ein unschätzbarer Vorteil: Der mittelalterliche Baustil blieb unverfälscht.

Stadtgeschichte

Siena war eine der mächtigen mittelalterlichen Stadtrepubliken und die große Konkurrentin von Florenz. In den Jahrhunderten der zermürbenden Kämpfe zwischen Ghibellinen (kaisertreu) und Guelfen (papsttreu) versuchte die Stadt mit aller Kraft, ihre Unabhängigkeit zu bewahren, bis sie schließlich im Jahr 1555 vor der geballten Militärmacht Kaiser Karls V. die Waffen strecken musste. Seitdem ist es ruhig geworden in Siena, doch die Stadtanlage, die Bauten und Kunstwerke, alles erinnert noch an die große Zeit der Stadtrepublik.

Der Sage nach wurde Siena von den Söhnen des legendären Rom-Erbauers Remus gegründet. Entsprechend ist die Wölfin mit ihren säugenden Kleinen nicht nur das Wahrzeichen von Rom, sondern auch das Sienas. Sicher ist, dass die Stadtgründung in die etruskische Zeit (ca. 300 v. Chr.) fällt, doch war diese Ansiedlung ohne Bedeutung. Unter den Römern scheint sich dann ein gewisser Unabhängigkeitsdrang breitgemacht zu haben. So erwähnt Tacitus einen empörten Senator, der behauptet, von den Einwohnern Sienas übel verprügelt worden zu sein ...

Die Wölfin von Siena

Im 12. Jh. begann der erbitterte Kampf um Autonomie, aus dem Siena gestärkt hervorging. Im Kampf gegen den Bischof von Volterra eroberten die Sieneser 1137 die Silberminen von Montieri und schufen sich damit die Basis ihrer Macht. Bald schon konstituierte sich Siena als unabhängige Republik mit eigener Münzprägestätte – Siena wurde zentraler Anlaufpunkt für Geldgeschäfte aller Art. In dieser Zeit begannen die machtpolitischen Auseinandersetzungen mit Florenz. Siena war kaisertreu (ghibellinisch), während es Florenz mit dem Papst hielt. Dieser Gegensatz, der die ober- und mittelitalienische Geschichte bis ins Hochmittelalter bestimmte, brachte erbarmungslose Kämpfe zwischen den beiden Republiken mit sich. Hineingerissen in die politischen und militärischen Auseinandersetzungen der Zeit, versuchten beide Kommunen, sich ein Stück vom großen toskanischen Kuchen zu sichern und ihre Gebiete zu erweitern.

Von Siena nach San Gimignano ↓ Karte S. 138

Der 4. September 1260 ging in die Annalen der Stadt ein. An diesem Tag brachten die Sieneser Florenz in der Schlacht von Montaperti (einige Kilometer südöstlich von Siena) eine vernichtende Niederlage bei. Tausende gefangener Florentiner wurden im Siegestaumel durch Siena getrieben. Der finanzielle Einsatz des Patriziers *Salimbeni*, der seine gesamten Geldmittel in die Anwerbung von Söldnern investiert hatte, um Sienas Schlagkraft zu stärken, war belohnt worden. Bereits neun Jahre später drehte Florenz den Spieß um und besiegte die Sieneser bei Colle di Val d'Elsa. In der Folgezeit kam es noch des Öfteren zu militärischen Auseinandersetzungen zwischen den beiden Republiken.

Seine Blüte erlebte Siena unter dem „Rat der Neun" (*Consiglio dei Noveschi*), einem Regierungsbündnis aus neun wohlhabenden Kaufleuten, das die Geschicke der Stadt unter Ausschluss des Adels zwischen 1287 und 1355 lenkte. Zu dieser Zeit muss Siena in Reichtum schier erstickt sein; einen Abglanz davon sieht man noch heute auf Schritt und Tritt.

Das jähe Ende kam 1348, als die Pest in der Stadt ausbrach. Die Seuche, die von den schlechten hygienischen Verhältnissen in den Städten herrührte, raffte 80 % (!) der Bevölkerung dahin. Von dieser Katastrophe erholte sich Siena nie mehr ganz. Die Feinde der Stadt nutzten die Schwäche sofort aus, allen voran Kaiser Karl IV., dem die unabhängigen Stadtrepubliken in Italien lange schon ein Dorn im Auge waren. 1355 schürte er einen Volksaufstand in Siena, das nicht mehr zur Ruhe kam. Kämpfe der Adelsgeschlechter untereinander, Kämpfe gegen die benachbarten Städte und Kämpfe gegen den Kaiser wechselten sich ab.

Sienas Schlussakt folgte 1555: Kaiser Karl V. zog mit seiner Streitmacht gegen die Stadt. Unterstützt wurde er von *Cosimo de Medici*, dem Herrscher von Florenz. Nach einjähriger Belagerung fiel Siena, die kaiserlichen Truppen marschierten ein und das Ende der freien Kommune war besiegelt. Karl V.

Der Dom von Siena – vornehm schwarz-weiß gestreift

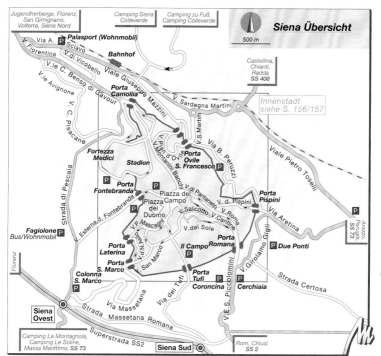

übertrug Cosimo I. die gesamte Toskana als Herrschaftsgebiet, Siena eingeschlossen. Über 700 sienesische Familien – mehr als die Hälfte der Bevölkerung – wanderten nach Montalcino aus. Zur Erinnerung an dieses Ereignis veranstaltet die Contrada della Tartuca jährlich am 25. März einen 30 km langen Marsch in den damaligen Exilort.

Als nach dem Tod des letzten Medici 1737 die Lothringer die Herrschaft über das Großherzogtum Toskana übernahmen, verlor Florenz an Gewicht. Siena nutzte die Lage und erholte sich, die alten Handelsfamilien erstarkten, das Bankwesen wurde neu aufgebaut. Auch eine neue Straße nach Rom, die *Lauretana*, entstand in dieser Zeit. Das 19. Jahrhundert verlief für die Stadt unspektakulär. Immerhin war Siena 1865 Italiens erste Stadt, die dem neuen Königreich per Volksentscheid beitrat. Heute blüht Siena dank seiner wirtschaftlichen Säulen Tourismus, Universität und – Bankenwesen.

Die Contraden

Die Stadtteile von Siena werden Contraden genannt. Die Zugehörigkeit zur eigenen Contrada prägt bis heute das städtische Leben. Kleine Keramiktafeln mit den Wappen der Contraden – meist mit Tiersymbolen – schmücken fast jeden Straßenzug. Historisch waren die Contraden autonom, sie hatten eine eigene Verwaltung und eigene Gerichtsbarkeit. Heute kümmern sie sich um Aufgaben wie Altenpflege, Kinder- und Jugendarbeit und nicht zuletzt um die Organisation von Festen, insbesondere des *Palio* (s. u.). Darüber hinaus besitzt jede Contrada ihre eigene Kirche, ihr eigenes Museum und andere stadtteil-eigene Einrichtungen.

Hervorstechende Eigenschaft der 17 sienesischen Contraden ist das ausgeprägte Gemeinschaftsgefühl ihrer Bewohner. Ebenso ausgeprägt ist auch die Rivalität unter den Contraden, die sich besonders beim Palio zeigt. So wurden Contraden schon oft wegen „übertriebener Schlägereien" oder gar Messerstechereien vom nächsten Palio ausgeschlossen. Aber auch aus anderen Gründen ist man sich bisweilen nicht sonderlich gewogen. So war lange Zeit die inzwischen siegreiche *Contrada dell'Oca* (Gans) der „Underdog" unter den Stadtvierteln, denn sie hatte die Farben der Nationalflagge in ihrem Banner und wurde unter Mussolini stark protegiert, was ihrem Ruf dauerhaft schadete. Ähnlich ging es der *Contrada dell'Aquila*, die ihr Fähnchen mit dem Habsburger Doppeladler in den

Wind hing; diese Contrade wird auch spöttisch „la Nonna" (die Oma) genannt.

■ **Musei di Contrada:** Die Museen in den einzelnen Stadtbezirken zeigen Trophäen, Uniformen und andere historische Stücke aus der reichen Vergangenheit der Contraden. Die Museen der Contraden werden privat betrieben; einige kann man besuchen, allerdings nur nach Anmeldung. Infos dazu unter www.palio.org. und in der Touristinformation.

Der Palio

Sienas größtes Fest ist der Palio, ein Pferderennen, dessen Wurzeln bis ins 13. Jahrhundert zurückreichen. Es findet jährlich am 2. Juli und am 16. August auf dem Campo statt. Wild entschlossen, das Seidenbanner zu gewinnen, machen sich die Reiter auf den Weg. Zehn der insgesamt 17 Contraden nehmen an dem Wettkampf teil. Das Fiese dabei: Die Jockeys dürfen den Gegner durch Peitschenhiebe auf sein

Die Stadtheiligen von Siena

Mitten in den düsteren Kriegsgeschehen des 14. und 15. Jahrhunderts brachte Siena zwei Heilige hervor, deren Leben unmittelbar aufeinander folgen: *Katharina* (1347–80) und *Bernhardin* (1380–1444).

Die *heilige Katharina* war eine Vertreterin der spätmittelalterlichen Passionsmystik. Aus ihren 381 erhaltenen Briefen, die als bedeutendes Dokument der italienischen Sprache gelten, spricht eine liebevolle, innige Hingabe an Jesus („Er war mein Bräutigam und ich seine Braut ... "). Kirchengeschichtlich bedeutsam ist Katharina, weil sie mit ihren eindringlichen Briefen an Papst Gregor XI. zur Rückführung des Papsttums aus Avignon nach Rom beitrug. Ihr Wohnhaus in Siena ist zu besichtigen (→ Sehenswertes).

Der *heilige Bernhardin*, der „Apostel Italiens", verteilte sein großes Vermögen an die Armen. Sein Vorbild war Franz von Assisi, in dessen Orden er eintrat. Bekannt geworden ist er vor allem als Volksprediger, dessen Zuhörerschaft in die Tausende ging. Um seinen Namen ranken sich zahllose Legenden. So soll eines Tages ein Kartenmaler zu ihm gekommen sein, der sich beklagte, dass Bernhardin in seinen Predigten das Kartenspielen anprangerte und so seine Lebensgrundlage gefährdete. Daraufhin riet ihm Bernhardin, in Zukunft Jesusbilder zu malen – und siehe da, der Mann konnte davon leben ...

Pferd behindern. Besonders in der Rathauskurve wird gepeitscht, geschoben und gedrückt, was das Zeug hält. Die professionellen „Rodeo-Artisten" werden übrigens von den Contraden eingekauft und kommen aus ganz Italien, überwiegend aus Sardinien. Jedes Stadtviertel wird von zwei Pagen, einem Oberpagen und einem Duce repräsentiert und verfügt über ein eigenes Symbol (Giraffe, Schildkröte, Schnecke usw.)

Der *Palio* ist das Seidenbanner, das der Gewinner bekommt und das zu jedem Rennen im Juli von einem anderen italienischen, im August von einem internationalen Künstler gestaltet wird – mal graphisch abstrakt, mal gegenständlich realistisch. Der Banner für den Palio von 2018 wurde vom Zeichner und Karikaturisten Emilio Giannelli gestaltet. Er zeichnet die politischen Karikaturen für den *Corriere della Sera* und gehört der Contrada des Drachens an, die den Palio dann unerwartet auch noch gewann.

Das Rennen auf den ungesattelten Pferden, das am Abend zwischen 17 und 19 Uhr beginnt, dauert nur 70 bis 80 Sekunden, ist aber von komplizierten Zeremonien umrahmt, die vier Tage vorher beginnen. Unmittelbar vor dem Rennen findet der **Corteo Storico** statt, ein festlicher Umzug in Kostümen aus dem 15. Jahrhundert, mit Fahnenschwingern und Trommlern.

Nach dem Rennen werden die Gewinner alkoholschwer gefeiert, in den Straßen der Contraden gibt es dann oft Wein für alle. Wochen später, im September, steigt eine noch größere Feier: der abendliche Festschmaus der Sieger unter freiem Himmel, der bis in die Nacht dauert – das glückliche Siegerpferd ist mit von der Partie.

Immer wieder ereignen sich beim Palio schwere Unfälle. Besonders in der engen Curva San Martino stolpern die Pferde häufig, verletzen sich oder sterben sogar. Der WWF und andere Tierschutzverbände streiten nach wie vor gegen das Pferderennen, bislang erfolglos. Tierschutz gegen Tradition. Actionheld Daniel Craig, alias Agent 007, und seinen Abenteuern dienten Aufnahmen des Palio als Kulisse im Bondstreifen „Ein Quantum Trost". Auf hintersinnige Weise befasste sich auch das erfolgreiche Autorenduo Fruttero & Lucentini mit dem Rennen. „Der Palio der toten Reiter", so der Titel des Romans, ist so spannungsgeladen wie der wirkliche Palio.

Von Siena nach San Gimignano → Karte S. 138

Vorbereitung zum Palio – eine dicke Schicht Tuff schützt Hufe und Reiter

Sehenswertes

Il Campo

Der Platz, der sein Gesicht im Jahr 1347 erhielt, ist unbestritten der schönste der Toskana und noch immer der Mittelpunkt des öffentlichen Lebens. Muschelförmig breitet er sich in der Senke der drei Hügel aus, auf denen Siena erbaut ist. Rundum erhebt sich eine einzigartige Kulisse mittelalterlicher Paläste, die heute Restaurants und Cafés beherbergen. In den kühlen Abendstunden herrscht oft eine berauschende Atmosphäre: spontane Aktionen, Gaudi, Straßenmusik. Wohl nicht zuletzt deshalb wurde der Campo von der amerikanischen Non-Profit-Organisation „Project for Public Spaces" zum viertschönsten Platz der Welt gewählt.

Der Brunnen am Platz, die **Fonte Gaia** (Fröhliche Quelle), wurde zu Beginn des 15. Jh. gebaut. Seinen Namen erhielt er, weil es bei seiner Einweihung zu Jubelstürmen kam, als sich zeigte, dass das über einen 25 km langen Aquädukt hergeleitete Wasser tatsächlich am vorgesehenen Ort hervorsprudelte. Die Reliefs am Brunnen sind Kopien, die Originale befinden sich im Palazzo Comunale.

Wer das Treiben auf dem Campo einmal aus der Distanz betrachten will, begibt sich am besten in die kleine Bar San Paolo (→ Kneipen & Discos); vom Balkon aus hat man einen wunderschönen Blick über den Platz.

Palazzo Pubblico (Palazzo Comunale)

Der Bau des gotischen Rathauses mit seinem mächtigen Turm wurde Ende des 13. Jh. begonnen. 1327 standen der Mittelteil und der untere linke Teil. Bis 1680 folgten der Erker und die obere Fensterreihe. Mit seinen schlichten Verzierungen, den Zinnen und Bögen über den Fenstern diente er vielen Palästen als Vorbild.

Blick vom Turm des Palazzo Pubblico auf die Piazza del Campo

Torre del Mangia: Der 102 m hohe, schlanke Glockenturm des Palazzo Pubblico wurde nach einem Glöckner mit dem wenig schmeichelhaften Namen *Mangiaguadagni* („Geldfresser") benannt. Wenn Sie den Turm besteigen, erwartet Sie eine schwindelerregende Aussicht – und eine tonnenschwere Bronzeglocke über dem Kopf.

▪ Einlass März bis Mitte Okt. 10–18.15 Uhr; Mitte Okt.–Febr. 10–15.15 Uhr. Limit jeweils 30 Personen; zu Stoßzeiten steht man u. U. eine Stunde an, ein Schild mahnt die Besucher, sich nicht länger als 20 Min. auf dem Turm aufzuhalten. Oft ist der Turm schon gegen Mittag bis 16 Uhr ausgebucht. Eintritt 10 €, Familie 25 €. Kombiticket Museo Civico + Torre + Santa Maria della Scala 20 €, Familie 40 €.

Museo Civico: Prachtvolle, von den besten Künstlern der Zeit gestaltete, mit Fresken geschmückte Repräsentationsräume im 1. Stock des früheren Stadtpalasts:

Saal der Balia und der Prioren: Fresken aus dem frühen 15. Jh., darunter Episoden aus dem Leben Papst Alexanders III.

Sala del Concistoro: Die außerordentlich hell leuchtenden Fresken an der in regelmäßige Felder aufgeteilten Decke sind ein Werk von *Domenico Beccafumi*, dem bedeutendsten sienesischen Vertreter des Manierismus. Dargestellt sind die Tugenden des bürgerlichen Lebens.

Cappella del Consiglio: Sie ist vollständig mit Fresken von *Taddeo di Bartolo* ausgeschmückt. Im Vorraum sind heidnische Gottheiten und die politische Prominenz des antiken Rom dargestellt.

Mappamondo – Saal des Erdballs: Benannt nach einer nicht mehr vorhandenen drehbaren Weltkarte von Ambrogio Lorenzetti. Hier ist das berühmte Reiterbildnis des Guidoriccio da Fogliano bei der Belagerung von Montemassi zu sehen. Es stammt von *Simone Martini*, dem neben Giotto bedeutendsten italienischen Maler des Trecento (14. Jh.). Das märchenhaft anmutende

Der Turm des Palazzo Pubblico

Bild, auf dem Ross und Reiter dank der einheitlichen Kleidung vor der kargen Hügellandschaft miteinander verschmelzen, ist ein Bestseller unter den Postkartenmotiven Sienas.

Sala di Nove (auch *Sala della Pace* – Saal des Friedens): Dies war der öffentliche Sitzungsraum der „Regierung der Neun" in der Blütezeit Sienas (1292–1355). Allegorien von *Ambrogio Lorenzetti* stellen „die gute und die schlechte Regierung" dar. Auf dem Fresko rechts die Folgen der guten Regentschaft: Friedlich und in Harmonie begegnen sich die Gesellschaftsschichten in Stadt und Land, Wohlstand und Wohlbefinden spiegeln sich in blühenden Landschaften. An der gegenüberliegenden Wand die Folgen der „schlechten Regierung":

Keine Pizza auf der Piazza!

Aufgrund eines Beschlusses des Rats der Stadt gelten seit 2018 neue Regeln, die das Verhalten auf Straßen und öffentlichen Plätzen bestimmen. So wird explizit auf das Verbot des Sonnenbadens in Badesachen hingewiesen und – Achtung! – auf das Verbot, auf Plätzen, auf Stufen und in Hauseingängen zu essen. Bislang wird man von den städtischen Polizisten nur dazu ermahnt, aufzustehen und weiterzugehen. Doch kann diese Ordnungswidrigkeit mit bis zu 300 € bestraft werden. Also keine Pizza mehr auf der Piazza del Campo! Und überhaupt, wohin nun mit dem Gelato in der Tüte?

Die Gerechtigkeit liegt in Ketten, es herrschen Gier, Gewalt, Betrug und Zerstörung.

Loggia: Ein Stockwerk höher hat man von der großen Loggia einen weiten Blick über den Markt hinaus ins Land.

∎ Einlass: Mitte März–Okt. tägl. 10–18.15 Uhr, Nov. bis Mitte März tägl. 10–17.15 Uhr. Eintritt 9 €, erm. 8 €, Familie 22 €. Kombiticket Museo Civico + Santa Maria della Scala 13 € Das Ticket ist 2 Tage gültig. Info und Vorbestellung unter ℡ 0577-292615.

Dom

Sienas Stolz: Mit seiner gotischen Zuckerbäckerfassade kann sich der Dom der Stadt mit dem in Florenz durchaus messen. Erst wird man von der Fassade aus hellem Marmor fast geblendet, dann verliert sich das Auge in den vielen feinen Details.

Vor allem im oberen Teil ist der Dom reich mit Ornamenten, Statuen, Mosaiken und Skulpturen geschmückt. Im unteren Teil ist die Fassade wie der Glockenturm mit den markanten Streifen versehen. 2007 wurde der Abschluss der Fassadenrestaurierung gebührend gefeiert. Der Dom sieht nun noch eindrucksvoller aus als zuvor.

Früher stand an der Stelle des Doms eine Kapelle, dann, als Siena im 13. Jh. zu Wohlstand kam, wollte man ein gewaltiges Werk zu Ehren der heiligen Maria errichten. Teile des alten Baus wurden abgerissen und das neue Werk in Angriff genommen, doch bald erschien auch dieses – vor allem im Vergleich zum Florentiner Dom – viel zu klein. Der bis dahin gebaute Teil sollte nun das Querschiff bilden, das riesige Längsschiff sollte folgen. *Lando Di Pietro* und die Brüder *Agostino* machten sich um das Jahr 1339 ans Werk, doch Pest und Wirtschaftskrise zwangen 1348 zur Einstellung der Arbeiten. Erst 1376 vervollständigte *Giovanni di Cecco* den oberen Teil der Fassade. Die Glasmosaike stammen aus dem 19. Jahrhundert.

Wer von dem gigantischen, letztlich aber gescheiterten Vorhaben einen Eindruck bekommen will, betrete das Domareal vom Baptisterium her: Das wunderschöne gotische Portal gehört zum nicht vollendeten Bauabschnitt. Die Piazza Jacopo della Quercia ist Teil des Längsschiffs, die Mauer mit dem Eingang zum Dommuseum bildet die linke Seitenwand.

Das **Innere** ist von Säulen in gestreiftem Dekor unterteilt, Sterne leuchten vom Deckengewölbe. Über den Säulen reihen sich chronologisch in U-Form die päpstlichen Häupter von Siricius (384–399) bis Marinus II. (942–946). Auffallend schön und einer der kostbaren Schätze ist die mit Flachreliefs mit Motiven aus dem Leben Jesu geschmückte Marmorkanzel von *Nicola*

Pisano, deren Säulen auf zwei weiblichen und zwei männlichen Löwen ruhen. Sie entstand 1268 und zählt zu den Hauptwerken Pisanos.

Apsis: Neben dem Altar von *Peruzzi* gibt es hier weitere Sehenswürdigkeiten. Im oberen Teil der Wandfresken entdeckt man *Beccafumis* Darstellung der Himmelfahrt Marias. Das außerordentlich hübsche, neunteilige Fenster ist eine Arbeit aus dem 13. Jh. Das Chorgestühl datiert aus dem 14. Jh., die großartigen Intarsien von *Liberale Da Verona* (16. Jh.) wurden erst Anfang des 19. Jahrhunderts eingefügt.

▪ März–Okt. Mo–Sa 10.30–19, So 13.30–18 Uhr. Eintritt mit Libreria Piccolomini 5 €; Nov.–Febr. Mo–Sa 10.30–17.30, So 13.30–17.30 Uhr, Eintritt mit Libreria Piccolomini 2 €. In Zeiten, wenn der Domboden freigelegt ist, (meist ca. 18. Aug. bis 25. Okt.) 8 €. Eine Schleuse sorgt dafür, dass sich maximal 800 Besucher im Dom aufhalten.

Libreria Piccolomini (Dombibliothek): Sie befindet sich links in einem Nebenraum des Doms und wurde im Auftrag des Erzbischofs von Siena, Kardinal Francesco Todeschini Piccolomini, eingerichtet. Er war der Neffe von Pius II. und später als Pius III. selbst ein Jahr lang Papst. Unter den dekorativ bemalten Gewölbebögen stellen prächtige Fresken von *Pinturicchio* zehn Episoden aus dem Leben Pius II. dar. Über dem Eingang der Bibliothek ist die Krönung Pius III. zu sehen. Im Gewölbe prangt das Wappen der Piccolomini, ein Kreuz mit fünf Halbmonden. Zweck des ganzen Aufwands: Die Bibliothek sollte die große Sammlung Pius II. beherbergen. Dazu kam es nicht, weil der Auftraggeber zuvor verstarb und die kostbaren Werke in die vatikanische Bibliothek wanderten. So beschränkt sich der Bestand bis heute auf die domeigenen Choralbücher aus dem 15. Jh.

▪ Öffnungszeiten wie Dom. Eintritt zusammen mit Dom 5 €, Nov.–Febr. 2 €.

Domboden: Der größte Teil des einzigartigen Dombodens mit seinen 52 Bildern entstand zwischen dem 14. und 16. Jh. Bei den ältesten Teilen ergeben eingeritzte, mit Teer gefüllte Fugen das Bild. Die neueren Bildwerke sind wertvolle Einlegearbeiten aus verschiedenfarbigem Marmor. Erzählt werden Episoden der Menschheitsgeschichte von den Ägyptern bis zum Neuen Testament. Um den „Marmorteppich" zu schützen, wurde ein Großteil mit Holzplatten abgedeckt (zu wechselnden Terminen zwischen Mitte August und Oktober sind alle Bildteile frei zu betrachten). Die Inschrift am Haupteingang erinnert den Besucher daran, dass er den „keuschen, der Jungfrau geweihten Tempel" betritt. Das erste Feld zeigt den ägyptischen Mystiker und Philosophen Hermes Trismegistos, der in der

Domfassade vom Zuckerbäcker

Renaissance als Zeitgenosse und Lehrer Moses' galt. Seine Werke wurden erst im 15. Jh. vom Griechischen ins Lateinische übersetzt. Er beschrieb darin eine Naturreligion mit magischen Elementen. Das folgende Feld zeigt die sienesische Wölfin im Kreis der Wappenzeichen der verbündeten Städte (19. Jh., nach einem Original aus dem 14. Jh.). Das letzte Feld im Hauptschiff stammt von *Pinturicchio:* Eine Gruppe wohlhabender Leute nimmt, Schlangen und Eidechsen trotzend, den steilen Weg zum Berg der Weisheit auf sich. Die nackte Fortuna hat sie auf eine Insel gebracht, sie steht mit einem Fuß auf ihrem Boot, mit dem anderen auf einer Kugel und hält mit ihrer Linken das Segel hoch. Oben am Gipfel thront, flankiert von griechischen Philosophen, die Weisheit. Sie reicht Sokrates die Palme, Krates Mallotes ein Buch, während dieser Reichtümer ins Meer schüttet. Eine Inschrift erinnert: Der Pfad der Tugend ist beschwerlich, doch winkt als Lohn das höchste Gut: der Frieden der Seele.

Dommuseum (Museo dell'Opera): Der Eingang zum Museum ist Teil des neuen Doms, der unvollendet blieb. Neben Messgewändern, Gold- und Schmiedearbeiten sind einige Skulpturen von *Pisano* zu bewundern. Im Erdgeschoss befinden sich die Originalfiguren der Domfassade, u. a. Moses, dem durch einen Übersetzungsfehler statt Sonnenstrahlen Hörner aufgesetzt wurden. Im 1. Stock wird das wichtigste Werk der Sieneser Schule aufbewahrt, die „Maestà" von *Duccio di Buoninsegna.* Das Gemälde entstand zwischen 1308 und 1311 und schmückte einst den Hochaltar. Vom 3. Stock führt eine Treppe hinauf zur *Facciatone,* der großen Fassade des unvollendeten Domschiffes. Von hier genießt man einen phantastischen Blick über die Stadt. Nach mehr als 700-jähriger Vergessenheit wurde im Jahr 2000 die *Krypta* mit Fresken aus dem späten 13. Jahrhundert wiederentdeckt.

▪ März–Okt. 10.30–19 Uhr, Nov.–Febr. 10.30–17.30 Uhr. Eintritt 7 €, Krypta 8 €. Kombiticket Dom + Museum + Baptisterium + Krypta + Panorama 13 € (mit freigelegtem Domfußboden 15 €), im Winter 8 €. Das Ticket ist 3 Tage gültig.

Baptisterium (Battistero di San Giovanni): Es liegt im Unterbau des Doms, wurde 1382 fertiggestellt und ist in seinem Stil dem Dom ähnlich. Drei Portale führen in das Innere mit Kreuzgewölbe. Die Fresken in der Apsis und im Gewölbe stammen von *Il Vecchietto* und seinen Schülern (16. Jh.). Das Prunkstück des Baptisteriums ist das *Taufbecken* (15. Jh.) mit Szenen aus dem Leben Johannes des Täufers. Mehrere Künstler haben an den Bronzereliefs gearbei-

Porta del Cielo – Perspektive von der „Pforte zum Himmel"

tet, unter ihnen die bekanntesten ihrer Zeit: *Donatello, Lorenzo Ghiberti* und *Jacopo della Quercia.*

■ März–Okt. 10.30–19 Uhr, Nov.-Febr. 10.30–17.30 Uhr; Kombiticket Baptisterium, Dom, Museum und Krypta 13 €, im Winter 8 €. Das Ticket ist 3 Tage gültig.

Porta del Cielo: Gleich hinter dem Eingang im Dom erklimmt man über eine schmale Wendeltreppe das Obergeschoss der Kathedrale. Im Rahmen einer geführten Besichtigung gelangt man über Gänge und Balkone in Räume und Bereiche, die sich über den Kreuzgewölben des Gebäudes befinden, bis hinauf aufs Dach. Die Porta del Cielo, die „Himmelspforte" lohnt wegen des Blicks auf den Innenraum der Kathedrale; in dieser beachtlichen Höhe kommen die verzierten Marmorfußböden besonders gut zur Geltung.

■ März–Okt. 10.30–19 Uhr, Nov.–Febr. 10.30–17.30 Uhr; Kombiticket Dom + Museum + Baptisterium + Krypta + Panorama 20 € (3 Tage gültig). Info und Vorbestellung ☎ 0577-286300, www.operaduomosiena.it.

Pinacoteca Nazionale

Die rund 700 Bilder vermitteln einen guten Überblick über die toskanische und speziell die sienesische Malerei des 13. bis 16. Jh. Der Rundgang beginnt in der 2. Etage. Vom frühesten Meister Sienas, von *Duccio di Buoninsegna*, ist die „Madonna dei Francescani" (teilweise zerstört) zu sehen. Den Namen erhielt das Bild wegen der drei knienden Franziskanermönche, die, beschützt vom weiten Mantel der thronenden Maria, in Gebet verharren – eine eindrucksvolle Komposition.

Der Saal 6 zeigt eine Reihe Madonnen mit Kind, darunter auch einige von *Simone Martini*, der, anfänglich stark von *Duccio* beeinflusst, später zu einem dekorativeren Stil gefunden hat, wie der berühmte „Guido Riccio" im Palazzo Pubblico zeigt. Ebenso berühmt wie Simone waren in der ersten Hälfte des 14. Jh. die Brüder *Pietro* und *Ambrogio*

Lorenzetti. Von *Pietro* ist u. a. der „Karmeliter-Altar" zu sehen, ein großes Gemälde in Gold- und Grüntönen. Von *Ambrogio* sind u. a. die ausdrucksstarke „Beweinung Christi" und eine „Verkündigung" zu erwähnen.

■ Di–Sa 8.15–19.15 Uhr, So, Mo, Feiertage 9–13 Uhr. Eintritt 4 €, erm. 2 €. Jeden 1. Sonntag im Monat Eintritt frei.

Santa Maria della Scala (SMS)

Der mächtige Palast gegenüber dem Hauptportal des Doms war eines der ältesten kirchlichen Hospize Europas. Noch bis 1997 wurde es als Krankenhaus der Stadt genutzt; heute dient es als Museum.

Die **Verkündigungskirche (Chiesa della Santissima Annunziata)** befindet sich gleich im Eingangsbereich, im Chor zeigt ein Fresko aus dem 18. Jh., wie Kranke zum heilenden Quellbecken getragen werden. Prunkstück ist der **Pilgersaal (Pelegrinaio),** der mit weltlichen Motiven ganz realistisch ausgemalt ist – Szenen aus dem Alltag des Krankenhauses schmücken unter anderem die Wände. Die meisten Fresken schuf im 15. Jh. Domenico di Bartolo. Die **alte Sakristei** ist komplett mit Fresken von Lorenzo Vecchietta bemalt. In den restlichen Sälen sind wechselnde Ausstellungen zu sehen, die meist einen Bezug zur früheren Bestimmung des Gebäudes haben. Eine Sammlung historischer Contrade-Fahnen, ein Kunstmuseum für Kinder, archäologische Sammlungen sowie die verwitterten Originalreliefs des Fonte-Gaia-Brunnens, der auf dem Campo steht, bereichern das Museum. Das einstige Hospiz für Kranke, Arme, Verwaiste und Pilger auf ihrem Weg nach Rom wandelt sich zunehmend in eine spannende Museumseinrichtung, mit zeitgenössischen Installationen und Ausstellungen zu aktuellen Kunstströmungen.

■ 15. März bis 15. Okt. tägl. außer Di 10–19, Do 10–22 Uhr, 16. Okt. bis 14. März Mo, Mi, Fr 10–17, Do 10–20, Sa/So 10–19 Uhr. Eintritt 9 €.

Von Siena nach San Gimignano → Karte S. 138

Kombiticket Santa Maria della Scala + Dom + Museum + Baptisterium + Krypta + Panorama 18 €, mit freigelegtem Domfußboden 20 €, mit Porta del Cielo 25 €. Das Ticket ist 3 Tage gültig. Reservierung unter ✆ 0577-292615 und online: ticket@comune.siena.it.

Noch mehr Sehenswertes in der Stadt

Basilika San Domenico: Der hohe gotische Bau aus dem 13. Jh. (erweitert im 15. Jh.) wirkt mit seiner kahlen Backsteinfassade im Vergleich zu den historischen Bauwerken Sienas fast modern. Ein Besuch lohnt besonders in den Morgenstunden, wenn das Licht durch die blauen und roten Glasfenster über dem Hauptaltar hereinflutet. Sehenswert ist die **Cappella di Santa Caterina** mit Sodomas „Die Ohnmacht der Heiligen Katharina". In der **Cappella delle Volte** ist eine weitere Darstellung der Katharina zu sehen: Die in Blau gekleidete Heilige mit einem Blumenzweig richtet den Blick auf eine vor ihr kniende Gläubige. Das Fresko stammt von *Andrea Vanni*, der die Stadtheilige persönlich gekannt hat, ihre Gesichtszüge gelten als authentisch. Katharinas Haupt wird in einer Seitenkapelle rechts aufbewahrt, daneben weitere Reliquien, u. a. ein in Silber gefasster Finger der Heiligen.

▪ März–Okt. 7–18.30 Uhr, Nov.–Febr. 9–18 Uhr.

Chiesa San Francesco: Die Kirche gehört zum Sieneser Franziskanerkloster, dessen weitere Gebäude heute großteils von der Universität genutzt werden; angehende Wirtschafts- und Kommunikationswissenschaftler schleppen Lehrbücher durch den Kreuzgang. Sehenswert ist die Krypta, heute der Lesesaal.

Der zebragestreifte Innenraum wirkt recht kahl. In zwei Kapellen sind Fresken der Brüder *Lorenzetti* erhalten; das Gold ist abgeblättert, nur noch die Grundierung zu sehen, was die Klarheit der Darstellungen aber nicht wesentlich beeinträchtigt.

Casa di Santa Caterina: Hier wurde die heilige Katharina als 25. (!) Kind eines Färbers geboren. Das „Haus" ist ein richtiger kleiner Gebäudekomplex geworden, mit einer Kirche und zwei Oratorien. Besonders schön gestaltet wurde der Eingangsbereich, zur Seite mit einem doppelten Portikus. Das **Oratorio della Cucina** befindet sich an der Stelle der Küche des elterlichen Wohnhauses. Hier fühlt man sich wie in einem bunten Schatzkästlein: eine schwer vergoldete Kassettendecke, die Wände voll mit Ölgemälden aus dem 17. Jh., die Episoden aus dem Leben der Heiligen zeigen.

▪ Tägl. 9.30–19 Uhr. Eintritt frei.

Synagoge: Die einst große jüdische Gemeinde Sienas zählt heute nur noch rund 50 Mitglieder und wird vom Florentiner Rabbi betreut. Nach der Renovierung in den 1990er-Jahren strahlt die Synagoge im alten Judenghetto wieder hell und feierlich. Gebaut wurde

Die deutsche Kapelle in der Basilika San Domenico

Friedrich II. von Hohenstaufen trieb die Gründung von Universitäten voran. Die Anfangszeit der Sieneser Universität im 14. Jahrhundert war deshalb stark deutsch geprägt: Viele deutsche Studenten, die meisten von adeliger Herkunft, waren hier immatrikuliert, und viele starben auch in Siena. Da man damals nur in geweihter Erde in bzw. unter der Kirche bestattet werden durfte, kauften sich etliche dieser begüterten Studenten „ihre" Grabstelle in der Krypta von San Domenico; ihnen wurde eine Seitenkapelle gewidmet.

sie in der Übergangszeit zwischen Rokoko und Klassizismus. Ein Schmuckstück ist der im Vorraum ausgestellte „Stuhl von Elias" mit feinen Intarsienarbeiten; Verse in der Rückenlehne beziehen sich auf das Beschneidungszeremoniell, für das der Stuhl verwendet wurde.

▪ 1. Okt. bis 31. Mai So/Mo und Do 10.45–16.45 Uhr, 1. Juni bis 30. Sept. Di–Do 14–18, So/Mo 11–18 Uhr. Führung zu jeder halben Stunde. Eintritt 4 €, erm. 3 €. Ausführlichere Führung nach Voranmeldung unter ☎ 0577-271345.

Fortezza Medicea: Die Stadtfestung westlich der Altstadt ist wegen ihrer Lage einen Spaziergang wert. Die Verteidigungsanlage, von den Sienesern auch Forte Santa Barbara (zu Ehren der Schutzheiligen der Artillerie) genannt, wurde 1560 von Cosimo I. in Auftrag gegeben und an der Stelle erbaut, an der die Florentiner nach dem Sieg über die Sieneser ihr Hauptquartier aufschlugen; bis heute ist sie ein Symbol der sienesischen Niederlage. Im Juli und August kann man hier **Cinema sotto le stelle** (Kino unter den Sternen), also open-air genießen – Sitzkissen für die harten Steinbänke werden verteilt.

▪ An die Festung schließt sich im Nordosten die **Lizza,** der Turnierplatz, an, eine Parkanlage mit alten Bäumen und einem Reiterstandbild Garibaldis.

Palazzo Chigi-Saracini: Der Palast an der Via di Città ist heute Sitz der weltbekannten Musikschule von Siena. In den Sälen, in denen häufig Konzerte stattfinden, hat sich ein kleiner Kunstschatz angesammelt: *Botticelli, Pinturicchio, Sodoma* und viele andere sind

vertreten. Der Zugang bis zum wappenverzierten Innenhof mit Zisterne ist frei, Besichtigung der Säle nur mit Führung. Im schönen Innenhof rieselt im **Art Café** zum Cappuccino klassische Musik aus dem Lautsprecher.

▪ Führungen Okt.–Juni und Sept. Mo–Fr 11.30 Uhr, Do/Fr zusätzlich 16 Uhr, Sa nach Voranmeldung um 11.30 Uhr; im Juli/Aug. Mo–Fr 17.30 Uhr, Sa nach Voranmeldung um 11 Uhr. Eintritt 7 €, erm. 5 €. Tickets im Music-Shop. www.chigiana.it.

Palazzo Salimbeni: am gleichnamigen Platz. Hier wurde 1472 die erste Bank der Welt gegründet, die bis heute aktive „Monte dei Paschi". Siena war berühmt für seine stabile Währung – Fürsten und Kardinäle kamen hier gern zum Geldpumpen vorbei. Im 19. Jh. wurde der Palast umgebaut und erhielt sein neugotisches Aussehen.

Museo della Tortura: im Chiasso del Bargello beim Campo. Die Privatsammlung zeigt unterschiedlichste Folterinstrumente aus dem 16. und 17. Jh., darunter einige seltene Exemplare, die von der Grausamkeit der mittelalterlichen Justiz zeugen.

▪ Tägl. 10–19 Uhr. Eintritt 10 €; Ticket gilt auch für das Partnermuseum in San Gimignano.

Parco Sculture del Chianti: Der knapp 15 km vor den Stadttoren gelegene Skulpturenpark ist unbedingt sehenswert – und mit seinen zeitgenössischen Kunstwerken eine schöne Abwechslung zu Sienas mittelalterlicher Kunst und Architektur. Näheres zum Skulpturenpark → S. 133.

Von Siena nach San Gimignano → Karte S. 138

Basis-Infos

Information Ufficio turistico, April–Okt. tägl. 10–18 Uhr, Nov.–März tägl. 9–17 Uhr. Piazza del Duomo 2, ☎ 0577-280551, www.terresiena.it. und www.enjoysiena.it.

Hin und weg Bahn: Die Stadt liegt an der Nebenstrecke Florenz – Empoli – Poggibonsi – Siena. Zudem mehrmals täglich Züge nach Orvieto (umsteigen in Chiusi). Bahnhof 2 km

außerhalb. Regelmäßig Busse vom Zentrum zum Bahnhof ab Viale Tozzi, Piazza del Sale und Piazza Gramsci.

Alternativ zum Bus ins Zentrum benützt man die Rolltreppen-Rollteppich-Kombination bis zur Antiporta am Viale Vittorio Emanuele, von dort noch ca. 300 m zur Porta Camollia.

Bus: Ab der Piazza Gramsci etwa stündl. nach Florenz, San Gimignano und Volterra (über Colle Val d'Elsa), 3-mal tägl. nach Arezzo, mehrmals tägl. nach Rom (neu mit Flix-Bus), zudem „Beachline" mit Transport zu toskanischen Stränden. Auch viele **Stadtbusse** fahren ab der Piazza Gramsci. Tickets (60 Min. gültig) im Tabakladen. www.tiemmespa.it.

FlixBus-Haltestelle direkt am Bahnhof, Piazza Carlo Rosselli 12.

Parken

Die **Altstadt ist für den Verkehr großteils gesperrt.** Neben Taxis und (vielen und rasenden) Anwohnern mit Sondererlaubnis dürfen nur Touristen mit Hotelreservierung einige Straßen benutzen. Die Zufahrten sind mit Videoanlagen ausgestattet. Auch Siena hat die Einnahmequelle entdeckt – nichts riskieren – Strafzettel werden auch in Deutschland zugestellt! Infos unter www.sienaparcheggi.com.

Nur wenige **kostenlose Parkplätze** unterhalb der Fortezza di Medici (meist besetzt).

Auch die **gebührenpflichtigen Plätze** im und um das Stadio Comunale sind oft belegt, am Markttag, dem Mittwoch, sind sie ganz gesperrt. Weitere gebührenpflichtige Plätze sind rund um die Altstadt verteilt. Der am günstigsten gelegene ist der Parkplatz Santa Caterina, da man von dort aus per Rolltreppe zum Dom hochfahren kann (Ausfahrt Siena-Ovest). Der Parkplatz unterhalb des Bahnhofplatzes, Piazza Carlo Roselli, soll nur 2 €/Tag kosten!

Parkgebühr: An Parkuhren 1,50–1,70 €/Std., Parkhäuser kosten 2 €/Std. und 35 €/Tag.

Großparkplätze Außer den oben genannten gibt es einige weiter entfernte Parkplätze. Sie sind kostenlos, unbewacht und mit einem **Shuttle-Bus**, dem „Pollicino", ans Zentrum angebunden. Die Pollicini fahren Mo–Sa von 7 bis 20 Uhr im 15-Min.-Takt (So alle 30 Min.), Fahrpreis 1,50 €.

Due Ponti, Viale Toselli – im Osten der Stadt. *Pollicino Linea 52*, Haltestelle im Zentrum: Logge del Papa (hinter dem Campo).

Cerchiaia/Coroncina, Cassia Roma (SS 2) – weit im Süden der Stadt. *Pollicino Linea 51*, Haltestelle im Zentrum: zwischen Rathaus und Markthalle.

Colonna San Marco, an der Superstrada Firenze-Siena. *Pollicino Linea 54*, Haltestelle beim Dom oder an der Piazza Indipendenza.

Über Nacht parken Die Parkplätze **am Stadion** sind im Sommer von 23 bis 7 Uhr kostenlos. Einige Hotels haben Vertragsgaragen, die für 24 Stunden ca. 25 € verlangen; in der Regel keine ermäßigten Langzeittarife!

Wohnmobil Für 20 €/Tag darf man das Fahrzeug auf den Parkplätzen Fagiolone und Palasport abstellen.

Adressen & Aktivitäten   → Karte S. 156/157

Antiquitäten, Souvenirs, Leder und Juwelen – Boutiquen aller Art findet man in der Via di Città und der anschließenden Via Banchi di Sotto hinter dem Campo.

Bücher/Zeitschriften Libreria Senese, auch Auswahl an deutschsprachigen Büchern und Tageszeitungen. Via di Città 64.

La Feltrinelli, Italiens bekannteste Buchhandelskette ist zweimal im Zentrum vertreten: Via Banchi di Sopra 64 und 52. Die Filiale in Nr. 52 bietet ein gutes Sortiment an deutschsprachiger Literatur und Wanderkarten.

Unterhalb von San Domenico hat man ein tolles Altstadtpanorama

Bookshop, ebenfalls gutes Angebot an Literatur und Bildbänden; in der zentralen Biglietteria (Kasse) am Domplatz.

Einkaufen Bottega Gino Cacino **36**, Spezialitäten aus der Toskana, z. B. Pecorini, Schinken, Salami etc. Auch kleiner Imbiss für die Mittagspause und Panini. Piazza del Mercato 31.

/mein Tipp **Gazza Ladra,** Tücher aus allen Stoffen, in allen Farben und Formen. Via Banchi di Sopra 33.

🔖 **Consorzio Agrario** **10**, im Supermarkt der landwirtschaftlichen Genossenschaft mit Feinkost vom Feinsten bekommt man ein Riesenangebot an regionalen Spezialitäten in Bioqualität, alles auch zum hier Verzehren. Um bedient zu werden, muss man eine Nummer ziehen! Durchgehend geöffnet. Via Pianigiani 9, Nähe Piazza Matteotti.

Nuova Pasticceria **37**, hier gibts die besten *Ricciarelli* der Stadt, eine sienesische Marzipan-Keks-Leckerei mit Mandeln aus Sizilien, in der 300 Gramm-Schale für 7 € den Preis wert! Via Giovanni Duprè 12 (gleich am Campo).

Antica Drogheria Manganelli **42**, in dem historischen Spezereienladen vereint sich der Duft von Kräutern, Kaffee und Schokolade. Via di Città 71-73.

Forno Il Magnifico **29**, bei Sienesern sehr beliebte Bäckerei. Hier werden Backwaren, z. B. *Pancoli santi,* nach altem Geheimrezepten gebacken. Via dei Pellegrini 27.

La Bottega del Tartufo **34**, was wollten Sie schon immer über Trüffel wissen? Hier können Sie fragen, schauen und kaufen. Im Angebot: Soßen, Nudeln, Butter Öl, Käse, Wurst und Bier – alles mit aromatischem Trüffelaroma. Im ertragsreichen Jahr 2018 kostete das Kilo vom Weißen Trüffel aus Umbrien „nur" 2000 €. Im Vorjahr 2017, als es nur wenig Trüffel gab, stieg der Preis auf 8000 €. Via di Città 72.

Enoteca Italiana, in der Fortezza Medicea – bis auf Weiteres geschlossen, dient z. Zt. nur als Veranstaltungsort.

Stadtführungen, Interesse an dem, was sich hinter den Fassaden in den Contraden verbirgt? Als offizielle Stadtführerin und gebürtige Sieneserin kennt sich **Flaminia Bosi** bestens in punkto Geschichte und Geschichten zur Stadt aus. Eine individuelle 3-stündige Stadttour (auch in die Contraden) kostet z. B. 135 € – in bestem Deutsch. 📞 348-0624264, www.flami-in-siena.com.

Italienischkurse Università per Stranieri di Siena, „die Ausländeruni", Piazza Carlo Rosselli 27/28 (Studentensekretariat und Infor-

Von Siena nach San Gimignano → Karte S. 138

mation). Im Angebot ist eine breite Palette an Kursen, u. a. dreimonatige Grund- und Aufbaukurse für alle Nationalitäten mit Hochschulreifezeugnis, einmonatige Kurse Handelsitalienisch, Fachitalienisch für Mediziner, für Musiker etc. Unterstützung bei der Zimmersuche. ☎ 0577-240100, www.unistrasi.it.

Wochenmarkt jeden Mi 7–13 Uhr an der Piazza La Lizza (Nähe Fortezza) und am anschließenden Viale XXV Aprile, immer krachend voll! Am Markttag akuten Parkplatzmangel einkalkulieren – und Vorsicht vor Taschendieben!

Musik Im Sommer veranstaltet die Musikakademie Accademia Chigiana vor allem **klassi-sche Konzerte** im Palazzo Chigi Saracini sowie im Teatro Rozzi: Mozart, Bach, Strawinsky, Mussorgski etc. Aktuelle Infos unter www.chigiana.it.

Siena Jazz: Das Jazz-Seminar veranstaltet von Ende Juli bis Anfang Aug. Seminare für Profis. Die Vorträge, Workshops, Konzerte, Sessions mit nationalen und internationalen Stars finden in der Fortezza Medicea, oft auch in den Gärten der Contraden statt. Infos unter www.sienajazz.it.

Kurzfristig anberaumte Konzerte unter www. enjoysiena.it.

Übernachten

→ Karte S. 156/157

Die meisten Hotels liegen innerhalb der Stadtmauern. Trotz der zentralen Lage sind sie relativ ruhig, weil die Altstadt autofrei ist – Siena hat Italiens älteste Fußgängerzone! Mit einer Reservierung darf man das Gepäck bis zur Unterkunft fahren. Nach dem Entladen ist die autofreie Zone sofort zu verlassen, um einen Parkplatz zu suchen. Einige Hotels bieten eigene Parkgaragen. Ob eine Fahrt in die Altstadt angesichts der vielen Fußgänger, Einbahn- und gesperrten Straßen sinnvoll ist, müssen Sie entscheiden. Am bequemsten ist sicher das Taxi.

*** Palazzo Ravizza 50, First-Class-Pension mit viel Charme in einer alten Stadtvilla aus dem 17. Jh. – Terrassengarten und Springbrunnen hinter dem Haus; Parkplatz. Standard-DZ ab 125 €. Pian dei Mantellini 34, ☎ 0577-280 462, www.palazzoravizza.it.

Mein Tipp **Villa del Sole 44**, in schöner Lage oberhalb der Pecci-Gärten. Toprenoviert mit geradlinig-modernem, hellen Interieur und hochwertiger Ausstattung, ein B & B der gehobenen Klasse. Claudio und sein Team bieten zuvorkommenden Service. Frühstück auf der Terrasse, DZ 135–180 €. Via del Sole 6a/8, ☎ 0577-275860, www.villadelsolesiena.com.

*** Villa Elda 24, gepflegte Villa in ruhiger Lage, mit kleinem Garten ums Haus. Die 11 Zimmer sind mit Klimaanlage und Fußbodenheizung in den Bädern ausgestattet. Einige Panorama-Zimmer mit schönem Blick auf die Altstadt. Direkt vor dem Haus findet man mit etwas Glück eine kostenlose Parkmöglichkeit. DZ 100–170 €. Viale XXIV Maggio 10, ☎ 0577-247927, www.villaeldasiena.it.

**** Hotel Athena 51, komfortables Haus in Domnähe mit eigenem Parkplatz und Panoramaterrasse. DZ ab 126 €. Via Mascagni 55, ☎ 0577-286313, www.hotelathena.it.

**** Garden 2, etwa 1,5 km außerhalb, ins Zentrum nimmt man besser den Bus. Sehr großes Hotel mit schönem Garten und Pool. Parkplatz garantiert. DZ 60–190 € inkl. Frühstück. Via Custoza 2, ☎ 0577-567111, www.gardenhotel.it.

*** Santa Caterina 52, knapp außerhalb der Porta Romana. Toller Garten mit Blick ins Umland (Frühstück wird auch dort serviert). Bei den ruhigen Zimmern zum Garten hin stehen die Betten auf einer über eine Treppe erreichbaren Zwischendecke. Zur Straße hin Schallschutzfenster. DZ in der NS ab 70 €, Parkplatz 15 €/Tag. Via E. S. Piccolomini 7, ☎ 0577-221 105, www.hotelsantacaterinasiena.com.

*** La Villa di STR 13, Villa im italienischen Jugendstil, günstig knapp außerhalb der Altstadt gelegen. Die Böden wurden aufwendig mit Marmor (in den Gängen) und Parkett (in den 17 Zimmern) neu gestaltet. In der ebenfalls neu gestalteten Lobby laden Sofas zum Verweilen ein. Gefrühstückt wird auf der Veranda. Blick auf die Fortezza Medici, Garten um das Haus. Kostenlose Parkplätze. DZ mittlerer Preis um 90 €. Viale V. Veneto 11, ☎ 0577-188 2806, www.lavilladistr.it.

*** Chiusarelli 12, zentral gelegene, stilvolle neoklassizistische Villa. Ein Teil der 48 Zimmer ist renoviert, mit Parkettböden und hellen Möbeln ausgestattet, die Bäder aus Travertin. In der Halle Lüster, Fresken und heimischer rosafarbener Marmor. Die Zimmer zur Rückseite,

Modernes und Halbmodernes an der Piazza La Lizza

also zum parkähnlichen Stadion von Siena, sind sehr ruhig. Herzlicher Empfang. Restaurant und hübsche Terrasse. Parkplätze im Garten. DZ 79–110 €. Via Curtatone 15, ☎ 0577-280562, www.chiusarelli.com.

** Piccolo Hotel Etruria 23, sympathisches, allerdings etwas enges Haus, das gern von Rucksacklern frequentiert wird. Die Pension *Tre Donzelle* gegenüber (s. u.) wird von derselben Familie geführt. 20 DZ mit Dusche und Klimaanlage, DZ 50–95 €, Frühstück 8 €/Pers. Via delle Donzelle 3, ☎ 0577-288088, www.hoteletruria.com.

* Tre Donzelle 21, der günstige Preis und die zentrale Lage sind die Pluspunkte, für den romantischen Urlaub eher weniger geeignet. Die Selbsteinschätzung des Besitzers, dem auch das Piccolo Etruria gehört: „spartano però economico" – spartanisch aber billig. DZ ohne Bad 40–68 €, mit Bad 50–85 €, Frühstücksbüffet 8 €/Pers. Via delle Donzelle 5, ☎ 0577-270390, www.tredonzelle.com.

Miniresidence Il Casato 47, alter, renovierter Palast aus dem 14. Jh. Steile Treppen führen zu den 12 auf mehrere Stockwerke verteilten, meist geräumigen Zimmern, einige mit Balkon. Tolle Deckenfresken, auch der kleine Terrassengarten ist für die Gäste offen. DZ 60–90 €. Via Dupré 126, ☎ 0577-236061, www.relaisilcasato.it.

Mein Tipp **B & B A Casa Mastacchi** 7, im 1. Stock eines Palazzos, herrlich einfach, doch alle 5 Zimmer gepflegt, Frühstücksraum mit handgemachten Aussteuergardinen, der Kaffee wird morgens duftend in der Mokka-Caffetiera zubereitet. DZ 70–90 €, EZ 55 € (auch 4er-Zimmer). Via di Camollia 52, ☎ 0577-280655, www.acasamastacchi.it.

Mein Tipp *** Hotel Alma Domus** 20, ansprechende Zimmer mit AC in verschiedenen Kategorien, einige mit kleinem Balkon. Wir empfehlen die oberen Zimmer, z. B. Nr. 5 mit toller Aussicht auf die Altstadt. Die günstigeren Zimmer ohne Bella Vista sind im Untergeschoss. DZ im Sommer 86–120 €, Winter 45–100 €. Beim Santuario di Santa Caterina, Via Camporegio 37, ☎ 0577-44177, www.hotelalmadomus.it.

B & B Villa Fiorita 1, direkt am Vortor der Porta Camollia, vom Zentrum zu Fuß zu erreichen. Jugendstilvilla mit wunderschönem Garten und familiärer Leitung. 10 stilvolle, gepflegte Zimmer. DZ mit Bad 50–100 €. Frühstück 10 €/Pers. Viale Cavour 75, ☎ 393-9189000, www.villafiorita-siena.com.

Mein Tipp **B & B Antica Residenza Cicogna** 17, teilweise Fresken und Himmelbetten in den Zimmern, dazu moderner Komfort mit Klimaanlage und Thermofenstern; zwei freundliche

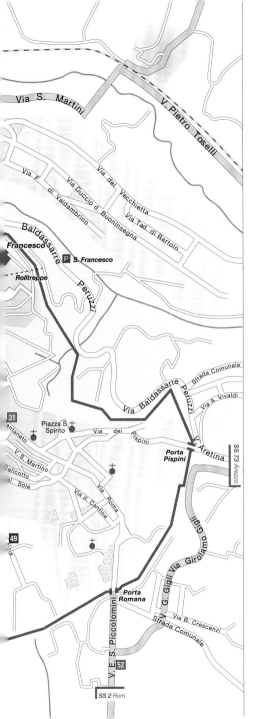

Ü bernachten
1 Villa Fiorita
2 Hotel Garden
3 Borga Grondaie
7 A Casa Mastacchi
12 Chiusarelli
13 La Villa di STR
17 Antica Residenza
   Cicogna
20 Hotel Alma Domus
21 Tre Donzelle
23 Piccolo Hotel Etruria
24 Villa Elda
39 Ostello Santa Maria
   della Scala
44 Villa del Sole
47 Miniresidence Il Casato
50 Palazzo Ravizza
51 Hotel Athena
52 Santa Caterina

E ssen & Trinken
4 Pizzeria Tia Loca
5 Il Vinaio
6 Trattoria Fonte Giusta
8 Da Enzo
11 Pizzeria alle Scalette
14 Morbidi
15 Pizzeria Il Pomodorino
18 La Chiacchera
19 Il Grattacielo
28 Palchetto
32 Osteria del Gusto
33 Osteria Sotto le Fonti
38 La Finestra
41 Da Papei
43 Ristorante Tar-tufo
46 Oseria dá Cice
48 Castelvecchio
49 Orto de'Pecci

C afés/Gelaterie
16 Gelateria Masgalano
22 Nannini
26 Gelateria Caribia
31 Caffè Alfieri
45 Gelateria Vecchia
   Lateria

N achtleben
9 Caffè 115
25 San Paolo
27 Bar Liberamente
30 Al Cambio Music Hall
35 Pub Il Tubo
40 Tea Room

E inkaufen
10 Consorzio Agrario
29 Forno il Magnificio
34 La Bottega del Tartufo
36 Bottega Gino Cacino
37 Nuova Pasticceria
42 Antica Drogheria
   Manganelli

Siena

200 m

junge Frauen leiten das Haus. Jedes der 5 Zimmer hat einen eigenen Charakter im Stil der Jahrhundertwende, auch das Frühstücksbuffet überzeugte. DZ 85–110 €, die Suite bis zu 4 Pers. ab 110 €. Tiefgarage 24 €/Tag. Via delle Terme 76, ☎ 0577-285613, www.antica residenzacicogna.it.

Jugendherberge   Siena Hostel, 1,5 km vom Bahnhof, problemlos mit dem Bus erreichbar (zu Fuß 20 Min. zum Bahnhof, 30 Min. in die Stadt). Nach Komplettrenovierung stehen neben einem großen, freundlichen Aufenthaltsraum (auch Frühstücksraum) 46 Zimmer mit je 2 Betten (25 €/Pers.), Kollektivduschen im Flur sowie Schlafsäle mit je 8 Betten (22,50 €/Pers. inkl. Frühstück) zur Verfügung. Schöne Terrasse mit Liegestühlen vor dem Gebäude. Rezeption 15–21 Uhr (oft ist auch am Morgen jemand da). Via Fiorentina 89, ☎ 0577-1698177, www.sienahostel.it.

meinTipp **Ostello Santa Maria della Scala – Casa delle Balie** `39`, eine Pilgerherberge (auch für Nichtpilgernde) im ehemaligen Waisenhaus. Für nur 18 € in toprenovierten 3er- oder 8er-Zimmern in Doppelstockbetten mit gepflegten Bädern übernachten. Checkin im Touristenbüro nebenan. Vicolo San Girolamo 2, genau an der Piazza del Duomo, ☎ 347-613 7678, www.santamariadellascala.com.

Übernachten außerhalb   Albergo Borgo Grondaie `3`, vor dem Stadtmauern, vor der Porta Camolia sind es ca. 20 Min. Fußweg. Hier in Bahnhofsnähe und Coop vor der Tür kann man mit Pool und viel Platz (gut für Familien!) unkomplizierte Tage verbringen. Netter Empfang, gutes Frühstücks-Büffet. 17 Apartments, 10 Zimmer (60–150 €). Beachtliche Gehstock-Kollektion von nicht weniger als 400 Exemplaren. Via delle Grondaie 15, ☎ 0577-332539, www.hotelsienaborgogrondaie.com.

Agriturismo   Villa Caselunghe, ca. 4 km östlich des Stadtkerns; kleines Gut mit 17 Hek-

tar Land (Wein, Oliven) inmitten unzersiedelter Landschaft. Pool. 2 Apartments für je 4 Pers. 600–1400 €/Woche, in d. Nebensaison auch ab 3 Tagen. Anfahrt: Vom Neubaugebiet hinter dem neuen Krankenhaus die baumgesäumte Alleestraße hoch, dann Richtung Le Tolfe. Via delle Tolfe 9, ☎ 340-5093785, ☎ 0577-288403, www.caselunghe.it.

Camping   * Siena Colleverde,** ca. 2,5 km ins Zentrum. Mit Bus Nr. 3 ab Piazza Gramsci oder Bus Nr. 8 ab Piazza del Sale, letzter Bus um ca. 23.45 Uhr. Das Gelände liegt, wie der Name verspricht, auf einem grünen Hügel, Bäume machen den Platz zusätzlich attraktiv. Swimmingpool-Benutzung (ab Juli) kostet extra. Die Kantine hält preisgünstige Menüs bereit. Preisbeispiel: Erw. 10–11,50 €, Zelt 7–8 €. Geöffnet März–Nov./Dez. Strada di Scacciapensieri 47, ☎ 0577-332545, www.sienacamping.com.

meinTipp **** La Montagnola,** in Sovicille, ca. 12 km westlich von Siena; erst 8 km entlang der SS 73 (Richtung Roccastrada). Großer, einladender Platz im schattigen Wald. Gepflegte Sanitärs, absolute Ruhe. Zur Pizzeria ins Dorf sind es ca. 500 m. Busse nach Siena halten direkt im Platz. Für Wanderer hält die hilfsbereite Rezeption eine Karte bereit. Etliche Leser waren von dem Platz begeistert. Erw. 9 €, Zelt 9 €. Geöffnet Ostern bis Ende Sept. Strada della Montagnola 39, 53100 Sovicille. ☎ 0577-314 473, www.campinglamontagnola.it.

*** Le Soline, in Casciano di Murlo, ca. 23 km südlich von Siena (Richtung Grosseto, nach 20 km bei Fontazzi links nach Casciano di Murlo abzweigen, dann gut ausgeschildert). Auch Bungalows. Tolle Swimmingpools: ein großes Becken mit Panorama, eines für Kinder sowie ein Whirlpool. Der Platz verfügt über Ristorante/Pizzeria und eine Bar mit Gelateria. Ganzjährig geöffnet. Via delle Soline 51, 53016 Casciano di Murlo. ☎ 0577-817410, www.lesoline.it.

Essen & Trinken   → Karte S. 156/157

Wer in Siena unter Italienern speisen möchte, braucht Glück. Bis in den November wird die Stadt so von Besuchern geflutet, dass am Nebentisch alles, nur nicht Italienisch gesprochen wird. Das Essen in den Trattorien ist meist gut, preislich aber oft unerfreulich, doch gibt es Ausnahmen. Eine der bekanntesten Spezialitäten ist *Ribollita* („Die Aufgekochte"), ein mit

Brot angedickter Gemüseeintopf, früher ein Arme-Leute-Gericht. Typische Pastagerichte sind *Pici* (spätzleartige Nudeln) an diversen Soßen oder *Papardelle al cinghiale* (Bandnudeln mit Wildschweinragout). Zum Nachtisch *Panforte* probieren, den „Starken Kuchen" mit Mandeln und kandierten Früchten, oder *Cantucci* – die Mandelplätzchen werden in süßen, an Portwein erinnernden *Vin santo* getunkt. Aktueller Trend in der Stadt: In der Via Pantaneto breiten sich mehr und mehr Läden, Bars und Lokale mit Bio-Produkten und internationalem Streetfood aus.

Da Enzo 8, der renommierte Küchenchef führt auch das Lokal. Preislich etwas über dem Durchschnitt, aber hochwertig. Das Menü von frischem Fisch kostet ca. 42 €. Mo Ruhetag. Via Camollia 49, ☎ 0577-281277.

Tar-tufo 43, die beste Adresse für alles, was mit kostbarem Trüffeln verfeinert wird. Hervorragende Küche, elegant-romantischer Gastraum, Tische mit silbernen Untertellern verheißen einen schönen und teuren Abend! Mi Ruhetag. Via del Sole 6a, ☎ 0577-284031.

Osteria Castelvecchio 48, die moderne Möblierung steht im angenehmen Kontrast zu den rustikalen Räumlichkeiten. Serviert wird regionale Küche zu erschwinglichen Preisen. Auch vegetarische Gerichte. Mi Ruhetag. Via Castelvecchio 65, ☎ 0577-47093.

🐌 Orto de'Pecci 49, eine Kooperative betreibt diese kleine Oase mit einem Garten inmitten der Stadt – man fühlt sich, umgeben von Tieren, als wäre man auf dem Lande. Mo Ruhetag. Via di Porta Giustizia 39, ☎ 0577-222201.

mein Tipp **Osteria dá Cice 46**, ein paar Tische im Gewölbe, ein netter Wirt und eine Speisekarte, bei der einem das Wasser im Mund zusammenläuft. Auch die Preise haben uns gefallen. So Ruhetag. Via San Pietro 32, ☎ 0577-288026.

Osteria al Palchetto 28, ein paar Schritte zum Campo, unscheinbar, drei Tische auf der Straße, die Küche neben dem Eingang, ein kleiner, schlichter Speisesaal im Obergeschoss. Der sympathische Wirt überrascht mit liebevoll zubereiteten Speisen zu mäßigen Preisen. Di Ruhetag. Via Porrione 25, ☎ 0577-280740.

Da Papei 41, historisches Gasthaus mit schnellem Service. An der Piazza del Mercato 6, ☎ 0577-280894. Gleich daneben, bei **La Finestra 38**, geht es freundlich und ebenfalls schnell zu.

Osteria del Gusto 32, wenige Meter zur Piazza del Duomo – ein Tipp von Lesern. Via Fusari 9, ☎ 0577-271076.

mein Tipp **Osteria Sotto le Fonti 33**, kleines Lokal abseits der Touristenströme gegenüber dem Parkplatz Santa Caterina, aber mit

Abendmahl der Honoratioren

neuer schöner Terrasse inklusive Dom-Blick. Geschmackvoll eingerichtet, viele Einheimische. Top ist die *Bistecca alla Fiorentina* (ein saftiges T-Bone-Steak), die *Pici* (hausgemachte Nudeln), Schokomousse und im Sommer das legendäre Zitronen-Tiramisu. Auswahl an 100 Weinsorten, die man auch mitnehmen kann. Das deutsch-italienische Betreiberpaar sorgt für herzlichen Service. So Ruhetag. Via Esterna Fontebranda 114, ☎ 0577-226446.

mein Tipp **La Chiacchera 18**, hier im „Schwätzchen" setzt man sich gern an einen der kleinen Tische, kommt ins Gespräch und isst toskanische Hausmannskost. Die freundliche Bedienung kommt aus Polen. Vor der Tür speist man auf der steilen Straße angepassten Holzhockern. Di Ruhetag. Costa di S. Antonio 4, ☎ 0577-280631.

Il Vinaio 5, originelles Lokal im Stadtteil des Stachelschweins, kein Geheimtipp mehr, aber den Besuch wert. Quasi rund um die Uhr gibt es Käseplatten und mehr, Bobbe und Davide sorgen auf kleinem Raum für Stimmung. Durchgehend geöffnet, Sonntag ist Ruhetag. Via di Camollia 67, ℡ 0577-49615.

Trattoria Fonte Giusta 6, hausgemachte Küche, auch Pizza zu fairen Preisen. Via Camollia 102, ℡ 0577-40506.

Il Grattacielo 19, der „Wolkenkratzer" ist ein kleines Studentenlokal mit leckeren Kleinigkeiten. So Ruhetag. Via dei Pontani 1.

Morbidi 14 ist eine Edel-Rosticceria der Extraklasse, wo man neben elegant gewandeten Bankangestellten der angeschlagenen, mittlerweile vom Staat unterstützten Banca Monte dei Paschi di Siena am Tresen steht. Superqualität!

Durchgehend bis 20 Uhr geöffnet, So Ruhetag. Via Banchi di Sopra 73-75.

Pizzeria alle Scalette 11, super beliebte Pizzeria, die köstlichen Teigfladen sind wahlweise aus Vollkorn-, Dinkel- oder Kamutmehl. Schöne Terrasse. Reservieren! Viale Curtatone 18, ℡ 0577-1522339.

Pizzeria Tia Loca 4, keine Touristen, dafür exzellente Pizzen aus vier verschiedenen Teigsorten (auch glutenfrei). Auch andere sehr gute Gerichte. Via Ricasoli 55 (kurz außerhalb der Porta Camolia), ℡ 0577-45055.

Pizzeria Il Pomodorino 15, „traumhafter Blick, Pizzen genial zu fairen Preisen" – Leserempfehlung, Ersteres stimmt, Zweites nur bedingt. Via Camporegio 13, ℡ 0577-266811.

Cafés & Gelaterie   → Karte S. 156/157

Nannini 22, hier kann man noch echte *baristi* bei der Arbeit bewundern – und dann den formvollendeten Schaum auf dem Cappuccino. Aus der für ihre *paste* berühmten Sieneser Familie stammt übrigens die Sängerin Gianna Nannini. Via Banchi di Sopra 24.

Caffè Alfieri 31, riesige Auswahl an *caffè*, z. B. *Imperiale* mit Zabaione, Schokolade, Espresso, Rum, Sahne und Zimt. Auch preiswerte Salate und Pasta. Toller Garten in Hanglage. So Ruhetag. Via Pantaneto 59.

Gelateria Caribia 26, die Eisdiele am Campo. Die köstlichen Eissorten werden – wie

überall – in die *coppa* (Becher) oder ins *cono* (Tüte) gespachtelt. Mit der *coppa* entgeht man der Kleckerei. Das Vergnügen geht durchgehend von 7 Uhr morgens bis 2 Uhr in die Nacht! Via Rinaldini 13.

Gelateria Vecchia Latteria 45, qualitativ eine gute Alternative in der Via San Pietro 10.

Gelateria Masgalano 16, auch hier werden für die Eisherstellung nur frische Zutaten und keine Pulver verwendet. Via della Sapienza 47 (in der Nähe der Basilika S. Domenico).

Kneipen & Discos   → Karte S. 156/157

Liberamente Osteria 27, für den gepflegten Aperitif. In der angesagten Bar werden Aperol-Spritz, Cocktails und anderes nicht wie üblich am Tresen, sondern an den Tischen auf der Piazza serviert. Die köstlichen Häppchen bestellt man sich individuell dazu. Tägl. 9 Uhr bis 2 Uhr nachts. Piazza del Campo 27.

Mein Tipp **Tea Room 40**, versteckt bei der Piazza del Mercato, deshalb fast ohne Touristen. Ilario serviert den Gästen nicht nur ausgewählte Tees (120 Sorten!), sondern auch hervorragende Trinkschokoladen, frische Kuchen und Cocktails. Dazu passt die Einrichtung mit altem, was die Flohmärkte zu bieten haben, und die dezente Jazzmusik, meist vom Band, am Donnerstag auch live. Di–So 17–2 Uhr, Mo Ruhetag. Geschlossen Mitte Juni bis Mitte Sept. Porta Giustizia 11.

Pub il Tubo 35, bei einem gepflegten Glas Wein Jazz live; etwas teurer, aber „in". Do, Fr, Sa ab 19.30 Uhr. Via Luparello 60.

Al Cambio Music Hall 30, Underground-Atmosphäre für jüngeres Publikum, laute Musik, viele Studenten, oft Livemusik bis in den Morgen, und getanzt wird auch. Via del Pantaneto 48.

Caffè 115 9, gemütlich – viel Holz, Spiegel, fast wie ein English Pub, für die Bayern gibt es Maßkrüge, abgesehen davon „gay-friendly". Mo Ruhetag. Via dei Rossi 115.

San Paolo 25, vom winzigen Balkon mit Platz für 6 Personen kann man bei einem Drink das Geschehen auf dem Campo verfolgen. Gute Panini, gut auch für den abendlichen Ausklang. Tägl. bis 2 Uhr nachts. Viccolo San Paolo 2.

Junger Weinberg im Mai

Castello di Monteriggioni

Der Blick von der Superstrada Florenz – Siena macht neugierig. Mitten aus den Weinbergen ragt märchenhaft eine Mauer mit rundum wehrhaften Türmen heraus. Aus der Nähe dann erweist sich das 1203 zur Verteidigung Sienas errichtete Kastell als ein mittelalterliches Schmuckstück – zudem ist der **Ort Monteriggioni** eine wichtige Etappe auf der geschichtsträchtigen Via Francigena.

Die 570 m lange Rundmauer mit ihren 14 Wehrtürmen ist komplett erhalten und teilweise begehbar. Im Inneren findet der Besucher eine winzige Dorfgemeinschaft von rund 60 Einwohnern vor, die sich daran gewöhnt hat, dass Touristen aus aller Welt um die paar Häuser streifen. Den Hauptplatz mit dem Brunnen säumen ein Lebensmittelladen, ein Bioladen, drei Souvenirshops, drei Bars und die Kirche. Zudem gibt es ein paar Restaurants, die mit guter, aber teurer Küche auf Touristen warten. Sitzplätze für die Picknick-Variante gibt es innerhalb wie außerhalb der Burgmauer.

mein Tipp Das Castello di Monteriggioni gehört in der Region zu den Top-Zielen für Tagestouristen. Das Castello also besser schon am frühen Vormittag ansteuern.

Basis-Infos

Information **Ufficio Turistico**, innerhalb der Burgmauern an der Kirche. April–Sept. 10–13.30/14–19 Uhr, Okt. 9.30–13.30/14–18 Uhr. Die Zeiten gelten auch für die Besichtigung der Stadtmauer sowie für das mäßig interessante Museum (Eintritt Stadtmauer + Museum 4 €). Pilger auf der Via Francigena auf dem Weg nach Rom erhalten hier den Stempel. Piazza Roma 23, ✆ 0577-304834, www.monteriggioniturismo.it.

Parken 3 €/Std., 5 €/Tag. Parken auf dem Platz weiter unterhalb ist z. T. noch kostenlos; dort sind tagsüber auch Wohnmobile erlaubt.

Wohnmobile Parkplatz in der Via Cassia Nord 140 (neben dem Schulgebäude).

Verbindungen   Bus ca. 5-mal tägl. (außer am Wochenende) nach San Gimignano, Colle Val d'Elsa, Poggibonsi und Siena.

Feste   Mittelalterfest: Das stimmungsvolle Fest findet alljährlich an zwei aufeinander folgenden Juliwochenenden statt. Gaukler, Feuerschlucker und Wahrsager tummeln sich in den Gassen der Festung, sein Geld tauscht man gegen die Währung „grossi" ein. Bislang sehr überzeugend war eine in Lumpen gehüllte, von der Pest befallene Bettlergestalt, die seit Jahr und Tag auf dem Fest durch die Straßen humpelte und die Leute erschreckte. Im Lauf der Jahre sind die Tanz- und Musikvorführungen allerdings recht kommerziell geworden. www.monteriggionimedievale.com.

Wein   Castello di Monteriggioni heißt der lokale Tropfen. Die **Fattoria di Monteriggioni** unterhält innerhalb der Mauern einen Direktverkauf. Spezialitäten sind der ein Jahr im Barriquefass gereifte Rotwein „Il Cigolino" und der im Eichenfass gereifte, ebenfalls einjährige Chianti Classico. ☏ 0577-304165, Kellerei ☏ 0577-306015, www.fattoriacastellodimonteriggioni.com.

Übernachten

Dentro il Castello, 3 Zimmer für 2–4 Pers., teils mit noblem Wohnzimmer (Kamin) und Blick auf Castellina in Chianti oder auf die Piazza. DZ 80–90 € ohne Frühstück (Auskunft auch im Restaurant „Da Remo"). ☏ 0577-307300, www.ristoranteilpiccolocastello.com.

B & B In Piazza, komfortables Mittelalter in besonderer Atmosphäre mit herzlicher Vermieterin: Nächtigen innerhalb der Burgmauern in einem alten Turm mit einer Dachwohnung und sechs Zimmern. 3 renovierte DZ auf der 2. Etage, jeweils ab 110 €. inkl. Frühstück vom reichhaltigen Büffet. Weitere Zimmer im 1. Stock für je 90 €. Via Dante Alighieri 1, ☏ 0577-304651, ☏ 331-8334588, www.inpiazzamonteriggioni.it.

Castel Pietraio, 4 km außerhalb von Monteriggioni in mittelalterlicher Burg. Die Verwalterin Gabriela stammt aus Regensburg. Eigene Wein-, Öl- und Grappaproduktion (Besichtigung möglich). Kinderfreundlich, Pool, Grillmöglichkeit. Zwei der 8 Zimmer mit Jacuzzi. DZ 110–170 €, Apt. ab 460 €/Woche. Anfahrt: Von Monteriggioni aus rechts der Via Cassia Richtung Colle Val d'Elsa folgen, durch den Ort Abbadia Isola fahren, nach knapp 1,5 km – noch vor dem Abzweig nach Strove – liegt links die Burg. Strada di Strove 33-37, direkt an der Via Francigena. ☏ 0577-300020, www.castelpetraio.it.

Contessa Ava, neue Herberge in der historischen Klosteranlage Abbadia Isola; die Pilger können in den spartanischen, aber sauberen Zimmern ihre müden Glieder ausstrecken. Abbadia Isola, Piazza Garfonda 4, ☏ 0577-300000, www.viefrancigene.org.

Camping   Luxor, nur ca. 5 km entfernt, nicht einfach zu finden: von Monteriggioni erst auf der Landstraße ein Stück Richtung Siena, dann Abzweig Richtung Busano–Lornano nehmen, nach Unterquerung der Superstrada links (ausgeschildert). Der Platz (mit Swimmingpool) liegt abseits auf einer dicht bewaldeten Hügelkuppe und gehört zum Areal der Fattoria di Trasqua. Geöffnet Mai bis Mitte Sept. Loc. Trasqua, ☏ 0577-743144, www.luxorcamping.com.

Begrünte Fassade im malerischen Monteriggioni

Essen & Trinken

Da Remo, man sitzt schön im Garten mit Blick auf die Burgmauer. Die jungen Betreiber servieren auch gehobene Küche. Beim Eintreten erlebt man Chef Remo in seinem Element. Voller Esprit zeigt er, wie diverse alte (Vollkorn-) Mehlsorten nach der Tradition gemahlen, erhitzt und schließlich zu Pasta verarbeitet werden. Das ist die Zukunft, meint Remo. Pasta mit Trüffeln ist nur eine seiner Spezialitäten. Ganzjährig geöffnet. Via Maggio 1, ☎ 0577-304370.

Futura Osteria, außerhalb. Top-Küche, das Team der Osteria macht sich bestens in Sachen Qualität und freundlichem Service. Mo/Di Ruhetag. Loc. Abbadia Isola 7, ☎ 0577-301240.

mein Tipp **Dell'Orso,** 5 km außerhalb, knapp vor der Superstrada-Zufahrt auf der linken Straßenseite – das rustikale Lokal ist fast schon Kult. Hier treffen sich Biker, Familien und Touristen, an sommerlichen Wochenenden sind die Tische drinnen wie draußen schnell besetzt. Hausgemachte Pasta, hervorragender Schinken, Salami, Käse, dazu ein guter Hauswein. Üppige Portionen und leckere Desserts. Ideal für eine Stärkung vor dem Besuch des Kastells oder danach. Die wunderlichen Skulpturen über der Theke sind Werke von Salvatore Poma, einem begnadeten Holzkünstler aus Colle. Tägl. 5.30 bis 24 Uhr. Loc. La Colonna 23, ☎ 0577-305074.

Azienda Agricola Il Ciliego, mitten im Grünen. Direktverkauf von Wein, Öl und weiteren hofeigenen Produkten. Via Uopini 94, ☎ 0577-309055, www.ilciliego.com. Anfahrt: Schnellstraße Florenz-Siena, Ausfahrt Badesse, dann der Beschilderung nach Uopini folgen.

Von Siena nach San Gimignano → Karte S. 138

Via Francigena – auf dem Pilgerweg der Frankenstraße

Die Via Francigena war eine der „Via Romae", ein Wegsystem mittelalterlicher Handels- und Pilgerstraßen. In der Tat führten alle Wege nach Rom – und von dort ins Heilige Land. Erstmals im Jahre 990 wurde der Verlauf der rund 1700 km langen Frankenstraße mit 80 Etappen von Erzbischof von Canterbury Sigerich in seinem Reisetagebuch aufgezeichnet.

Die Via Francigena verlief von Großbritannien durch das heutige Frankreich, die Schweiz, Norditalien und über den Apennin in die Toskana. Durch die Lunigiana ging es nach Lucca, von dort durchs Elsa-Tal bis Siena und in die benachbarte Region Latium – und schließlich bis nach Rom. Der italienische Abschnitt der Via Francigena beträgt 945 km, davon führen 380 km durch die Toskana.

Seit der Zertifizierung des Weges durch den Europarat als „Kultureller Weg" nimmt seine Beliebtheit auch bei den wanderlustigen Toskanern zu – es ist „in", auf Sigerichs Spuren die toskanischen Landstriche zu Fuß, per Fahrrad (Teilstrecken sind asphaltiert) oder sogar zu Pferd zu entdecken. Die Wege sind reizvoll und gut markiert, die Quartiere entlang der Route einfach, aber gut. In der Toskana sind vor allem die Strecken zwischen San Gimignano, Badia Isola und Monteriggioni sowie südlich von Siena zwischen San Quirico d'Orcia, Bagno Vignoni und Radicofani sehr schön. Karten- und Informationsmaterial gibt es in den Touristenbüros. www.viefrancigene.org.

Moderne Statue neben altem Brunnen in Poggibonsi

Poggibonsi

ca. 30.000 Einwohner

Die größte Stadt zwischen Florenz und Siena liegt, umgeben von sieben Hügeln mit mittelalterlichen Dörfern, im Tal. Der Ort selbst ist kaum von Interesse, die „Zona Industriale" prägt die Peripherie, die Bahnlinie zerschneidet die Stadt. Doch historisch Interessierte können in der näheren Umgebung einiges entdecken (s. unten).

Poggibonsi, im Mittelalter *Castrum Podium Bonitii* genannt, wurde Anfang des 12. Jh. von Siena als Schutzfestung gegen Florenz errichtet. Später wurde sie von den Florentinern komplett zerstört, womit der Weg für die Einnahme des Val d'Elsa frei war.

Heute ist die Stadt das wirtschaftliche Zentrum der Gegend und ein Verkehrsknotenpunkt der nördlichen Toskana. Hat man es durch das System von Einbahnstraßen aus der unschönen Peripherie zum Centro storico hinauf geschafft, zeigt sich um die Piazza Cavour mit der romanischen Kirche **San Lorenzo** und der neoklassizistischen **Collegiata di Santa Maria As-** **sunta** ein recht idyllisches Bild – und halbwegs autofrei. Haupteinkaufsstraße mit Bekleidungs- und Haushaltsgeschäften ist die Via della Repubblica, die den Largo Gramsci mit der Piazza Cavour verbindet.

Festung und Archäologischer Park (Parco della Fortezza Medicea): Die etwas südlich gelegene Verteidigungsanlage der Florentiner, von Lorenzo de Medici in Auftrag gegeben, von dem berühmten Architekten Giuliano da Sangallo geplant, lohnt den Besuch. Das weite Gelände bietet herrliche Ausblicke, Bänke laden zum Picknick ein. Der restaurierte „Cassero" ist die eigentliche Festung im Inneren. Das „Archeodromo" zeigt ein paar nachgebaute Hütten aus dem Hochmittelalter. Wer Glück hat, kann die Archäologen der Universität Siena bei ihren Vorführungen in mittelalterlicher Montur erleben.

▪ **Fortezza und Cassero** tägl. 9–18 Uhr, im Sommer bis 20 Uhr; **Archeodromo** So 14–17 Uhr; Eintritt frei. ☎ 392-9279400. Braune Schilder weisen den Weg zur Festung.

Fonte delle Fate: Ein Fußweg führt vom Archäologischen Park zu dem aus Travertin gefertigten Brunnen aus dem 13. Jahrhundert. Die „Schlafenden", moderne Skulpturen des Künstlers Domenico Paladino, zieren unerwartet das Innere des Brunnens.

▪ Strada di San Francesco. Mit dem Auto den braunen Hinweisschildern folgen (Nähe Archäologischer Park).

San Lucchese: Die Basilika aus dem Jahre 1213 bewahrt die Reliquien des Stadtpatrons. Die Fresken im Inneren sind gut erhalten.

Castello della Magione: Die mittelalterliche Kirche des Templerordens und das Kloster sind nur nach Voranmeldung zu besichtigen.

▪ Mo–Sa 17–18.30 Uhr nach Voranmeldung. An der Frankenstraße, Loc. Castello della Magione (braunes Schild weist den Weg), ✆ 392-7673084.

La Pieve di Sant'Appiano: Eine romanische Kirche mit Kloster in luftiger Höhe, ein weiteres Juwel aus mittelalterlichen Zeiten, findet sich ca. 3 km außerhalb in Richtung Barberino.

Hin und weg Die Bus- und Bahnverbindungen sind (außer an Wochenenden) gut. **Busse** starten an der Piazza Mazzini. Von 5 bis 21 Uhr alle 30 Min. nach Siena, häufig Fahrten nach Florenz, San Gimignano, Colle Val d'Elsa, Castellina Scalo, Staggia Senese, Monteriggioni, Barberino, Tavarnelle und San Casciano. Tickets an der Piazza Mazzini 6 (gegenüber vom Bahnhof).

Bahn: Ab Bahnhof Poggibonsi – San Gimignano: fast stündlich nach Siena und Florenz, nach Florenz gelegentlich mit Umsteigen in Empoli. Bahnhof an der Piazza Mazzini.

Feste Alljährlich am 24. April wird mit einer Prozession das Fest zu Ehren des Stadtpatrons San Lucchese gefeiert.

Markt Dienstag hinter dem Bahnhof.

Übernachten/Essen ****** Hotel Villa San Lucchese,** ca. 2 km südöstl. vom Zentrum, Richtung Basilica San Lucchese, in einem schönen Park im Grünen. Modern und komfortabel, Swimmingpool. Bemerkenswert ist die Gartenanlage, der Service ist freundlich. DZ 80–140 €. Via San Lucchese 5, ✆ 0577-937119, www.villa sanlucchese.com.

*** Hotel Alcide, an der Haupteinfallstraße aus Norden; von außen nüchtern-modern, aber professionell und familiär geführtes Haus. Bei Einheimischen ist das angeschlossene Fischrestaurant beliebt (Mo Ruhetag). DZ mit Bad, WiFi, Klimaanlage ab 60 € inkl. Frühstücksbuffet. Benjamin spricht Deutsch. Viale Marconi 67, ✆ 0577-937501, www.hotelalcide.com.

Da Camillo, an der Piazza Cavour. Das Interieur ist unprätentiös, die Küche empfehlenswert. Gute Auswahl an Fisch, Fleisch und Chianti-Weinen. Vegetarier ordern die schmackhafte Gemüseterrine oder eines der Steinpilzgerichte. Und während des Wartens sinniert man über die literarischen Einsprengsel auf der Karte, wie „Gott erfand das Essen, der Teufel kochte es" (James Joyce). Mo Ruhetag. Via della Repubblica 120, ✆ 0577-935655.

Osteria Al Cassero, gute, lokale Küche zu angenehmen Preisen; Via Fortezza Medicea 1 (an der Festung), ✆ 0577-939584.

Self-Service Pasqualetti, unromantisch im Gewerbegebiet an der Straße nach San Gimignano, doch der Mittagstisch ist hausgemacht. Gemüssoufflé und Apfelkuchen waren fein, der Service freundlich. Loc. Le Lame, ✆ 0577-936714.

Da Angelo, hier kommt unter anderem die reich belegte Pizza aus dem Steinofen auf den Tisch. In Bahnhofsnähe, Via Trento 5A, ✆ 0577-936283.

Außerhalb **L'Antica Quercia,** ca. 3 km außerhalb in luftiger Höhe, in Sant' Appiano, Richtung Barberino. Die „Alte Eiche" verspricht gute lokale Küche. Di Ruhetag. Strada di San Appiano 33, ✆ 055-8075281.

Von Siena nach San Gimignano → Karte S. 138

Colle di Val d'Elsa   ca. 22.000 Einwohner

Die zweigeteilte Oberstadt erstreckt sich auf einem Bergrücken über dem Elsa-Tal: Im Castello mit dem Dom im Zentrum dominiert das Mittelalter, im Borgo mit einigen Palästen die Renaissance. Die Superstrada ist nah, doch in den romantischen Gassen trifft man nur wenige Touristen.

Balkon-Stillleben in Colle di Val d'Elsa

Colle hielt sich im frühen Mittelalter neben den mächtigen Stadtrepubliken Florenz, Siena und Volterra lange Zeit als selbstständige Kommune. Florenz, das im 16. Jh. fast die gesamte Toskana kontrollierte, gestand Colle 1592 den Status einer „Città nobile" mit einer eigenen Diözese zu. Die Paläste aus dem 16. und 17. Jh., die Burg und die Kathedrale erinnern an die vergangene Größe der Stadt.

Colle di Val d'Elsa, der „Hügel des Elsa-Tals", ist seit Jahrhunderten als die Stadt der Glas- und Kristallherstellung bekannt. Schon im 14. Jh. wurde dieses Gewerbe ausgeübt und ab dem 15. Jh. Trinkgefäße aus Glas für den Export hergestellt. Noch heute sind drei Betriebe mit der Fertigung von Tafelkristall beschäftigt. 95 % der italienischen Kristallwaren werden in Colle di Val d'Elsa gefertigt. *Calp*, die größte Fabrik, ist nach Jahren der Krise wieder ein wichtiger Arbeitgeber. Neben Kristallglas war der Ort bis in die jüngste Zeit ein Zentrum der Papierherstellung.

Überall in Colle di Val d'Elsa begegnet man übrigens „Herrn Arnolfo": *Arnolfo di Cambio*, ein florentinischer Baumeister und Bildhauer aus dem 13. Jh., wurde hier geboren, was ihm die Ehre einbrachte, diversen Örtlichkeiten und Einrichtungen als Namensgeber zu dienen. Arnolfos Denkmal steht in Colle-Alto, der Oberstadt, an der Piazza Canonica.

Auch die Neustadt (Unterstadt) ist einen Besuch wert – vor allem zum Shoppen. Von der großen Piazza Arnolfo, die 2009 nach Plänen des französischen Architekten Jean Nouvel aufwendig neugestaltet wurde, gehen die belebten Straßen in Richtung Piazza B. Scala und Piazza S. Agostino ab. Hier kann man Schuhe und schicke Kleidung erstehen.

Ob Ober- oder Unterstadt, das Angebot der Gastronomie ist beachtlich. Von der Unterstadt erreicht man die Oberstadt am besten über einen gepflasterten Weg namens „Costa" – ein etwa 10-minütiger schöner Spaziergang. Die 40 m Höhenunterschied kann man auch mit dem Personenaufzug bewältigen. Der düstere Tunnelgang zur spektakulären Liftanlage ist von Installationen beleuchtet – aus Glas natürlich.

Naturliebhabern ist der etwa 1½-stündige, wildromantische **Spaziergang am** Elsa-Fluss von der Ponte S. Marzia-

le bis zur Ponte di Spugna zu empfehlen. Mehr Info im Pro-Loco-Büro (s. u.).

Sehenswertes

Oberstadt: Von der Piazza Arnolfo führen zwei Wege in die mittelalterliche
Oberstadt. Über die Via Garibaldi und
ihre Verlängerung, die Via Matteotti,
gelangt man exakt an die Schnittstelle
der beiden Altstadtviertel Borgo und
Castello. Romantischer, ruhiger und
kürzer ist der Weg über die Via San
Sebastiano, dann die breite La Costa
hoch, die zum Bollwerk an der Ostseite
(Stadtteil Castello) führt. Die schnellste
Verbindung nach oben führt über den
gläsernen Personenaufzug von der Via
G. Garibaldi.

Campana-Brücke: An der Stelle der früheren Zugbrücke verbindet heute eine
steinerne Brücke die beiden Altstadt-
teile Castello und Borgo. Durch den gewaltigen Torbogen im Palazzo Campana
– ein Palast aus dem 16. Jh. mit großen
Fenstern, Säulen und Balkon – gelangt
man vom Borgo ins ummauerte Castello.

Dom: Der zwischen 1603 und 1630 er-
baute Dom ist nicht sonderlich aufregend, einzig die Renaissance-Kanzel
verdient Beachtung: eine hübsche, auf
vier Säulen ruhende Marmorarbeit.
Rechts neben dem Dom führen die
Treppen hinab in die **Cripta della
Misericordia.**

Archäologisches Museum: Das Museum
neben dem Dom im Palazzo Pretorio
zeigt auf drei schön gestalteten Etagen
vor allem Funde aus etruskischen Ne-
kropolen sowie Fresken aus dem 13.
und 14. Jh. Im Erdgeschoss sind sechs
Gefängniszellen zu besichtigen, in denen noch Anfang des 20. Jahrhunderts
Gefangene schmachteten.
■ Wegen Restaurierung bis auf Weiteres geschlossen.

Teatro dei Varii: Die vier großflächig
verglasten Fassadenbögen werden von
achteckigen Säulen gestützt und lo-
ckern so die Architektur auf. Im oberen

Gasse in der Oberstadt

Stockwerk fallen zwei hübsche zweibo-
gige Fensteröffnungen auf. Das Gebäude diente einst als Ratssitz der Gemeinde, ab dem Jahr 1200 war es Pilgerhos-
piz und Krankenhaus.

Chiesa Santa Caterina: Die Kirche mit
dem prächtigen farbigen Fenster am
gleichnamigen Platz des Borgo-Viertels
stammt aus dem 15. Jh. In einem Nebengebäude an der linken Seite ist über
dem Altar eine schön bemalte Terrakot-
ta-Gruppe aus dem 17. Jh. zu sehen: die
„Klage über den Leib Christi" des Vol-
terraners *Zaccaria Zacchi*.

Porta Nuova: Im Westen schließt ein
Torbogen mit zwei wuchtige Wach-
türmen das Borgo ab – Militärarchitek-
tur des 15. Jahrhunderts.

Palazzo Campana – der Eingang zum Castello

Kloster San Francesco: Knapp außerhalb der Stadt, in der Nähe der Porta Nuova, stößt man auf eine zehnbogige Brücke, die über das Tal zum Franziskanerkloster aus dem 12./13. Jh. führt. Das Kloster, das als Pilgerherberge dient, hat nichts Atemberaubendes, doch der kleine Vorplatz mit den Zypressen ist ein herrlicher Ort zum Rasten oder Picknicken und bietet einen schönen Blick auf die Oberstadt.

Unterstadt: Das Industriezeitalter ist weniger schmuck als das Mittelalter, dennoch bietet die Unterstadt einiges Interessante:

Museo del Cristallo: Das Museum in einem Glasbau hinter dem Hotel La Vecchia Cartiera lädt ein zum Rundgang durch die Geschichte der Glasherstellung und -verarbeitung. Originell ist das Spiegellabyrinth im Keller der Ausstellung. An Stelle des Museums stand

von 1820 bis 1953 eine Glasfabrik, von der nur noch die Reste des Schornsteins zeugen.

■ Bis auf Weiteres wegen Restaurierung geschlossen. Alternativ bietet sich ein Besuch der **Kristall-Ausstellung** in der Via del Castello (Oberstadt), oberhalb vom Pro Loco-Büro an. Hier kann man kunstvolle Kreationen wie den weltweit größten mundgeblasenen Weinkelch oder einen „Spezialkristallhelm" zu Ehren von Valentino Rossi, dem berühmten Motorradchampion, bewundern.

Chiesa Sant'Agostino: Die außen schlichte Kirche in der Nähe der ehemaligen Cartiera di Mezzo (heute Hotel La Vecchia Cartiera) wurde im 13./14. Jh. erbaut, 1900 kam der neugotische Glockenturm hinzu. Im Inneren rechts eine „Madonna mit Kind" von *Taddeo di Bartolo* und eine Darstellung des Martyriums der Katharina von Alexandria, der Schutzpatronin der Philosophen und Papierhersteller.

Basis-Infos

Information **Pro Loco,** Oberstadt. April–Nov. tägl. 10–13 und 14–17 Uhr; Dez. und März Sa/So/Feiertag 10–13 und 14–17 Uhr. Via del Castello 33, ✆ 0577-922791.

Pro Loco, Unterstadt, April–Nov. Mo–Fr 10–12 Uhr. Piazza Arnolfo 9A, ✆ 0577-920389.

Hin und weg **Busse** tägl. ca. 30-mal nach Siena (Fahrzeit ca. 30 Min.), ca. 15-mal nach Florenz (1 Std.), 4-mal nach Volterra, ca. 18-mal nach San Gimignano. Busbahnhof im Zentrum am überdachten Parkhaus östlich der Piazza Arnolfo in der Unterstadt. **Busticketverkauf** bei *Punto Città* in der Unterstadt. Mo–Sa durchgehend 6.40–13.30 und 15–18.30 Uhr. Piazza Arnolfo 9, ℡ 0577-921334.

Parken An der Umgehungsstraße Florenz–Volterra befindet sich ein Gratisparkplatz, von dort 2 Minuten zu Fuß in die Oberstadt. Freies Parken in der Unterstadt an der Via Fontibona, auch für Camper. In der Oberstadt sind die Parkplätze Fornacina (im Westen) und an der Via della Vecchia Porta (im Norden) gratis. Kostenpflichtiges **Parkhaus** in der Via di Spugna (östlich der Piazza Arnolfo). So oder so: Man lässt das Auto in der Unterstadt und erreicht das alte Colle zu Fuß über die „Costa" oder mit dem Aufzug von der Via Meoni.

Einkaufen Kristallwaren, gefertigt vom traditionellen lokalen Handwerk. Einschlägige Boutiquen mit gehobenen Preisen findet man v. a. in der Oberstadt: z. B. *La Moleria Gelli* in der Via delle Romite 26 und *La Grotta del Cristallo* in der Via del Muro Lungo 20. In der Unterstadt kann man in der *Cristalleria Loreno Grassini* einem Meister der Gravurkunst bei der Arbeit zusehen. Via di Spugna 124 (Zentrum).

Camminare & Viaggiare, die neueste Schuh-, Taschen- und Reisegepäckmode. Via dei Fossi, neben dem Museo del Cristallo.

La Selleria, auf Reitsportartikel spezialisiertes Lädchen. Piazza Arnolfo 18 (neben dem Zeitungskiosk).

Kristallwaren, Fabrikausstellung eines Herstellers, Mo–Fr 8.30–12.30 Uhr, Führung in Englisch nach Voranmeldung. Loc. San Marziale 24 (Ausfahrt Colle di Val d'Elsa Süd), www.collevilca.it.

Fahrrad/Mofa Verleih und Reparatur bei Antichi, Via F. Livini 3 (Unterstadt). ℡ 0577-923366.

Gippo, Via Pian dell'Olmino 77. Verleih von MTBs (ab 20 €), E-MTBs (ab 50 €) und Rennrädern (ab 40 €). Ca. 5 km außerhalb des Zentrums in Pian dell'Olmino (in Richtung Grosseto bei Gracciano). ℡ 0577-904405, www.gippobike.it.

Märkte Wochenmarkt am Freitagmorgen auf der Piazza Arnolfo (Unterstadt) und in den umliegenden Gassen. Hier bekommt man vom Korsett über Töpfe, Kinderspielzeug, Süßwaren, Obst und Fisch bis zum Einmachglas wirklich alles.

Schwimmbad In Colle findet man eines der wenigen Schwimmbäder der Toskana. Zwei große Becken, ein Sprungturm (3,5 m und 10 m) und eine riesige Liegewiese. Juni bis Anfang Sept. 9.30–19.30 Uhr, Eintritt 7,50 €. Im Winter ist nur das Hallenbad geöffnet, dann 9.30–22 Uhr. Knapp außerhalb des Orts in der Via XXV Aprile 44. Anfahrt: Straße Richtung Siena, dann der Beschilderung folgen. www.piscinaolimpia.it.

Wein Enoteca Il Salotto, Gaumenfreuden, Weinproben und Verkauf von leckeren Schokoladenspezialitäten. Via Gracco del Secco 31 (Oberstadt), ℡ 0577-926983.

Von Siena nach San Gimignano → Karte S. 138

Porta Nuova – das wuchtige obere Stadttor in Richtung Volterra

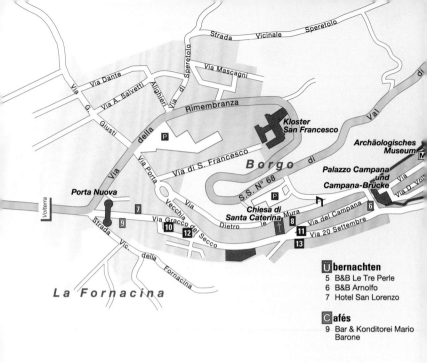

Übernachten

5 B&B Le Tre Perle
6 B&B Arnolfo
7 Hotel San Lorenzo

Cafés

9 Bar & Konditorei Mario
Barone

Übernachten

**** San Lorenzo 7, toskanischer Luxus in feudaler Lobby mit Säulen, Skulpturen und riesigen Lüstern in Traubenform. Moderne, helle Zimmer ab 120 €. Kleiner Spa-Bereich. Via Gracco del Secco 113, ℘ 0577-923675, www.palazzosanlorenzo.it.

B & B Le Tre Perle 5, Unterstadt, hinter der Piazza Agostino. Die nette Wirtin vermietet fünd schöne Zimmer. EZ 50 €, DZ 70 €, Dreibettzimmer 90 €, jeweils inkl. Frühstück. Ganzjährig geöffnet. Via Pieve in Piano 23, ℘ 0577-921489, www.letreperle.com.

MeinTipp B & B Arnolfo 6, Oberstadt, an der Campana-Brücke. Freundlich und luftig zeigt sich diese Übernachtung-mit-Frühstück-Adresse; 10 Zimmer auf 4 Etagen, helle Möbel, freigelegtes Mauerwerk, AC, Garten. Freundlicher Gastgeber. EZ 60 €, DZ 80 €, großes Vierbettzimmer 110 €. Anfahrt: Bis zur Campana-Brücke kann man zum Aus- und Einladen vor-

fahren. Via F. Campana 53, ℘ 0577-922020. www.arnolfobb.it.

Fattoria Mugnano, ca. 6 km von Colle, in Richtung Volterra (auf Ausschilderung achten). Denkmalgeschütztes Anwesen aus dem 12. Jh. mit Villa und Park. Ein Leser, ein Botaniker, lobte vor allem „einige der schönsten Flaum- und Stein-Eichen in der Toskana" im Garten, aber auch die Küche des Restaurants fand Lob. Weine, Öle, Marmeladen werden nach biologischen Rezepturen hergestellt, die Küche verarbeitet bevorzugt regionale Produkte. Auch wenn das Bio-Label noch nicht offiziell ist, der Betrieb verwendet seit Jahren keine chemischen Dünger mehr. Ein Teil der 10 Zimmer ist im ehemaligen Heuschober untergebracht. Die Signora spricht sehr gut Deutsch. DZ inkl. Frühstücksbrunch 80–100 €. Strada Regionale 68, Località Mugnano, ℘ 0577-959023, ℘ 339-7025 820, www.fattoriadimugnano.com.

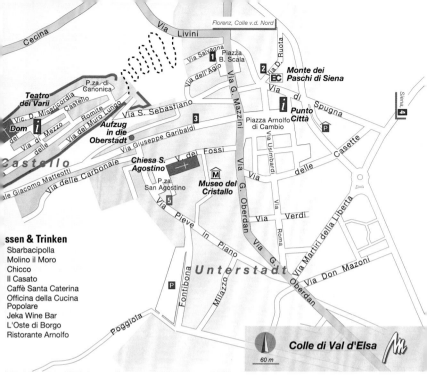

Essen & Trinken/Nachtleben

Essen & Trinken **Ristorante Arnolfo** 🔟, Oberstadt; renommierte Michelin-Stern-Adresse; für feinste Küche zeichnet Chef Gaetano Trovato verantwortlich. Di/Mi Ruhetag. Via XX Settembre 50, ☎ 0577-920549.

Molino il Moro 2️⃣, Unterstadt, gleich neben der Piazza Arnolfo. Die mittelalterliche Mühle – das Wasser fließt noch durch's Gebäude – wurde originalgetreu restauriert. Im Sommer wird auch auf der Terrasse serviert. Das hohe Niveau der Küche hält sich seit Jahren; diverse Degustationsmenüs, auch mit Fisch. Große Weinauswahl. Mo Ruhetag, Dienstagmittag geschlossen. Via della Ruota 2, ☎ 0577-920862.

Chicco 3️⃣, Unterstadt; Pizzaiolo Stefano verspricht die beste Pizza, und in der Tat wurden seine Pizzen 2015 in einem nationalen Nachwuchswettbewerb prämiert – sie zählen zu den 35 besten Italiens. So ist das Lokal auch meist brechend voll. Neben Pizza aus dem Holzofen

gute Vorspeisenteller und toskanische Küche. Di Ruhetag. Via Garibaldi 35, ☎ 0577-921776.

Il Casato 4️⃣, Ortsansässige loben die gute und günstige Küche, auch Pizzen. Via Piemonte 21, ☎ 0577-921106.

L'Oste di Borgo 🔢, Oberstadt; winziges, günstiges Kneipenlokal mit Auswahl an Crostini, Antipasti, Primi, z. B. frittiertes Gemüse, sowie Salaten, im Sommer auch auf der Piazza. Nur abends geöffnet. Via Gracco del Secco 58, ☎ 0577-922499.

Biosteria Sbarbacipolla 1️⃣, Unterstadt; biologische, vegetarische und vegane Küche eines jungen Teams. Falafel und frisches Gemüse, Bulgur und Käse. Raffinierte Gerichte zu anspruchsvollen Preisen. Nur abends geöffnet, Mo/Di Ruhetag. Piazza Bartolomeo Scala 11, ☎ 339-7030331.

🍴**Officina della Cucina Popolare** 🔟, Oberstadt; die Osteria verwendet ausschließlich Bio-Produkte aus der Umgebung, die Nudeln sind hausgemacht. Im Winter Di und Mi geschlossen. Via Gracco del Secco 86, ☎ 0577-921796.

Bars Caffè Santa Caterina 🟨, Oberstadt; auf einer großen Terrasse sitzt man unter Linden und hört das Plätschern des kleinen Brunnens. Treffpunkt der Bewohner. Piazza S. Caterina 4.

Bar & Konditorei Mario Barone 🟨, Oberstadt; umwerfende Auswahl an Dolci aus eigener Produktion, z. B. mit Vanillecreme gefüllte Hörnchen … hmmm! Via Gracco del Secco 40.

Jeka Wine Bar 🟦, Oberstadt; eher ein Pub mit ein paar Bieren vom Fass, das junge Personal ist erfrischend gut gelaunt. Via Francesco Campana.

Certaldo

Ganz aus rotem Ziegelstein gemauert, thront das alte Städtchen auf einem Hügel, während unten im Tal die Neustadt unter dem Durchgangsverkehr leidet. Zwischen beiden Welten pendelt eine moderne Drahtseilbahn.

Die Oberstadt dominiert der **Palazzo Pretorio** aus dem 12. Jahrhundert, einst Sitz der Stadtregierung und des Gerichts. Die Familienwappen an der Fassade bringen ein paar Farbtupfer in das allgegenwärtige Ziegelrot, innen sind einige restaurierte Fresken zu bewun-

dern. Seit die Stadtverwaltung in die Neustadt umgezogen ist, dient der Palast als Museum. Der Besuch lohnt – allein wegen der schönen Aussicht von den begehbaren Mauern.

■ Bei der Recherche wegen Restaurierung geschlossen. Geplante Öffnungszeiten: April–Okt. tägl. 9.30–13.30 und 14.30–19 Uhr; Nov.–März 9.30–13.30 und 14.30–16.30 Uhr, Di geschlossen. Kombiticket mit Wohnhaus von Boccaccio 4 € bzw. 6 € (+ Wohnhaus von Boccaccio + Museo di Arte Sacra).

Bekannt ist Certaldo vor allem, weil *Giovanni Boccaccio* (1313–1375) hier seine letzten Jahre verbrachte. Der große Dichter war zu Lebzeiten ein armer Mann, der sich mit den verschiedensten Tätigkeiten über Wasser hielt – eine Zeitlang war er Gesandter in Mailand und Avignon, wo die meisten seiner Werke entstanden. Sein „Decamerone" (von Pier Paolo Pasolini verfilmt), eine Sammlung von 100 Erzählungen, wurde zum Wegbereiter der europäischen Novellendichtung. Hintergrund und Rahmenhandlung des streckenweise frivolen Werks ist die große Pestepidemie von 1348, die in der Toskana über die Hälfte der Bevölkerung dahinraffte.

Sehenswertes

Wohnhaus von Boccaccio: Nach umfangreicher Restaurierung kann man das Haus wieder besichtigen. Die Wände im Erdgeschoss schmücken Illustrationen aus dem „Decamerone", im

Palazzo Pretorio in Certaldo Alto

Obergeschoss hat das Zentrum für Boccaccio-Studien seinen Sitz.

■ Geöffnet wie Palazzo Pretorio. Kombiticket mit Palazzo Pretorio 4 €, mit Palazzo Pretorio + Museo di Arte Sacra 6 €. Via Boccaccio 18.

Kirche Jacopo e Filippo: Eine Steinplatte mit dem Relief des Dichters im Fußboden der Kirche weist auf Boccaccios Grab hin. Ein größeres Grabmal aus dem 16. Jh. wurde 1783 zerstört – vermutlich von frommen Eiferern, die den „Gotteslästerer" in dem geheiligten Raum nicht länger ertragen wollten, möglicherweise auch von der Kirchenverwaltung selbst.

Museo di Arte Sacra: Vom zweistöckigen trapezförmigen Kreuzgang aus gelangt man in die Räume mit einigen Kirchenkunst-Exponaten. Eine Treppe führt hinab in den dunklen Bereich der Krypta, mit den alten Grablegen unterhalb der Kirche.

■ Geöffnet wie Palazzo Pretorio, aber Mo geschlossen. Kombiticket mit Palazzo Pretorio + Casa di Boccaccio 6 €.

Museo del Chiodo im Palazzo Giannozzi (Oberstadt, Via Boccaccio 35): Das „Museum zur Geschichte des Nagels", eingerichtet vom Tischler Beppe Chiodo, umfasst alles erdenkliche Holzwerkzeug, das Heimwerkerherzen höher schlagen lässt. Darüber hinaus sind alte Haushaltsgegenstände zu sehen, z. B. Modelle des „scaldaletto" – eine voluminöse Konstruktion aus Holz, in die ein Topf mit glühender Kohle gehängt wurde, um das Bett anzuwärmen.

■ Derzeit wegen Restaurierung geschlossen. Eintritt 1 €. Tickets im Ufficio Turistico.

Sehenswertes in der Umgebung von Certaldo

Castelfiorentino: Etwa 7 km nordwestlich von Certaldo. Nicht gerade eine Perle der toskanischen Festungsstädte entlang der Frankenstraße, eher ein vom Tourismus liegengelassener Ort mit einem intakten historischen Kern. Unweit des Bahnhofs residiert an der Via Testaferrata 31 das **Museo Benozzo Gozzoli**, das eigens für den Renaissancemaler eingerichtet wurde. Es zeigt unter anderem Fresken des Meisters, die zwei Tabernakel schmücken. Sie stammen aus Kapellen an der Pilgerroute Via Francigena.

■ Mo und Fr 9–13, Di und Do 16–19, Sa/So/Feiertag 10–12 und 16–19 Uhr. Eintritt 3 €, erm. 2 €. ✆ 0571-64448.

Übernachten **Jugendherberge**, nach einem Re-Styling bietet der schicke Neubau auf der anderen Flussseite 60 Schlafplätze. Im Matratzenlager je 18 €/Pers., EZ 25 €, DZ mit getrennten Betten 45 €). Viale Roosevelt 26, ✆ 0571-1656448.

Gambassi Terme: Etwa 8 km westlich von Certaldo. Im Mittelalter war Gambassi Terme für die Herstellung von Glasbechern berühmt, doch die Kurgäste, die das gesunde Wasser der Quelle trinken, die nördlich des Orts in Pillo mit 15° C aus dem Boden sprudelt, benutzen ganz ordinäre Gläser. Die wiedereröffnete kleine Thermaleinrichtung wird vor allem von Kassenpatienten zur Linderung von Atemwegserkrankungen genutzt.

■ Infos unter ✆ 0571-638863.

Im Zentrum lädt hinter dem Gemeindehaus der Stadtpark aus dem 18. Jh. mit zwei hübschen Tunnels aus alten Steineichen zu einem Spaziergang ein. Etwa 1 km außerhalb steht an der Straße nach Castelfiorentino die hübsche romanische Kirche **Santa Maria a Chianni,** eine Etappe auf dem Pilgerweg der Via Francigena, der Frankenstraße (→ Übernachten).

Information in einem Pavillon am unteren Ortsausgang. Mo–Fr 10.30–13.30 und 15–18 Uhr , Sa 10–18 und So 10–13 Uhr. ✆ 0571-639006.

Übernachten/Essen Ostello Sigerico, ca. 1 km außerhalb in Richtung Castelfiorentino. Spartanische Herberge im früheren Priesterhaus – Übernachtung und Einkehr nicht nur für Pilger, aber kleiner Aufpreis. Die Via Francigena führt direkt durch den Ort. 10 Zimmer für 2 bis 5 Pers., je nach Belegung 12–27 € pro Person, Abendessen 10 €, Frühstück 4 € im Speisesaal.

Von Siena nach San Gimignano ↓ Karte S. 138

Harmonische Formen
in Certaldo Alto

Via Santa Maria a Chianni 1, ☎ 0571-639044, ☎ 324-7968837, www.ostellosigerico.it

Non Sul Collo, eine Pizzeria ohne Schnickschnack, doch der Pizzabäcker versteht sein Handwerk. Dazu das passende Bier, hausgemachte Desserts und gute Preise. Di Ruhetag. Via I. Franchi 11, ☎ 0571-638969.

Montaione: Etwa 12 km westlich von Certaldo. Die Altstadt thront oben auf dem Berg, doch der zentrale Treffpunkt der Einheimischen und Touristen liegt nicht hier, sondern an der Piazza Cavour, direkt vor den Toren der Altstadt. Von dem terrassenförmig angelegten Platz hat man herrliche, weite Ausblicke in die Umgebung.

Kloster La Gerusalemme di San Vivaldo: Eine einzigartige Klosteranlage, rund 5 km südwestlich von Montaione entfernt (ausgeschildert). Benannt ist das mitten im Wald gelegene „Jerusalem" nach dem Franziskanermönch Vivaldo aus San Gimignano, der im 14. Jh. lebte und wie viele seines Ordens sich hierher in die Einsamkeit zurückzog. Angeblich wurde sein Leichnam in einem hohlen Kastanienbaum gefunden. Ein anderer Franziskaner, Tommaso aus Florenz, konzipierte Anfang des 16. Jh. ihm zu Ehren ein kleines Jerusalem, das zumindest der Topographie der biblischen Stadt nachempfunden ist, Ölberg inklusive. In über einem Dutzend Kapellchen, die eher wie kleine Häuser aussehen, sind Teile des Evangeliums in Terrakotta-Szenen nachgestellt. Wenn Sie Ihren Besuch auf den frühen Abend verlegen, können Sie danach im Klosterrestaurant speisen. Der Mann im Pförtnerhäuschen, der oft auch die Führung übernimmt, bezeichnet sich selbst als Laienfranziskaner.

■ Kapelleninneres (Terrakotta-Darstellungen) nur mit Führung. April–Okt. Mo–Sa 15–19, So 10–19 Uhr. Nov.–März Mo–Sa 14–17 Uhr. Führungen jeweils zur vollen Stunde. Eintritt 5 €.

Basis-Infos

Information Ufficio Turistico, Certaldo Alto, (Oberstadt) im Palazzo Pretorio. April–Okt. 9.30–13.30/14.30–19 Uhr, Nov.–März 9.30–13.30/14.30–16.30 Uhr (im Winter Di geschlossen). Verkauf von Kombitickets für die Museen (4 € und 6 €). Piazzetta del Vicariato 3, ☎ 0571-661219, ☎ 0571-656721, www. comune.certaldo.fi.it.

Drahtseilbahn Sie pendelt im Sommer von 7.30 bis 1.00 Uhr im Viertelstundentakt zwischen Ober- und Unterstadt. Einfach 1,30 €, hin/zurück 1,50 €. Direkt gegenüber vom Museum beginnt der 5-minütige schöne Fußweg (Via Costarella) zurück in die Unterstadt zur Seilbahnstation an der Piazza Boccaccio.

Parken Die Einfahrt ins Zentrum von Certaldo Alto ist verboten. Nach oben führt aber eine Panoramastraße bis zur Stadtmauer. Von dort aus sind es zu Fuß nur ein paar Schritte in die Via delle Mura, die in die Hauptachse Via Boccaccio mündet. Parkplatz unterhalb der Stadtmauer 0,50 €/Std. (In Certaldo Basso den braunen Hinweisschildern nach Certaldo Alto folgen). Alternativ lässt man das Auto gleich auf der Piazza di Macelli stehen, die auch als Abstellplatz für Wohnmobile dient (keine Parkgebühr). Gebührenfreies Parken ist auch hinter dem Bahnhof möglich. Auf der Piazza Boccaccio ist das Parken gebührenpflichtig. Die meisten großen Parkplätze sind aber kostenlos.

Einkaufen In der Via 2 Giugno, der Fußgängerzone in der Neustadt, haben sich Boutiquen und Schuhgeschäfte niedergelassen.

Feste Mercantia, das schönste und wichtigste Fest Certaldos, alljährlich in der 2. Juliwoche von Mi bis So: Straßentheater in den Gassen, Handwerker bieten ihre Waren an – und natürlich reichlich Speis und Trank. Eintritt je nach Wochentag 10–20 €. www.mercantiacertaldo.it.

Boccaccesca, Straßenfest am 1. und 2. Wochenende im Oktober. Essen und Trinken an Ständen des mittelalterlichen Certaldo Alto. Eintritt frei. www.boccaccesca.it.

Cena Medievale, im Zeichen des Mittelalters wird an zwei Wochenenden im Juni abends kräftig geschlemmt.

mein Tipp **Artesia**, Oberstadt, eine der zwei Kunsthandwerkstätten im Palazzo Giannozzi. Hier oder bei **Studio d`Incisione e Pittura** kann man den Keramikmalern und Lithographen bei der Arbeit zuschauen. April–Okt. 10.30–19 Uhr. Certaldo Alto, Via Boccaccio 35.

Markt Mittwochvormittag auf dem Viale Giacomo Matteotti in der Neustadt.

Übernachten

*** Il Castello, in einem Palast am unteren Ende der Via Boccaccio. Renovierte Zimmer mit AC, Blick auf das Elsatal oder zur ruhigen Altstadt; EZ ab 55 €, DZ je nach Größe 90–120 €. Glanzlicht ist der Garten, den die Besitzerin als „Friedensoase" bezeichnet. Signor Alfred spricht Deutsch. **Restaurant** mit traditioneller toskanischer Küche angeschlossen, jedoch unter getrennter Leitung. Via G. della Rena 6, ✆ 0571-668250, www.albergoilcastello.it.

Del Vicario, Oberstadt, neben dem Palazzo Pretorio. Wenige Zimmer über einer historischen Osteria (s. unten), die einst zum kleinen Klosterkomplex San Tommaso gehörte, von dem nebenan noch die Kirche mit Fresken erhalten ist. DZ mit modernisierten Bädern, Klimaanlage und Frühstück ca. 95–110 €. Via Rivellino 3, ✆ 0571-668228.

mein Tipp **B & B Locanda Linando II,** Oberstadt. Signora Chiara Ulivieri vermietet Zimmer in außergewöhnlichem Ambiente: dunkle und angenehm kühle Räume mit antikem Mobiliar, einer etruskischen Münzsammlung (nicht echt), alten Teppichen und allerlei Kuriosem. Untergebracht ist das B & B in einem ehemaligen Stall aus dem 13. Jh. Ein kleiner Innenhof und ein winziger Kellerraum, eine Art Grotte aus Tuffstein, stehen den Gästen zur Verfügung. Gefrühstückt wird im Kaminzimmer oder im Innenhof zwischen den Türmen. DZ mit Bad und Frühstück 88–98 €, kleiner Nachlass bei mehreren Tagen. Via Valdracca 13-15, ✆ 0571-652961 und ✆ 328-7872445, www.linando2.it.

Camping Panorama del Chianti → Tavarnelle Val di Pesa, S. 326.

Essen & Trinken

Osteria del Vicario, im gleichnamigen Hotel (s. o.). Toskanische Küche auf einer von historischem Ziegelgemäuer eingerahmten Speiseterrasse. Neben raffinierten Kreationen steht auch die Zwiebelsuppen-Spezialität aus der süß-pikanten Zwiebel Certaldos auf der Karte. Der Spitzenküche entsprechende Preise. Reservieren! Via Rivellino 3, ✆ 0571-667809.

L'Antica Fonte, Oberstadt. Kleines Restaurant gleich neben Locanda Linando II. Größer als das Restaurant ist der lauschige Garten auf der anderen Straßenseite mit einem fröhlich plätschernden Brunnen, in dem sich Fische tummeln. Gute Salate, gute toskanische Küche. Erwähnt sei auch der originelle Lift zur Toilette!

Eine Leserin klagte über die lange Wartezeit. Via Valdracca 25, ✆ 0571-652225.

Da Messer Boccaccio, Oberstadt. Ristorante/Pizzeria im mittelalterlichen Gewölbekeller oder im Schatten der Steineichen im Garten. Die Steinofenpizza war laut einer Leserin „sensationell". Mo Ruhetag. Via Boccaccio 35.

Pizzeria/Ristorante Il Pirata, Unterstadt. beim „Piraten" locken knusprige Pizzen zu angenehmen Preisen. Via Roma 1, ✆ 0571-652683.

Il Delfino, Unterstadt. Klein und einfach, typische toskanische Gerichte mit gutem Preis-Leistungs-Verhältnis. Via Roma 83, ✆ 0571-1720437.

Von Siena nach San Gimignano → Karte S. 138

Typische Gasse in der Altstadt von San Gimignano

San Gimignano

ca. 7800 Einwohner

San Gimignano ist die am besten erhaltene mittelalterliche Stadt der Toskana. Schon von weitem wirkt es wie ein Miniatur-Manhattan: Schlanke, bis zu 50 Meter hohe Geschlechtertürme prägen das Bild.

Der Grund für die ungewöhnliche Architektur: Die herrschenden Familien lieferten sich einen Wettstreit um das höchste Gebäude der Stadt. Nur das Rathaus durfte nicht überragt werden. Allerdings waren die Türme nicht nur Statussymbol, sie sollten in erster Linie vor Übergriffen rivalisierender Familien schützen, denn wie in vielen Städten der Toskana kam es auch in San Gimignano häufig zu blutigen Fehden zwischen papsttreuen Guelfen und kaisertreuen Ghibellinen. Auch nach außen war die Stadt jahrzehntelang in die Machtkämpfe des 13. Jahrhunderts verwickelt. Im 14. Jh. konnte sie sich als vergleichsweise kleine Kommune gegenüber den regionalen Großmächten nicht

mehr behaupten und fiel an Florenz.

Die seit dem Mittelalter nahezu unverändert gebliebene Altstadt zählt seit 1990 zum **Unesco-Weltkulturerbe.** Anders als in den großen toskanischen Städten, bei deren Gestaltung viel Wert auf einheitliches Baumaterial gelegt wurde, zeigt sich San Gimignano städtebaulich als bunter Mix: Sandstein, rötliche Klinker, feine Travertin-Quader, bisweilen in ein und demselben Gebäude neben- oder übereinander. Ein anschauliches, großartiges Modell der Stadt zeigt das **Museo San Gimignano** 1300 (→ Sehenswertes).

San Gimignano steht Siena und Florenz als Touristenmagnet in nichts nach. Doch hier in den engen Gassen können sich die Besuchermassen nicht so gut verteilen, so dass die Stadt schon ab dem Frühjahr aus den Nähten platzt. Im Mittelalter führte die Pilgerroute Via Francigena mit dem Ziel Rom durch den Ort – heute fluten Tagestouristen diese Etappe. Erst nach Einbruch der Dunkelheit, wenn die Geschäfte schließen und die Tagesausflügler wieder in den Bussen sitzen, wird es ruhiger, und der Zauber der Stadt kehrt zurück.

Die Einheimischen stehen der Touristenflut übrigens gelassen gegenüber. Man ist den Trubel gewöhnt und profitiert davon. Dicht an dicht reihen sich Souvenir- und Feinkostläden, von Seifen, Keramik, Lederwaren, Kunst und Kitsch aus Alabaster bis zu Pecorino und Salami in allen Variationen. Ausgestopfte Wildschweine vor den Feinkostläden machen auf eine Spezialität der Gegend aufmerksam: das Fleisch des *cinghiale* (Wildschwein). Safran, die gelbe, kostbare Spezialität aus der Krokuspflanze, gibt es in winzigen Tütchen überall zu kaufen; im Mittelalter wurden auch Seidenstoffe mit Safran gefärbt.

Zwei Stadtspaziergänge

Passegiata delle mura: Der Weg außerhalb wie innerhalb der Stadtmauern beginnt bei der **Porta San Giovanni** und führt über die Porta delle Fonti und die Porta San Jacobo bis zur **Porta San Matteo** – hier gibt es keine Geschäfte, nur vereinzelt trifft man auf Touristen. Kurz vor der Porta delle Fonti kann man das schöne Panorama hinab in Richtung der Fonti medievali genießen. Hat man die **Porta delle Fonti** erreicht, sind es nur knapp zwei Minuten hinab zu den alten Wasserbecken, die einst als Tränke, Waschplatz und zur Trinkwasserversorgung dienten.

Camminamento medioevale: Der Weg von der **Porta San Matteo** zur Piazza delle Erbe verläuft zunächst an der Innenseite der Stadtmauer und führt dann durch den idyllischen Park der Rocca, der etwas abseits des Trubels liegt. Der Gang ist teilweise offen, teilweise mit kleinen Brücken überbaut, die die Stadtmauer mit den Wohngebäuden verbinden. In der **Via Diacceto** biegen wir rechts noch vor dem Haus Nr. 7 (Locanda La Mandragola) ab und folgen dem Weg durch den Mauerdurchbruch. Der Weg schlängelt sich durch den Olivenhain an Kunstinstallationen vorbei zum Park der Rocca empor. An manchen Tagen verzaubern hier Musiker mit Harfe und Querflöte mit ihren Klängen. Wir verlassen den Park durch zwei Torbögen, gelangen zum **Museo del Vino Vernaccia** (Werbemotto: „Wine Experience La Rocca") und folgen von hier der Ausschilderung in Richtung Piazza del Duomo bzw. **Piazza delle Erbe.**

Sehenswertes

Piazza della Cisterna: Zusammen mit dem Domplatz nebenan bildet die Piazza della Cisterna das Zentrum und Herzstück von San Gimignano. Mit ihrer dreieckigen Grundform, dem gewölbten Profil und den mächtigen Hausfassaden verkörpert sie ein Stück Mittelalter in reinster Form. Die Zisterne in der Platzmitte stammt aus dem Jahr 1273.

Piazza del Duomo: Hier zeigen sich die vielfältigen Bauformen hübsch verschachtelt – Loggia, Treppen, der Dom und ein aufragender Turmkoloss.

Rocca: Vom Turm der alten Burgruine westlich des Doms hat man den schönsten Überblick über San Gimignano.

Das **Sammelticket** für 9 € (erm. 7 €) gilt 2 Tage lang für den Besuch von sieben Einrichtungen: Palazzo Comunale, Pinakothek, Torre Grossa, Archäologisches Museum, Spezieria di Santa Fina, Galerie für moderne Kunst und Kirche San Lorenzo in Ponte. Der **San Gimignano Pass** für 13 € gilt ebenfalls 2 Tage für die oben genannten Einrichtungen plus Dom plus Dommuseum.

Von Siena nach San Gimignano → Karte S. 138

Piazza della Cisterna – in der Nachsaison

Palazzo Comunale

Der Bürgermeisterpalast an der Piazza del Duomo mit seinem 54 Meter hohen Turm wurde 1310 fertiggestellt; neben dem Dom ist er das meistbesuchte Bauwerk der Stadt. In den Obergeschossen befindet sich die Pinakothek (s. u.). Ein architektonischer Leckerbissen ist der **Innenhof** mit seinem überdachten Treppenaufgang, den Rundbögen und den ausgeblichenen Wandfresken. Hier wurde im Mittelalter öffentlich Recht gesprochen; ob es dabei mit rechten Dingen zuging, sei dahingestellt. Jedenfalls wurde das Fresko mit dem heiligen Ivo, dem Schutzpatron der Advokaten, schon im 16. Jahrhundert mit diesem Spruch verunziert: „Ich verspreche, du wirst siegen, wenn du dich mit dem Geldbeutel beeilst."

Pinakothek: In den kahlen Sälen im ersten Obergeschoss sind Fresken zu sehen, u. a. von *Benozzo Gozzoli*. Im sogenannten Dante-Saal ist die „Maestà" bemerkenswert, ein Werk von *Lippo Memmi*, ein Schüler und Mitarbeiter

von *Simone Martini*, des großen sienesischen Künstlers aus dem 14. Jahrhundert. Das Nebenzimmer, der „geheime Sitzungssaal", zeigt ein kostbares Gestühl.

In den oberen Stockwerken beeindrucken besonders zwei Rundbilder von *Filippo Lippi*, die „Verkündigung" und der „Engel" – schöne Farbgebung und bei der „Verkündigung" eine im flämischen Stil gemalte Landschaft. Im Rückgebäude findet man den Eingang zu einer kleinen etruskischen Sammlung mit Fundstücken aus der Umgebung.

▪ April–Sept. 10–19.30 Uhr, Okt.–März 11–17.30 Uhr. Eintritt 9 € (Sammelticket).

Torre Grossa: Eine Turmbesteigung sollte man sich nicht entgehen lassen. 200 Stufen führen durch den von früheren Geschossdecken entkernten Turm zur Plattform mit der stillgelegten Glocke hinauf, der Blick über die Stadt ist phantastisch. Zugang über die Pinakothek (s. o.).

▪ April–Sept. 10–19.30 Uhr, Okt.–März 11–17.30 Uhr. Eintritt 9 € (Sammelticket).

Dom

Das außen schmucklose romanische Bauwerk aus dem 12. Jahrhundert ist innen über und über mit Wandfresken bemalt.

Linkes Seitenschiff: Szenen aus dem Alten Testament, naiv-realistische Darstellungsweise von *Bartolo di Fredi*, einem Schüler von *Ambrogio Lorenzetti*. Der Bilderzyklus beginnt mit der Erschaffung der Welt als Scheibe. Nach den Pflanzen und Tieren folgt Adam und schließlich – im vierten Bild aus seiner Rippe steigend – Eva. Etwas aus dem Rahmen fällt der „Zug durchs Rote Meer" (viertes Bild der unteren Reihe): Das Heer des Pharao trudelt ertrinkend auf der Bildfläche.

Rückwand: Oben ist eine grandiose Darstellung des „Jüngsten Gerichts" von *Taddeo di Bartolo* zu sehen, beeindruckend ist vor allem die Illustration der Hölle. Die Details sind auf Postkarten besser zu erkennen: Unmäßigkeit, Unzucht, Mord und Totschlag, die Teufel der Gier. Die öffentlichen Hinrichtungen der Zeit bildeten die Vorlage für den Künstler. Über dem Eingang ist ein großflächiges Fresko von *Benozzo Gozzoli* zu sehen, das „Martyrium des heiligen Sebastian", ein im Pfeilhagel stirbt.

Rechtes Seitenschiff: Szenen aus dem Neuen Testament von *Barna di Siena*. Die letzten Bilder wurden erst Mitte des 14. Jh. vollendet, allerdings nicht mehr vom Meister selbst: Der stürzte von seinem Arbeitsgerüst und starb an seinen Verletzungen.

Kapelle Santa Fina: Die am Ende des rechten Seitenschiffs angebaute Kapelle bricht stilistisch mit dem Rest der Kirche. Die Hochkultur des florentinischen Renaissancestils zeigt sich in den Wandfresken von *Ghirlandaio:* Die Gesichter mit ihrer individuellen Mimik sind Porträtmalerei vom Feinsten.

■ Der Dom hat dieselben Öffnungszeiten wie das Museo di Arte Sacra (s. u.).

Museo di Arte Sacra: Eine kleine, bescheidene Ausstellung von Kirchenkunst – Messgewänder, Kelche aus Silber, sakrale Gerätschaften.

■ Febr.–März und 1. Nov.-Hälfte Mo–Sa 10–17, So/Feiertag 12.30–17 Uhr. April–Okt. Mo–Sa 10–19.30, So/Feiertag 12.30–19.30 Uhr. Eintritt Dom 4 €, Museo di Arte Sacra 3,50 €, Kombiticket Dom + Museum 6 € (oder mit San Gimignano Pass 13 €).

Augustinerkloster

Der Spaziergang durchs mittelalterliche San Gimignano endet beim Augustinerkloster im Norden der Stadt. Die fast schmucklose einschiffige Kirche aus dem 13. Jh. birgt eine besondere Sehenswürdigkeit: Der großartige Bilderzyklus im Chor von *Benozzo Gozzoli* und seinen Schülern erzählt in 17 Szenen das Leben des heiligen Augustinus (354–430), zu lesen von links unten nach rechts oben:

Im *ersten Bild* (linke Wand, unten links) bringen die Eltern den kleinen Augustinus in die Schule. Die Szene spielt in Tagaste, im heutigen Algerien. Im Vordergrund wird gerade einem ungehorsamen Schüler der Hintern versohlt ... Es folgen u. a. die Übersiedlung nach Italien und der Rhetorik-Unterricht in Rom. Das *zwölfte Bild* (rechte Wand, Mitte links) erzählt in einer Parabel von den Grenzen unseres Verstandes: Augustinus weilt am Meeresufer und versucht, die Heilige Dreieinigkeit zu verstehen. Da erscheint ihm Jesus als Kind und macht sich daran, das Meer mit einem Löffel in sein Eimerchen zu füllen – und Augustinus begreift, dass der Verstand nicht fähig ist, die Größe Gottes zu erfassen.

Zum Abschied lohnt ein Blick in den doppelstöckigen Kreuzgang mit dem gepflegten Garten, der um einen alten Ziehbrunnen angelegt ist.

■ April–Okt. tägl. 9–12 und 15–19 Uhr, Nov.–Febr. 9–12 und 15–18 Uhr.

Von Siena nach San Gimignano → Karte S. 138

Im Kirchlein San Lorenzo

San Lorenzo in Ponte: Das restaurierte, einschiffige romanische Kirchlein aus dem 13. Jahrhundert besticht im Inneren durch seine Renaissance-Fresken, gemalt von dem Florentiner *Cenni di Francesco*. Hölle und Paradies sind seine zentralen Themen, während sein Künstlerkollege *Simone Martini* das liebliche Antlitz der Madonna verewigte.

■ März–Okt. tägl. 10–13 und 15–19 Uhr, Nov–März. 10–13 und 14–18 Uhr. Eintritt 9 € (Sammelticket). Via di Santo Stefano 8.

Noch mehr Sehenswertes

Torre Salvucci: Die Besteigung des Turms (Privatbesitz) direkt im Zentrum an der Piazza delle Erbe ist sogar abends möglich – allerdings nur, wenn die Turmwohnung nicht gerade vermietet ist. Man erklimmt den 42 Meter hohen Koloss aus dem 13. Jh. über unzählige Stufen, passiert 12 Etagen und wird, oben angelangt, mit einem fantastischen Blick über die Stadt be-

lohnt. Die Einrichtung auf engstem Raum ist originell. Ein Aufsteller am Eingang weist darauf hin, ob der Turm zu besichtigen ist.

■ Eintritt 5 €, erm. 3 €. Anmeldung unter ℘ 320-1563234.

Torre und Casa Campatelli: Ein Muss für San-Gimignano-Besucher! Die Privatresidenz und der Turm der Familie Campatelli wurden aufwendig und detailreich restauriert, nun darf man die einzigartigen originalen Räumlichkeiten besichtigen. Eine Videopräsentation (auch auf Deutsch) erzählt die Geschichte der Familie und die der Stadt. So erfährt man, was es mit den Geschlechtertürmen auf sich hatte, welche Bedeutung San Gimignano im Laufe der Jahrhunderte erlangte und warum die Pestepidemie von 1348 den Niedergang der Stadt bedeutete. Unser Tipp: Torre und Casa *vor* einem Stadtrundgang besichtigen!

■ April–Okt. tägl. 9.30–19 Uhr, Nov., Dez., März tägl. 10.30–17 Uhr; Führung alle 45 Min. mit Videopräsentation; Eintritt 7 €, Familie (2 Erw., 2 Kinder) 16 €. Via San Giovanni 15, ℘ 0577-941419.

Foltermuseum (Museo della Tortura): Einblick in die Kapitel der mittelalterlichen Justiz gewährt diese Privatsammlung mit Folter- und Hinrichtungsinstrumenten. Zu den Ausgeburten des menschlichen Geistes zählen Daumenschrauben, Halsgeigen, Garotten und dergleichen mehr. Es wurde gehenkt und gerädert, auf dem Scheiterhaufen verbrannt oder lebendig eingemauert. Ein Raum mit zeitgenössischen amerikanischen Hinrichtungsmethoden bringt den Besucher unvermittelt in die Gegenwart zurück ... Und die Kriegsmaschinerie von Leonardo da Vinci lässt vielleicht sogar Gedanken an die schöngeistige Renaissance aufkommen.

■ Mai–Sept. voraussichtlich tägl. 10–18.30 Uhr, Jan./Febr. und Nov./Dez. 10–16 Uhr, März/April und Okt. 10–18 Uhr. Für Kinder ist die Ausstellung nicht geeignet. Eintritt 8 € (s. u.). Via del Castello 3, ℘ 0577-942243.

Wettstreit der Geschlechtertürme

Museum der Todesstrafen (Museo della Pena di Morte): Wer der Grausigkeitenauch rund um die Inquisition nicht müde ist, kann sich hier weiter informieren.

▪ April–Okt. voraussichtlich tägl. 10–19 Uhr, Nov.–März Sa/So 10.30–18 Uhr. Eintritt 10 €. Ticket gilt auch für das Foltermuseum (s. o.). Via San Giovanni, ☏ 0577-940527.

Galleriacontinua: Zahlreiche Initiativen für moderne und zeitgenössische Kunst zeigen in einem Kino der 1950er-Jahre ein ambitioniertes Ausstellungsprogramm.

▪ Tägl. 10–13 und 14–19 Uhr. Eintritt frei. www.galleriacontinua.com.

Spezieria di Santa Fina (mittelalterliche Gewürzhandlung), **Archäologisches Museum, Galerie für moderne und zeitgenössische Kunst:** Die drei Ausstellungen sind in einem Gebäude untergebracht. Die Spezieria zeigt alte Keramik- und Glasbehälter, die der Aufbewahrung von Kräutern und zum Mischen von Medikamenten dienten, und anderes. Das Archäologische Museum zeigt Funde aus etruskischer Zeit bis ins 18. Jh. aus der Umgebung um San Gimignano. Die Galerie für moder-

ne Kunst präsentiert zeitgenössische toskanische Arbeiten.

▪ Okt.–März 11–17.30 Uhr, April–Sept. 10–19.30 Uhr. Eintritt 9 € (Sammelticket).

Wine Experience La Rocca (früher Museo del Vino): Das Museum widmet sich vor allem dem regionalen Vernaccia. Gegen Gebühr kann auch degustiert werden, mit und ohne Sommelier. Vor dem Museum lädt ein Plätzchen dazu ein, abends die hinter den sienesischen Hügeln untergehende Sonne mit einem Glas Vernaccia zu verabschieden.

▪ März–Okt. tägl. 11.30–19.30 Uhr. Eintritt frei.

Museo San Gimignano 1300: Einer Gruppe von Künstlern gelang es, das San Gimignano des 14. Jahrhunderts in einem großartigen Miniaturmodel im Maßstab 1:100 detailgetreu und ganz und gar aus Ton nachzubauen. Die mittelalterliche Stadt an der Pilgerroute Via Francigena zählte damals 800 Wohngebäude, Paläste und nicht weniger als 72 Türme. Das wunderbare Modell ist im Garten ausgestellt.

▪ Tägl. 10 bis ca.19 Uhr. Im Winter oft geschlossen. Eintritt frei, ein Obolus ist gern gesehen. Via della Costarella 3, ☏ 327 4395165.

Basis-Infos

Information **Pro Loco,** Piazza del Duomo. März–Okt. 10–13 und 15–19 Uhr, Nov.–Febr. 10–13 und 14–18 Uhr. Sehr hilfsbereit. Verkauf von Bustickets, kostenlose Hotel-, Zimmer- und Agriturismovermittlung, Stadtführungen, Adressenlisten für den Besuch von Weingütern, Stempel fürs Pilgerbuch für die Pilger auf dem Weg nach Rom ... ✆ 0577-940008, www.san gimignano.com.

Hin und weg **Bahn:** Nächster Bahnhof in Poggibonsi. Fahrplanauskünfte auch im Pro-Loco-Büro.

Busse fahren häufig nach Florenz, mind. 10-mal tägl. direkt nach Siena (außer Sonntag), fast stündlich nach Poggibonsi und nach Colle di Val d'Elsa. Busbahnhof an der Porta San Giovanni (Piazzale Montemaggio).

Parken Fast alle Parkplätze sind tagsüber gebührenpflichtig. **P 1** (Giubileo) 1,50 €/Std., 6 €/Tag (von hier 10 Min. zu Fuß ins Zentrum oder Buszubringer). **P 2** (Montemaggio) 2,50 €/Std., 15 €/Tag. **P 3** (Bagnaia superiore) und **P 4** (Bagnaia inferiore) 2,50 €/Std., 15 €/Tag. Gebührenfreie Plätze gibt's nur weiter außerhalb oder beim großen Coop-Supermarkt (mit Parkscheibe, allerdings nur für 1 Std.). Das Parken auf dem *Parkplatz Santa Chiara* ist kostenlos. Von hier Bus-Shuttle mit Linie 2 ins Zentrum.

Fahrrad/Moped Verleih bei **Bruno Bellini,** neben dem großen Parkplatz an der Straße nach Poggibonsi (beschildert). MTBs ab 20 €, auch Skooter, Vespas und Autos. Via Roma 41, ✆ 0577-940201.

Feste **Ferie delle Messi,** Mittelalterfest am 3. Juniwochenende mit Musik, Handwerkskunst, Reitturnieren – alles in historischen Kostümen. Die Kulisse könnte nicht schöner sein! www.cavalieridisantafina.it.

San Gimignano Accade d´Estate, Juni bis Sept. Konzerte und Opern auf dem Domplatz, auf kleineren Plätzen und in Kirchen. www.sangimignano.com.

Foto-Atelier **La Bottega del Sale,** das älteste Fotostudio in der Toskana bietet ausgefallene Schwarz-Weiß-Aufnahmen von San Gimignano und der Umgebung. Piazza del Duomo 13, www.duccionacci.it.

Markt Wochenmarkt jeden Donnerstag auf der Piazza della Cisterna, der Piazza Duomo und der Piazza delle Erbe.

Wein **Azienda Agricola Il Paradiso,** ca. 2,5 km außerhalb. Nicht nur auf dem traditionsreichen Weingut von Vasco Cetti, auch in dessen Verkau fsstelle in der Via San Giovanni kann man – vergleichsweise günstig – den Vernaccia di San Gimignano (D.O.C.G.) erwerben. Info unter „Azienda Agricola/Agriturismo Poderi del Paradiso".

Übernachten

Die meisten Unterkünfte im Zentrum haben keinen eigenen Parkplatz, für die Zufahrt ist man nur zum Ein- und Ausladen berechtigt. Daher zusätzliche Gebühren für öffentliche Parkplätze mit einkalkulieren.

Hotels ***** L'Antico Pozzo 7,** hübsch restauriertes Stadthaus aus dem 15. Jh., jedes Zimmer ist anders eingerichtet, jedes sehr einladend. In Nr. 12, 14 und 22 schlafen Sie unter einem blütenweißen Baldachin. In der 1. Etage gibt es eine schönen „Innenhof", in dem auch gefrühstückt werden kann. EZ 90–95 €, DZ 119–185 €. Garagenparkplatz in der Nähe, 24 €/Tag. Via San Matteo 87, ✆ 0577-942014, ✆ 0577-942117, www.anticopozzo.com.

*** La Cisterna 12, schöne Lage im Zentrum der Altstadt, bei Gruppen beliebt. Einige der 48 Zimmer haben einen Balkon und Blick über die Dächer ins Umland. Besonders schön ist Zimmer Nr. 82 mit Balkon. Im Haus auch ein empfehlenswertes Restaurant. DZ ab 120 €. Geöffnet Ende März bis über's Jahresende. Piazza della Cisterna 23, ✆ 0577-940328, www.hotelcisterna.it.

mein Tipp **Locanda La Mandragola 9,** in einer Seitenstraße neben dem Park der Rocca, eine empfehlenswerte B & B-Adresse: 4 kleine, kuschlige Zimmer mit schönem Blick; ausgezeichnetes **Restaurant.** Der Clou ist die winzige Dachterrasse auf dem hauseigenen Türmchen. DZ inkl. Frühstück 85 €. Via Diaccieto 7, ✆ 0577-940454, www.locandalamandragola.it.

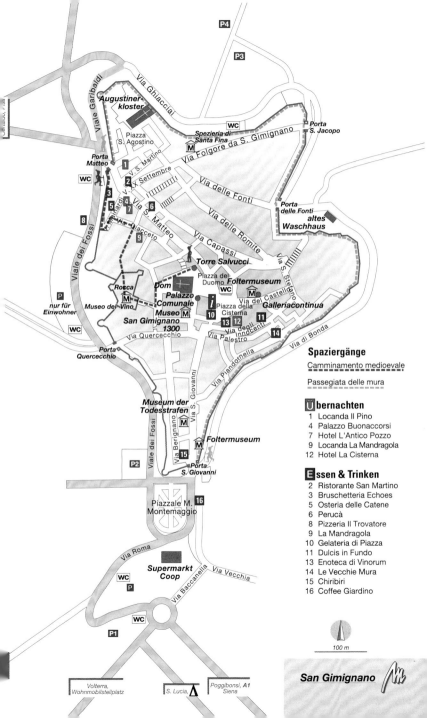

San Gimignano

P4
P3

Via Ghiaccai

Augustiner-kloster

Via Garibaldi
Viale Garibaldi

Piazza S. Agostino

Spezieria di Santa Fina

WC

M

Porta S. Jacopo

Via Folgore da S. Gimignano

Porta Matteo

1

Via S. Martino

WC

2

XX Settembre

Via Mainardi / V.

Via delle Fonti

4
7

6

Via S. Matteo

Porta delle Fonti

3
5

altes Waschhaus

8

Via Giacceto

9

Via delle Romite

Viale dei Fossi

Via Capassi

Torre Salvucci

Via di Castello

Foltermuseum

Via S. Stefano

Piazza del Duomo

WC

Rocca

Dom

M

Galleriacontinua

Palazzo Comunale Museo

Museo del Vino

i

P
nur für Einwohner

San Gimignano 1300

10

Piazza della Cisterna

M

11

WC

13
12

14

Via degli Innocenti

Via Quercecchio

Via Palestro

Via di Bonda

Porta Quercecchio

Via Piandornella

Via S. Giovanni

Museum der Todesstrafen

Via Berignano

M

Foltermuseum

M

15

Porta S. Giovanni

Viale dei Fossi

P2

P
16

Piazzale M. Montemaggio

Via Roma

WC

P

Supermarkt Coop

Via Vecchia

Via Baccanella

WC

P1

Volterra, Wohnmobilstellplatz

S. Lucia, Δ

Poggibonsi, A1 Siena

Spaziergänge

Camminamento medioevale

Passegiata delle mura

Übernachten

1 Locanda Il Pino
4 Palazzo Buonaccorsi
7 Hotel L'Antico Pozzo
9 Locanda La Mandragola
12 Hotel La Cisterna

Essen & Trinken

2 Ristorante San Martino
3 Bruschetteria Echoes
5 Osteria delle Catene
6 Perucà
8 Pizzeria Il Trovatore
9 La Mandragola
10 Gelateria di Piazza
11 Dulcis in Fundo
13 Enoteca di Vinorum
14 Le Vecchie Mura
15 Chiribiri
16 Coffee Giardino

100 m

San Gimignano

Beschauliche Plätze im Hinterhof

serviert köstliche Fleisch- und Grillspezialitäten. DZ mit Klimaanlage und Balkon ab 119–150 €. Frühstück vom Büffet. Geöffnet April–Okt. Loc. Pancole 10/B, ☎ 0577-955044, www.hotelle renaie.it.

Zimmer La Fornace di Racciano, auf einem Hügel gegenüber von San Gimignano, schöner Blick auf die Stadt. 5 schlichte, geschmackvoll eingerichtete Zimmer in renoviertem Bauernhaus mit kleinem Pool. Zimmer ohne Balkon, aber mit Kühlschrank und üppigem Frühstücksbuffet. DZ 80–110 €. Geöffnet April–Okt. Anfahrt: Von San Gimignano in Richtung Süden nach Volterra, nach 2,5 km rechts den Berg hinauf (beschildert). Loc. Racciano, La Fornace 2, ☎ 0577-942156, www.lafornacedi racciano.com.

> Auch einige Restaurants vermieten Zimmer, z. B. **Locanda Il Pino** ◼1 Via Cellolese 4 (DZ 50–70 €, Frühstück extra).

🖊️ Agriturismi **Agriturismo Fattoria Poggio Alloro,** in Richtung Certaldo, dann dem Abzweig in Richtung Ulignano folgen. Nach 5 km nach Remignoli abbiegen. Bio-Betrieb auf dem „Lorbeer-Hügel" mit Chianina-Rindern, Cinta-Senese-Schweinen, Wein-, Gemüse- und Getreideanbau. Kleine Safranproduktion. Das Abendessen mit hauseigenen Produkten wird auf der Terrasse serviert, samstags wird Bistecca vom Chianina Rind gegrillt (Menü von Antipasti bis Nachtisch 42 €). Auch für Gäste von außerhalb, unbedingt reservieren. 10 DZ ab 100 €. Ganzjährig geöffnet. Via S. Andrea 23, ☎ 0577-950153, www.fattoriapoggioalloro.com.

🖊️ **Azienda Agricola Cesani,** Wein, Öl Grappa und Safran aus biologischem Anbau. Einige Zimmer, 92 € inkl. Frühstück. Tolle Aussicht. Loc. Pancole 82 D, ☎ 0577-955084, www. agriturismocesani.it.

/mein Tipp Palazzo Buonaccorsi ◼4, liebevoll restaurierter Palazzo aus dem 17. Jh. in ruhiger Lage in der Fußgängerzone der Altstadt. Stilvoller Salon und vier große Räume mit erlesenen Antiquitäten. Der kleine Hinterhof mit Brunnen ist eine Oase der Stille; sehr aufmerksame Vermieterin – das findet auch eine Leserin. DZ 50–70 €, Frühstück extra. Im einstigen Dienstbodentrakt 2 kleine Apartments für je 2–3 Pers., 50–70 €/Tag, Gepäckaufbewahrung. Parkplatz gratis. Via San Matteo 95, ☎ 349-8079 349, www.palazzobuonaccorsi.it.

*** Le Renaie, 5,5 km außerhalb, zunächst in Richtung Certaldo, am Kreisel in Richtung Pancole, nach ca. 2,5 km rechts ab (Hinweisschild nach Pancole). Ruhig und idyllisch im Grünen gelegen. Gediegenes Ambiente mit schönem Garten und Pool. Das hauseigene Restaurant

/mein Tipp **Azienda Agricola/Agriturismo Poderi del Paradiso,** Dr. Cetti und seine Frau Graziela betreiben den Betrieb seit Jahrzehnten mit Können und Leidenschaft. Der Agriturismo, einer der ersten von San Gimignano, besteht aus 5 Ferienhäusern und Wohnungen in märchenhafter Panoramalage – ein Stückchen Paradies in einer Bilderbuchlandschaft! Ein früheres Klostergebäude dient heute als Ferienhaus (ca. 160 €/Tag). Der Agriturismo produziert hochwertige Weine, Vin Santo, Olivenöl und Grappa. Neben dem DOCG Vernaccia (ab 5,50 €) ist der schwere Rotwein „Paterno II"

(19 €) aus 100 % San Giovese Barrique heraus-ragend. Der IGT-Wein „A Filippo" aus der Merlot-Traube wurde prämiert (17,90 €). In mehreren Restaurants im Ort findet man vor allem die geschätzten Vernacciaweine auf den Karten.

Anfahrt: Richtung Certaldo, ebenso am Kreisverkehr. Nach ca. 200 m weist ein undeutliches Schild rechts zum Weingut, danach ca. 1 km auf Schotterstraße. Loc. Strada 21/A, ✆ 0577-941500, www.poderidelparadiso.it.

Camping *** **Il Boschetto di Piemma,** ca. 2,5 km in Richtung S. Lucia, neben dem Fußballplatz. Die steile Hanglage mit hartem und staubigem Boden macht das Zelten nicht zum Vergnügen – dafür entschädigt der Blick auf San Gimignano. Pizzeria-Ristorante und beheizter Swimmingpool. Auch Bungalowvermietung. Stellplätze für Wohnmobile. Shuttle-Service nach San Gimignano. Geöffnet Mitte März–Okt. Loc. S. Lucia 38/C, ✆ 0577-907134, www.boschettodipiemma.it.

Essen & Trinken   → Karte S. 183

Die Weinspezialität von San Gimignano ist der Vernaccia, ein trockener Weißer, dessen Geschmack dem von Stachelbeeren und Äpfeln ähnelt. Der Feinschmecker-Papst Martin IV. pflegte sein Leibgericht – gebratener Aal – vorher in Vernaccia einlegen zu lassen, für Michelangelo war es der Lieblingswein.

Le Vecchie Mura 🔳, bei gutem Wetter der Restaurant-Tipp mit statuengeschmückter Terrasse, gepflegtem Gärtchen und Fernblick. Dafür zahlt der draußen speisende Gast 2 € mehr. Drinnen überrascht modern-zeitgenössische Einrichtung. Nur abends geöffnet. Von April–Okt. Di Ruhetag. Rechtzeitig reservieren.

Via Piandornella 15, ✆ 0577-940270, www.vecchiemura.it.

Chiribiri 🔳, die kleine Trattoria liegt eine halbe Etage unter der Erde und serviert in angenehmer Atmosphäre authentische toskanische Küche zu vernünftigen Preisen (Gedeck gratis) – und das „no stop" von 11 bis 23 Uhr. Ganzjährig geöffnet. Piazza della Madonna 1, ✆ 0577-941948.

Dulcis in Fundo 🔳, das Toplokal! Trotz angezogener Preise auch außerhalb der Saison stets gut besucht; im Hintergrund dezente Jazzmusik. Neuerdings gibt's auch Menüs auf Safranbasis. Vor dem Lokal genießt man einen herrlichen Rundblick *(Punto Panoramico)*. Mi Ruhetag. Via degli Innocenti 21, ✆ 0577-941919.

Pecorino-Schafskäse in allen Varianten, Wildschweinsalami und mehr

Perucà 6, der gemütliche Keller in einem der ältesten Gebäude der Stadt zeigt San Gimignano von seiner romantischsten Seite. Unsere Empfehlung: Fagottini mit Schafskäse, Birnen und Safran. Im Winter Do Ruhetag. Via Capassi, 16, ☎ 0577-943136.

Ristorante San Martino 26 2, dieselben Besitzer wie das Perucà. Gourmetadresse mit höherem Preisniveau – und die Empfehlung einer Leserin, die schwärmte: „Hier stimmte einfach alles, von der Vorspeise bis zum Dessert …" Via San Martino 26, ☎ 0577-940483.

meinTipp **La Mandragola** 9, auch Zimmervermietung (→ Übernachten) Das Restaurant besteht seit 1990, seit 2015 residiert es in dieser schönen Location am Rand der Altstadt. Nicht nur im schönen Garten fühlen sich Touristen wie Einheimische wohl. Klein und fein, gepflegtes Interieur. Freundlicher Service und zuverlässige Qualität der Küche, die Pasta ist hausgemacht aus verschiedenen alten Mehlsorten (auch bio). Wir probierten die zarten Bandnudeln mit Safran, Gehacktem und Zwiebeln. Lecker! Hier ist Pastaessen Pflicht … Via Diacceto 23, ☎ 0577-940454.

Osteria delle Catene 5, etwas abseits, mit ein paar Stühlchen vor dem Lokal, genießt man hier unprätentiös und in Ruhe sehr gute regionale Küche. Das Rindfleisch-Stracotto (vom Chianini-Rind) im Zwiebel-Chianti-Sud war zubereitet, wie es sein sollte: vier Stunden im Schmortopf. Die Pici mit Ricotta und Safran waren fein. Geschmortes Kaninchen ist eine weitere Spezialität. Mi Ruhetag. Via Mainardi 18, ☎ 0577-941966.

Il Trovatore 8, außerhalb der Mauern an der Porta S. Matteo, mit Terrasse zur Straße. Gute Holzofenpizza aus verschiedenen Mehlarten, der neue Betreiber hat weniger Leidenschaft für Verdi- und Puccini-Opern, die bis dato mit dem Beamer auf die Wand projiziert wurden. Wem der Sinn nach einer Bistecca steht, kann sie sich hier auf Holzkohlenglut zubereiten lassen. Immer voll, daher reservieren. Viale dei Fossi 17, ☎ 0577-942240.

meinTipp **Bruschetteria Echoes** 3, das urigste Lokal im Ort: Hier dreht sich musikalisch alles um Pink Floyd und kulinarisch alles um die Bruschetta – Imbiss auf Toskanisch! Über 60 Bruschetta-Variationen (3–10 €) kreiert Signor Piero mit Elan, dazu Lasagne, Aufschnittplatten und eine beachtliche Auswahl an Flaschenbieren, darunter auch bayerische. Zubereitung und Verzehr auf kleinstem Raum, dazu die Klänge von Pink Floyd. Übrigens ist der Name „Echoes" eine Anspielung auf das letzte Lied im Pink-Floyd-Album „Meddle". Di Ruhetag. Die versteckte Adresse findet man gut von der Porta Matteo aus: links der Mauer entlang gehen. Vicolo Mainardi 10, ☎ 0577-907057.

Coffee Giardino 16, gemütliche Bistrot-Bar mit Blick auf die sanften Hügelketten. Hausgemachtes Fladenbrot und kleine Happen. Tägl. 7–20.30 Uhr, So Ruhetag. Unterhalb der Porta San Giovanni, Viale Roma 17.

Enoteca di Vinorum 13, der schönste Platz für einen Aperitif ist draußen an einem der begehrten Tischchen vor der Bar. Mittags locken große, satt machende Bruschette in vielen Variationen. Im Sommer tägl. 12–0.30 Uhr, im Winter 12–16 Uhr, Fr Ruhetag. Eingang auch von der Piazza della Cisterna. Via degli Innocenti.

meinTipp **Gelateria di Piazza** 10, zu einem San-Gimignano-Besuch gehört natürlich eine Kugel Eis … Für seine Geschmackskreationen verwendet Sergio Dondoli, der preisgekrönte Meister, selbstverständlich nur beste Zutaten. Wem das Warten in der Schlange vor seiner Eisdiele zu lang dauert – die Konkurrenz an der linken Ecke gegenüber produziert ebenfalls ausgezeichnete Qualität. Piazza della Cisterna.

Was haben Sie entdeckt?

Haben Sie ein besonderes Restaurant, ein neues Museum oder ein nettes Hotel entdeckt? Wenn Sie Ergänzungen, Verbesserungen oder Tipps zum Buch haben, lassen Sie es uns bitte wissen!

Schreiben Sie an: Michael Müller, Stichwort „Florenz – Chianti"

c/o Michael Müller Verlag GmbH | Gerberei 19, D – 91054 Erlangen

michael.mueller@michael-mueller-verlag.de

Ausblick vom Torre Salvucci

Der Dom von Siena

Nachlesen
& Nachschlagen

Ein Dorf auf sanften Hügeln: San Donato in Poggio

Flora und Fauna

Die für den Wein- und Olivenanbau kultivierte Fläche umfasst etwa die Hälfte der zentralen Toskana, der Rest ist von teilweise dichten Wäldern geprägt. Sie bestehen aus Steineichen, Kastanien, Tannen, Pinien und Fichten, wobei sich hauptsächlich im Osten die Kastanienwälder und im Norden Pinienwälder ausbreiten. Nadelbäume wachsen in erster Linie in den höheren Regionen.

Zudem hat sich – wie überall im Mittelmeerraum – die **Macchia** breitgemacht, u. a. Ginster, Mastix, Zistrosen. Die herrschaftlichen Gutshöfe der Gegend sind oft von **Zypressenalleen** gesäumt, manchmal finden sich in den gepflegten Parks auch noch die berühmten Libanonzedern.

Die Flora zeichnete nicht immer ein so harmonisches Landschaftsbild wie heute: Sie ist das Ergebnis jahrhundertelanger, mühevoller Kultivierung eines oft undurchdringlichen Wildwuchses, der nur von großen Weideflächen unterbrochen war. Auch die großflächigen Weinberge gab es in früheren Jahrhunderten nicht in dieser Form. Damals wurde Wein auf vielen kleinen Terrassen angebaut, die im Laufe der Zeit den weiten Anbauflächen weichen mussten.

In den Wäldern leben Damwild, Füchse, Hasen, Fasane, Schnepfen, Rebhühner und Perlhühner, die das Gebiet zu einem beliebten Jagdrevier machen. Das Glück jedes Jägers ist es allerdings, ein Wildschwein zu erlegen. Die *cinghiali* sind die beliebteste Beute, wenn Ende September die **Jagdsaison** beginnt. Die Wildschweinjagd erfolgt in Jagdgesellschaften (bestehend aus Jagdleitern und Bauern) und ist regional organisiert. Höhepunkt der Jagd ist das Dorffest, auf dem die Beute über dem offenen Feuer gegrillt wird. Zuvor wird sie allerdings noch im Pick-up zur Schau gestellt und ein paar Mal durchs eigene und durchs Nachbardorf (!) gefahren.

Ist die Zeit des Winterschlafs vorbei, kann es passieren, dass auf Landstraßen ein nachtaktiver Exot den Weg kreuzt: das **Stachelschwein**. Die Tiere stehen unter Schutz und haben etwa die Größe eines Dachses. Droht Gefahr, stellt das Stachelschwein sein nicht ungefährliches Stachelkleid auf und erscheint doppelt so groß. Seine langen und spitzen, schwarz-weiß gezeichneten Stacheln gelten als Glücksbringer.

Skorpione sieht man in der Toskana selten. Zudem sind die Tiere eher harmlos, Panik ist bei einer Begegnung fehl am Platz. Trotzdem sollte man sich angewöhnen, Schuhe und Kleidung vor dem Anziehen umzudrehen bzw. auszuschütteln. Nicht ganz so harmlos ist eine Begegnung mit einer der giftigen **Vipern**. Sie sind etwa so lang wie Blindschleichen, aber etwas dünner, grau und eher unauffällig. Die weit auffälligeren und viel längeren grünen und schwarzen **Nattern** sind dagegen ungefährlich. Vipern und Nattern sieht man hin und wieder über die Straße kriechen, manchmal auch überfahren am Straßenrand liegen. Wegen der Vipern sollte man Wanderungen nur mit knöchelhohen Schuhen unternehmen.

Auch **Fledermäuse** sieht man oft durch die Abendluft fliegen. Sie senden im Ultraschallbereich Laute aus, die an Gegenständen oder Beutetieren reflektieren und dann als Echo von den großen Ohren aufgefangen werden. In der Nähe von Lichtquellen werden die im Italienischen *pipistrelli* genannten Tiere aktiv, um dann Nahrung im Flug aufzunehmen – allerlei Insektengetier wie Mücken, Schnaken und Nachtfalter, die ebenfalls das Licht umschwärmen.

Wer sich Ende Mai bzw. Anfang Juni, wenn die Abende und Nächte schon schön warm sind, in der Toskana aufhält, trifft auf unzählige kleine, wirklich liebenswerte Käfer: die **Glühwürmchen**. Bei den umherfliegenden handelt es sich um die Männchen, die beim Schwärmen ihre „Lampen" an- und ausschalten können. Die Weibchen, die nicht fliegen können, glühen ebenfalls und signalisieren so dem männlichen Bewerber ihren Standort.

Klima und Reisezeit

Wer sich die Urlaubstage im Herzen der Toskana zuverlässig warm und sonnig vorstellt, kommt am besten in den Monaten Mai/Juni bzw. September/Oktober. Im Juli und August kann es unangenehm heiß werden, und ab Anfang November bis weit in den April hinein sind mehrere Regentage hintereinander keine Ausnahme.

März und April: Den Frühling im Chianti verbringen und die Mandel-, Kirsch- und Mohnblüte miterleben – ein Traum! Es kann aber auch anders kommen. Besonders in den ersten Aprilwochen kann man sich im toskanischen Landesinneren nicht auf die Sonne verlassen. Die hügelige Landschaft prägt das Klima. So kann es passieren, dass der Himmel in den Bergen noch bedeckt ist, während in Florenz schon die Sonne lacht. Auch Regengüsse sind in dieser Jahreszeit nichts Außergewöhnliches (und für die Weinreben wichtig). Beim Kofferpacken sollte man sich also auch auf Regen und kühlere Tage einstellen.

Mai bis Mitte September: Der Frühsommer ist in der Toskana angenehm warm. Mai und Juni bilden mit nur noch wenigen bewölkten Tagen und noch nicht zu hohen Temperaturen die ideale Reisezeit. Im Hochsommer wird es dann sehr heiß, dann ist man in den Bergen besser aufgehoben als in Florenz. Die Stadt bricht alljährlich ihre Hitzerekorde, und das Thermometer steigt nicht selten bis auf 40 Grad. Hinzu kommt eine teils sehr hohe Luftfeuchtigkeit, die den Aufenthalt unangenehm machen kann. Im August gibt es in der nördlichen Toskana regelrechte Hitzewellen. Für den Wein ist die Trockenheit dieser Monate allerdings wichtig. Temperaturen um die 35 Grad sind ab Mitte Juli bis Anfang September normal, und man ist froh, wenn es mal so richtig kracht und ein Regenguss ein wenig Abkühlung verschafft.

Mitte September bis November: Die Herbsttage ab Mitte September bis Oktober sind von der Weinlese, der *vendemmia*, geprägt. Die Temperaturen sind tagsüber angenehm warm und können im September noch bis auf über 30 Grad steigen, nachts hingegen sinken sie ziemlich ab. Für den Wein sind diese Klimaschwankungen ideal, denn sie sorgen für die letzte schonende Reifung. Für die Monate Oktober und November sollte man sich mit warmer Kleidung auf die schon frischen und kühlen Abende vorbereiten, wenn das Thermometer auch mal unter 10 Grad fällt.

November bis Februar/März: Ab Mitte November sieht man kaum mehr Touristen. Die ursprüngliche Beschaulichkeit der Dörfer kehrt zurück, es wird sehr ruhig. Die Geranien werden an frostgeschützte Orte gebracht, und die Landbevölkerung verfeuert in den nächsten Monaten das gesammelte Holz. Im Januar, Februar und März muss man mit ausgiebigen Regenfällen rechnen. Nicht selten schneit es sogar, und die Temperaturen sinken unter den Gefrierpunkt.

Wirtschaft und Tourismus

Während in Florenz der Tourismus Wirtschaftsfaktor Nr. 1 ist und Industrie und Gewerbe sich vor allem im Umland dieser Metropole niedergelassen haben, ist das wichtigste Wirtschaftsgut der Chianti-Region der Wein.

Im Vergleich zum Wein spielt die **Olivenölproduktion** eine untergeordnete Rolle. Dabei gelten unter Kennern die hiesigen Öle als außerordentlich hochwertig. Aus 6.000 Tonnen Oliven werden rund 1.100 Tonnen Öl gepresst. Bei

Als Wirtschaftsfaktor immer wichtiger ist der **Tourismus,** dessen Anfänge in das frühe 19. Jahrhundert zurückreichen. Damals leistete sich eine kleine, reiche Oberschicht eine Landvilla als Sommerfrische. Heute ist vor allem das Chianti zum europäischen Exklusivziel avanciert und entsprechend teuer geworden. So wundert es nicht, dass sich auffällig viele gutsituierte Paare zwischen 30 und 55

der Herstellung werden diverse Techniken angewandt; am teuersten ist die sogenannte **Sinoleartechnik,** bei der das Öl auf schonende Weise und ohne Zentrifugieren nach der Pressung von den Restbestandteilen getrennt wird.

Jahren unter den Touristen im toskanischen Landesinneren befinden; jüngere Rucksackreisende sind selten, zumal Campingplätze rar sind und das Angebot an Nachtleben im Chianti gegen null geht. Platz eins in der Rangskala der ausländischen Touristen belegen übrigens die Deutschen, ihnen folgen Amerikaner, Engländer, Österreicher, Franzosen und Israelis.

Ein wachsendes Problem stellen für die Tourismusorganisationen vor Ort übrigens die **Bustouristen** dar, die das Chianti und Städte wie San Gimignano oder Siena an einem Tag abhaken. Zwar will man weiterhin alle willkommen heißen, doch die Sorge ist, dass durch den Tages-Massen-Tourismus die solventeren Gäste, die im Chianti zumindest eine Woche bleiben und Geld dalassen, vergrämt werden. Denn der klassische Chianti-Urlauber lebt hier eher zurückgezogen. Viele Besucher lassen sich für die Zeit ihres Aufenthaltes in einem der abseits liegenden Weingüter (Agriturismo) nieder. Dadurch wirkt die Region – auch wenn in der Hochsaison alles ausgebucht ist – nie überfüllt, wie es z. B. an den Küsten der Fall ist.

Eine Sonderstellung nehmen übrigens die italienischen Touristen ein: Im Sommer kommen sie fast nie (da fährt man ans Meer), an verlängerten Wochenenden wie z. B. zu Ostern und Pfingsten reisen sie dagegen umso zahlreicher an.

Anreise

Die klassische Variante bleibt das Auto, trotz Parkplatznot vor Ort (zumindest in den größeren Städten). Wer seinen Aufenthalt auf die großen Städte beschränken will, kann die Bahn als Alternative im Auge behalten. Für Streifzüge durch das Chianti und die toskanische Provinz ist das Auto dagegen fast unverzichtbar.

Mit dem eigenen Fahrzeug

Die gängigste und bequemste **Route durch Österreich** führt über die Brennerautobahn mit der 820 m langen und 190 m hohen Europabrücke. Hinter der österreichisch-italienischen Grenze schließt sich eine zügige Fahrt durch die lang ausgleitenden Südtiroler Täler bis in die Po-Ebene an. Begleitet Bei Modena wechselt man von der A 22 auf die A 1 nach Bologna, die als berühmte „Autostrada del Sole" von Milano kommt und sich über Rom bis Neapel fortsetzt. Seit ein paar Jahren hat man ab Bologna zwei Möglichkeiten, um nach Florenz zu gelangen: über die alte, kurvenreiche „Panoramica" oder die neue, bequeme „Direttissima" mit vielen gut beleuchteten Tunnels. Empfehlenswert ist letztere Variante.

Wer aus dem Westen Deutschlands **über die Schweiz** anreist, fährt durch den über 16 km langen St.-Gotthard-Tunnel (alternativ gibt es zwei Passstraßen) und weiter auf malerischer Strecke über den Luganer See zum schweizerisch-italienischen Grenzübergang Chiasso. Von dort geht es über Milano, Modena und Bologna weiter nach Florenz. Die Gotthard-Route ist allerdings der meistbefahrene Alpentransit. Entsprechend häufig sind trotz der bequemen, kostenlosen Tunneldurchfahrt Staus und andere Behinderungen.

Autobahngebühren müssen sowohl bei der Fahrt durch Österreich und die Schweiz wie auch in Italien gezahlt werden.

Vignetten und Maut **Österreich:** Alle Autobahnen und Schnellstraßen sind gebührenpflichtig. Die Zehntagesvignette für Pkw kostet 9,40 €, die Zweimonatsvignette 27,40 €, die Jahresvignette 91,10 € (Motorrad 5,40 €/13,70 €/36,20 €). Auch bei einem Aufenthalt, der länger als 10 Tage dauert, sollte man also nicht die Zweimonatsvignette nehmen, sondern für Hin- und Rückreise je eine Zehntagesvignette. Die Vignetten sind bei Automobilclubs, an grenznahen Raststätten und an der Grenze erhältlich (für die Rückreise erst nach der italienischen Grenze, aber noch vor Innsbruck).

Höchstgeschwindigkeit

	auf Landstraßen	auf Schnellstraßen	auf Autobahnen
Pkw	90 km/h	110 km/h	130 km/h, bei Regen 110 km/h
Pkw mit Anhänger	70 km/h	70 km/h	80 km/h
Wohnmobil über 3,5	80 km/h	80 km/h	100 km/h
Motorrad ab 150 ccm	90 km/h	110 km/h	130 km/h

Fahrzeuge ab 3,5 t müssen statt der Vignette für 5 € eine sog. Go-Box erwerben, die die Gebühren elektronisch ermittelt. Die Verrechnung erfolgt entweder von einem in der Box gespeicherten Guthaben (Pre-Pay) oder hinterher per Abbuchung von einer Debit-, Kredit- oder Tankkarte (Post-Pay). Erhältlich ist die Go-Box an denselben Verkaufsstellen wie die Vignetten. Weitere Infos unter www.go-maut.at oder ✆ 0800-40012400.

Auffahrt zum Brenner: Die Auffahrt über die eindrucksvolle Europa-Brücke muss an einer Mautstelle hinter Innsbruck zusätzlich bezahlt werden (Kraftfahrzeuge und Gespanne bis 3,5 t 10 €, über 3,5 t Bezahlung per Go-Box). Man kann die Brennerüberquerung bereits vor der Reise beim ADAC oder an einer der grenznahen Tankstellen (z. B. zusammen mit der Vignette) bezahlen und wird dann an der Zahlstelle vor Ort per Video registriert und freigeschaltet. Spartipp: Die kostenfreie **alte Brennerstraße** (B 182) führt von Innsbruck durchs reizvolle Wipptal zum Brenner hinauf (für Gespanne verboten).

Schweiz: Hier kauft man sich die 12 Monate gültige Jahresvignette zum Preis von 40 CHF (ca. 38 €, März 2020), die für alle Kraftfahrzeuge bis zu einem Gesamtgewicht von 3,5 t gültig ist, Anhänger benötigen eine zusätzliche Vignette (Fahrzeuge über 3,5 t zahlen Staffelpreise). Erhältlich ist sie bei Automobilclubs, an der Grenze oder online (z.B. www.tolltickets.com).

Italien: Hier werden die Gebühren nach gefahrenen Kilometern berechnet; pro hundert Kilometer sind für einen Pkw etwa 7 € fällig. Kontrollstellen sind an jeder Autobahnauffahrt eingerichtet, dort sorgt ein Automat für die Ticketausgabe. Beim Wechsel der Autobahn und bei Ausfahrten wird man dann zur Kasse gebeten. Bezahlen kann man bar, mit der Viacard und an den meisten Mautstellen auch mit Kreditkarte. Die Viacard funktioniert wie eine Telefonkarte: Man kauft für 25 €, 50 € oder 75 € ein Kontingent an Fahrkilometern, das sukzessive verbraucht wird. Erhältlich sind die Viacards an italienischen Tankstellen und Raststätten und bereits an Raststätten in Österreich und in der Schweiz. Viacard-Besitzer können eine Extraspur benutzen („uscite riservate Viacard"), wo die Abfertigung automatisch erfolgt: Ticket einführen, Betrag erscheint auf der Anzeigetafel, dann Viacard einführen. Sollte Ihr Kartenguthaben nicht ausreichen, erhalten Sie dennoch eine gültige Quittung und haben dann noch zwei Wochen Zeit, die Differenz zu begleichen. Den Fehlbetrag bar zu zahlen ist bei der automatischen Abfertigung nicht möglich.

Achtung: Falls Sie bar zahlen wollen, aber sich fälschlicherweise am Viacard-Schalter eingeordnet haben, stoßen Sie keinesfalls zurück, denn es drohen hohe Bußgelder und sogar Fahrverbot. Drücken Sie stattdessen die Hilfetaste, Sie erhalten dann einen Quittungsstreifen, mit dem Sie die Gebühr bei einer anderen Mautstelle bezahlen bzw. nachträglich überweisen können. Bei Fragen oder Beschwerden wenden Sie sich an den „Punto Blu" der Mautstellen in Firenze Nord, Firenze Sud oder Arezzo.

Autobahngebühren bis Florenz (Nord): Für einen Pkw sind ab der schweizerisch-italienischen Grenze in Como ca. 25,60 € zu zahlen, vom **Brenner** an der österreichisch-italienischen Grenze ca. 31,90 €. Fahrzeuge mit über 1,30 m Höhe an der Vorderachse zahlen geringfügig mehr, Gespanne mit drei Achsen liegen ca. 15% darüber. Die aktuellen Tarife können Sie bei den Automobilclubs erfragen oder unter www.autostrade.it ermitteln.

Mit der Bahn

Aus Deutschland: Die einzige Direktverbindung in die Toskana ist der Nachtzug Nightjet ab München und wird von der österreichischen ÖBB betrieben. Die Verbindung führt im Sommerfahrplan über Florenz sogar bis nach Chiusi-Chianciano Terme im Osten der Toskana. Abfahrt in München um 20.10 Uhr, Ankunft in Florenz am Morgen um 6.19 Uhr. Auch für den Nachtzug gilt der „Sparpreis Europa"

Wer lieber tagsüber unterwegs ist, kann von München mehrmals täglich mit dem EC in die Toskana fahren, muss allerdings in Verona oder Bolgona umsteigen. Der EC 85 startet z. B. um 9.34 Uhr und erreicht Bologna um 16.19 Uhr. Von dort sind es mit dem Hochgeschwindigkeitszug „Frecciarossa" keine 40 Min. nach Florenz.

Infos und Buchung unter ☎ 01806-996633, www.bahn.de/p/view/angebot/nachtzug, bei den Reisezentren der Deutschen Bahn und Reisebüros mit DB-Lizenz.

Fahrradmitnahme Hierfür muss für 10 € eine Internationale Fahrradkarte erworben werden, verbunden damit ist eine Reservierung für einen Radstellplatz. Frühzeitige Buchung ist in jedem Fall anzuraten! Zum selben Preis kann man auch bereits in Deutschland eine Internationale Fahrradkarte für die Rückfahrt erwerben. In Italien ist eine Reservierung nicht möglich. Problemlos ist der Transport in speziellen Fahrradtaschen (110 x 80 x 40 cm), die in Italien in vielen Zügen mitgenommen werden dürfen, allerdings ist auch dafür eine Fahrradkarte notwendig.

Die DB bietet auf ihrer Webseite www.bahn.de Fahrradinformationen unter „Reise und Services", außerdem unter ☎ 0180-6996633. Informationen bekommt man auch beim Allgemeinen Deutschen Fahrrad-Club (ADFC), ☎ 030-2091498-0, www.adfc.de. Die Seite gibt viele nützliche Tipps auch für Nichtmitglieder.

Autozug nach Italien Das Angebot wurde leider ganz eingestellt.

Aus Österreich: Hier bietet sich ebenfalls ein Nightjet an, Abfahrt in Wien Hbf. um 19.23 Uhr, in Florenz ist man am Morgen um 6.16 Uhr. Tagverbindungen ab Österreich sind mit Umsteigen in Venedig oder (via Innsbruck) in Bologna verbunden.

Aus der Schweiz: Florenz erreicht man tagsüber ab Zürich in knapp 6 Std., umgestiegen wird dabei manchmal in Lugano und immer in Mailand.

Schön museal – Triebwagen bei Siena

Der Flughafen von Florenz

Mit dem Flugzeug

Zielflughäfen in der Toskana sind der „Aeroporto Galileo Galilei" (www.pisa-airport.com) bei **Pisa** und der „Aeroporto Amerigo Vespucci" (www.aeroporto.firenze.it) bei **Florenz**. Beide werden von *Lufthansa* (www.lufthansa.com) und *Alitalia* (www.alitalia.com) jeweils mindestens 2-mal täglich angeflogen. Die Lufthansa fliegt von Frankfurt und München direkt nach Pisa und Florenz (Frankfurt – Pisa mit Stopover München), wer mit Alitalia fliegt, muss dagegen immer in Rom umsteigen. Will man von anderen deutschen Städten wie etwa Berlin oder Düsseldorf starten, muss man in Frankfurt, München oder Mailand umsteigen. Die Flugzeit ab München beträgt kaum mehr als eine Stunde, ab Frankfurt ca. 90 Min. Teilweise werden die Flüge von Partnergesellschaften ausgeführt.

Zusätzlich fliegen *Ryanair* (www.ryanair.com) von Düsseldorf Weeze, Berlin Schönefeld, Frankfurt Hahn und Wien nach Pisa, *Eurowings* (www.eurowings.com) von Hamburg, Köln-Bonn, Berlin Tegel, Dresden, Düsseldorf, Leipzig, München, Wien und Zürich nach Pisa, *TuiFly* (www.tuifly.com) von diversen deutschen Flughäfen nach Florenz sowie von Köln-Bonn nach Pisa und *EasyJet* (www.easyjet.com) von Berlin Schönefeld nach Pisa (Stand 2020, Änderungen möglich).

Die Preise variieren stark nach Reisedatum und Zeitpunkt der Buchung. Je näher der Abflugtermin rückt, desto teurer werden die Angebote.

> Auf Websites wie www.billig-flieger-vergleich.de, www.skyscanner.de, www.easyvoyage.de, www.fluege.de und www.billigflieger.de kann man die Preise der Billigflieger vergleichen.

Verbindungen ab Flughafen Pisa Vom zentrumsnahen Flughafen Galileo Galilei pendeln **Shuttlezüge** alle 5–8 Min. zum Hauptbahnhof Stazione Pisa Centrale und zurück, Preis einfach 5 € (www.pisa-mover.com).

Express-Busse von Autostradale, Flixbus und Caronna fahren etwa stündlich nach Florenz zum Hauptbahnhof Santa Maria Novella und zurück, Fahrzeit ca. 80 Min., Preis ca. 5–14 € (www.airportbusexpress.it).

Verbindungen ab Flughafen Florenz Es fahren **Busse** von „Volainbus" ab 5.30 bis 20 Uhr alle 30 Min., danach bis 0.30 Uhr stündlich ins Zentrum zum Hauptbahnhof (Santa Maria Novella). Einfache Fahrt 6 €. Fahrzeit ca. 25 Min.

Mit dem **Taxi** ist man nur unwesentlich schneller (ca. 22–25 €). Funktaxi ☎ 055-4242, Taxigesellschaft www.socota.it. (Festpreis, Zuschläge für sonntags, nachts sowie pro Gepäckstück).

Tram: mit der T2 bis zum Bahnhof Santa Maria Novella einfach 1,50 €.

Achtung: Die Strecke vom/zum Flughafen mit Tram und Bussen ist beliebt bei Taschendieben!

Mit dem Bus

Die Europabusse von *Eurolines* (Deutsche Touring GmbH) fahren von diversen deutschen Großstädten ein- bis mehrmals pro Woche nach Florenz, für Hin- und Rückfahrt, z. B. von München nach Florenz, zahlt man gut 150 €. Außerdem fährt *Flixbus* bis zu 3-mal tägl. von München nach Florenz, die Preise sind bei rechtzeitiger Buchung enorm günstig und können für Hin- und Rückfahrt unter 60 € liegen. Fahrzeit mindestens 8½ Std. (oft mehr), eine Fahrradmitnahme ist nicht möglich.

Information **Deutsche Touring GmbH**, Frankfurter Str. 10–14, 65760 Eschborn, ☎ 069-971944833, www.eurolines.de; **Eurolines Italia**, Via Mercadante 2/B, 50144 Firenze, ☎ 055-331755.

Flixbus, ☎ 030-300137300, www.flixbus.de.

Mitfahrzentralen

Eine Variante für Reisende mit schmalem Geldbeutel sind die Mitfahrzentralen. Ein Preisvergleich bei Anbietern z. B. unter www.blablacar.de oder www.fahrgemeinschaft.de lohnt. Der Fahrpreis setzt sich aus der Vermittlungsgebühr und einer Fahrtkostenbeteiligung zusammen. Dazu kommt eine von der Entfernung unabhängige Versicherungsgebühr (freiwillig), die im Fall des Falles den Weitertransport per Bahn zum Zielort gewährleistet. Der Gesamtpreis für eine Mitfahrgelegenheit ist abhängig von der Entfernung – zurzeit etwa 7 €/100 km.

Verkehrsmittel vor Ort

Zwar sind die größeren Orte in der Toskana gut an das öffentliche Verkehrsnetz angebunden, doch werden die Nebenstrecken von Bus und Bahn teilweise nur selten befahren – das Chianti ist zum Beispiel komplett schienenfrei. Wirklich flexibel ist man auf dem Land nur mit einem eigenen oder gemieteten Fahrzeug.

Unterwegs mit Pkw oder Motorrad

Mit dem Auto die Gegend zu erkunden macht zwar Spaß, ist aber nicht unbedingt schnell. Die Überwindung einer Distanz von nur 30 km kann über eine Stunde dauern, denn die Straßenverhältnisse sind – besonders abseits der Hauptrouten – nicht immer ideal (z. T. unbefestigte Schotterpisten). Hinzu kommt, dass viele Straßen kurvenreich sind, allerdings verbirgt sich hinter der Kurve oft ein neuer Panoramablick oder ein neues Landschaftsbild.

Parken: In kleineren Orten im Chianti kein Problem, in größeren Ortschaften wie z. B. Greve gibt es im Zentrum meist gebührenpflichtige Parkplätze. Beim Parken sollte man in Italien generell (vor allem in Florenz) auf den Boden schauen: **weiße Linien** signalisieren freie Parkzonen, **blaue Linien** gebührenpflichtige (Parkscheinautomat). Flächen mit **gelben Markierungen** muss man meiden: Hier herrscht Parkverbot oder die Parkplätze sind für öffentliche Fahrzeuge reserviert. Falschparken kostet in Italien zwischen 35 und 143 €.

Bitte langsam fahren

Autodiebstahl: Selbst in größeren Orten ist das Risiko relativ gering. Wenn gestohlen wird, interessiert mehr der Inhalt als das Auto. Wer auf Nummer sicher gehen will, lässt – wie überall – keine Wertsachen im Auto liegen.

Motorrad: Im Chianti gibt es sehr schöne, panoramareiche Strecken. Deswegen ist das Motorrad als Verkehrsmittel vor Ort sehr reizvoll. Man sollte aber bedenken, dass im Sommer auf den alten, durch die Hitze aufgeweichten Asphaltstraßen erhöhte Rutschgefahr besteht.

Verkehrsschilder Häufig trifft man auf Schilder mit der Hinweisen wie: **accendere i fari** – Licht einschalten; **attenzione uscita veicoli** – Vorsicht Ausfahrt; **deviazione** – Umleitung; **divieto di accesso** – Zufahrt verboten; **inizio zona tutelata** – Beginn der Parkverbotszone; **lavori in corso** – Bauarbeiten; **parcheggio** – Parkplatz; **rallentare** – langsam fahren; **senso unico** – Einbahnstraße; **strada interrotta** – Straße gesperrt;

strada senza uscita – Sackgasse; **temporamente limitato al percorso** – Durchfahrt vorübergehend verboten; **tutti direzioni** – alle Richtungen; **zona a traffico limitato** – Bereich mit eingeschränktem Verkehr; **zona disco** – Parken mit Parkscheibe; **zona pedonale** – Fußgängerzone; **zona rimorchio** – Abschleppzone.

Kraftstoff Es gibt *benzina senza piombo* (Bleifrei), *super senza piombo* (Super bleifrei) und *gasolio* (Diesel). Die italienischen Benzinpreise sind um einiges höher als in Deutschland. **Tankstellen** sind an den Autobahnen 24 Std. durchgehend geöffnet, in Ortschaften meist Mo–Sa von 7 bis 12.30 Uhr und von 15 bis 19.30 Uhr. Manche Tankstellen haben einen Ruhetag, meist am Sonntag. An vielen Zapfautomaten können Sie aber dann mit einem unzerknitterten Geldschein im Selfservice-Verfahren tanken. Kredit- oder Bankkarten werden häufig, aber nicht immer akzeptiert (z. B. in abgelegenen Gegenden auf dem Land).

Wer LPG-Gas tankt, informiert sich unter **www.federmetano.it**, dort unter „Distributori", über die Standorte der Zapfstellen.

Pannenhilfe/Notruf **Notrufsäulen** stehen in Abständen von 2 km an den Autobahnen. Der **Straßenhilfsdienst** des italienischen Automobilclubs ACI (www.aci.it) ist in Italien rund um die Uhr unter ☏ 803116 zu erreichen (aus den Mobilfunknetzen mit 800-116800). Die Pannenhilfe ist kostenpflichtig, auch für Mitglieder von Automobilclubs. Weitere Informationen bei den heimischen Automobilclubs. **Euronotruf (Polizei)** ☏ 112, **Straßenpolizei** ☏ 113, **Unfallrettung** ☏ 118, ADAC Pannenhilfe ☏ 0049-089-22 22 22.

Unfall An der Windschutzscheibe eines in Italien zugelassenen Wagens ist ein Aufkleber mit der Adresse der Versicherungsgesellschaft und der Versicherungsnummer angebracht. Diese im Schadensfall unbedingt notieren. Außerdem unbedingt das Formular **Unfallbericht** im Auto mitführen, auf Italienisch **CID** genannt.

Verkehrsvorschriften **Abblendlicht** ist auch tagsüber auf allen Autobahnen und Landstraßen vorgeschrieben, für Zweiräder gilt generell „Licht an". **Privates Abschleppen** auf Autobahnen ist verboten. Straßenbahnen haben grundsätzlich Vorfahrt. Die **Promillegrenze** liegt bei 0,5 (auch bei Alkoholverstößen drohen drastische Geldstrafen sowie sofortiger Führerscheinentzug). Es besteht **Gurt-/Helmpflicht**. Das Telefonieren während der Fahrt ist nur mit einer **Freisprech-anlage** gestattet. Im **Kreisverkehr** gilt: Ist der Kreisverkehr mit Verkehrsschild als solcher ausgewiesen, hat der im Kreis Fahrende Vorfahrt vor den Einfahrenden – fast alle Kreisverkehre sind deshalb mit Stoppmarkierungen für die Einfahrenden versehen. Generell ist am Kreisverkehr erhöhte Vorsicht anzuraten. **Motorräder unter 150 ccm** sind auf italienischen Autobahnen verboten. **Parkverbot** an schwarz-gelb markierten Bordsteinen und gelb markierten Flächen. **Dachlasten** und Ladungen, die über das Wagenende hinausragen, sind mit einem reflektierenden, 50 x 50 cm großen, rot-weiß gestreiften **Aluminiumschild** (kein Kunststoff!) abzusichern (erhältlich im deutschen Fachhandel, in Italien an Tankstellen. Fahrrad- oder Lastenträger mit Heckleuchten und Nummernschild, die im Kfz-Schein eingetragen sind, sind von dieser Regelung ausgenommen). Das Fahrzeug muss mit **reflektierenden Sicherheitswesten** (DIN 471) ausgestattet sein, die Fahrer und/oder Beifahrer anzuziehen haben, wenn sie das Fahrzeug wegen Panne oder Unfall verlassen. Diese Regelung gilt außerhalb geschlossener Ortschaften, nachts sowie bei schlechter Sicht auch innerhalb von Ortschaften. Erhältlich sind die Westen in Tankstellen, Baumärkten etc.

Die **Bußgelder** in Italien wurden in den letzten Jahren wiederholt angehoben. Besonders Geschwindigkeitsüberschreitungen werden mit hohen Geldbußen (350–1400 €) geahndet. Bei stark überhöhter Geschwindigkeit kann es Fahrverbot geben! Mit Radarkontrollen ist überall zu rechnen. Es werden auch Radarfallen benutzt, die die Geschwindigkeit mit dem Abstand zwischen zwei Blitzern und der für diese Strecke benötigten Zeit ermitteln – Bremsen und wieder Gas geben funktioniert hier nicht. Die hohen Strafen haben Wirkung gezeigt, die Unfälle sind zurückgegangen. Bußgeldbescheide werden übrigens auch ins Heimatland nachgeschickt.

Versicherung Anzuraten ist bei neuen Fahrzeugen eine vorübergehende **Vollkaskoversicherung**, da die Deckungssummen italienischer Haftpflichtversicherer lächerlich niedrig sind. Bei Diebstahl springt die Vollkasko (und Teilkasko) ebenfalls ein.

Auch einen **Auslandsschutzbrief** kann man in Erwägung ziehen, alle Automobilclubs und Autoversicherer bieten ihn an.

Unterwegs mit dem Bus

Von Siena oder Florenz werden diverse Chianti-Ortschaften angefahren, doch untereinander sind diese Orte miserabel verbunden. Kleine Weiler oder Castelli (Burgen) werden in der Regel gar nicht angesteuert. Oftmals muss man sogar in Siena oder Florenz umsteigen, um zu einem nahe gelegenen Ort zu gelangen, und so einen riesigen Umweg in Kauf nehmen! Relativ gute Verbindungen ins westliche Chianti-Gebiet und nach Colle di Val d'Elsa und San Gimignano bestehen nur von Poggibonsi aus. An Sonntagen fallen von den ohnehin spärlichen Verbindungen die meisten ganz flach. Das einzig Erfreuliche: Busfahren ist in der Region eine preisgünstige Angelegenheit.

Busunternehmen   **www.acvbus.it**, ab Florenz ins nördliche Chianti-Gebiet, ☏ 800-373760.

www.tiemmespa.it, südliches Chianti-Gebiet und die Umgebung von Siena, ☏ 800-922984 oder ☏ 199-168182.

Unterwegs mit der Bahn

Im Chianti gibt es wie erwähnt kein Schienennetz, die Bahnstrecken verlaufen östlich und – wichtig für dieses Buch – westlich davon. Von Empoli (ca. 25 km westlich von Florenz) führt eine Strecke über Poggibonsi nach Siena. Einen kleinen Bahnhof findet man auch in Castellina Scalo südöstlich von Poggibonsi (Achtung, die Station heißt „Monteriggioni"). Ab hier muss man sich dann mit dem Bus weiter durchschlagen.

Informationen www.trenitalia.it.

Ticket entwerten   Bevor man den Bahnsteig betritt, entwertet man sein Ticket an einem der grünen Automaten an den Zugängen zu den Gleisen. Andernfalls gilt man u. U. als Schwarzfahrer, und das kann einiges kosten!

Florenz, Hotel am nördlichen Arno-Ufer

Übernachten

Unterkünfte aller Art sind in Italien teuer, da macht die ländliche Toskana keine Ausnahme. Man bekommt dafür allerdings auch einen guten Standard geboten. Und kaum anderswo in Italien lässt es sich auf Landgütern so romantisch wohnen wie im Chianti.

Generell haben vor allem die Quartiere im Chianti einen sehr hohen Standard, das gilt für Hotels genauso wie für Agriturismi.

Agriturismi

Sie haben, was die Beliebtheit betrifft, den Hotels der Gegend mittlerweile fast den Rang abgelaufen. Mit der Idee, „Ferien auf dem Bauernhof" zu ermöglichen und dem Gast einen Einblick ins bäuerliche Leben zu bieten (z. T. sogar mit der Option, am Arbeitsalltag teilzunehmen), hat der *Agriturismo* von heute kaum noch etwas zu tun. Das Gesetz schreibt zwar vor, dass die Höfe landwirtschaftlich produktiv sein müssen. Um dem zu genügen, beschränkt man sich meist auf etwas Oliven- oder Weinbau. Denn meist hat sich das Tourismusgeschäft, ursprünglich als zwei-

tes Standbein gedacht, zur Haupteinnahmequelle entwickelt. Vom Sat-TV über Jacuzzi und Spa bis hin zu Swimmingpool und Tennisplatz wird oft so ziemlich alles geboten, was einen Aufenthalt angenehm machen kann. Die Preise sind entsprechend hoch, vor allem wenn der Agriturismo in einer „In"-Gegend wie dem Chianti liegt: Hier kostet ein Doppelzimmer in der Hochsaison satte 90–180 € pro Nacht.

Wer es ursprünglicher haben will, findet allerdings hier und da doch noch einen Hof, auf dem biologisch-dynamische Landwirtschaft betrieben wird und der Hahn in der Morgendämmerung den Bauern und die Gäste aus den Federn holt.

▪ Online buchen kann man z. B. über die Websites www.4tourist.net, www.agriturismo.net, www.agriitalia.it, www.agriturist.it, www.agriturismo.com und www.turismoverde.it.

Hotels

Günstiger unterkommen als in den Agriturismo-Betrieben kann man meist in den kleineren Hotels der ländlichen Toskana, im 2-Sterne-Bereich muss man mit etwa 65–80 € pro Nacht rechnen, bei drei Sternen mit 85–130 €. Wer sich im Chianti in ein 4-Sterne-Hotel einquartiert, zahlt pro Nacht ab etwa 130 € aufwärts, touristische Hotspots wie Florenz liegen deutlich darüber (Details in den Ortskapiteln).

Privatzimmer

Bed & Breakfast gibt es mittlerweile in vielen Orten und Städten, oft in guter, teils sogar hochwertiger Qualität. Die Informationsbüros verfügen meist über einschlägige Listen und geben nähere Auskünfte, oft vermitteln sie auch Zimmer. Oft sieht man auch Schilder mit der Aufschrift **affitta camere.** Diese Unterkünfte sind meist einfacher ausgestattet und auch preislich um einiges günstiger als die B & B, die einen guten Hotelstandard bieten. Man zahlt fürs DZ zwischen 60 und 100 €, gelegentlich wird ein Mindestaufenthalt verlangt.

Online buchen kann man z. B. über www.bed-and-breakfast.it oder www.bbitalia.it.

Jugendherbergen/Hostels

Für den schmalen Geldbeutel findet sich vor allem im Chianti wenig. Es gibt zwar auch einige Unterkünfte mit nur einem Stern, die für unter 60 € pro Nacht zu haben sind, dies sind aber eher Ausnahmen. Im ganzen Chianti gibt es zudem nur eine einzige Jugendherberge: in Tavarnelle. Wesentlich besser sieht es da schon in Florenz und Siena aus. Außerdem gibt es noch eine Herberge in Castelfiorentino (7 km nordwestlich von Certaldo). Details in den jeweiligen Ortskapiteln.

Ferienhäuser/Apartments

Weit verbreitet sind dagegen Ferienhäuser und Apartments, die sich mitunter sogar in alten Schlössern finden. Hier ist mit einem Wochenpreis von ca. 600–900 € für 2–4 Personen zu rechnen (Mindestaufenthalt 1 Woche).

Anbieter **Interchalet**, einer der ältesten Ferienhausvermittler in Deutschland. Große Auswahl. ☏ 0761-210077, www.interchalet.de.

Casa Feria, die Online-Agentur für Ferienhäuser und -wohnungen auf Agriturismi und Weingütern. www.casa-feria.de.

Trust & Travel, die Agentur von Frau Trauttmansdorff hat sich auf ausgesuchte Ferienhäuser spezialisiert: Villen, Schlösser, historische Landgüter von rustikal bis luxuriös. ☏ 0043-15224349 (Wien), www.trustandtravel.com.

Italia-casale.de, Portal für Ferienunterkünfte, auch mit persönlicher Beratung. Etwa 200 Angebote in der Toskana inkl. Elba. ☏ 030-30820408, www.italia-casale.de.

Siglinde Fischer Charming Places, seit 40 Jahren familiengeführte Agentur für ausgewählte Domizile in der Region. Mittleres bis hohes Preisniveau. www.siglinde-fischer.de.

Toscana Casa, Wohnungen und Häuser speziell im Chianti (Panzano/Greve), deutschsprachige Betreuung durch Monica Baur. ☏ 339-2841676, www.toscana-casa.com.

Campingplätze

Davon gibt es in und um Florenz bzw. Fiesole etliche, im Kerngebiet des Chianti sieht es schlecht aus. Plätze finden sich in Barberino Val d'Elsa, in Marcialla (→ Tavarnelle Val di Pesa), etwa 8 m nördlich von Radda (→ Castello d'Albero), vor den Toren Sienas, in Casciano di Murlo sowie Sivicille (→ Siena), bei Monteriggioni und in der Nähe von San Gimignano. Mehr unter den jeweiligen Orten.

Information Eine gute Übersicht bietet die Internetseite **www.camping.it**. Auch unter **www.campeggi.com** erhält man übersichtliche Informationen rund um Camping in Italien.

Buchtipp fürs Wohnmobil Ralf Gréus, Mit dem Wohnmobil durch die Toskana und nach Elba. 2020, WOMO-Verlag, www.womo.de.

Die Köchin nach getaner Arbeit

Essen alla Chiantigiana

Die klassischen Gerichte im Landesinneren der Toskana unterscheiden sich deutlich von denen an der Küste. Fisch ist tatsächlich Fehlanzeige, im Prinzip dominiert hier noch immer die bäuerliche Küche, aber die schmeckt dank der guten Zutaten bestens.

Eines vorweg: Das Frühstück *(prima colazione)* kann man sich in Italien abgewöhnen. Kaum ein Italiener frühstückt ausgiebig, meist reicht ein *cornetto* (Hörnchen) oder eine *pasta* (Gebäck) in der Bar, dazu ein schnell heruntergekippter Cappuccino. Entsprechend gibt es kaum Cafés bzw. Bars mit Frühstücksangebot; man kann sich aber zumindest einen Toast oder ein belegtes *panino* (Brötchen) bestellen. Auch in den Hotels fällt die erste Tagesmahlzeit in der Regel bescheiden aus.

Antipasti (Vorspeisen)

Affettati misti: gemischte Aufschnittplatte.

Bruschetta: gesprochen „brusketta", geröstetes Weißbrot mit Tomaten-stückchen, Knoblauch, Olivenöl und Basilikum.

Crostini misti: kleine Weißbrotscheiben mit diversen Pasten aus Trüffeln, Artischocken, Oliven oder Leberragout *(crostini neri)*, überbacken mit Pecorinokäse.

Fettunta: Wie bei uns das Butterbrot gibt es in der Toskana die „Ölschnitte": eine Scheibe Weißbrot mit dem im Dezember frisch gepressten Olivenöl. Köstlich!

Sottoli: eingelegte, gegrillte Gemüsesorten wie Zucchini, Paprika, Auberginen, Kapern oder getrocknete Tomaten.

Primo Piatto (erster Gang)

Acqua cotta: Gemüsesuppe aus Sellerie, Karotten, Zwiebeln, Tomaten und einem pochierten Ei.

Ceci in zimino: Salat aus Kichererbsen mit Gemüse.

Minestrone alla casalinga: Suppe mit Kartoffeln, Sellerie, Tomaten, Kohl, pürierten Bohnen und Nudeln.

Panzanella: Salat aus Brot, Tomaten, Zwiebeln, Karotten, Basilikum und Olivenöl.

Pappa al pomodoro: Tomaten-Weißbrot-Suppe.

Pappardelle alla lepre: frische Nudeln mit Hasenragout.

Pasta al cacio e pepe: frische Nudeln mit Pecorinokäse und gemahlenem Pfeffer.

Pici al ragù: Spaghetti – im Original dick und handgemacht – mit Fleischragout.

Ravioli ricotta e spinaci al burro e salvia: mit Spinat und Ricotta gefüllte Teigtaschen, in Butter und Salbei geschwenkt.

Ribollita: Eintopf aus Tomaten, weißen Bohnen, Kohl und Weißbrot.

Torta rustica: im Ofen zubereitete Gemüsetorte; auch aus Zwiebeln.

Zuppa di farro: Dinkelkernsuppe.

Secondi Piatti (Hauptgerichte)

Arista alla Fiorentina: deftige Scheiben Rinderlende. Das Fleisch wird mit Öl und Knoblauch eingerieben, mit Rosmarin gewürzt, anschließend auf Holzkohle gebraten. Serviert wird das Ganze mit zerlassener Butter, Spinat, Gemüse und oft auch Pilzen.

Bistecca Fiorentina: die Attraktion der Speisekarte, meist nur für zwei Personen zu bestellen, da es sich um ein riesiges Steak vom Chianina-Rind handelt, das „alla brace", auf dem Holzkohlenfeuer, gebraten wird.

Bollito misto: gemischtes Fleisch, in Brühe.

Cinghiale agrodolce: Wildschweinbraten, typischerweise mit Schokoladensoße (!) und Pinienkernen.

Faraona al rosmarino: gebratenes Perlhuhn mit Rosmarin.

Lombatine di vitella con funghi: Kalbslende, in Butter gebraten und mit Champignons und Tomatensoße weich geschmort.

Peposo: Rindfleischeintopf mit Pfeffer in Chianti-Wein.

Pollo alla Fiorentina: gewürzte Hühnerfleischstückchen, im Ausbackteig goldbraun frittiert, mit Zitronen-Rosmarin-Sauce.

Polo alle olive nere: gebackenes Hühnchen mit schwarzen Oliven.

Salsiccia e fagioli: gut gewürzte Schweinewürstchen in Tomatensoße mit weißen Bohnen.

Spezzatino: Rindfleischeintopf mit Gemüse und Kartoffeln.

Trippa alla Fiorentina: gekochte Kutteln in Tomatensoße, mit Salbei und Parmesankäse.

... und für Veganer und Vegetarier:

Finocchi in tegame: Fenchel, in Öl gedünstet mit Knoblauch und Zwiebeln.

Panzanella: Ein weiteres „Arme-Leute-Gericht" ist der Salat aus Brot vom Vortag, angereichert mit frischen Tomaten, Staudensellerie, Zwiebeln, Olivenöl und Basilikum. Köstlich besonders an heißen Sommertagen.

Pappa al pomodoro: kalte Tomatensuppe, die mit Weißbrot angedickt und mit Olivenöl, Knoblauch und frischem Basilikum abgeschmeckt wird.

Polenta alla toscana: gerösteter Maisbrei mit Zwiebeln, Petersilie, Rosmarin und schwarzen Oliven, bestreut mit geriebenem Parmesan.

Ribollita: die „Wiederaufgekochte" – ein Eintopfklassiker aus weißen Bohnen, Brot von gestern, allerlei Gemüse, darunter oft *cavolo nero*, eine herzhafte Schwarzkohlsorte.

Salsa d'erbe all'uso toscano: toskanische Kräutersoße mit in Olivenöl eingeweichtem Weißbrot, Knoblauch, Oliven, Estragon, Oregano und Essig.

Es ist Trüffelsaison!

Im Herbst ergänzen **funghi porcini** (Steinpilze) und **tartuffo nero** (schwarzer Trüffel) die Speisekarte. Die schwarze Variante des edlen Knollengewächses ist zwar längst nicht so aromatisch wie der weiße Trüffel, dafür wesentlich billiger. So kommt man zumindest mal in den Genuss, zu erschwinglichem Preis eine **pasta al tartuffo** zu probieren. Den eigentümlichen Geschmack bekommt dieses Nudelgericht zunächst durch das mit Trüffel aromatisierte Olivenöl. Danach wird die schwarze, schrumpelige Knolle mit einem eigens dafür vorgesehenen Trüffelhobel über die Pasta verteilt.

Contorni (Beilagen)

Bietola: Mangold-Gemüse.

Fagioli al fiasco: weiße Bohnen, langsam im Ofen gekocht.

Fagioli all'uccelletto: gekochte weiße Bohnen mit Tomaten, Salbei, Knoblauch und Olivenöl.

Fiori di zucchine fritte: frittierte Zuchiniblüten.

Insalata di farro: Dinkelkernsalat.

Patate al forno: gebackene Kartoffelscheiben aus dem Ofen.

Verdura alla griglia: gegrilltes Gemüse.

Dolci (Desserts)

Budino di pane: Pudding aus Brot.

Cantucci e Vin Santo: Mandelgebäck mit süßem Dessertwein. Die Kekse werden in den Vin Santo gestippt. Danach trinkt man den vom Keks etwas trübe gewordenen Vin Santo aus.

Panforte: Kuchen mit Rosinen, kandierten Früchten, Mandeln und Marzipan, eine Spezialität aus Siena.

Pecorino con le pere: Pecorino mit Birnen.

Pecorino con miele: Pecorino mit Honig.

Ricciarelli: weiches Marzipan-Mandel-Gebäck.

Schiacciata all'uva: Hefekuchen vom Blech mit roten Weintrauben.

Schiacciata al rosmarino: Hefekuchen vom Blech mit Rosmarin und Walnüssen.

Brot

Das toskanische Weißbrot wird ohne Salz gebacken – aus zwei Gründen: Zum einen hält es sich dadurch länger, was früher, als das Brot nur einmal in der Woche für das ganze Dorf gebacken wurde, wichtig war. Zum anderen ergänzt es sich damit hervorragend mit dem Pecorinokäse und dem kräftigen toskanischen Schinken (mit Salz und Pfeffer eingerieben bzw. gepökelt, reifen die Schinkenkeulen für einige Monate und sind dann ausgesprochen würzig, Parma-Schinken erscheint dagegen fast mild).

Auch zu anderen Speisen, sei es zu den herzhaften Suppen oder zu einem deftigen Stück Fleisch, dient das Brot als Beilage und schmeckt frisch vom gleichen Tag natürlich am besten. Trotzdem wird altes Brot nie weggeworfen. Geröstet dient es z. B. für *Bruschetta*, es ist die Grundlage für *Panzanella*, den toskanischen Brotsalat, oder wird zur Zubereitung der *Pappa al pomodoro*, der mit Brot angedickten Tomatensuppe, verwendet.

Käse

Die Toskana hat ihre eigene Käsespezialität: den Schafskäse **Pecorino**. Pienza, südlich von Siena, gilt als die „Pecorino-Stadt" schlechthin. Je nach Reifegrad unterscheidet man zwischen *marzolino* (jung), *pecorino mezzo-stagionato* (mittelalt) und *pecorino stagionato* (alt). Es gibt diverse Methoden, dem Käse Geschmack zuzusetzen; an den unterschiedlichen Farben der Rinde erkennt man, welcher Behandlung der Käse unterzogen wurde, bevor er zur Reife gelangt. So deutet eine rote Rinde auf eine Bearbeitung mit Tomatentunke hin, eine schwarze auf eine Behandlung mit Asche und eine grüne auf den Zusatz von frischen Kräutern.

A Tavola – zu Tisch!

An der gedeckten Tafel einer toskanischen Osteria oder Trattoria wird – wie überall in Italien – neben gutem Essen auch Wert auf ein gutes Gespräch gelegt. Und, wie kann es anders sein, begeistert man sich stets für ein Thema: Essen! Vor, nach und vor allem während der Mahlzeit gibt es in der Runde nichts Anregenderes, als sich über Zutaten und Zubereitung von Papa al Pomodoro und Panzanella auszutauschen. Dass es sich bei den typisch toskanischen Gerichten vorrangig um eine einfache Bauernküche handelt, macht die Materie noch interessanter. Über Fragen, aus welcher Gegend das Olivenöl kommt, ob das Weißbrot für die Bruschetta vom Vortag sein sollte und ob man für eine anständige Ribollita auf Cavolo nero, dem typischen Schwarzkohl verzichten darf (natürlich nicht!), kann man sich bei Tisch stundenlang aufhalten. Reden Sie mit! Man wird Sie als Kenner schätzen.

Das Gleiche gilt fürs Bestellen beim Ober. Sei der Saal noch so voll und der Kellner gestresst – er wird Ihre Fragen zur Speisekarte und zu regionalen Spezialitäten anerkennen. Geduldig erklärt man Ihnen, was sich hinter Acqua Cotta oder Ragù toscano verbirgt und wie viel Stunden der Peposo-Eintopf auf dem Herd vor sich hin köchelte. Bleibt nur noch die Weinauswahl, die hier fast zur Nebensache wird!

Weinkeller von Badia di Coltibuono

Die Weine des Chianti

Früher war der Chianti ein unkomplizierter, einfacher Wein, der jung getrunken wurde. Das Bild vom Fiasco, der strohumwickelten Flasche, kennt wohl jeder. Doch die Zeiten haben sich gründlich geändert.

Die Qualität der Weine ist in den letzten 30, 40 Jahren ständig gestiegen. Dafür gesorgt haben neben modernster Technik in den Weinkellern auch qualifizierte Önologen und natürlich die wachsende Nachfrage immer anspruchsvollerer Konsumenten.

Um das Markenzeichen **Chianti Classico** aufs Etikett schreiben zu dürfen, müssen die Winzer strenge Auflagen erfüllen. Diese betreffen den Anbau, die Rebsorten, die Produktion, den Alkoholgehalt und letztendlich die Freigabe für den Markt (z. B. Holzfasslagerung für Riserva-Weine). Erst wenn die Auflagen im Einzelnen erfüllt sind, entsprechen die Weine den D.O.C.- und D.O.C.G.-Vorschriften des Chianti Classico (Denominazione di Origine Controllata e Garantita). Bis 1996 hatte der Chianti-Classico aus festgelegten Anteilen von Sangiovese (klassische rote toskanische Rebsorte),

Canaiolo (rot), Malvasia (weiß) und Trebbiano (ebenfalls weiß) zu bestehen. Diese Formel stammt übrigens von Bettino Ricasoli, dem wohl wichtigsten Weinbaron des Chianti im 19. Jahrhundert. Mit einer neuen Vorschrift wurde festgelegt, dass Sangiovese auch sortenrein (mind. 80 %) verwendet werden darf. Reine Sangiovese-Weine als Chianti Classico zu deklarieren war bis dahin nicht möglich.

Auch in anderer Hinsicht ist die heutige Regelung großzügiger: Zusätzlich zum immer noch vorgeschriebenen Löwenanteil an Sangiovese ist das Beimischen von einheimischen Sorten wie z. B. Canaiolo und Colorino sowie internationalen Sorten (Merlot, Cabernet Sauvignon o. a.) erlaubt. Seit 2006 ist das Beimischen weißer Rebsorten, wie Trebbiano und Malvasia Bianca Lunga, nicht mehr gestattet.

Streng geblieben ist man auch bei folgenden Kriterien: Der Alkoholgehalt muss für den normalen Chianti Classico mindestens 12 %, für den Riserva mindestens 12,5 % betragen. Nach der Anpflanzung der jungen Weinstöcke müssen mindestens vier Jahre vergehen, bevor die Trauben zur Weinproduktion verwendet werden können. Der Ertrag darf dann pro Hektar nicht mehr als 7,5 Tonnen Trauben (52,5 Hektoliter) betragen. Selbst das Traubengewicht jedes einzelnen Rebstocks ist mit maximal 3 kg vorgeschrieben. Der frühestmögliche Zeitpunkt der Freigabe in den Handel für den normalen Chianti Classico ist der 1. Oktober im Folgejahr der Weinlese. Die Freigabe des Chianti Classico Riserva erfolgt erst nach dem Ausbau von mindestens zwei Jahren im Holzfass (früher drei Jahre), oftmals wird der Riserva in Barrique-Fässern ausgebaut. Das Konsortium hat eine zusätzliche Klassifikation neben den bisher bestehenden eingeführt: die Gran Selezione. Dieser Wein muss mindestens 30 Monate reifen und gilt als höchste der Qualitätsstufen.

Streng reglementiert sind zudem Zucker- und Säureanteil sowie der Mindest-Trockenextrakt der Weine, aber auch Kriterien wie Farbe, Bouquet und Geschmack. Und: Ein echter Chianti Classico muss nicht nur in der geographisch streng eingegrenzten Region angebaut und verarbeitet werden, auch die Lagerung (Fassausbau) und die Abfüllung muss hier stattfinden.

Das „Konsortium des schwarzen Hahns"

Bereits 1924 gründete eine Gruppe von Chianti-Winzern das „Consorzio", eine Genossenschaft, deren Markenzeichen der berühmte schwarze Hahn ist. Im Lauf der Zeit erhielt dieses Konsortium zwar diverse neue Namen, der Hahn aber blieb – kaum zu übersehen, wenn man im Chianti-Classico-Gebiet unterwegs ist: „Siete nel mondo del gallo nero" – „Sie sind im Land des schwarzen Hahns", mit diesen Worten weisen zahlreiche Schilder am Straßenrand auf die wohl bekannteste Weinregion Italiens hin. Heute nennt sich die Vereinigung „Consorzio del Marchio Storico – Chianti Classico" (Konsortium des historischen Warenzeichens Chianti Classico).

Die Winzergenossenschaft wurde übrigens zum Schutz der Chianti-Classico-Produzenten ins Leben gerufen. Winzer, die Mitglied dieser Vereinigung sind, können den Flaschenhals ihrer Weine mit einem schwarzen Hahn zieren. Über die Qualität des Weines sagt dieses Zeichen jedoch nichts aus. Das Konsortium ist als Institution für die Chianti-Classico-Produktion allerdings sehr wichtig. Etwa 80 % der Chianti-Erzeugung erfolgt in den Mitgliedsbetrieben der Genossenschaft.

Laut Information eines Konsortiumsmitgliedes hatte ein großer US-amerikanischer Weinproduzent sein Namensrecht eingeklagt und vor Gericht gewonnen. Das Hahn-Symbol dient zwar noch immer als Markenzeichen des Konsortiums, der Name „Gallo Nero" darf jedoch nicht mehr auf den Weinflaschen erscheinen.

Der Supertoskaner

Begonnen hatte alles Anfang der 90er Jahre, als einige Experimente der renommierten Weingüter *Sassicaia* und *Antinori* (fast) eine kleine Revolution auslösten. Kreiert wurden neue Spitzenweine, die aber wegen der bis dahin geltenden strengen Chianti-Classico-Regeln im Sortiment der Weingüter nicht adäquat untergebracht werden konnten. Es handelte sich dabei um hochwertige Sangiovese-Weine, die, anders als der Chianti Classico, nun mit toskana-untypischen Rebsorten Cabernet Sauvignon oder Merlot kombiniert wurden. Weil diese Weine die Regeln des Anbaugebiets nicht erfüllten, mussten sie zunächst als einfache Tafelweine vermarktet werden. 1996 wurden die strengen Regelungen für den Chianti Classico zwar modifiziert, dennoch: Ein neuer Spitzenwein war entstanden, der mit der Bezeichnung „Tafelwein" in eine irreführende Kategorie eingeordnet wurde.

Ein Journalist des renommierten US-Magazins *Wine Spectator* half schließlich, das Problem mit der Unterbewertung dieser Weine zu lösen, und prägte für sie einen neuen Begriff, der heute zum Markenzeichen geworden ist: den des *Supertuscan* oder (auf Italienisch) *Supertoscano*. Diese Weine genießen heute unter Fachleuten einen hohen Stellenwert und sind oftmals teurer als die Chianti-Classico-Weine (D.O.C.G.). Offiziell firmiert der Supertoscano mittlerweile meist unter dem Label Toscana I.G.T. (Indicazione Geografica Tipica), wobei bei Weitem nicht jeder I.G.T.-Wein ein Supertoskaner ist.

Der Anbau

Klima, Bodenbeschaffenheit und Höhenlage bedingen, dass im Chianti-Gebiet nur wenig anderes als Wein und Oliven angebaut wird – typisch für die Region ist der stete Wechsel von Weinbergen und Olivenhainen. Von Anfang November bis Ende Januar befinden sich die Weinreben in der Ruhephase. Das ist der Zeitpunkt für den Rebschnitt, bei dem die Pflanze bis auf zwei Haupttriebe zurückgestutzt wird. Eine zentrale Rolle für den Anbau spielt auch der Boden des Weinbergs, der im Jahr mehrmals bearbeitet wird. Dabei geht der Trend mehr und mehr zur Weinbergbegrünung, weil sich dadurch die Feuchtigkeit im Boden besser halten kann.

Ab Mitte April erwacht der Weinstock dann zum Leben. Aus den Knospen wachsen erste Triebe, ab Anfang Juni sprießen kleine Blüten. Ende Juni verwandeln sich die Blüten in Trauben. Zuerst noch klein und grün, verfärben sich die Trauben im Laufe der Zeit: So wird die Sangiovese-Traube, die klassische Traubensorte des Chianti, mit zunehmender Reife immer dunkler. In der Juli- und Augusthitze gewinnen die Trauben dann an den für einen Wein wichtigen Substanzen wie z. B. Zucker. Gleichzeitig sinkt der Säuregehalt. Der September, die Zeit der letzten Wochen vor der Lese, ist der wichtigste Monat für die Reifung der Trauben. Bei den herbstlichen Temperaturschwankungen – noch recht warme Tage und bereits kühle Nächte – reifen die Trauben optimal und erhalten den letzten Schliff.

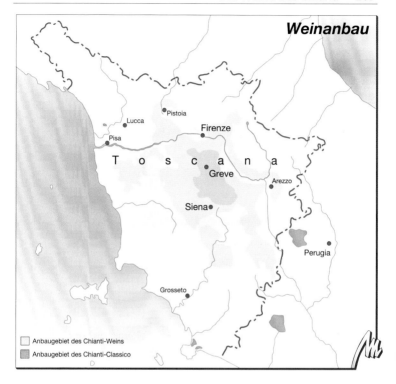

Weinanbau

Lucca
Pistoia
Firenze
Pisa

T o s c a n a
Greve
Arezzo

Siena

Perugia

Grosseto

☐ Anbaugebiet des Chianti-Weins
■ Anbaugebiet des Chianti-Classico

Die Weinlese

Die Entscheidung für den richtigen Zeitpunkt der Lese, der *vendemmia*, liegt beim Winzer. Ob die Trauben für optimal reif befunden werden, hängt auch von der Höhenlage des Weinberges ab. Eine Rolle spielt hierbei auch die Zuverlässigkeit der Wettervorhersage. Denn in den letzten Tagen vor der Ernte brauchen die prallen Trauben nur noch eines: Sonne. Regenschauer oder gar Hagel können die ganze Ernte verderben. Die Beeren würden, reif wie sie sind, aufplatzen oder verfaulen. Setzt während der Ernte Regen ein, muss die Lese unterbrochen werden. Das Regenwasser würde dem Wein schaden.

Die tariflich festgelegten Löhne für die anstrengende Arbeit bei der Weinlese sind übrigens ziemlich niedrig. Die Saisonarbeit im Weinberg wird vor allem von Hilfskräften aus dem Süden Italiens bzw. von Migranten aus Albanien, Marokko, Nigeria und dem Senegal verrichtet. Die Art des Weinanbaus im Chianti erlaubt in der Regel nicht den Einsatz von Vollerntern – ist die Traubenernte immer noch Handarbeit.

Die Vinifikation

Sind die Trauben auf dem Weingut angelangt, werden die Beeren mittels einer Art Zentrifuge vom Stiel getrennt („entrappt"). Dann kommen sie in die Traubenpresse, in der die Beeren gequetscht werden und der Saft zusammen mit den Schalen als Maische in die Gärbehälter (riesige Edelstahlfässer) gefüllt wird.

Schon nach wenigen Stunden beginnt der Prozess der alkoholischen Gärung – der Zucker wandelt sich in Alkohol um. Die Schalen der Beeren enthalten die für die Qualität des Weines wichtigen Aromastoffe und Substanzen, z. B. den Gerbstoff Tannin, die ihm Geschmack, Bouquet und Farbe verleihen. Dass Most und Schalen dabei zusammenbleiben, ist wichtig, um in der Gärphase das Maximum aus dem Traubenmaterial herauszuholen. Dieser Prozess der ersten Fermentation dauert etwa 14 Tage, ist abhängig von der Qualität der Trauben sowie dem gewünschten Resultat und endet mit der Trennung von Wein und Trester. Der Wein wird dann in Tanks oder Fässer gefüllt und durchläuft einen zweiten Gärprozess. Diese zweite Gärphase wird durch Bakterien und Wärmezufuhr eingeleitet – die säureumwandelnde oder auch malolaktische Gärung beginnt: Im Wein wandelt sich jetzt die Apfelsäure in Milchsäure um, was ihn erst trinkbar macht. Der Wein verbleibt dann bis zur Flaschenabfüllung in Edelstahltanks oder im Holzfass.

Grundlage für einen guten Roten

Für die Produktion des Riserva beginnt nun die lange Phase der Reifung im Holzfass, der sogenannte Fassausbau. Die besonderen Ausbaumethoden in Barrique-Fässern (Fassungsvermögen von 225 Litern) aus edlen Hölzern wie die der französischen Allier-Eiche werden auch im Chianti praktiziert. Voraussetzung für einen Barrique-Ausbau ist bestes Traubenmaterial und eine in jeder Hinsicht optimale Pflege während der Vinifikation wie auch während der Lagerung.

Nach der Abfüllung in Flaschen folgt noch eine festgesetzte Zeit der Flaschenreifung (mindestens 3 Monate), in der sich der Wein „beruhigen" kann, bevor er schließlich in den Handel kommt.

Die Weinprobe (Degustation)

In den Probierstuben der Weingüter kann man sich von der Qualität der Produkte überzeugen und gegen Bezahlung manchmal sogar eine ordentliche Brotzeit bekommen. Teilweise muss man aber auch für die Weinprobe einen Obolus (normalerweise etwa 5 bis 8 €) entrichten, der bei einem größeren Einkauf allerdings entfällt.

Der wahre Kenner sagt übrigens nie, welcher Wein ihm schmeckt und welcher nicht – er hüllt sich in Schweigen und versucht, den Wein zu deuten. Eine der wichtigen Fragen ist, ob der Tropfen in einem Eichenfass oder in einem V2A-Edelstahlbehälter mit Eichenholzsägespänen gereift ist. Die Lagerung im Eichenholzfass hat zwei Vorteile: Zum einen wirkt allein das Holz geschmacksbildend, zum anderen werden durch den Luftaustausch Oxidationsprozesse in Gang gesetzt, die die Qualität verfeinern. Der Kellermeister entscheidet, wann der Wein aus dem Fass genommen und der Reifungsprozess durch Zugabe von Schwefel gestoppt wird.

Degustation und Verkauf sind bei den größeren (und bekannteren) Wein-

Prost!

gütern meist ganztägig und ohne Voranmeldung möglich. Bei kleineren Betrieben sollte man vorher anrufen und sich anmelden, sonst kann es passieren, dass man vor verschlossener Tür steht (Telefonnummern der Weingüter in den jeweiligen Ortskapiteln). Ganz wichtig: Wer zur Weinprobe kommt, sollte auch ein ernsthaftes Kaufinteresse mitbringen! Die Weine des Kellers durchzuprobieren und sich womöglich noch verköstigen lassen, ohne auch nur eine kleine Kiste zu kaufen, wirkt auf den Weinbauern schlicht unverschämt.

Cantine Aperte: Wer sich am **letzten Wochenende im Mai** im Chianti aufhält, sollte die Weingüter besuchen. Am Tag der offenen Tür servieren sie ihren Gästen regionaltypische Snacks, es gibt Musikaufführungen und natürlich umfangreiche Weinproben. Oftmals wird gegen Gebühr auch ein komplettes Abendessen auf dem Weingut serviert. Nähere Informationen (in englischer Sprache) gibt es unter www.mtvtoscana.com.

Enoteca (Vinothek)

Probieren kann man die Weine der Region auch in den zahlreichen *Enoteche*, den Vinotheken. Meist in den Dörfern gelegen, bieten diese Weinhandlungen mit angeschlossenem kleinen Restaurant eine gute Gelegenheit, die Weine des Chianti kennenzulernen, ohne sich auf den Weg zu den Weingütern machen zu müssen. In den Vinotheken kann man den Wein auch glasweise bestellen, dazu werden oft Antipasti-Spezialitäten gereicht (hauptsächlich kalte Küche), für einen Snack am Mittag jedoch völlig ausreichend. Die Weine kann man dann flaschen- oder kistenweise erstehen. Die meisten Enoteche haben Weine aller Produzenten der Umgebung im Angebot, sind aber nicht unbedingt günstig und lassen nicht selten auch das Flair einer traditionellen Weinstube vermissen.

Leonardos „Dame mit dem Hermelin" auf Pflaster

Reisepraktisches von A bis Z

Ärztliche Versorgung

Ärztliche Hilfe im EU-Ausland erhält man mit der Europäischen Krankenversicherungskarte (EHIC), die sich auf der Rückseite der Versichertenkarte befindet. Sie gewährleistet eine kostenlose Behandlung in Krankenhäusern und bei Ärzten, die dem staatlichen Gesundheitssystem angeschlossen sind. Die meisten niedergelassenen Ärzte behandeln allerdings nur gegen Barzahlung. Die heimische Krankenkasse erstattet diese Kosten gegen detaillierte Rechnung ganz oder anteilig zurück. Privatversicherte können sich vom Arzt generell nur gegen Barzahlung behandeln lassen. Der Abschluss einer zusätzlichen privaten **Auslandskrankenversicherung** ist sinnvoll, wenn Sie sich gegen die hohen Kosten eines unfall- oder krankheitsbedingten Rücktransports absichern wollen.

Diplomatische Vertretungen

Deutschland, Österreich und die Schweiz unterhalten in Florenz jeweils eine Vertretung. Im Notfall – z. B. beim Verlust sämtlicher Reisefinanzen – kann man sich an diese Vertretungen des Heimatlandes wenden. In erster Linie erhält man dort Hilfe zur Selbsthilfe, z. B. die Vermittlung von Kontakt zu Verwandten oder Freunden und Informationen über schnelle Überweisungswege. Nur wenn keine andere Hilfe möglich ist, bekommen Sie Geld für die Heimreise vorgestreckt. Es werden aber keine Schulden übernommen (z. B. Hotelkosten) oder Mittel für die Fortsetzung des Urlaubs zur Verfügung gestellt.

Honorarkonsulat der Bundesrepublik Deutschland (Consolato Onorario della Repubblica Federale di Germania), Honorarkonsulin Renate Wendt, I-50122 Firenze, Corso dei Tintori 3, Mo–Fr 9.30–12 Uhr, ☎ 055-2343543, 📠 2476208, florenz@hk-diplo.de, www.auswaertiges-amt.de.

Österreichisches Honorarkonsulat (Consolato Onorario d'Austria), I-50123 Firenze, Lungarno Vespucci 58, ☎ 055-2654222, 📠 057-47337779, cons.austria@lpiworld.com, www.bmeia.gv.at.

Schweizer Konsulat (Consolato di Svizzera), I-50125 Firenze, c/o Hotel Park Palace, Piazzale Galileo 5, ☎ 055-222434, 📠 220517, firenze@honrep.ch, www.eda.admin.ch.

Geld

Mit Bankkarte müssen Sie keine einzige Bank betreten, um an Geld zu kommen, denn in allen größeren Orten sind Geldautomaten *(Bancomat)* installiert, wo man mit der EC-/Maestro-Karte und Geheimnummer rund um die Uhr täglich bis ca. 400 € erhält (Bedienungshinweise meist auch in Deutsch). Pro Abhebung zahlt man allerdings ca. 4–6 €. Kunden von Citibank, Commerzbank, Comdirect, Deutsche Bank, SEB und HypoVereinsbank können bei ausländischen Zweigstellen kostenlos Geld abheben, bei Ing-DiBa sind euroweit Abhebungen an allen Automaten mit Visazeichen gratis, mit der Postbank SparCard sind es bis zu zehn Abhebungen im Jahr.

Wer nicht allzu viel Bares mit sich herumtragen will, kann auch auf alle gängigen Kreditkarten zurückgreifen, die als Zahlungsmittel weithin akzeptiert werden (Hotels, Restaurants, Läden, Autovermietungen, Bahn- und Flugtickets etc.). Tankstellen lehnen die Kreditkarte manchmal ab, man sollte deshalb beim Tanken immer Bargeld dabeihaben. Wenn die Tankstelle aber den Kreditkarten-Aufkleber zeigt (was meist der Fall ist), können Sie darauf bestehen, mit der Karte zu zahlen. Bei Verlust der Geldkarte, Kreditkarte etc. diese sofort telefonisch sperren lassen. Gebührenfreie Vermittlung zum Sperrdienst für Bankkarten von Sparkassen, Landesbanken, Raiffeisenbanken und zahlreichen Privatbanken unter ☎ 0049-116116. Auch verlorengegangene Handys können so gesperrt werden (Sie benötigen dafür die Handyrufnummer, SIM-Kartennummer, eine Kundennummer oder ein Kennwort). Bei nicht teilnehmenden Banken die jeweiligen Notrufnummern vor der Reise erfragen.

Kreditkarteninhaber können bei Verlust ihrer Karte über Banken, die ihre Karte akzeptieren, ein Notfallgeld erhalten.

Bei einem Totalverlust von Geld kann man sich über „Western Union Money Transfer" (www.westernunion.de) von einer Kontaktperson zu Hause innerhalb weniger Minuten Geld überweisen lassen. Einzahlung u. a. bei allen Postbank-Filialen. Die Gebühr für eine Überweisung von 100 € beträgt ca. 4,90 €, für 500 € ca. 9,90 €. Dieses Verfahren funktioniert auch ohne einen eventuell abhanden gekommenen Ausweis. Auszahlung bei Postfilialen, ausgewählten Banken, Reisebüros und Shops. Auch über „Money Gram" (www.moneygram.com) kann man Geld transferieren.

Gesetzliche Feiertage

An den folgenden Feiertagen bleiben Geschäfte, Banken, Behörden und Schulen geschlossen.

Capodanno: Neujahrstag, 1. Januar.

Epifania: Dreikönigstag am 6. Januar.

Die Widder-Contrade in Siena

Pasqua/Lunedì dell'Angelo: Ostersonntag/Ostermontag; der Karfreitag, **Venerdì Santo,** ist kein Feiertag.

Festa della Liberazione: Tag der Befreiung vom Faschismus am 25. April.

Festa dei Lavoratori: Tag der Arbeit, 1. Mai.

Pentecoste: Pfingsten; der Pfingstmontag ist kein Feiertag!

Festa della Repubblica: Tag der Gründung der Republik am 2. Juni.

Assunzione di Maria Vergine/Ferragosto: Mariä Himmelfahrt am 15. August. Dieses Hauptfest der Marienverehrung ist ein großes Familienereignis in Italien und Höhepunkt der Urlaubssaison.

Ognissanti: Allerheiligen am 1. November.

Festa dell'Immacolata: Mariä Empfängnis) am 8. Dezember

Natale: Weihnachten am 25. Dezember.

Santo Stefano: Tag des hl. Stephanus am 26. Dezember.

Hunde

Seit ein paar Jahren sind Hunde auch in Hotels und Restaurants gesetzlich erlaubt, ebenso auf den meisten Campingplätzen. Sicherheitshalber aber immer vorher fragen, denn mitunter wollen die Betreiber keine – oder nur kleine – Hunde.

> Generell gilt in Italien **Leinenpflicht!** Ein **Maulkorb** muss immer mitgeführt werden, in öffentlichen Verkehrsmitteln ist Anlegen Pflicht.

Für die Einreise muss das Tier durch einen **Mikrochip** gekennzeichnet und gegen **Tollwut geimpft** sein (frühestens zwölf Monate, spätestens dreißig Tage vor Reiseantritt), bei der Impfung muss es mindestens drei Monate alt sein. Der EU-Heimtierpass muss mitgeführt werden.

Bedenken Sie, dass wie in vielen Mittelmeergebieten auch in der Toskana Parasitenbefall droht, vor allem die von Sandmücken übertragene **Leishmaniose.** Um der Krankheit vorzubeugen, kann man sich vor Ort in der Apotheke oder in einem Geschäft für Hundebedarf ein chemisches Halsband mit Namen „Scalibur" kaufen, um den Hund zu schützen. Mittlerweile gibt es auch eine Impfung.

Wenn Sie mit der **Bahn** anreisen, darf ein Hund bis 6 kg im geschlossenen Transportkörbchen auf dem Schoß mit. Wiegt er mehr, wird es komplizierter: Hund und Halter dürfen nur in einem gesonderten Abteil reisen (i. d. R. im letzten Waggon, extra ausgewiesene Plätze), der Hund muss an der Leine sein und einen Maulkorb tragen. Das Hundeticket kostet 50 % des regulären Fahrpreises, Blindenhunde fahren kostenlos. Während der Hauptpendlerzeiten Mo–Fr 7–9 Uhr sind Hunde nicht gestattet.

Information

Wenn Sie sich schon daheim mit Prospektmaterial eindecken wollen, wenden Sie sich am besten an das staatliche italienische Fremdenverkehrsamt **ENIT** (www.enit-italia.de). Wegen der angespannten Haushaltslage gibt es seit 2011 in Deutschland und in Österreich nur noch ein einziges Informationsbüro, das ENIT-Büro in der Schweiz wurde geschlossen. Dort können Sie brieflich, telefonisch, per Fax oder E-Mail Material zu allen Provinzen der Toskana anfordern (Adressen bzw. Nummern s. u.).

In der Toskana selbst hat fast jeder größere Ort ein Informationsbüro, genannt **IAT** oder **UIT** (*Ufficio Informazioni e di Accoglienza Turistica*), ansonsten übernimmt oft das Rathaus (*municipio*) diese Funktion. Ausgegeben werden kostenlose Unterkunftsverzeichnisse und Stadtpläne, in größeren Städten auch Listen mit Öffnungszeiten von Sehenswürdigkeiten und Museen. Gelegentlich spricht jemand hinter dem Schalter Deutsch, immer aber zumindest Englisch. Ein Zimmervermittlungsservice wird nur selten angeboten, aus Wettbewerbsgründen dürfen die Mitarbeiter der Touristen-Büros keine Empfehlungen geben. In vielen kleineren Ortschaften gibt es **Pro-Loco-Büros,** die oft ehrenamtlich betrieben werden. Diese Büros sind auf touristische Belange unterschiedlich eingestellt; manche machen ihren Job gut und engagiert und stellen kostenlos Unterkunftsverzeichnisse zur Verfügung.

ENIT-Informationsbüros **Deutschland:** Barckhausstr. 10, 60325 Frankfurt/M., ✆ 069-237434, www.enit-italia.de. Mo–Fr 9.15–17 Uhr.

Österreich: Mariahilferstr. 1b/XVI, A-1060 Wien, ✆ 0043-1-5051639, www.enit.at. Mo–Do 9–17, Fr 9–15.30 Uhr.

Schweiz: Anfragen aus der Schweiz werden von ENIT in Frankfurt bearbeitet.

Internet

Aus der Fülle an Websites zur Toskana hier eine kleine Auswahl an interessanten Seiten, auf denen man Nützliches für die Reisevorbereitung entdecken kann.

www.enit.it & www.enit-italia.de sind die offiziellen Seiten des italienischen Fremdenverkehrsverbandes.

Neuigkeiten aus dem Chianti und Florenz auf Italienisch und Englisch gibt es unter **www. toscanaechiantinews.it.**

www.deutschesinstitut.it informiert über Veranstaltungen und Sprachkurse.

Kartenmaterial

Das Angebot an Toskanakarten im Buchhandel ist umfangreich. Bei vielen Informationsbüros vor Ort sind **regionale Karten** kostenlos erhältlich, vor allem **Stadtpläne** bekommt man überall, gelegentlich auch kleine Wanderkarten.

Beim Gebrauch von **Apps und digitalen Karten** für Smartphones sei darauf hingewiesen, dass ein flächendeckendes Netz bislang nicht überall gewährleistet ist. Apps sollten daher im Offline-Modus funktionieren und vorab zu Hause bzw. im Hotel im WLAN installiert werden. Einige Automobilclubs bieten für Mitglieder kostenlos entsprechendes Kartenwerk an.

Unterwegs auf unserer Wanderung Nr. 3

Auch Google Maps ermöglicht eine Offline-Navigation für Routenberechnungen sowie die Nutzung der Navigationsfunktionen ohne Internetverbindung. Auch der **Florenz Cityguide** aus dem Michael Müller Verlag ist als App erhältlich, unsere App für den Toskana-Wanderführer (2. Aufl. 2018) ist voraussichtlich ab Juni 2020 lieferbar.

Straßenkarten Empfehlenswert sind die detaillierten Toskana-Karten **Toskana – Auto- und Freizeitkarte** (1:150.000) von Freytag & Berndt, die Karte **Local 358** von Michelin (1:200.000) und die Karte von **Kümmerly & Frey** (1:200.000).

Wer ein größeres Umfeld bereist und auch auf der Anreise kartografisch informiert sein will, nimmt z. B. die Karte **Italien Nord** (1:500.000) von Freytag & Berndt oder die gleichnamige Karte von Kümmerly & Frey (1:650.000).

Die Karte **Regional 563** (1:400.000) von Michelin umfasst die Regionen Toskana, Umbrien, Marken, Latium, Abruzzen sowie den Kleinstaat San Marino.

Wanderkarten Gut für Wanderer sind die Karten vom **Kompass-Verlag** im Maßstab 1:50.000. 18 Blätter decken die gesamte Toskana ab und eignen sich für selbst zusammengestellte Wanderungen.

Die topografischen Karten des **Istituto Geografico Militare Italiano (IGM)** können online bei www.maps-store.it bestellt werden. Es gibt sie in den Maßstäben 1:25.000, 1:50.000 und 1:100.000. Die Blätter der derzeitigen Serie 25 kosten ca. 10 € plus Versandkosten. Die Kartenblätter wurden z. T. schon vor langer Zeit erstellt und sind teilweise nicht mehr aktuell; trotzdem sind sie bis heute im Einsatz, weil sie sehr detailliert sind.

Edizioni Multigraphic: Der kleine Kartographieverlag aus Florenz hat einige Wanderkarten im Maßstab 1:25.000 bzw. 1:50.000 im Programm. Die zum Teil eingedeutschten Produkte sind im örtlichen Zeitungshandel erhältlich, vom Kartenbild her allerdings etwas anstrengend. www.edizionimultigraphic.it.

Literaturtipps

Aus der Fülle der Literatur über die Toskana als altes Kultur- und Reiseland haben wir eine kleine bunte Auswahl zusammengestellt, die zum Schmökern anregen will.

Böckler, Michael, Wer stirbt schon gern in Italien (Droemer/Knaur). Ein erfolgreicher Münchener Herzchirurg hat den Stress satt: Er steigt aus und sucht Entspannung in der Toskana. Mit der schönen Witwe Carlotta kommt überraschend die Liebe ins Spiel. Doch bald fallen erste Schatten auf des Chirurgen Paradies – der Glückliche muss um sein Leben fürchten.

Brilli, Attilio, Italiens Mitte – Alte Reisewege und Orte in der Toskana und Umbrien (Wagenbach). Der Autor lädt ein zu einer Reise abseits der touristischen Hauptattraktionen – und zu einem imaginären Trip in eine versunkene Zeit. Nur noch antiquarisch erhältlich.

Dante Alighieri, Commedia (Fischer TB). Der Klassiker mit präziser und rhythmischer Sprache, von Kurt Flasch ins Deutsche übersetzt, begleitet beim Wiederentdecken des großen Florentiner Dichters.

de Mars, Barbara, Lesereise Florenz: Rendezvous mit einer eigenwilligen Schönen (Picus). Wer es geschafft hat, die Uffizien und den Ponte Vecchio hinter sich zu lassen, kann sich auf die Suche nach dem „wahren" Florenz machen. Zum Beispiel bei Pasta-Machern, Modeschöpfern, Handwerkern, Biobauern ... Barbara de Mars nimmt uns mit auf ihre Streifzüge durch eine Stadt, die bezaubert und süchtig machen kann.

Flasch, Kurt, Einladung, Dante zu lesen (Fischer). Spannend und kenntnisreich wird der Leser durch Dantes Meisterwerk geführt. Eine gute Einstiegshilfe für alle, die sich bislang nicht an Dantes „Göttliche Komödie" gewagt haben.

Fruttero, Carlo & Lucentini Franco, Der Palio der toten Reiter (Piper). Die Werke der beiden Turiner sind witzig und mitunter bitterbös. In diesem Buch dreht sich alles um das berühmte Pferderennen auf der Piazza del Campo in Siena: Die Welt des Fernsehens und Konsums prallt hier mit uralten Traditionen aufeinander. Nur noch antiquarisch erhältlich.

Gernhardt, Robert, Toscana mia (Fischer). Die Sehnsuchtslandschaft eines Deutschen, der diese Gegend schon in den 1970ern erlebte. Ein Muss für Toskana-Fans.

Gernhardt, Robert, Die Toskana-Therapie (Fischer). Der Satire-Klassiker rechnet in Form eines Theaterstücks mit der Toskana-Romantik der 80er-Jahre ab.

Kohl, Christiane, Villa Paradiso: Als der Krieg in die Toskana kam (Goldmann). Die Italien-Korrespondentin der Süddeutschen Zeitung verarbeitet in ihrem Roman ein Massaker, das Angehörige der Fallschirm-Panzer-Division Hermann Göring 1944 in der Ortschaft Civitella in Val di Chiana verübten. Nur noch antiquarisch erhältlich.

Malvaldi, Marco, Im Schatten der Pineta, Die Schnelligkeit der Schnecke, Eine Frau für den Barista u. a. (Piper). Die toskanische Krimireihe des Barbesitzers Massimo Viviano ist eine wortwitzig amüsante und leicht zu lesende Urlaubslektüre.

Maté, Ferenc, Die Hügel der Toskana (Piper). Aussteigen und Neuanfangen in der Toskana. Ein heiterer Erlebnisbericht mit netten Anekdoten. Auch Folgebände dazu.

Mayall, Felicitas, Nacht der Stachelschweine (Rowohlt TB). In einem aufgelassenen Kloster bei Montalcino wird die Teilnehmerin einer deutschen Selbsterfahrungsgruppe ermordet.

Nabb, Magdalen, Tod in Florenz (Diogenes). Anspruchsvoller und interessant zu lesender Krimi einer Engländerin und Wahlflorentinerin. Die Fälle des einfachen sizilianischen Wachtmeisters Maresciallo Guarnaccia, der seinen Dienst in Florenz ausübt, sind ein Kleinod der Kriminalliteratur.

Origo, Iris, Im Namen Gottes und des Geschäftes – Lebensbild eines toskanischen Kaufmanns der Frührenaissance (Wagenbach). Eine wahre Fleißarbeit, die aus ca. 300 Geschäftsbüchern und unzähligen Briefen des erfolgreichen Textilhändlers Marco Datini (1335–1410) die Lebensart und Geschäftspraktiken der Frührenaissance rekonstruiert. Nur noch antiquarisch.

Stone, Irving, Michelangelo (Rowohlt). Fesselnde Künstlerbiographie des Bildhauers, Malers, Dichters, Ingenieurs und Baumeisters – und zugleich ein bewegendes Porträt der italienischen Renaissance.

Tozzi, Federico, Mit geschlossenen Augen (Wagenbach). Historischer, autobiographisch geprägter Roman des Ende des 19. Jh. in Siena geborenen Schriftstellers der Moderne, der das Leben in der damaligen Toskana beschreibt. Nur noch antiquarisch.

Vollenweider, Alice, Die Küche der Toskana (Wagenbach). Eine kulturhistorische und vor allem kulinarische Reise durch die Region mit 52 passenden Rezepten.

Mehr Literatur aus und über Italien finden Sie bei **Dante Connection.** Buchhandlung mit kompetentem Service und Team. Oranienstr. 165a, 10999 Berlin. ☎ 030-6157658, www.danteconnection.de.

Notruf

Seit März 2020 gilt ausschließlich die europäische Notrufnummer ☎ 112 für alle Arten des Notrufs, also für Ambulanz *(pronto soccorso)* und Polizeinotruf. Polizei ☎ 113, Feuerwehr *(pompieri* oder *vigili del fuoco)* ☎ 115, Pannenhilfe *(soccorso stradale)* ☎ 803116.

Öffnungszeiten

Grundprinzip ist die Mittagspause, die Siesta. Dafür ist abends oft länger geöffnet, wenn die Hitze nachgelassen hat.

Geschäfte: In den Städten bleiben viele Geschäfte am Montagvormittag geschlossen! In kleineren Orten sind die kleinen *Alimentari* (Lebensmittelläden) jeweils am Mittwochnachmittag zu.

Supermärkte haben meistens Mo–Sa ca. 8/8.30–12.30/13 und 16.30/17–19.30/20 Uhr geöffnet. Viele Supermärkte sind auch am Sonntag zumindest vormittags offen. Vor allem Souvenirläden und andere Geschäfte mit touristischem Bedarf schließen ihre Pforten erst spät abends.

Kirchen: Von 7 bis 12 Uhr mittags, dann wird unbarmherzig geschlossen und nicht vor 15 Uhr, oft erst gegen 17 Uhr wieder aufgemacht; geöffnet bleiben die Kirchen dann bis 19 oder 20 Uhr. Sonntags während der Messen ist keine Besichtigung möglich. Leider werden mehr und mehr Gotteshäuser nur noch zur Messe geöffnet aufgrund der Kunstdiebstähle.

Museen: Mitunter verwirrend, oft werden die Zeiten mehrmals jährlich geändert. Immerhin zeichnet sich landesweit eine Tendenz zu durchgehenden Öffnungszeiten von 9 bis 19 Uhr ab (kleinere Museen oft nur 9–13 Uhr). Staatliche Museen wie die Uffizien sind am Montag immer geschlossen.

Restaurants: In der Regel geschlossen von 14.30 bis 19 Uhr – wer etwa um 18 Uhr essen gehen will, muss sich gedulden. Die meisten Betriebe kennen einen wöchentlichen Ruhetag (am Eingang als „giorno di chiusura/riposo" angeschlagen), in der Hochsaison entfällt er meist.

Post

Mittlerweile werden Briefe und Postkarten ins Ausland mit „Posta Prioritaria" verschickt, damit liegt die Versanddauer bei nur noch etwa drei Tagen. Eine Marke für den Brief in ein europäisches Land kostet 1,10 €.

Öffnungszeiten: regional verschieden, meist Mo–Fr 8.30–14, Sa 8–13 Uhr. In Städten oft auch nachmittags offen, meist 16–20 Uhr.

Briefmarken (francobolli): Sie kann man nicht nur bei der Post erstehen, sondern auch in vielen Tabacchi-Läden und Souvenirshops, die Postkarten verkaufen.

GPS (Globe Postal Service) ist ein „Service", der in einigen touristischen Orten angeboten wird, dabei können beim Ansichtskartenkauf auch Briefmarken dazu erworben werden. Allerdings sind sie mit 1,20 € teurer, haben eine ewig lange Laufzeit und müssen in spezielle Postkästen geworfen werden, von denen es nur wenige gibt.

Reisedokumente

Für den Aufenthalt in Italien benötigen Deutsche, Österreicher und Schweizer einen gültigen Personalausweis oder Reisepass. Auch für Kinder ist ein eigener Kinderausweis bzw. Reisepass mit Lichtbild erforderlich, Eintragungen im Reisepass der Eltern werden nicht mehr anerkannt. Noch gültige Kinderausweise nach altem Muster ohne Foto werden akzeptiert. Eine Kontrolle der Ausweise findet für deutsche und österreichische Ankömmlinge in der Regel nicht mehr statt (Schengener Abkommen), im Zuge der Flüchtlingsproblematik kann es aber Ausnahmen geben. Bei der Anreise über die Schweiz muss man nach wie vor einen Ausweis vorzeigen.

Kinder und Jugendliche, die ohne Erwachsene reisen, sollten außer ihrem Ausweis eine schriftliche Vollmacht der Erziehungsberechtigten mitnehmen, sie könnten sonst an der Grenze zurückgewiesen werden (Formular unter www.forium.de/redaktion/jugendreisen-sicher-im-urlaub-ohne-eltern).

Sprache/Sprachschulen

Die meisten deutschen Urlauber sprechen kein Italienisch und die meisten Italiener kein Deutsch, zumindest in den großen Binnenstädten. Anders an der Küste, wo jeder, der im Tourismusgeschäft tätig ist, wenigstens einige Brocken Deutsch kann. Wer etwas Italienisch üben will, findet am Ende dieses Buchs einen kleinen Sprachführer. Ansonsten gibt es viele Sprachschulen und Universitätsinstitute, die vor Ort Italienischkurse für Ausländer anbieten, z. B. in Florenz und Siena – eine interessante Möglichkeit, Ferien und Lernen miteinander zu kombinieren.

Sprachreiseveranstalter Eine umfangreiche Broschüre über Sprachreiseveranstalter für Schüler und Schüleraustausch gibt es bei der **Aktion Bildungsinformation (ABI):** Die Broschüre heißt „Italienisch lernen in Italien" und kostet 14,70 €. Lange Str. 51, 70174 Stuttgart, ✆ 0711-22021630, www.abi-ev.de.

Telefon

Münztelefone gibt es nicht mehr, die silbermetallenen Apparate funktionieren alle mit magnetischen Telefonkarten *(carta telefonica)*, erhältlich für 2,50 oder 5 € in Tabak- und Zeitschriftenläden sowie an Automaten in Telecomfilialen. Vor dem Gebrauch muss die vorgestanzte Ecke abgebrochen werden. Die Gültigkeit der Karten ist meist auf ein Jahr begrenzt.

Mobiltelefon: Sobald sich das Handy in eines der italienischen Handynetze eingebucht hat, kann man fast überall problemlos telefonieren und Anrufe entgegennehmen, Funklöcher gibt es nur noch vereinzelt in den Bergen. Man zahlt den Tarif des jeweiligen italienischen Netzbetreibers, die sogenannten Roaming-Gebühren Ihres Mobilfunk-Providers sind seit 2017 weggefallen. Achtung: Wenn Sie in Italien angerufen werden, zahlen Sie immer die Weiterleitungsgebühren – selbst wenn der Anrufer in Italien ist, wird das Gespräch über Deutschland umgeleitet. Auch für Anrufe auf Ihre Mailbox zahlen Sie doppelt: den Anruf aus Deutschland und die Umleitung auf die Mailbox in Deutschland (Tipp: absolute Rufumleitung Ihres Handys deaktivieren).

Für alle, die viel telefonieren oder längere Zeit in Italien bleiben, lohnt eventuell der Kauf einer wieder aufladbaren SIM-Karte von einer der vier italienischen Mobiltelefongesellschaften: TIM = Telecom Italia (www.tim.it), Vodafone (www.vodafone.it), Wind (www.wind.it) und Tre (www.tre.it). Man bekommt damit eine italienische Nummer und muss Gespräche, die aus dem Ausland kommen, nicht mitfinanzieren. Beim Kauf muss man den Personalausweis vorzeigen und eine Adresse (auch Hotel o. Ä.) in Italien haben. Das Aufladen ist auch an Bankautomaten möglich. Prepaid-Karten von Vodafone und Wind können bereits von Deutschland aus bestellt werden.

Telefonieren ...

- **... von Italien nach Hause:** Vorwahl Deutschland: 0049, Vorwahl Österreich: 0043, Vorwahl Schweiz: 0041, dann die jeweilige Ortsvorwahl ohne die Null.

- **... von zu Hause nach Italien:** Italien-Vorwahl in Deutschland, Österreich und der Schweiz: 0039. Wichtig: Hier muss die **Null der Ortsvorwahl** immer mitgewählt werden!

- **... innerhalb Italiens:** Hier müssen Sie die jeweilige Ortsvorwahl immer mitwählen – auch bei Gesprächen innerhalb einer Stadt!

- **Italienische Handynummern** beginnen stets mit einer „3"; es wird keine „0" vorgewählt.

Zoll

Innerhalb der EU dürfen Waren zum eigenen Verbrauch unbegrenzt ein- und ausgeführt werden. Es existiert allerdings ein Katalog über Richtmengen von Waren. Überschreitet man diese, muss man im Fall einer Stichprobenkontrolle glaubhaft machen, dass diese Mengen nicht gewerblich genutzt werden, sondern nur für den persönlichen Verbrauch bestimmt sind. Erfreulich: Für den Import von Wein aus anderen EU-Mitgliedstaaten wurde in Deutschland keine Richtmenge festgelegt. Man kann also den toskanischen Chianti in unbegrenzter Menge für die Verwendung zu privaten Zwecken mitbringen ...

- **EU-Richtmengenkatalog** (Warenmenge pro Person ab 17 Jahre): 800 Zigaretten, 400 Zigarillos, 200 Zigarren, 1 kg Rauchtabak, 10 l Spirituosen, 10 l alkoholhaltige Süßgetränke (Alkopops), 20 l Zwischenerzeugnisse (z. B. Sherry, Portwein), 60 l Schaumwein, 110 l Bier, 10 kg Kaffee, 10 kg kaffeehaltige Waren.

Die Schweiz ist nicht in der EU. Bei der **Einfuhr von Waren in die Schweiz** sind die dortigen Einfuhrgesetze zu beachten, die Grenzbeamten haben jederzeit das Recht, Warenkontrollen vorzunehmen. Zu beachten sind folgende Limits:

- **Schweizer Richtmengen:** 5 l alkoholische Getränke bis 18 % Vol. und 1 l alkoholische Getränke über 18 % Vol.; 250 Stück/Gramm Zigaretten, Zigarren oder andere Tabakprodukte; Der Gesamtwert darf den Wert von 300 CHF nicht übersteigen, andernfalls wird er mehrwertsteuerpflichtig. Für die Einfuhr von Alkohol und Tabak gilt eine Altersgrenze von 17 Jahren.

Beim **Transit durch die Schweiz** ist eine freiwillige Deklaration der mitgeführten Waren fällig, wenn die in der Schweiz geltenden Freimengen für die Einfuhr (siehe oben) überschritten werden. Für Waren mit einem Gesamtwert über 5000 CHF muss eine Kaution in Landeswährung hinterlegt werden, die man bei der Ausreise zurückerhält.

Schöne Wanderungen warten im Chianti

Wandern

im Chianti

GPS-kartierte Touren sind mit dem Symbol GPS gekennzeichnet. Download der GPS-Tracks inkl. Waypoints unter https://mmv.me/45757

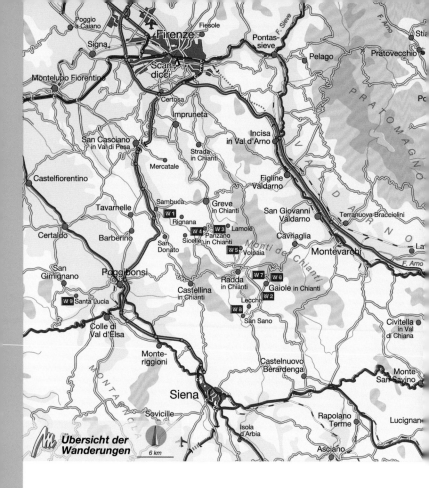

Übersicht der Wanderungen

6 km

Kleiner Wanderführer

Auch wenn die Region zwischen Florenz und Siena landschaftlich überaus reizvoll ist, zählt Wandern noch nicht zu den klassischen Urlaubsbeschäftigungen. Wir haben deshalb neun Touren für Sie erkundet, die oft auch mit Highlights an der Strecke glänzen. Acht davon führen durch das Chianti-Kerngebiet, eine weitere erschließt die reizvolle Landschaft um San Gimignano.

Das Wandern im Chianti gestaltet sich oft schwieriger als erwartet. Zum einen gibt es nur wenige markierte Wege, zum anderen zahlreiche Privatstraßen und private Grundstücke, die nicht betreten oder passiert werden dürfen. Viele der Weinberge sind mittlerweile eingezäunt. Grund sind die vielen

Wildschweine, die in den Reben ihr Unwesen treiben.

Zeitangaben: Die reine Gehzeit – ohne Pausen! – variiert bei unseren Wandervorschlägen zwischen 1 Std. und 5:30 Std., sodass für Sie hoffentlich etwas Passendes dabei ist.

Wanderkarten: Trotz genauer Wegbeschreibungen weisen wir darauf hin, dass eine gute Karte immer zu empfehlen ist; konkrete Empfehlungen geben wir bei den jeweiligen Wanderungen. Italienische Karten gibt es vor Ort in Buchläden und Souvenirshops, die deutsche Kompass-Karte besorgt man am besten gleich zu Hause.

Gut für Wanderer sind die Karten vom **Kompass-Verlag** im Maßstab 1:50.000. 18 Blätter decken die gesamte Toskana ab und eignen sich auch für selbst zusammengestellte Wanderungen.

Die topografischen Karten des **Istituto Geografico Militare Italiano (IGM)** können online bei www.maps-store.it bestellt werden. Es gibt sie in den Maßstäben 1:25.000, 1:50.000 und 1:100.000. Die Blätter der derzeitigen Serie 25 kosten ca. 10 € plus Versandkosten. Die Kartenblätter wurden z. T. schon vor langer Zeit erstellt und sind teilweise nicht mehr aktuell; trotzdem sind sie bis heute im Einsatz, weil sie sehr detailliert sind.

Edizioni Multigraphic: Der kleine Kartographieverlag aus Florenz hat einige Wanderkarten im Maßstab 1:25.000 bzw. 1:50.000 im Programm. Die zum Teil eingedeutschten Produkte sind im örtlichen Zeitungshandel erhältlich, vom Kartenbild her allerdings etwas anstrengend. www.edizionimultigraphic.it.

Ausrüstung: Empfehlenswert ist vor allem bei längeren Strecken knöchelhohes, gutes Schuhwerk, Kopfbedeckung und – sehr wichtig – Trinkwasser.

GPS-Wanderung 1

Von Sambuca zur Abtei Badia a Passignano

Charakteristik: eine schöne, einfache Ganztages-Rundwanderung, aber stellenweise schweißtreibend mit einigen Höhenmetern. Von Sambuca zur fantastisch gelegenen Abtei Badia a Passignano, danach in einer weiten Schleife durch die Weinberge und durch lichten Wald zurück nach Sambuca. **Variante:** Man kann die Wanderung um einen Abstecher zum Restaurant Cantinetta di Rignana verlängern → Ende der Wegbeschreibung. **Länge:** ca. 16 km. **Gehzeit:** 7:45–5 Std. **Einkehren:** schön in der „Bar Divino" in Badia a Passignano oder – falls man die Variante mitnimmt – im Restaurant Cantinetta di Rignana. **Karte:** Carta Turistica e dei Sentieri – Chianti Classico, Edizioni Multigraphic, Firenze. **Ausgangspunkt:** Die Bar **1** im Zentrum von Sambuca an der Ponte Vecchio, der alten Brücke des Ortes, bwz. der Parkplatz **2**.

Wegbeschreibung: Von der **Bar 1** aus überqueren wir die Ponte Vecchio, die hier über den Pesa-Fluss führt. Hinter der Brücke direkt rechts ab in die *Via Roselli*. Wir folgen der asphaltierten Straße für etwa 1,3 km am Fluss entlang in südlicher Richtung. Links wird die Strecke von einer Neubausiedlung gesäumt. Vor einer weiteren **Brücke** führt linker Hand ein schmaler steiniger **Waldweg** bergauf, in den wir einbiegen. – Wer mit dem Auto gekommen ist, kann hier auf dem **Parkplatz 2** parken.

Wir folgen dem Waldweg ca. 10 Min. in Kurven bergauf, bis wir an einem Natursteinhaus linker Hand vorbeikommen. Den Pool des Anwesens rechts liegen lassen und auf dem stets schmaler werdenden Waldweg immer geradeaus weitergehen. An einer Gabelung halten wir uns rechts hoch. Nach nur ca. 10 weiteren Metern gelangt man an eine weitere Gabelung; hier nun links. Man muss sich auf diesem Streckenabschnitt etwas durch den Wald mit Ginstergestrüpp durchschlagen und stets dem Hauptweg folgen.

Nach ca. 20 Min. wird eine große **Lichtung 3** erreicht und überquert bis zu einem Bildstock (süddeutsch: „Marterl"). Vor diesem Bildstock nehmen wir links den breiten Hauptweg bergab zur **Asphaltstraße 4**. Hier nun rechts weiter auf der kaum befahrenen Straße.

Schon bald taucht rechts die Abtei auf. Wir erreichen die Ortschaft von **Badia a Passignano** nach ca. 1 Std. Gehzeit ab Sambuca. Das herrlich gelegene, von Zypressen dicht umrahmte **Kloster Badia a Passignano** aus dem 11. Jh. mit seinem zinnenbekrönten Kirchturm kann man nur im Rahmen einer Führung besichtigen. Neben dem Kloster unterhält das bekannte *Weingut Antinori* eine Verkaufsstelle und eine Osteria mit Michelinstern; zum Rasten empfehlen wir eher die schöne Einkehr in der **Bar Divino 5** mit kleinem, guten Speisenangebot. Die Bar ist die ehemalige Schmiede und liegt direkt an der Straße.

Von besagter Bar gehen wir die Straße ein Stück weiter und zweigen dann rechts ab in die zunächst asphaltierte *Strada Poggio al Vento* in Richtung S. Andrea a Poggio al Vento. Auf dieser Straße (nach 300 m wird sie zur Schotterpiste) in Serpentinen hinunter durch Wiesen und Weinberge.

Nach knapp 20 Min. (ab Passignano) überqueren wir das Flüsschen Rimaggio, ab hier ist die Straße wieder asphaltiert. Nun haben wir den anstrengendsten Teil der Wanderung vor uns: Durch lichten Wald geht es auf der kaum befahrenen Asphaltstraße stetig bergauf, bis wir zu einer größeren **Kreuzung 6** gelangen und hier (am Ende der Asphaltstraße) rechts abbiegen: Richtung Podere San Brizzi/Poggio al Vento. (Variante: In die andere Richtung führt die Straße zum Landgasthaus der Cantinetta di Rignana; knapp 2 km/30 Min.).

Etwa 300 m nach **6**, führt am **Wegweiser 7** („Cappella di S. Andrea a Poggio al Vento") eine steinige Piste rechts zum Anwesen Poggio al Vento hoch. Der kurze Abstecher von anstrengenden 15 Min. bergauf lohnt hier wegen der schönen Aussicht auf Pas-

Ziel der ersten Wanderung: die Abtei Badia a Passignano

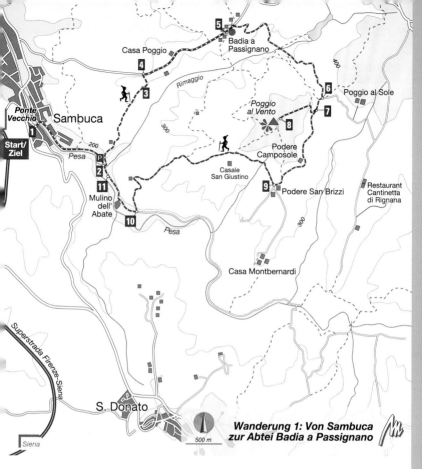

Wanderung 1: Von Sambuca zur Abtei Badia a Passignano

500 m

signano, den kleinen See unterhalb, auf die umliegenden Weingüter. Und im idyllischen Weiler **Poggio al Vento** 8 besichtigt man selbstverständlich die kleine Kapelle.

Vom Weiler bergab auf demselben Weg zum **Wegweiser** 7, dort rechts auf Schotter leicht bergab in Richtung Podere San Brizzi. Wir passieren das Haus *Podere Camposole* (rechter Hand), hier weiter der Schotterstraße folgen. Kurz darauf erreichen wir das **Gut Podere San Brizzi**, das Olivenöl produziert. Am Gut rechts vorbeilaufen und nach nur ca. 80 m rechts in einen von Olivenbäumen gesäumten **Feldweg** 9 hinunter abzweigen.

Diesem Weg durch lichten Wald und über eine Wiese immer weiter folgen. Nach längerem Wandern kommen wir am Anwesen der *Casale San Giustino* vorbei, das allerdings durch die Bäume hindurch nicht zu sehen ist. Dieses links liegen lassen und geradeaus weiter auf dem Waldweg, der jetzt steiniger wird und leicht bergab führt. Durch lichten Wald stoßen wir auf einen größeren Weg, in den wir rechts hinunter einbiegen.

Auf diesem Hauptweg immer geradeaus weiterlaufen. Etwa 20 Min. verläuft er relativ steil bergab. Das letzte Stück führt dann (in südliche Richtung) durch Weinberge und an einem Bauernhof mit Hühnern und Schafen vorbei, bis wir schließlich auf die **größere Schotterstraße 10** stoßen. Hier rechts einbiegen.

Wir wandern an der alten Mühle **Mulino dell'Abate** (linker Hand) vorbei und folgen dem Fluss Pesa. Die letzten Meter geht es auf der Schotterstraße oberhalb des Flusses zurück bis zum Parkplatz vom Touranfang. Kurz vor der steinernen Brücke am Parkplatz lädt links ein kleiner **Wasserfall 11** zum Fußbad ein, ein Überbleibsel eines Staudamms der Pesa. Wer in Sambuca gestartet ist, folgt vom **Park-platz 2** dem Weg etwa 1,3 km weiter bis nach **Sambuca 1**.

Variante: Man kann die Wanderung ausdehnen, indem man an der größeren Abzweigung **6**, an der es rechts ab zum Weingut Brizzi geht (beschildert), links abbiegt. Dann erreicht man nach ca. 30 Min. (knapp 2 km) auf relativ breiter Forststraße das **Restaurant Cantinetta di Rignana** (📞 055-852601, Di Ruhetag). Auf gleichem Weg geht es wieder zurück zu **6**. Der Abstecher zur Cantinetta lohnt wegen des vielgelobten Restaurants und der herrlichen Aussicht von der Terrasse.

GPS-Wanderung 2

Rund um das Weingut Castello di Meleto (bei Gaiole)

Charakteristik: kurze schöne Spazierrunde hoch zum Weingut Castello di Meleto (13. Jh.), wo Schloss und Weinkeller besichtigt werden können, dann weiter durch Wald, Wein und Oliven und schließlich aussichtsreich auf Asphalt zurück zum Ausgangspunkt. **Länge:** ca. 4 km. **Gehzeit:** ca. 1:15 Std. **Einkehren:** Ristorante Fornace a Meleto (📞 0577-744094, tgl. geöffnet) bei **1** oder die Enoteca des Castello di Meleto (tgl. 10–18 Uhr, Weinproben und kleine Speiseauswahl. **Schlossführung mit Weinprobe** tgl. 10.30 und 16 Uhr (reservieren 📞 0577-749129, www.castellomeleto.it). **Karte:** Carta Turistica e dei Sentieri-Chianti Classico, Edizioni Multigraphi-Firenze. **Ausgangspunkt:** an der Straße von Gaiole nach Castagnoli an der SP73B, am Parkplatz des Ristorante Fornace a Meleto **1** den Wagen abstellen.

Wegbeschreibung: Etwa 50 m hinter dem **Restaurant Fornace a Meleto 1** folgen wir dem Weg hoch zur Burganlage Castello di Meleto. Nach 15 Min. erreichen wir den Parkplatz des **Castello di Meleto.** Hier noch ein paar Meter weiter und noch vor der kleinen Kapelle **2** links abbiegen. Man orientiert sich an der rot/weißen Markierung an der Mauerecke.

Wer möchte, kann das Schloss und die Weinkeller von Meleto besichtigen (auch Weinprobe). Dafür an der Rezeption melden. Vorher Besichtigungstermine überprüfen. Es gibt auch eine **Enoteca** mit Imbiss und Wein.

Der von Zypressen gesäumte asphaltierte Weg - links Olivenhain, rechts Weinberg - führt hoch zu einem großen **Bauernhaus** (linker Hand), das zum Agriturismo/Weingut von Castello di Meleto gehört. Oben am Pool (rechts) umdrehen, um nicht den schönen Blick zurück auf die Burg von Meleto versäumen!

Der Weg führt jetzt in den Wald und lässt einen an Bienenstöcken (rechts) vorbeiwandern. An der ersten **Gabelung 3** geht es auf Schotter links hoch. Nach kurzem Anstieg erreichen wir das verlassene Anwesen **Poggio a' Frati** (rechter Hand). Hier ein Paar Millionen investieren und einziehen!!!

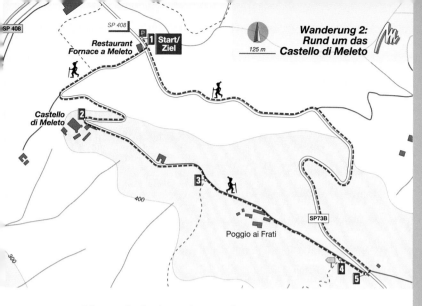

Der Weg führt nun leicht abwärts bis zum Abzweig **4** (Wegweiser „Valtellina"). Wir bleiben hier jedoch auf unserem Weg geradeaus und erreichen kurz darauf die Asphaltstraße SP73B **5**. Hier nun links der wenig befahrenen Straße bergab folgen. Wenig Schatten – viel Panorama! Wir wandern unterhalb des Weinbergs Poggio a' Frati, der bereits zu einem weiteren schönen Weingut *Rocca di Castagnoli* gehört und erreichen nach ca. 2 km wieder unseren Ausgangspunkt **1**.

Eine Berühmtheit unter den Weingütern: Castello di Meleto

Von Panzano nach Lamole

Charakteristik: lange, aber leichte Rundwanderung. Anfangs schattenlos über Schotterpiste, nach dem Weiler Lamole schattige und reizvolle Strecke durch Wald. **Variante:** Wer sich die Schotterpiste zu Anfang sparen möchte, fährt mit dem Auto bis zur Gabelung **2** und stellt dort den Wagen ab. Die Wanderung, die bis hier auf eher staubiger Piste verläuft, verkürzt sich dadurch um ca. 4 km auf 10 km. **Länge:** ca. 14 km. **Gehzeit:** 4–4:30 Std. **Einkehren:** im Ristoro di Lamole in Lamole **4**, ☎ 055-8547050, www.ristorodilamole.it, tgl. geöffnet. **Karte:** Carta Turistica e dei Sentieri – Chianti Classico, Edizioni Multigraphic, Firenze. **Ausgangspunkt:** die Piazza Bucciarelli **1** im Zentrum von Panzano, an der Durchgangsstraße SS 222.

Wegbeschreibung: Von der Piazza Bucciarelli **1** in Panzano nimmt man die zunächst asphaltierte Straße (später Schotter) in südöstliche Richtung zum *Weingut Cennatoio* (beschildert). Etwa 900 m hinter Panzano gelangt man zu **La Cipressaia** auf der rechten Seite, die einzige Käserei der Gegend, in der der Pecorino-Schafskäse noch handgemacht wird.

Nach gut 30 Minuten (ca. 2 km) auf der Schotterstraße ab Panzano gelangt man zu einer Gabelung **2** mit Parkmöglichkeit. Hier beginnt der eigentli-

Landhaus zwischen
den Rebstöcken

che Rundweg. Man folgt den Hinweisschildern (Richtung „Cennatoio/Ristoro di Lamole/Le Volpaie") auf zunächst staubiger Piste bergauf. Nach etwa 20 Min. laufen wir an der Zufahrt zum Weingut *Azienda Vinicola Cennatoio* vorbei.

Etwa 30 Min. später erreichen wir eine **weitere Gabelung 3**, wo wir links der Beschilderung „Lamole" folgen. Es geht durch lichten Wald, immer leicht bergab. Bald überqueren wir auf einer Steinbrücke einen kleinen Fluss und folgen dem Weg am Fluss entlang. An einer Weggabelung bleiben wir auf dem rechten Weg.

Bald erreichen wir den Ort **Lamole** an einer Straßengabelung mit gelbem Haus. Hier links hinunter ins „Zentrum" des Örtchens laufen. An der **Piazza 4** mit Kirche und mittelalterlicher Befestigung, kann man im **Ristoro di Lamole** eine Pause einlegen. Aber auch die Bänke sind ideal Ort fürs Picknick.

Für die Fortsetzung der Wanderung orientieren wir uns auf der Piazza vor dem Restaurant am Hinweisschild in Richtung Lamole di Lamole und schlagen diesen asphaltierten Weg ein. An Oliventerrassen entlang erreichen wir kurz darauf das moderne, gelbe Gebäude einer Weinkellerei. 400 m weiter wird **Casale Poggio**, eine kleine Häuser-

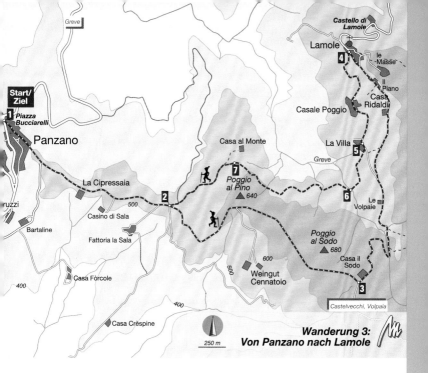

Wanderung 3:
Von Panzano nach Lamole

ansammlung, erreicht. Von hier geht es weiter auf schmaler, asphaltierter Straße durch die Weinberge zum Weiler **La Villa** 5 mit dem Weingut *Fattoria di Lamole*. Am vorletzten Haus des Weilers, genau an dem Punkt, an der der Asphalt in Schotterstraße übergeht, zweigen wir rechts ab.

Nun dem Feldweg folgen. In einer Linkskurve orientiert man sich an einem großen Felsstein (rechte Hand) und folgt dem abschüssigen Weg durch die Weinberge. Noch bevor der Weg wieder ansteigt, wird rechts abgebogen. Dieser sehr steinige Weg lässt einen kurz darauf einen Bach erreichen, einen Seitenarm des Flusses Greve. Die Einzäunung des Weinbergs gewährt hier Durchlass! Dafür die Eisenstange links am Tor aus ihrer Halterung ziehen.

Nach dem Zaundurchlass folgen wir dem steinigen Weg bis zu einer **Brücke** 6. Auf der anderen Bachseite nun auf dem sehr schön begehbaren, schattigen Waldweg in westliche Richtung bergauf wandern. Der Bach liegt unterhalb, der Weg schlängelt sich am Hang entlang durch den Wald, sehr idyllisch, aber auch recht einsam. Bei der letzten Streckenüberprüfung haben wir Wolfspuren entdeckt (Besser auf rote Kappen verzichten!)

An einer Weggabelung (Orientierung bietet ein Strommast rechts) treffen wir auf einen Forstweg. Hier links hoch und dieser schotterigen Piste folgen. Nach Passieren des Anwesens **Casa al Monte** 7 (schlecht sichtbar durch die hohen Bäume) erreichen wir einen weiteren Forstweg, auf den wir links bergab einbiegen.

Bald verlassen wir den Wald und gelangen zur Weggabelung 2, an der sich die Runde schließt. Falls wir hier nicht das Auto abgestellt haben, sind es nun noch etwa 2 km zurück nach **Panzano** 1.

GPS-Wanderung 4

Von Panzano nach La Piazza

Charakteristik: einfache Wanderung auf Schotter- bzw. Feldwegen, zunächst bergab zum Fluss Pesa, nach dessen Überquerung stetig bergauf bis La Piazza. Auf dem ersten Abschnitt kaum Schatten, dafür ist er wenig anstrengend und bietet schöne Ausblicke. Der Rückweg von La Piazza erfolgt auf demselben Weg. **Einkehren:** in La Piazza in der Osteria alla Piazza (☎ 331-9267403, Mo geschlossen). **Karte:** Carta Turistica e dei Sentieri – Chianti Classico, Edizioni Multigraphic, Firenze. **Länge:** 12 km (hin und zurück). **Gehzeit:** 3 Std. **Ausgangspunkt/Rückfahrt:** Los geht es an der Piazza Bucciarelli **1** im Zentrum von Panzano an der Durchgangsstraße SS 222. Achtung, keine Busverbindung von La Piazza zurück nach Panzano, man muss laufen!

Wegbeschreibung: Von der **Piazza Bucciarelli 1** die Straße nach Castello di Panzano in Richtung Nordwesten nehmen. Sie führt bergauf, durch einen Torbogen, geradewegs auf die **Chiesa di Santa Maria** zu (Ende 19. Jh., tagsüber offen). Hier, am höchsten Punkt von Panzano, wenden wir uns nach links und folgen der schmalen, asphaltierten Straße.

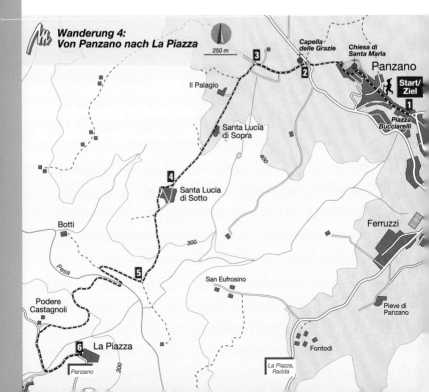

Wanderung 4:
Von Panzano nach La Piazza

Weinberg im November

Nach 400 m (insgesamt 1 km von unserem Start an der Piazza Bucciarelli) biegen wir bei der **Cappella delle Grazie** ❷ links ab auf den Schotterweg (Beschilderung „Santa Lucia di Sopra") nach Westen. Bereits hier öffnet sich ein schöner Blick auf die Hügel des Chianti-Gebiets.

Nach knapp 10 Min. Gehzeit auf der Schotterstraße gelangen wir zu einer **Gabelung** ❸, hier halten wir uns links, Richtung „Casa Nova/Santa Lucia di Sopra/Il Palagio". Wir wandern am Anwesen von *Santa Lucia di Sopra* (rotes Haus auf der linken Seite) vorbei, nun stets bergab. Eine weitere **Gabelung** ❹ am Weingut *Santa Lucia di Sotto* (auch Santa Lucia in Faulle genannt, die Weinkellerei heißt Castello dei Rampolla) wird erreicht.

Die Einzäunung mit Pforte ist für Wanderer passierbar bzw. offen. Nun, noch vor dem Anwesen von Santa Lucia in Faulle, rechts abzweigen in Richtung „Mulinaccio/Botti". Wir erreichen einen Durchlass in der Einzäunung, durch den wir den Weinberg wieder verlassen.

Wir folgen dem kurvigen Schotterweg zwischen Weinbergen weiter bergab, bis wir an einer weiteren **Weggabelung** ❺ rechts in den Weg in Richtung Botti einbiegen.

Etwa 100 m nach diesem Abzweig orientieren wir uns an einer verrosteten Schranke. Wir wandern weiter und ignorieren in einer Haarnadelkurve den Abzweig nach Botti. Schließlich erreichen wir eine Betonbrücke, auf der wir den Pesa-Fluss überqueren. Am anderen Ufer geht es rechts weiter.

Von nun an führt der Schotterweg bergauf und überwiegend zwischen Bäumen hindurch, sodass wir zumindest teilweise Schatten haben.

Nach ca. 25–30 Min. bergauf verlassen wir den Wald und sehen direkt vor uns das **Gut Podere Castagnoli**. Dort angekommen, biegen wir links ab auf die wenig befahrene Asphaltstraße. Nach 500 m erreichen wir den 8-Einwohner-Weiler **La Piazza** ❻. Einkehrmöglichkeit bietet die **Osteria alla Piazza**; alternativ dazu laden hinter dem Restaurant zwei Bänke auf der kleinen Piazza zum Picknick ein.

Der Rückweg verläuft auf derselben Strecke zurück zum Ausgangspunkt Panzano ❶.

Von Volpaia nach Castelvecchi

Charakteristik: Die Rundwanderung beginnt im Weiler Volpaia, nach einer Stunde ist die Pfarrkirche Santa Maria Novella, dann das Weingut Fattoria Castelvecchi erreicht. Die Strecke führt anfangs durch Wald, nach dem Weingut geht es weiter auf den typischen *Strade bianche*, den Schotterstraßen, durch teils recht urige Landschaft. **Einkehren:** in Castelvecchi **6** im gleichnamigen Ristorante des Agriturismo (☏ 0577-738050, www.chianticastelvecchi.it), **Weinverkauf und Kellerführung** tgl. 10–18 Uhr (Info ☏ 0577-735612); außerdem in Volpaia. **Karte:** Carta Turistica e dei Sentieri – Chianti Classico, Edizioni Multigraphic, Firenze. **Länge:** ca. 12 km. **Gehzeit:** 3–3:30 Std. **Ausgangspunkt:** Kirchplatz **1** im Zentrum von Volpaia.

Wegbeschreibung: Vom kleinen **Kirchplatz 1** gehen wir, die Enoteca von Castello di Volpaia hinter uns, die Stufen hinab in südliche Richtung zu einem gemauerten, mit Efeu überwucherten Torbogen. Ab hier folgen wir einer langen Zypressenallee und dem steinigen Weg bergab. Wegweiser weisen den Weg in Richtung Casetto. Das Anwesen von **Casetto 2** wird erreicht. Der Weg bringt uns talwärts weiter bis zur **Casa Pruneto 3**.

Anschließend wandern wir weiter bergab, bis wir auf zwei **Richtungssteine 4** am Wegesrand treffen. Den Hinweisen auf diesen Steinen rechts entlang folgen („Santa Maria Novella"). An der Wegstrecke liegt linker Hand ein Weinberg. Nun wird der Weg schmaler und ist von Ginster und Grasbüschen gesäumt.

Bald wird unten ein Flüsschen erreicht, das wir auf einer **Brücke 5** überqueren. Der Weg steigt wieder an und führt uns zu einer Asphaltstraße. Die **Pieve Santa Maria Novella,** eine romanische Kirche aus dem 12. Jh., liegt vor uns. Unser Weg führt jedoch, dem Asphalt nach rechts folgend, zur Fattoria Castelvecchi hinauf. Den

Volpaia, die Mittelalter-Schönheit

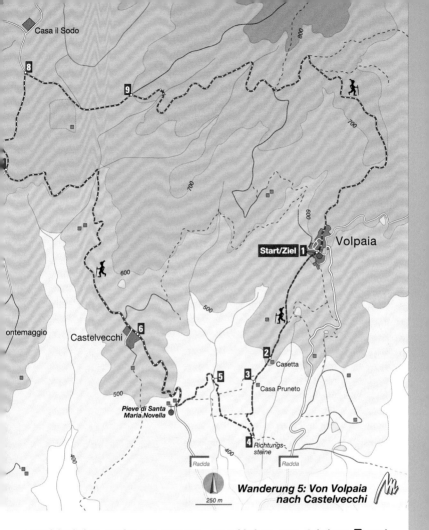

Wanderung 5: Von Volpaia nach Castelvecchi

250 m

mittelalterlichen Weiler mit Weingut und den zu uralten Weinkellern von **Castelvecchi** 6 erreichen wir etwa 1:15 Std. nach dem Start. Hier Weinverkauf, Kellerbesichtigung und Restaurant.

Die Wanderstrecke führt von Castelvecchi geradeaus weiter. Der Asphalt geht bald in Schotter über. Nach ca. 30 Min. und diversen Serpentinen erreichen wir den **Abzweig** 7 nach Montemaggio.

Hier jedoch NICHT links abbiegen, sondern weiter rechts auf dem Haupt-

weg bleiben. Eine **Gabelung** 8 wird erreicht, an der wir rechts in die breite Schotterstraße in Richtung Volpaia abbiegen.

Nach einiger Zeit erreichen wir eine weitere **Gabelung mit Wegweisern** 9. Hier rechts, im Prinzip geradeaus auf dem Weg bleiben. Bald steht ein Picknicktisch links am Weg, der zu einer letzten Rast mit Blick auf Volpaia einlädt. Problemlos bringt uns die Strecke schließlich zurück nach **Volpaia** 1.

GPS-Wanderung 6

Von Gaiole zur Benediktinerabtei Badia a Coltibuono

Charakteristik: eher ein ausgedehnter, wenig anstrengender Spaziergang. Die schön im Wald gelegene einstige Benediktinerabtei ist an Nachmittagen zu besichtigen. Auf dem Hinweg geht es überwiegend bergauf, erst auf Schotter durch Wald, auch etwas auf Asphalt – auf dem Rückweg geht es entsprechend bergab. **Einkehren:** im Ristorante di Coltibuono (☎ 0577-749031) sowie in Bars und Restaurants in Gaiole (→ S. 128). **Karte:** Carta Turistica e dei Sentieri – Chianti Classico, Edizioni Multigraphic, Firenze. **Länge:** ca 9 km. **Gehzeit:** 2:15 Std. (hin/zurück; Hinweg durch Steigung länger als Rückweg). **Ausgangspunkt:** nördlicher Ortsrand (Via Roma) von Gaiole, hier kann man auch parken.

Wegbeschreibung: Startpunkt ist am nördlichen Ortsausgang von Gaiole nach einer kleinen Brücke am Ende der **Via Roma** 🮻. Wir folgen der rot/weißen Markierung auf steil bergauf führender, asphaltierter Straße sowie der Beschilderung zum **Weingut Capanelle** – und erreichen das Weingut nach ca. 15 Min. stetigem (schattenlosem!) Aufstieg.

Am Weingut vorbei gehen wir auf dem Schotterweg weiter in nordöstliche Richtung und passieren einige sehr schön gelegene Landgüter. Etwa 30 Min. ab Gaiole stoßen wir auf eine breitere **Schotterstraße** 🮺, in die wir links bergauf einbiegen – in Richtung der weithin sichtbaren Burgruine Cancelli.

Nach ca. 10 Min. erreichen wir die Abzweigung nach links zum *Weingut Tiorcia*, wir gehen aber geradeaus weiter, bis wir kurz darauf auf die stark befahrene Straße (SN408) nach Montevarchi stoßen. Hier rechts gehen und bereits nach 150 m diese Straße wieder

Anwesen bei Gaiole in Chianti

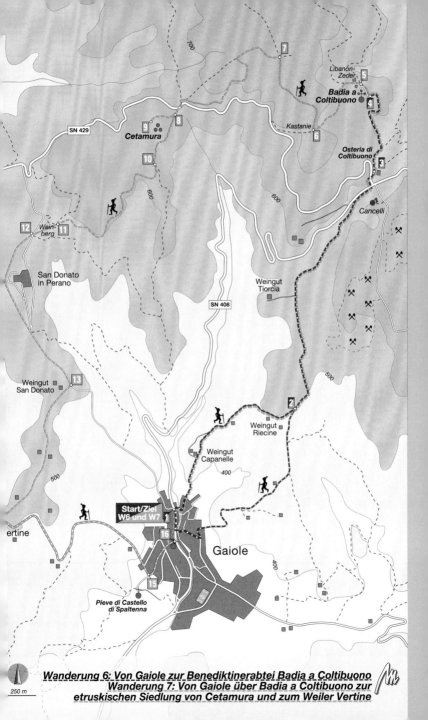

Wanderung 6: Von Gaiole zur Benediktinerabtei Badia a Coltibuono
Wanderung 7: Von Gaiole über Badia a Coltibuono zur etruskischen Siedlung von Cetamura und zum Weiler Vertine

verlassen und nach links zur Badia a Coltibuono abbiegen; kurz darauf geht es rechts ab (beschildert).

Vorbei an der **Osteria di Coltibuono 3**, dem Weinverkauf der ehemaligen Abtei, führt uns der Asphalt noch 10–15 Min. durch herrlichen Edelkastanienwald hinauf zur **Badia a Coltibuono 4**. Das gleichnamige *Ristorante Badia a Coltibuono* befindet sich neben der Anlage.

Der Rückweg erfolgt auf derselben Strecke: Es geht zunächst zurück zur **Osteria di Coltibuono 3** und zur Hauptstraße SN408 in Richtung Siena/-

Gaiole. Hier nach ca. 150 m wieder in die links abzweigende Schotterstraße einbiegen (Hinweis „Riecine"). An der nach einiger Zeit erreichten Weggabelung **2** gehen wir jetzt nun nach LINKS weiter! Wir wandern somit unterhalb des *Weinguts Riecine*. Der Weg führt uns zurück bis Gaiole an ein Stop-Schild. Hier nun rechts Richtung Zentrum in die *Via Baccio Bandinelli* einbiegen und stets bergab laufen. Am nächsten Stop-Schild geht es noch einmal rechts. Hier gleich an der **Bar Jolly Caffe 5** vorbei und der Via Roma bis zum **Start 1** folgen.

GPS-Wanderung 7

Von Gaiole über Badia a Coltibuono zur etruskischen Siedlung von Cetamura und zum Weiler Vertine
→ Karte S. 235

Charakteristik: Die landschaftlich sehr abwechslungsreiche Rundtour führt im ersten Teil zur schön gelegenen Benediktinerabtei Badia a Coltibuono (der Anfang der Tour ist bis hierher identisch mit Wanderung 6). Danach geht es auf Waldwegen zur etruskischen Ausgrabungsstätte. Über Weinberge führt die Tour vorbei an Vertine, einem malerischen Weiler, und passiert schließlich das Castello di Spaltenna, ein weiteres Juwel an der Strada dei Castelli, der Burgenstraße. Viel Wald spendet Schatten, die Schotter- und Asphaltstrecken mit schönen Panoramablicken sind nur wenig befahren. **Einkehren:** im Restaurant von Coltibuono, in der Bar von Vertine sowie in Gaiole, unserem Start- und Zielort. **Karte:** Carta Turistica e dei Sentieri – Chianti Classico, Edizioni Multigraphic, Firenze. **Länge:** ca. 18 km. **Gehzeit:** 4:30–5 Std. **Ausgangspunkt:** nördlicher Ortsrand (Via Roma) von Gaiole, hier kann man auch parken.

Wegbeschreibung: Auch bei dieser Tour liegt der Startpunkt am nördlichen Ortsausgang von Gaiole nach einer kleinen Brücke am Ende der **Via Roma 1**. Bis zur Badia a Coltibuono **4** ist die Strecke identisch mit Tour 6, Sie finden die Wegbeschreibung auf S. 234.

Von der **Badia a Coltibuono 4** schlägt unsere Wanderung einen anderen Weg ein. Wir orientieren uns an der großen **Libanon-Zeder 5** vor dem Eingang zum Restaurant von Coltibuono und folgen dem Weg zwischen Zeder und Restau-

rant aufwärts (rot/weiß markiert). Sogleich erreichen wir einen Bildstock. Tische und Bänke sind linker Hand auf einer Wiese der ideale Ort für eine erste Rast –herrlicher Blick und frische Brise aus dem Arnotal. Hier nun den steinigen Weg links hinauf einschlagen. Auf diesem Weg erreichen wir nach ca. 15 Min. einen jahrhundertealten **Esskastanienbaum 6**.

An dieser Kastanie orientieren wir uns auch an einem Kreuz und folgen dem Forstweg nun rechts (Beschilde-

Die Burg von Vertine

rung „Croce dell' Abate"). Außerdem begleitet uns die rot/weiße Markierung an Bäumen.

Auf einem **Stein 7** linker Hand, ist ebenfalls eine rot/weiße Markierung zu erkennen. Hier dem Hinweis folgen und nach links einbiegen. Es geht durch Ginstergebüsch und Gestrüpp. Der Weg wird zunehmend schmaler. Wir folgen dieser abschüssigen und sehr steinigen Strecke. Vorsicht! Nach Regen kann es sehr rutschig sein.

Eine Asphaltstraße (SR 429) wird erreicht. Auf der anderen Straßenseite kommen wir zu einem freien Platz, einer Art Lichtung. Hier biegen wir unmittelbar an der **Weggabelung 8** (Abzweig „Cetamura") rechts hoch ab. Diesem Pfad folgen wir etwa 200 m hinauf und erreichen die Ausgrabungsstätte der etruskischen Siedlung von **Cetamura 9**. Merken Sie sich den Anfang der Ausgrabungsstätte gut, denn genau von hier aus führt der Weg wieder nach unten zurück. Außer ein paar Mauerresten (ehemalige Behausungen sowie ein Brunnen) ist von der Anlage nicht mehr sehr viel zu sehen.

Wieder zurück an der **Weggabelung 8**, setzen wir die Wanderung nun nach rechts fort. Wir folgen dem Weg bis zu einer neuerlichen **Gabelung 10**. Hier orientieren wir uns an der rot/weißen Markierung an einem Baum und schlagen den rechten Weg ein.

Eine **Lichtung 11** wird erreicht, an der es für uns geradeaus hinuntergeht. Wir verlassen schließlich den Wald und sehen vor uns den Weiler von San Donato in Perano. Auf einer Leiter steigen wir über die Einzäunung des Weinbergs. Hier im Weinberg bietet sich gleich links ein sonniger Platz für ein zweites Picknick mit Panoramablick an.

Der Wanderweg führt weiter zwischen den Weinreben hinab in Richtung San Donato in Perano. Durch ein Tor (wieder schließen) verlassen wir den Weinberg.

An der breiten **Schotterstraße 12** geht es nun links weiter. Ab hier wenig Schatten, dafür viel Panorama! Auf schotterigem Weg geht es nun gut 1 km weiter bis zu einer Kreuzung **13** beim **Weingut/Restaurant San Donato in Perano** echter Hand. An dieser Kreuzung biegen wir rechts ab in Richtung Vertine. (Geradeaus führt der Weg direkt bergab nach Gaiole.) Wir erreichen den schönen Weiler **Vertine 14** (wer ihn besichtigen möchte, tritt durch den Torbogen).

Noch vor Vertine führt unsere Wanderung nach links auf wenig befahrener Asphaltstraße stetig bergab. Auf der Strecke erblickt man nach einiger Zeit rechts das *Castello di Spaltenna* mit dem Turm der Pfarrkirche. Wir treffen auf eine **T-Kreuzung** **15**, an der wir links hinab wandern.

Unten an der **Hauptstraße SN 408** **16** in Gaiole angelangt, schlägt man sich nach links, um nach ca. 200 m den **Ausgangspunkt** **1** am Ortsausgang bei der Brücke zu erreichen.

GPS-Wanderung 8

Von San Sano zu bekannten Weingütern des Chianti

Charakteristik: Rundwanderung von San Sano durch den Talgrund des Arbia-Flusses, vorbei an der restaurierten Mühle Molino San Polo **8**, zu den Weingütern von Dievole und Castello di Ama, jeweils mit Möglichkeit zum Einkehren in einem Ristoro sowie zur Weinprobe. Verpflegung kann bei **1** gekauft werden. **Achtung:** Die notwendige Flussüberquerung zwischen **3** und **4** kann sich jahreszeitlich bedingt etwas abenteuerlich gestalten – gegebenenfalls geht es über Felsen und Baumstämme. **Karte:** Carta Turistica e dei Sentieri – Chianti Classico, Edizioni Multigraphic, Firenze. **Länge:** ca. 17 km. **Gehzeit:** 5–5:30 Std. **Ausgangspunkt:** der nördwestliche Ortsrand von San Sano.

Wegbeschreibung: Wir verlassen San Sano auf der Straße, die an der **Trattoria Grotta della Rana** **1** vorbeiführt (hier auch ein Alimentari, um noch Verpflegung einzukaufen). Das erste Teilstück verläuft ziemlich geradlinig auf einer schmalen, von Steineichen überschatteten Teerstraße bis zum Landgut **Casalino** **2**. Dahinter verlassen wir das landwirtschaftlich genutzte Gebiet und folgen einem sanft ins Tal führenden Feldweg. Unten gelangen wir an eine Gabelung, an der wir uns rechts halten, um sogleich den **Bach** **3**, einen Zulauf zum Arbia-Fluss, zu überqueren, der hier den Weg kreuzt. In den Sommermonaten wird man hier nur ein ausgetrocknetes Flussbett vorfinden.

Nun ca. 50 m nach links gehen, bis wir eine **Talwiese** erreichen und rechts an ihr entlanglaufen. Am Ende der Wiese muss man sich dann rechts durch die Büsche schlagen und dem Arbia-Fluss unten ca. 50 m nach links flussaufwärts folgen. Am anderen Ufer erblickt man bald die Mühle Molino del Lupo. Eine Furt führt uns hinüber.

An der Mühle **Molino del Lupo** **4** angelangt, orientieren wir uns fürs Weiterwandern an einem Punkt zwischen der Mühle (rechter Hand) und einem Strommast (linker Hand). Genau zwischen Strommast und Mühle folgen wir dem Waldweg hinauf, vorbei an der **Casa Bottaccio** **5**. Am Weiler **Borgo Carpineto** **6** läuft man vorbei.

Bald taucht am Wegesrand ein **Felsblock** **7** auf mit einem Richtungspfeil „Dievole". Von hier sind es nur wenige hundert Meter bis zum **Weingut Dievole.** Seine Enoteca/Weinbar etwas oberhalb ist durchgehend geöffnet.

Für den Rückweg von diesem Abstecher verlassen wir das Weingut auf der Hauptzufahrt, biegen am Ende der Allee rechts ab und erreichen wieder den **Felsblock** **7**. Wie auf dem Hinweg geht es in Richtung **Borgo Carpineto** **6** und an der **Casa Bottaccio** **5** vorbei, an der

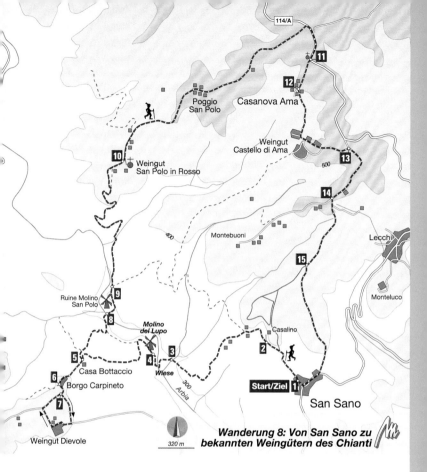

Wanderung 8: Von San Sano zu
bekannten Weingütern des Chianti

320 m

wir auf eine Weggabelung treffen. An
dieser Gabelung biegen wir links in einen schotterigen Feldweg ein. Nach ca.
100 m erreichen wir eine weitere Gabelung, an der wir uns nun auf gerölligem
Weg rechts halten. Und auch am nächsten Abzweig halten wir uns rechts.

Auf dem schlecht zu gehenden, aus-
gewaschenen Geröllweg erreichen wir
unten im Tal eine **Brücke 8** bei der
Molino San Polo. Die Mühlenruine ist
jedoch fast vollständig von Gestrüpp
überwachsen und schlecht zu sehen.
Wir überqueren den Arbia-Fluss und
folgen der in sanften Serpentinen an-
steigenden Schotterstraße. An einem

Bildstock **9** wandern wir an der Weggabelung links hoch. Wir nähern uns dem
nächsten Weingut. Noch vor dem Anwesen des **Weinguts San Polo in Rosso**
geht es an einer Weggabelung **10** links
entlang und um das Weingut herum.

Die Wanderung geht weiter, bis wir
ein einzementiertes Kreuz erreichen,
von dem der Weg rechts weiterführt.
Die ab hier asphaltierte Straße durch-
quert das Dörfchen **Poggio San Polo**
und stößt schließlich auf die größere
Asphaltstraße SP 114/A. Hier rechts einbiegen und ein kurzes Stück auf Asphalt
bis zu einer **Abzweigung mit kleiner
Kapelle 11**.

Hier geht es wiederum rechts ab („Casanova Ama" und „Castello di Ama"). Vor dem Gebäude der **Azienda agricola Casanova Ama** 🄓 schlagen wir nun den Teerweg linker Hand ein. Es folgt eine abschüssige Schotterstrecke. Eines der Topweingüter des Chianti, das **Weingut Castello di Ama,** wird erreicht – mit Einkehrmöglichkeit im **Ristoro di Ama.** Weiter laufen wir – vorbei am großen Felsblock, auf dem auf das Weingut hingewiesen wird – auf Asphalt geradeaus vom Weingut weg.

An einem **Abzweig** 🄔 wenden wir uns rechts auf die SC 39 – nun wieder auf Schotter und am Anwesen von Castellata vorbei. An der nächsten Weggabelung steht eine **Zypresse** 🄕 mit blauer Markierung, hier links ab. Weiter bis zum nächsten **Abzweig** 🄖, an dem wir erneut den Weg nach links wählen. Zum Abschluss folgt ein sanftes Wegstück hinunter nach San Sano. Wir erreichen **San Sano** an einer Straße, an der wir nach rechts in den Ort und zurück zum Ausgangspunkt 🄐 gelangen.

GPS-Wanderung 9

Auf dem Pilgerweg Via Francigena südlich von San Gimignano

Charakteristik: ein schöner, angenehm zu wandernder Rundweg südlich von San Gimignano, der für ein Stück der „Frankenstraße" (ital. Via Francigena) folgt. Dieser Pilgerweg des Mittelalters führte von Canterbury nach Rom und von dort weiter nach Jerusalem. Die 1600 km lange Strecke bis zum Papst bewältigte der Erzbischof von Canterbury laut seinen Reiseberichten im Jahr 990 in 80 Etappen. Die teils schattige, teils sonnige Strecke führt auf Feldwegen, Schotterstraßen und Asphalt durch Wald, über Weinberge und durch einen Olivenhain. **Karte:** Carta Escursionistica San Gimignano, Volterra. Litografia artistica Cartografia, Firenze. **Länge:** 7,5 km. **Gehzeit:** ca. 2:30 Std. (ab Parkplatz). **Ausgangspunkt:** Die Wanderung beginnt und endet ca. 2 km südlich von San Gimignano – auf dem Parkplatz 🄐 links der Straße vor Santa Lucia

Start-Alternative: Wer kein Auto hat, startet in San Gimignano, allerdings auf einer eher öden 2 km langen Asphaltstrecke. Dazu von der Via Baccanella (großer Parkplatz, Coop-Supermarkt) am südlichen Ortsausgang zum unterhalb liegenden Kreisverkehr. Von hier in Richtung Volterra, dann aber gleich darauf links ab („Santa Lucia" und „Monte Oliveto").

Wegbeschreibung: Vom Parkplatz 🄐 links der Straße vor Santa Lucia folgen wir der Asphaltstraße gut 200 m in Richtung Santa Lucia und biegen an einem Bildstock 🄑 rechts in die markierte Route der Via Francigena ein. Der Weg führt zur **Molino Imbotroni** 🄒.

Genau an der Mühle biegen wir in einer Kurve links in einen schmalen Pfad (Wegweiser der Via Francigena). Gleich darauf wird in Bach auf großen Steinen überquert. Am anderen Ufer folgen wir dem Weg hinauf. Bald verlassen wir den Wald und erreichen einen Weinberg. Hier nun dem Wegweiser nach rechts folgen und den Weinberg umwandern, bis wir die Schotterstraße am Eingang zur **Tenuta Vallebuia** 🄓 erreichen. Hier an der Schotterstraße rechts hoch weiterwandern.

Wir erreichen eine **Weggabelung** 🄔 mit einem Steinhäuschen linker Hand. Hier würde es auf der Frankenstraße links weitergehen. Unsere Wander-

San Gimignano

Santa Lucia

11

Monte Oliveto

10

8

7

9

1
Start/ Ziel

2

a Buca

Ponte di Polveraia

3
Molino Imbotroni

Tenuta Vallebuia

4

6

Montauto

5

200 m

Wanderung 9: Auf dem Pilgerweg
Via Francigena südlich von San Gimignano

Die Etappe durch den Olivenhain

strecke verlässt jedoch an diesem Punkt (etwa 2,5 km/40 Min. ab dem Parkplatz) den Pilgerweg und folgt der Schotterstraße rechts hinauf. (Parallel zur Piste lässt es sich am Rand des Weinbergs auf Ton-Tuffsteinboden angenehmer wandern!) Wir erreichen den Weiler **Montauto** 6 – nach etwa 1 Std. Gehzeit der geeignete Ort für eine Rast. Wir durchwandern den Ort und folgen noch vor der Kirche der wenig befahrenen Asphaltstraße links hinunter. (Die Hunde am Wegesrand bellten alle hinter Zäunen!) Bald wird eine Brücke über einen Bach (Ponte di Polveraia) überquert.

Es geht im Wesentlichen Richtung Nordwesten weiter, bis eine **Wegkreuzung** 7 erreicht wird. Wir orientieren uns an einer Eiche und einer Zypresse rechts des Weges. (Links gegenüber steht ein Wegweiser „Agriturismo La Buca".) Noch vor der Eiche biegen wir jedoch im 90°-Winkel rechts in den Feldweg. Wir folgen dem Feldweg etwa 100 m bis zu großen **Schilfpflanzen** 8 am Weg.

Genau hier biegen wir nun links ein und erreichen unmittelbar darauf einen Weinberg. Rechts davon geht es weiter. Es folgt ein steiler Anstieg. Den ersten Abzweig, der in den Weinberg links hinaufführen würde, ignorieren wir und biegen erst am **zweiten breiten Feldweg** 9, etwa 200 m nach den Schilfpflanzen, links in diesen Feldweg hinauf.

Wir kommen zu einem **Olivenhain** 10 und wandern durch den Hain hindurch. Oberhalb blitzt schon der Kirchturm von Monte Oliveto hervor. Nach ca. 50 m beschreibt der Weg eine Linkskurve. Der Weinberg taucht nun erneut links von uns auf. Bald darauf erreichen wir die **Asphaltstraße** 11, die links nach San Gimignano führt. Rechts, entlang der **Abtei von Monte Oliveto**, geht es zurück zum Parkplatz 1.

Etwas Italienisch

Mit ein paar Worten Italienisch kommt man erstaunlich weit – es ist nicht mal schwer, und die Italiener freuen sich auch über gut gemeinte Versuche. Oft genügen schon ein paar Floskeln, um an wichtige Informationen zu kommen. Der Übersichtlichkeit halber verzichten wir auf wohlgeformte Sätze und stellen die wichtigsten Ausdrücke nach dem Baukastensystem zusammen. Ein bisschen Mühe und guter Wille lohnen sich wirklich – besonders in abgelegeneren Gegenden, in denen die Italiener nicht auf den „Würstel con Kraut"-Tourismus eingestellt sind.

Aussprache

Hier nur die Abweichungen von der deutschen Aussprache:

c vor e und i immer *„tsch"* wie in *rutschen*, z. B. *centro* (Zentrum) = *„tschentro"*. Sonst wie *„k"*, z. B. *cannelloni* = *„kannelloni"*.

cc gleiche Ausspracheregeln wie beim einfachen **c**, nur betonter *faccio* (ich mache) = *„fatscho"*; *boccone* (Imbiss) = *„bokkone"*.

ch wie *„k"*, *chiuso* (geschl.) = *„kiuso"*.

cch immer wie ein hartes *„k"*, *spicchio* (Scheibe) = *„spikkio"*.

g vor e und i *„dsch"* wie in *Django*, vor a, o , u als *„g"* wie in *gehen;* wenn es trotz eines nachfolgenden dunklen Vokals als *„dsch"* gesprochen werden soll, wird ein i eingefügt, das nicht mitgesprochen wird, z. B. in *Giacomo* = *„Dschakomo"*.

gh immer als *„g"* gesprochen.

gi wie in *giorno* (Tag) = *„dschorno"*, immer weich gesprochen.

gl wird zu einem Laut, der wie *„lj"* klingt, z. B. in *moglie* (Ehefrau) = *„mollje"*.

gn ein Laut, der hinten in der Kehle produziert wird, z. B. in *bagno* (Bad) = *„bannjo"*.

h wird am Wortanfang nicht mitgesprochen, z. B. *hanno* (sie haben) = *„anno"*. Sonst nur als Hilfszeichen verwendet, um c und g vor den Konsonanten i und e hart auszusprechen.

qu im Gegensatz zum Deutschen ist das u mitzusprechen, z. B. *acqua* (Wasser) = *„akua"* oder *quando* (wann) = *„kuando"*.

r wird kräftig gerollt!

rr wird noch kräftiger gerollt!

sp, gut norddeutsch zu sprechen, z. B.
st *specchio* (Spiegel) = *„s-pekkio"* (nicht *schpekkio)*, *stella* (Stern) = *„s-tella"* (nicht *„schtella")*.

v wie *„w"*.

z wie *„z"* in Zug, z.B. *polizia* (Polizei) oder aber weich wie *„ds"*, z. B. *zero* (Null).

Die Betonung liegt meistens auf der vorletzten Silbe eines Wortes. Im Schriftbild wird sie bei der großen Mehrzahl der Wörter nicht markiert. Es gibt allerdings Fälle, bei denen die italienischen Rechtschreibregeln Akzente als Betonungszeichen vorsehen, z. B. bei mehrsilbigen Wörtern mit Endbetonung wie perché (= weil, warum).

Der Plural lässt sich bei vielen Wörtern sehr einfach bilden; die meisten auf „a" endenden Wörter sind weiblich, die auf „o" oder „e" endenden männlich; bei den weiblichen wird der Plural mit „e" gebildet, bei den männlichen mit „i", also: una ragazza (ein Mädchen), due ragazze (zwei M.); un ragazzo (ein Junge), due ragazzi (zwei J.). Daneben gibt es natürlich diverse Ausnahmen, die wir bei Bedarf im Folgenden zusätzlich erwähnen.

Elementares

Frau ...	*Signora*
Herr ...	*Signor(e)*
Guten Tag, Morgen	*Buon giorno*
Guten Abend (ab nachmittags!)	*Buona sera*
Guten Abend/gute Nacht (ab Einbruch der Dunkelheit)	*Buona notte*
Auf Wiedersehen	*Arrivederci*
Hallo/Tschüss	*Ciao*
Wie geht es Ihnen?	*Come sta?/Come va?*
Wie geht es dir?	*Come stai?*
Danke, gut.	*Molto bene, grazie/ Benissimo, grazie*
Danke!	*Grazie/Mille grazie/ Grazie tanto*
Entschuldigen Sie	*(Mi) scusi*
Entschuldige	*Scusami/Scusa*
Entschuldigung, können Sie mir sagen ...?	*Scusi, sa dirmi ...?*
Entschuldigung, könnten Sie mich mir erlauben ...	*Permesso ... durchlassen/*
ja	*sì*
nein	*no*
Ich bedaure, tut mir leid	*Mi dispiace*
Macht nichts	*Non fa niente*
Bitte! (im Sinne von „gern geschehen")	*Prego!*
Bitte (als Einleitung zu einer Frage oder Bestellung)	*Per favore ...*
Sprechen Sie Englisch?	*Parla inglese*
... Deutsch?	*... tedescso?*
... Französisch?	*... francese?*
Ich spreche kein Italienisch	*Non parlo l'italiano*
Ich verstehe nichts	*Non capisco niente*
Könnten Sie etwas langsamer sprechen?	*Puo parlare un po` più lentamente?*
Ich suche nach ...	*Cerco ...*
Okay, geht in Ordnung	*va bene*
Ich möchte/Ich hätte gern	*Vorrei*

Warte/Warten Sie!	*Aspetta/Aspetti!*
groß/klein	*grande/piccolo*
Es ist heiß	*Fa caldo*
Es ist kalt	*Fa freddo*
Geld	*i soldi*
Ich brauche ...	*Ho bisogno ...*
Ich muss ...	*Devo ...*
in Ordnung	*d'accordo*
Ist es möglich, dass ...	*È possibile ...*
mit/ohne	*con/senza*
offen/geschlossen	*aperto/chiuso*
Toilette	*gabinetto*
verboten	*vietato*
Was bedeutet das?	*Che cosa significa? (sprich sinjifika)*
Wie heißt das?	*Come si dice?/ cosa significa?*
zahlen	*pagare*

> ### Equivoco!
> Eine Art Allheilmittel: „Es liegt ein Missverständnis vor". Wenn etwas schief gelaufen ist, ist dies das Friedensangebot. Ein Versprechen wurde nicht eingehalten? – Nein, nur „è un equivoco"!

Fragen

Gibt es/Haben Sie ...? (auszusprechen als tsche)	*C'è ...?*
Was kostet das?	*Quanto costa?*
Gibt es (mehrere)	*Ci sono?*
Wann?	*Quando?*
Wo? Wo ist?	*Dove?/Dov'è?*
Wie?/Wie bitte?	*Come?*
Wieviel?	*Quanto?*
Warum?	*Perché?*

Smalltalk/Orientierung

Ich heiße ...	*Mi chiamo ...*
Wie heißt du?	*Come ti chiami?*
Wie alt bist du?	*Quanti anni hai?*
Das ist aber schön hier	*Meraviglioso!/Che bello!/ Bellissimo!*

Von woher kommst du?	*Di dove sei tu?*
Ich bin aus München/Hamburg	*Sono di Monaco, Baviera/di Amburgo*
Bis später	*A più tardi!*
Wo ist bitte ...?	*Per favore, dov'è ..?*
... die Bushaltestelle	*... la fermata*
... der Bahnhof	*... la stazione*
Stadtplan	*la pianta della città*
rechts	*a destra*
links	*a sinistra*
immer geradeaus	*sempre diritto*
Können Sie mir den Weg nach ... zeigen?	*Sa indicarmi la direzione per ..?*
Ist es weit?	*È lontano?*
Nein, es ist nah	*No, è vicino*

> **Ecco!**
> Hat unendlich viele Bedeutungen. Es ist eine Bestärkung am Ende des Satzes: Also! Na bitte! Voilà ... Zweifel sind dann ausgeschlossen.

Bus/Zug/Fähre

Fahrkarte	*un biglietto*
Stadtbus	*il bus*
Überlandbus	*il pullman*
Zug	*il treno*
hin und zurück	*andata e ritorno*
Ein Ticket von X nach Y	*un biglietto da X a Y*
Wann fährt der nächste?	*Quando parte il prossimo?*
... der letzte?	*... l'ultimo?*
Abfahrt	*partenza*
Ankunft	*arrivo*
Gleis	*binario*
Verspätung	*ritardo*
aussteigen	*scendere*
Ausgang	*uscita*
Eingang	*entrata*
Wochentag	*giorno feriale*
Feiertag	*giorno festivo*
Fähre	*traghetto*

Tragflügelboot	*aliscafo*
Deck-Platz	*posto ponte*
Kabine	*cabina*

Auto/Motorrad

Auto	*macchina*
Motorrad	*la moto*
Tankstelle	*distributore*
Volltanken	*il pieno, per favore*
Bleifrei	*benzina senza piombo*
Diesel	*gasolio*
Panne	*guasto*
Unfall	*un incidente*
Bremsen	*i freni*
Reifen	*le gomme*
Kupplung	*la frizione*
Lichtmaschine	*la dinamo*
Zündung	*l'accensione*
Vergaser	*il carburatore*
Mechaniker	*il meccanico*
Werkstatt	*l'officina*
funktioniert nicht	*non funziona*

Bank/Post/Telefon

Geldwechsel	*il cambio*
Wo ist eine Bank?	*Dove c' è una banca*
Ich möchte wechseln	*Vorrei cambiare*
Ich möchte Reiseschecks einlösen	*Vorrei cambiare dei traveller cheques*
Wie ist der Wechselkurs	*Qual è il cambio?*
Geld	*i soldi*
Postamt	*posta/ufficio postale*
ein Telegramm aufgeben	*spedire un telegramma*
Postkarte	*cartolina*
Brief	*lettera*
Briefpapier	*carta da lettere*
Briefkasten	*la buca (delle lettere)*
Briefmarke(n)	*il francobollo/i francobolli*
Wo ist das Telefon?	*Dov' è il telefono?*
Ferngespräch	*comunicazione interurbana*

Camping/Hotel

Haben Sie ein Einzel-/Doppelzimmer?	*C'è una camera singola/doppia?*
Können Sie mir ein Zimmer zeigen?	*Può mostrarmi una camera?*
Ich nehme es/ wir nehmen es	*La prendo/ la prendiamo*
Zelt	*tenda*
kleines Zelt	*canadese*
Schatten	*ombra*
Schlafsack	*sacco a pelo*
warme Duschen	*docce calde*
Gibt es	*C'è l'acqua*
warmes Wasser?	*calda?*
mit Dusche/Bad	*con doccia/bagno*
ein ruhiges Zimmer una	*camera tranquilla*
Wir haben reserviert	*Abbiamo prenotato*
Schlüssel	*la chiave*
Vollpension	*pensione (completa)*
Halbpension	*mezza pensione*
Frühstück	*prima colazione*
Hochsaison	*alta stagione*
Nebensaison	*bassa stagione*
Haben Sie nichts Billigeres?	*Non ha niente che costa di meno?*

Zahlen

der Erste	*il primo*	6	*sei*	21	*ventuno*
Zweite	*il secondo*	7	*sette*	22	*ventidue*
Dritte	*il terzo*	8	*otto*	30	*trenta*
einmal	*una volta*	9	*nove*	40	*quaranta*
zweimal	*due volte*	10	*dieci*	50	*cinquanta*
halb	*mezzo*	11	*undici*	60	*sessanta*
ein Viertel	*un quarto di*	12	*dodici*	70	*settanta*
ein Paar	*un paio di*	13	*tredici*	80	*ottanta*
einige	*alcuni*	14	*quattordici*	90	*novanta*
0	*zero*	15	*quindici*	100	*cento*
1	*uno*	16	*sedici*	101	*centuno*
2	*due*	17	*diciassette*	102	*centodue*
3	*tre*	18	*diciotto*	200	*duecento*
4	*quattro*	19	*diciannove*	1.000	*mille*
5	*cinque*	20	*venti*	2.000	*duemila*

Maße & Gewichte

Liter	*un litro*
halber Liter	*mezzo litro*
Viertelliter	*un quarto di un litro*
Gramm	*un grammo*
100 Gramm	*un etto*
200 Gramm	*due etti*
Kilo (gesprochen wie im Deutschen)	*un chilo, due chili*

Uhrzeit

Wie spät ist es?	*Che ora è?*
mittags (für 12 Uhr gebräuchlich)	*mezzogiorno*
Mitternacht	*mezzanotte*
Viertel nach	*... e un quarto*
Viertel vor	*... meno un quarto*
halbe Stunde	*mezz'ora*

Tage/Monate/Jahreszeit

ein Tag	*un giorno*
die Woche	*la settimana*
ein Monat	*un mese*
ein Jahr	*un'anno*
ein halbes Jahr	*mezz'anno*
Frühling	*primavera*
Sommer	*l'estate*
Herbst	*autunno*
Winter	*inverno*

Wochentage

Montag	*lunedì*
Dienstag	*martedì*
Mittwoch	*mercoledì*
Donnerstag	*giovedì*
Freitag	*venerdì*
Samstag	*sabato*
Sonntag	*domenica*

Monate

Januar	*gennaio*
Februar	*febbraio*
März	*marzo*
April	*aprile*
Mai	*maggio*
Juni	*giugno (sprich dschunjo)*
Juli	*luglio (sprich luljo)*
August	*agosto*
(Feiertag des 15.8.	*ferragosto)*
September	*settembre*
Oktober	*ottobre*
November	*novembre*
Dezember	*dicembre*

Gestern, heute, morgen

heute	*oggi*
morgen	*domani*
übermorgen	*dopodomani*
gestern	*ieri*
vorgestern	*l'altro ieri*
sofort	*subito*
(dehnbarer Begriff)	

später	*più tardi*
jetzt	*adesso*
der Morgen	*la mattina*
Mittagszeit	*l'ora di pranzo*
Nachmittag	*il pomeriggio*
der Abend	*la sera*
die Nacht	*la notte*

Einkaufen

Haben Sie	*Ha ...?*
Ich hätte gern ...	*Vorrei ...*
etwas davon	*un poco di questo*
dieses hier	*questo qua*
dieses da, dort	*quello là*
Was kostet das?	*Quanto costa questo?*

Geschäfte

Apotheke	*farmacia*
Bäckerei	*panetteria*
Buchhandlung	*libreria*
Zeitungskiosk	*edicola*
Fischhandlung	*pescheria*
Laden, Geschäft	*negozio*
Metzgerei	*macelleria*
Reinigung (chemische)	*lavanderia/ lavasecco*
Reisebüro	*agenzia viaggi*
Touristen- information	*informazioni turistiche*
Schreibwarenladen	*Cartoleria*
Supermarkt	*alimentari, supermercato*

Drogerie/Apotheke

Seife	*il sapone*
Tampons	*i tamponi, i o.b.*
Binden	*assorbenti*
Waschmittel	*detersivo*
Shampoo	*lo shampoo*
Toilettenpapier	*carta igienica*
Zahnpasta	*pasta dentifricia*
Schmerztabletten	*qualcosa contro il dolore*
Kopfschmerzen	*mal di testa*

Abführmittel	*lassativo*
Sonnenmilch	*crema solare*
Pflaster	*cerotto*

Arzt/Krankenhaus

Ich brauche einen Arzt	*Ho bisogno di un medico*
Hilfe!	*Aiuto!*
Erste Hilfe	*pronto soccorso*
Krankenhaus	*ospedale*
Schmerzen	*dolori*
Ich bin krank	*Sono malato*
Biss/Stich	*puntura*
Fieber	*febbre*
Durchfall	*diarrea*
Erkältung	*raffreddore*
Halsschmerzen	*mal di gola*
Magenschmerzen	*mal di stomaco*
Zahnweh	*mal di denti*
Zahnarzt	*dentista*
verstaucht	*slogato*

Im Restaurant

Haben Sie einen Tisch für x Personen?	*C'è uno tavolo per x persone?*
Die Speisekarte, bitte	*Il menu/la lista, per favore*
Was kostet das Tagesmenü?	*Quanto costa il piatto del giorno?*
Ich möchte gern zahlen	*Il conto, per favore*
Ich habe Hunger	*Ho fame*
Ich habe Durst	*Ho sete*
Gabel	*forchetta*
Messer	*coltello*
Löffel	*cucchiao*
Aschenbecher	*portacenere*
Mittagessen	*pranzo*
Abendessen	*cena*
Eine Quittung, bitte	*Vorrei la ricevuta, per favore*
Es war sehr gut	*Era buonissimo*

Trinkgeld (lässt man aber ohne große Erklärungen am Tisch liegen)	*mancia*

Speisekarte

Extra-Zahlung für Gedeck, Service und Brot	*coperto/pane e servizio*
Vorspeise	*antipasto*
erster Gang	*primo piatto*
zweiter Gang	*secondo piatto*
Beilagen zum zweiten Gang	*contorni*
Nachspeise (Süßes)	*dessert*
Obst	*frutta*
Käse	*formaggio*

Getränke

Wasser	*acqua*
Mineralwasser	*acqua minerale*
mit Kohlensäure	*con gaz (frizzante)*
ohne Kohlensäure	*senza gaz*
Wein	*vino*
weiß	*bianco*
rosé	*rosato*
rot	*rosso*
Bier	*birra*
hell/dunkel	*chiara/scura*
vom Fass	*alla spina*
Saft	*succo di ...*
Milch	*latte*
heiß	*caldo*
kalt	*freddo*
Kaffee (das bedeutet Espresso)	*un caffè*
Cappuccino (mit aufgeschäumter Milch, niemals mit Sahne!)	*un cappuccino*
Kaffee mit wenig Milch	*un caffè macchiato*
Milchkaffee	*un caffelatte*
Kalter Kaffee	*un caffè freddo*
Tee mit Zitrone	*un tè con limone*
Cola	*una coca*
Milkshake	*frappè*
ein Glas ...	*un bicchiere di ...*
eine Flasche	*una bottiglia*

Kartenverzeichnis

Zeichenerklärung für die Karten und Pläne

Autobahn	Berggipfel	Information
mehrspurige Straße	Höhle	Museum
Hauptstraße	Kirche, Kapelle	Parkplatz
Nebenstraße	Kloster	Post
Asphaltstraße	Sehenswürdigkeit	Bushaltestelle
Bahnlinie	Aussichtspunkt	Flughafen
Fährlinie	Turm	Campingplatz
Wanderweg	Tor	Hafen
Gewässer	Ruine/Ausgrabung	Krankenhaus
Grünanlage		

Alles im Kasten

Fotonachweis

Alle Fotos Michael Müller außer: Sabine Becht: S. 99, 111 | Emil Bezold: S. 10, 128, 211 | Barbara de Mars: S. 18, 67, 253 | Caroline Goltz: S. 14, 25, 30, 92, 97, 104, 105, 115, 120, 122, 129, 178, 190, 205, 213, 215, 220, 227, 231, 234, 242 | Magdalena Niedzielska: S. 168, 169 | Pixabay-dagnywalter: S. 232 | Pixabay-djedj: S. 16 | Pixabay-Michelle Maria: S. 200 | Pixabay-pierovol: S. 26 | Pixabay-StockSnap: S. 12 | Fritz Rust: S. 107 | Mathias Schanz: S. 100, 144, 147,206 | Elfriede Schütz: S. 7, 136, 166, 180, 188, 254

Vielen Dank!

Ich möchte mich bei allen Leserinnen und Lesern bedanken, die die Arbeit an diesem Reiseführer durch ihre Zuschriften mit wertvollen Tipps und Hinweisen unterstützt haben.

Impressum

Text und Recherche: Michael Müller, Caroline Goltz (Überarbeitung) **Lektorat:** Horst Christoph, Angela Nitsche   **Redaktion:** Angela Nitsche   **Layout:** Annette Melber   **Karten:** Theresa Flenger, Judit Ladik, Gabór Sztrcska   **Herausnehmbare Karte:** Judit Ladik   **GIS-Consulting:** Rolf Kastner   **Covergestaltung:** Karl Serwotka   **Covermotiv:** Florenz, Piazzale Michelangelo (Michael Müller)

ISBN 978-3-95654-575-7

© Copyright Michael Müller Verlag GmbH, Erlangen 2016–2021. Alle Rechte vorbehalten. Alle Angaben ohne Gewähr. Druck: Westermann Druck, Zwickau

Haftungsausschluss

Die in diesem Reisebuch enthaltenen Informationen wurden vom Autor nach bestem Wissen erstellt und von ihm und dem Verlag mit größtmöglicher Sorgfalt überprüft. Dennoch sind, wie wir im Sinne des Produkthaftungsrechts betonen müssen, inhaltliche Fehler nicht mit letzter Gewissheit auszuschließen. Daher erfolgen die Angaben ohne jegliche Verpflichtung oder Garantie des Autors bzw. des Verlags. Autor und Verlag übernehmen keinerlei Verantwortung bzw. Haftung für mögliche Unstimmigkeiten. Wir bitten um Verständnis und sind jederzeit für Anregungen und Verbesserungsvorschläge dankbar.

Aktuelle Infos zu unseren Titeln, Hintergrundgeschichten zu unseren Reisezielen sowie brandneue Tipps erhalten Sie in unserem regelmäßig erscheinenden Newsletter, den Sie im Internet unter **www.michael-mueller-verlag.de** kostenlos abonnieren können.

Register

Die in Klammern gesetzten Koordinaten verweisen auf die herausnehmbare Florenz & Chianti-Karte.

Pizza kann so köstlich sein

In Siena ist auch die Schnecken-Contrade am Start